复旦中华文明研究专刊

从“永嘉之学”到“瑞安新学”

李天纲　项　宇　陈锦海　主编

复旦大學出版社

复旦大学中华文明国际研究中心
瑞安市社会科学界联合会
合编

目录

瑞安新学研究

永嘉学脉再探

杨玉良：复旦学脉与温瑞学者(代前言)

尊敬的陈书记，以及瑞安的各级领导，尊敬的各位专家，大家好！

在这个地方，各位才是专家，我是外行。我虽然是中国科学院院士，曾主管和统筹过全国高校的学科发展，认为大学的文科地位很重要，自己也很喜欢文化学，但专业却是搞化学的。召开这次会议，我觉得非常重要，同时也是很有兴趣，所以就排除了各种杂事，前来参加你们的聚会。昨天我们的参观，让我这样一个搞科学的人都感到你们的这些研究非常重要。更不寻常的是，瑞安的历史人物，居然有这么多和复旦大学有着渊源关系，让我觉得这是一次很好的校史教育，对学校很有意义。这里的历史人物和上海近代史、中国近代史上的高等教育大有关系。然而，我发现瑞安先贤们的身上，还有更加重要的意义，远远不是瑞安、温州、上海和复旦所能局限的。所以呢，我想就此问题的重要意义谈一点感受。

昨天的参观，令我想起了德国经济学家和社会学家马克斯·韦伯，我在德国马普研究所时了解了这位学者，因为他对中国文化也做了深入研究。韦伯有个疑问，说为什么中国在宋代的时候，已经具有了资本主义的萌芽，但是资本主义就没有发展起来？资本主义是一个代表先进的制度，20世纪初的韦伯在论证它之所以出现在欧洲的原因。中国在宋代，人口迁徙是自由的，佣工也是自由的，土地也是私有可以交换的，发达的城市体系也已经建立了。按理讲，发展资本主义所需要的很多要素都已经具备，但是完整的资本主义制度却没有在中国发展出来。跟它相关的还有一个问题，就是所谓的“李约瑟难题”，就是问为什么近代科学没有在中国诞生，而是在欧洲诞生。我觉得在瑞安这块土地上诞生的永嘉学派的思想当中，实际上就含有非常重要的资本主义思想要素。虽然我对历史不熟悉，但可以相信“永嘉学派”在中国思想历史上的地位很重要，它提出了一种既重视社会实践，又主张理论概括的“功利主义”思想。这种“义利并重”的思想，是可以像韦伯讲的“新教伦理”一样，去推动中国的“资本主义精神”发展。宋代的温州工商业经济已经有所发展，最近一波的“温州模式”经济发展也很强劲。然而，中国的历史历来是走着走着，拐个弯又回去了；然后再拐个弯，又往前走。资本主义代表当时人类的先进制度，虽然已经具备了所有的有利条件，却没有能够在中国发生，这是非常遗憾的。所以也可以说，这是永嘉学派的遗憾。在中国历史的发展过程当中，永嘉学派是少有的表达“功利主义”思想的，它有利于资本主义发展，但在很长一段时间被淹没了，这也是我们今天还要研究它的一个非常重要的原因。

韦伯还说，正是因为这个原因，在欧洲近代国家很少出现的情况，却在中国出现：公务员的地位远远超过商人，这在欧洲和西方那些率先现代化的国家很少有的。你看中国人对商人总归是看低的，而公务员的地位是远远高于商人的，士大夫的地位也高于商人，即使到今天我们仍然可以看到这个痕迹。另外，美国经济学家弗兰克在他的《白银资本》中估计说：1800 年的时候，中国的国民生产总值曾经占到了世界的 32%以上，大家知道现在美国占全世界的比例也只不过百分之二十几，中国当时占到 32%以上。即使如此，你看工业革命和科学革命都没有在中国诞生，其中一定有更加深刻的原因。想到这一点，我觉得瑞安孙诒让和项崧所办的学计馆正好可以帮助我们回答这个问题。根据我对中国古代“科学”的了解和思考，我认为在中国历史上并没有近代意义上的数学。这里我先要定义一下什么叫数学，什么叫算学，两个词的英文也是不一样，算学叫“algorithm”，数学的话叫“mathematics”。如果说中国有算学的话，那中国没有数学。举个例子，中国的勾股学定理的发现，要比古希腊早大概四五百年，但是古希腊发现勾股学定理，马上就给出了一个数学证明，但中国历来没有证明，因为中国人认为严密的证明并不重要，可以用就行。事实上，有严格证明的，恰恰才是数学，只是拿来用的话，就只能算是算术。由此可以看到，瑞安的学计馆教授近代数学有重要意义，意义就在于实际上在中国开启了真正的数学，这才会有后面一系列的现代数学家的诞生。

我们还有一个模糊认识，即总是把数学放进了自然科学里头，认为数学只是自然科学的一部分。实际上,在整体的西方文化中,数学和自然科学是分开的,一直到现在也是这样。西方学者,甚至于美国总统的讲话,都是将科学与数学并列,通常成为"数理化",还把数学放在前面,数学和科学。为什么要把它们两者分开?这是因为数学是抽象的形上之学,物理、化学则是"physics",是关于物质具体形态的有形之学。数学帮助物理、化学从有形物体中抽象出规律性的定律、定理,但是简单地把数学称为科学的工具是不够的。数学更本质、更重要的方面,是它代表了人类独有的思维方式,是只有现代人类才能达到的思维高度。数学的思维方式,在古代东西方的各种文明中间,有的民族比较强,有的民族则很弱。强还是弱,就和这些民族的文化结构有关系,所以我们也说,数学思维的发生,它的生存,它的发展,是一种文化。中国古代文化虽然历史悠久,形式丰富,但和古希腊相比,却不太擅长数学这个领域。中国文化传统中情感、伦理、美学意味比较强,数学、逻辑的思维比较弱。有数学的思维传统,才会把事情搞得非常精确、严密。我觉得瑞安在近代以后建立学计馆,它的重要性就在于此。中国人引进数学的严谨的思维方式,实际上是从那个时候开始的,学计馆对改变中国人的思维方式,重塑中国文化的思维结构,是极其重要的。

我很高兴地看到,复旦大学老校长苏步青、谷超豪都是从温州出来的,在学术渊源上正是瑞安孙诒让、项崧所办的学计馆的二传、三传。上海是中国最早传入现代数学的城市,《几何原本》就是由上海人徐光启和利玛窦一起翻译的。刚刚我在大会论文中发现,你们提到我的中学母校格致中学,是徐寿、王韬和传教士傅兰雅、伟烈亚力等人在1874年创办的格致书院,"格致"就是"自然科学"(natural science)的古代译法,就是数理化,格致书院是近代中国最早系统传授自然科学的学校。当时的洋务大臣曾国藩、李鸿章提倡引进"西学",改造民族精神。但是,遗憾的是在学校教育培养了中国第一代科学人才之外,数学的思维方式并没有在社会上的各行各业中广泛地普及开来,传统的思维方式也没有改变到位,也就是说我们的"科学启蒙"工作仍然没有完成。大家可以在网络上看到,中国人对很多问题的争论,一般来讲,不管是左的思想,还是右的思想,双方都不是用一个严密的证明去论证它,而就是简单地说:我说好那就是好,我说坏就是坏。这样的一种思维方式在一般人中间一直延续到现在,甚至在官方文件中,都是这样表述的。

即使在一流高校中，也有很多人仍然是用传统思维方式处理学术问题。因此我觉得瑞安先贤们所开启的近代事业，包括永嘉学派所开启的古代事业，都是非常重要的，需要认真的研究。

上海和瑞安先贤们开创的事业，尽管有所延续，但我们看到它是断断续续的，时常会发生中断。这条线是一条虚线，它不是一条实线。它确实在发生作用，但是远远不够，它应该发挥更大的作用。所以，我期待这次会议能够开始一种扎扎实实的研究，在未来产生一些更具有说服力的研究成果，能够继承前人的精神，更好地推动我们民族思维方式的改变和发展。我觉得研究永嘉学派、瑞安精神，不仅仅只是在科学、教育、经济、社会的发展上有价值，它对民族文化的进步也具有重要意义。因此，我建议在"温州模式""瑞安精神"的讨论之上，还可以开展永嘉学派对于中国古代文化、古代思想的改造，还有对自然科学的思维方式引进、发展等领域的重要意义，如此才能符合这样一个重要的课题。

作为一个复旦人，还作为一个曾经在学校、在部委负责规划高校整体学科发展的学者，我对当前的瑞安新学研究有几个期待。首先，作为复旦大学前校长，我要利用在瑞安社科联和复旦大学中华文明国际研究中心联合举办这次会议的机会，向与复旦大学文、理学术传统有着密切关系的瑞安和温州学人表示敬意。复旦数学的苏步青、谷超豪先生，复旦历史学的周予同先生，复旦文学的李笠先生，都是瑞安学风的传人，他们最后都汇入了复旦大学的浩浩学脉之中，这真是一件令复旦人感叹而深感荣幸的事情。另外，我非常支持学者们结合复旦大学的建立，尤其是早期发展的历史来进行瑞安新学的研究。在这个背景下，我们复旦人来研究瑞安的文化是稍微带点私心的，我们还想搞清楚复旦精神、复旦学风、复旦学科的一些重要的渊源关系。我们知道，1905 年由马相伯等人创建的复旦公学，汇入了江苏、浙江各地的学脉，有松江，有苏州，有常州，有杭州，有湖州，当然也有温州。复旦是江南地区新文化运动的结晶。昨天的参观让我知道，瑞安人士项骧等人在震旦、复旦创建时期就有贡献，而且还是重要贡献，这是非常值得大家来探讨的事情。

其次，我觉得要结合近两百年来，中国的社会文化发展的大背景来研究瑞安学派。瑞安新学在"戊戌变法"以前就兴起了，这个时间刻度，在思想启蒙的先进地区江苏、浙江来说，也是超前的。瑞安在中国近代社会、文化和思想的转型过程中处于什么样的地位，起了什么样的作用，这些都值得我们去研究。再次，我觉得我们应该结合中国近代两百多年的教育发展史，来研究瑞安的文化和学派。而且，不仅仅是现当代，我觉得至少也是要结合两百年来中国的社会、经济，甚至金融的发展这个大背景，来看瑞安的文化，包括永嘉学派在这里头起了什么样关键的作用。这次会议的通知和论坛的简介上有几句话，我觉得概括的是非常精确的，只是我们今后的研究需要有更多的内容来填充。最后，我觉得既然瑞安在中国的县级层面上最早开设了传授现代数学的学校，还成功地培养出一批杰出数学家，我就以理科教授和院士的个人兴趣，还请求你们结合中国的自然科学史来研究瑞安新学。过去讲，数学是一切科学、技术学科之母，就像哲学是现代文科的学科之母一样。现代学术，包括哲学、社会科学，没有数学思想的话，基本是发展不起来的。你最多只能引进一些应用技术，或者说做一些工匠的活，要想有一个全民族的思维方式进步更是不可能的。

李约瑟问题是问：为什么中国古代有“四大发明”等技术发明，但是现代科学却并没在中国诞生？对此，我的一个看法就是，因为中国没有跟科学相关的严密的逻辑思维，还有就是没有一种探索性的自然观。古希腊的科学的自然观认为自然是有序的，甚至是数学的，是可以认识的，是需要探索的。古希腊和文艺复兴以后的欧洲，用这种自然观激励人们对大自然秩序的探索。探索自然的主要工具就是科学的思维方法，也就是逻辑学。有人说，中国人怎么可能没有逻辑？不然怎么安身立命，待人接物呢？我说中国人当然做事情大部分还是有逻辑的，但是却没有逻辑学。因为逻辑学是把逻辑当一门学问来研究，而且逻辑学的话语应该是形式化了的。我经常举这个例子，比如说我们说一件事情，如果说 A 包含了 B，B 又包含了 C，那么 A 就一定包含 C。至于 A、B、C 具体是什么并不重要，这个就是用形式化来作了高度的概括，这样的逻辑学在中国是没有的。所以正因为这个没有，使得中国这块土地上很难诞生现代的科学，即一种作为普遍真理的知识体系的科学。而当科学上升成为普遍真理以后，中国人是被迫接受的。因为大家发现它作为知识是有用的，有效的，但用来探索新的普遍真理，就又不习惯了。所以，我觉得我们也应该结合中国近代的科学发展史，从数学引发出来的科学的发展史，来看永嘉学派的思想，来设问包括瑞安很多先贤思想在内的近代学术对中国现在到底有怎么样一些影响。

最后的话，我们当然要结合中国的未来的发展，来研究永嘉学派、瑞安新学。中国未来的发展，最主要的就是我们国家的精神和思想的发展。如果这一点上没有根本突破的话，那么中国未来的前景仍然是会撞了南墙以后，再转回去。我们今天在这里重新审视中国的近代史，我觉得这部历史里头，可歌的东西不多，可泣的东西很多。我觉得非常遗憾，历史总归是到关键时候，"咣"一下，又复辟了。到了今天，我们还在非常艰难地寻求一个发展道路，实际上先人们在很多地方都已经指出来了。有些路已经走过，不通就退回来了。我希望历史学家，在这个问题上能够做出贡献，尤其我希望复旦的学者能够做出贡献，让我们把历史的步伐记录下来，让我们结合未来来从事研究，看到未来道路到底在哪里，为我们国家民族的发展提供真正的智慧。

我就简单说这几点，谢谢大家！

杨玉良，前复旦大学校长，复旦大学化学系教授，中国科学院院士，
曾任国务院学位办主任，现为复旦大学中华古籍保护研究院院长

致辞与演讲

陈胜峰致辞

各位领导、各位专家、各位嘉宾，“白乌兆瑞，天瑞地安，玉成桃李，海涌波澜”。今天我们在这里举行瑞安市首届哲学社会科学年会、暨2019玉海文化研究论坛，这既是瑞安哲学社会科学界的盛事，也是瑞安文化强市建设的一件大事。首先请允许我代表瑞安市四套班子，向远道而来的各位专家、各位来宾表示热烈的欢迎。向本次哲学社会科学年会和研讨论坛的召开表示热烈的祝贺，向大家长期以来瑞安的关心支持表示衷心的感谢。

瑞安是联合国认定的千年名县，自三国时期置县以来已有1780年的历史。素有东南小邹鲁、理学名邦之美誉，是浙江最有条件申报国家历史文化名城的县市之一，瑞安自古文风鼎盛，是南宋三大学派之一永嘉学派的发祥地。经世致用的功利思想成为温州人与浙江人敢为天下先、创业创新精神的源头活水。瑞安自古人才最多，历史上有进士365人，二十五史立传的就有22人，涌现出了永嘉学派重要学者陈傅良，集大成者叶适，南戏鼻祖高则诚、国旗设计者曾联松等名人大家。目前在国内外担任副教授以上的专家学者就达两千多人。瑞安自古人文荟萃，拥有浙江四大古籍藏书楼之一玉海楼等六个国家级重点文保单位，墨活字印刷术入选联合国急需保护的非物质文化遗产名录。温州鼓词、藤牌舞入选国家级非物质文化遗产名录。玉海文化源于玉海楼，取义如玉之珍贵，如海之浩瀚，上承永嘉文化遗风，下开浙南风气之先。瑞安文化是革新图强的爱国文化，比如国学大师孙诒让撰写的变法条议四十篇，提出了设立议院、立商部等一系列变法主张。黄绍第、黄体芳和黄绍箕他们“三黄”主张变法维新，黄绍箕还曾参与上海强学会的创办和章程议定。

玉海文化是实业救国的事功文化。比如像项湘藻创办的轮船公司，成为温州近代内河行业的先驱，项源同创造了电灯局，成为温州电力界的先驱。玉海文化是教育兴邦的育人文化，黄绍箕曾任京师大学堂总办，编著中国最早的中国教育史，洋状元项骧发起创办了中国近代第一所私立大学即复旦大学的前身震旦学院等。中国最早的新医学堂——利济医学堂，浙江最早的外国语专科学校瑞安方言馆，浙江最早的新式学堂学计馆都诞生在瑞安。近年来，我们大力挖掘延续瑞安精神文脉，举办了纪念永嘉先贤系列学术研究会，挂牌成立了复旦大学中华文明国际研究中心瑞安基地，打造了忠义街等瑞安文化精神地标，获得了全国文化先进市、中国曲艺之乡、中华诗词之乡等国家省级文化金名片。接下来我们将按照不忘本来、吸收外来、面向未来的要求，进一步弘扬瑞安先贤精神，奠定瑞安文化自信，助推瑞安在新时代改革发展中走在前列，勇于调整，具体做好以下三个方面的工作：(1) 在文脉延续上下功夫，重点推进玉海楼、心兰书社等历史建筑的保护利用，加快会文里等历史文化街区的建设，争创“五 A”级文化景区，国家历史文化名城；(2) 在文史研究上下功夫，精心配置瑞安文化研究工程五年规划，推进相关文化文献整理工程，编写好瑞安专题史；(3) 在文化传承上下功夫，加大文化资源综合开发保护，提升瑞安文化软实力。

同时我们也恳请各位领导、各位专家、各位嘉宾，多多帮助指导我们的学术研究，对瑞安做宣传，多支持、多关心、多提宝贵意见。最后，预祝本次活动取得圆满成功，祝愿各位来宾身体健康、万事如意，谢谢大家！

陈胜峰，温州市政协副主席、时任瑞安市委书记

潘忠强致辞

尊敬的杨玉良院士、各位领导、各位专家，大家上午好！

今天瑞安市首届哲学社会科学年会暨2019玉海文化研究论坛在千年古县瑞安的国际大酒店举行，这是瑞安市社会各界的一件盛事，也是温州社科界的一件喜事。在此我谨代表温州市社科联向远道而来的各位专家、各位来宾表示热烈的欢迎，并对大家长期以来对温州的关心、支持表示衷心的感谢！

温州历史上曾经经历了两次文化高峰，第一次是南宋时期的以薛季宣、陈傅良、叶适作为代表的永嘉学派经世致用思想，这个思想成为温州人的文化基因。第二次是晚清时期以孙衣言、孙锵鸣、孙诒让、陈虬、宋恕、陈黻宸等作为代表的温州知识群体的新学，我这里把它称之为"利国济世"之学。这一思想，发展了永嘉学派经世致用思想，在近代中国思想史上留下了浓墨重彩一笔。改革开放以来，温州人以敢为人先的精神开拓发展之路，创造了享誉中外的温州模式。如果在今天能够在创建温州学科体系上取得突破的话，我想温州将迎来历史上的第三次文化高峰。

大家都知道，宋代时期温州出现了与正统儒家"君子不言利"相悖的永嘉学派，主张"经世致用"，倡导"义利并举"，强调"通商惠工""工商皆本"。永嘉学派跟朱熹的理学、陆九渊的心学，并称"南宋的三大学派"。明代著名思想家黄宗羲曾经做这样一个评价，他说："永嘉之学步步着实，言之必使可行，足以开物成务。"可以讲永嘉学派的义利并举价值观和经世致用思想是温州重要的文化基因，也是今日温州模式和温州人敢为天下先的创业精神的重要历史渊源。

我在这里顺便做一点衍生。我认为，永嘉学派被称为“功利学派”是一种历史的误会，应该说永嘉学者们从来没有自称“永嘉学派”，同时他们的思想当中也没有称自己是纯粹的追求功利。实际上，讲永嘉学派是“功利学派”是朱熹及其门人的批评，甚至从某种意义上讲可以说是一种污蔑。然后你就把批评和诬蔑接受下来，给自己带上一个“功利学派”的帽子，我感觉是妥当的。实际上，永嘉学派的核心思想，从价值观来讲就是“义利并举”，从经济思想来讲，它就是一个“经世致用”的思想。那么就从“义利并举”来看，我的解读就是利之所为，义之所系。用现在的话来解释就是效率为先，公平为本。如果把这个理论跟当今的市场经济发展相联系，我们会发现永嘉学派提出的价值观，实际上就是我们当前对市场行为进行评判的基本的价值准则。所以我说有必要为永嘉学派的思想做一个正名，有必要跟当代的市场经济发展相联系，做一个深入的研究。借今天论坛的机会，我想与大家交流三个方面的认识和体会。

第一，瑞安是宋代“永嘉学派”的发祥地。瑞安是历史上永嘉学派学术活动最为活跃的地方。永嘉学派的代表人物很多是瑞安人，比如北宋时期皇祐年间的“皇祐三先生”当中的林石先生，他创办了塘岙书塾，如“元丰太学九先生”当中的代表人物周行已，他创造浮沚书院。他们讲学授徒，对温州学术产生了极大的影响，也为永嘉学派在温州的兴起，奠定了坚实的基础。瑞安人周行已是永嘉学派的先驱人物，那么南宋时期陈傅良、蔡幼学、叶适等一批学者也都是瑞安籍。这里有我想说明一下，说叶适是瑞安人可能还有争议，但是叶适出生于瑞安，后来他为官、做学问的时候都在外面。我们讨论一个学者，首先看他在哪里出生，然后看看他的工作做在哪里。就像我们温州现在很多的历史文化名人当中，有些人只是在温州也只是生活了一段时间，我们就把他也当成是温州人。你像永嘉太守谢灵运，他在温州实际上不到两年，也就一年多一点时间，但是他擅长山水诗，在永嘉、在温州他留下了非常多的山水诗名篇。所以我们说把谢灵运作为永嘉历史文化名人，而且把他放在很高的一个位置，这个是有它的道理的。

南宋时期，陈傅良、蔡幼学、叶适等一批瑞安学者讲学、著述。整个温州地区更是书院林立，学风鼎盛。在宋朝永嘉学派形成发展的三百多年时间里，温州出了很多的进士，其中在南宋出的进士最多。根据我在陈傅良纪念馆里面看到的介绍，南宋时期的150多年，温州出了1 107名进士，这个数量相当之大，占了浙江进士总数的五分之一。如果按城市排位的话，可能仅次于福州，比当时绍兴、杭州总数还要多。历史上称“温多士，为东南最”。而瑞安也被称为“东南小邹鲁”。永嘉学派在当时学术思想界具有举足轻重的地位和影响，在温州文化历史上形成了第一个高峰。

第二，瑞安先贤是推动温州近代文化发展的主力军。晚清时期，孙衣言、孙锵鸣、孙诒让、陈黻宸等一批瑞安先贤，致力复兴永嘉学派，倡导融汇中西。譬如，孙诒让先生是近代第一个破译甲骨文的学者，著有《周礼正义》《契文举例》等。陈黻宸先生等人在上海创办的《新世界学报》，是中国最早的纯学术刊物，这一知识群体后来转入北大，培养了冯友兰等著名的人才，被胡适先生称为北大的温州学派。正是这么多的瑞安先贤的努力，推动了近现代温州文化的繁荣兴盛，在近现代历史上，在中国学术史上是写下了重要的一页。

回顾近代温州发展史，我们可以看到瑞安先贤在学术上取得了杰出成绩，但更难能可贵的是他们身体力行经世致用思想。譬如孙诒让先生一生致力教育救国，参办各类新式学校三百多所，他倡导创办的“瑞安学计馆”是我们国家最早的数学专门学校，极大地推动了温州数学研究活动。近代以来温州市出了200多为数学家，在改革开放初期，中国综合性大学里面数学系主任有三分之一是温州人，温州也被称为“中国数学家的摇篮”，这是跟温州有数学专业教育传统是有关系的。

陈虬先生在温州创办了中国第一所新式中医学校——利济医学堂，第一座民办公共图书馆——心兰书社，培养了一批近代温州的新式医学带头人。我在解释晚清温州知识群体的新学时，称之为“利国济世”之学，实际上就是用这种的利济医学堂名称来做解读。他培养了一批近代温州新式医学带头人。项湘藻致力实业救国，创办了温州最早的轮船公司，打通了温州内河航运的主动脉，是温州早期现代化的探路者。项芳兰先生在瑞安创办方言馆，是浙江省最早的外国语学校。辛亥革命前，温州地区外出的留学生中，瑞安人数是最多的，占了将近四成。可以这样讲，一部温州近代历史，瑞安先贤具有举足轻重的地位。在瑞安先贤们的推动下，晚清民初时期，温州地区逐渐形成了一种放眼看世界的潮流，崇尚实业成为广泛的社会共识，并孕育了务实创新、实业报国、商行天下、善行天下的特征，成为推动近现代温州经济社会不断前行的重要力量，成为温州民营经济发展始终保持生机活力的重要基因，并支撑着温州人抓住改革开放的历史机遇，开创举世瞩目温州模式变不可能为可能，书写了一个个中国改革史上的创新故事。

第三，瑞安晚清新学研究将助推温州学研究。近年来，我们浙江省正在组织实施第二轮文化研究工程。那么温州市委也将第二期文化工程的重点放在温州学研究上，应该说温州学是以温州历史文化，温州人和温州发展作为研究对象的一门综合性地方性学科。刚才我提到推进温州学研究，事关能否迎来温州历史上的第三次文化高峰，所以温州学研究是非常重要的。也是李强书记在温州任职时首先提出来的，所以我们今天开展温州学研究，对于温州来讲意义非常重大。而开展瑞安晚清新学研究也适逢其时，我认为瑞安市将以这次论坛活动作为契机，深入开展瑞安晚清新学研究，这对于丰富温州学研究内容，助推温州哲学社会科学繁荣发展，助力温州经济社会发展，都具有十分重要的意义。最后预祝瑞安市首届哲学社会科学年会及2019玉海文化研究论坛取得圆满成功，祝大家身体健康、工作顺利、万事如意，谢谢大家！

潘忠强，温州市社会科学界联合会原党组书记、主席

金光耀致辞

尊敬的陈书记，尊敬的杨校长，瑞安的各位领导、各位专家学者，大家上午好！

在今天瑞安市委市政府隆重举办瑞安首届哲学社会科学年会暨2019玉海文化研究论坛，我们复旦大学中华文明国际研究中心能与中共瑞安市委宣传部、瑞安市哲学社会科学联合会一起承办这次盛会，深感荣幸。复旦大学中华文明国际研究中心，是在杨玉良校长倡议和推动下于2012年成立的。成立的目的在于凭借复旦大学人文学科悠久的传统和整体的实力，推进国际学术界对中华文明的研究，促进不同国家、不同文明之间的对话，传播中华文化，提升中国学术界在国际学术界对话的能力。成立以来已经成为复旦大学人文学科国际交流的一个重要学术平台。我们与世界一些著名的学术机构，比如哈佛大学哈佛燕京学社、巴黎高等师范学院、汉堡大学等建立了长期固定的合作关系。迄今为止，我们已经接受了来自海外的60多位学者作为访问学者，在复旦大学进行为期一到六个月的驻校研究，我们所做的工作已经得到了国内外学术界的认可和肯定，也在七年多的工作中间逐渐建立起来我们自己在国际大学、研究院之间的学术网络。研究文化功能、研究地方文化当然是其中应有之义，瑞安是一座文风兴盛、文脉延续千年的古城，因此我们很高兴有机会和瑞安地方携手共同推进对瑞安地方文化和瑞安先贤的研究。

昨天我们很高兴参观了瑞安历史文化街区和名人的故居，比如玉海藏书楼、利济医学堂等这些历史文化古迹，让我们贴近地了解了晚清瑞安新学开风气之先所取得的引人注目的成就。像项骧、周予同这些历史名人的贡献，更拉近了我们这些后辈复旦人对瑞安的感情，感受到了瑞安新学与复旦之间相连的文化血脉。复旦大学有许多优秀的学者，他们对地方文化，包括温州文化有着精深的研究。比如在座的李天纲教授、吴松弟教授、戴鞍钢教授。吴松弟教授认为永嘉学派带有强烈的温州经济文化的特点，李天纲教授认为吸取晚清的瑞安新学是中国近代化，或称为第一次现代化的源头之一，并且通过三条路线融入了复旦大学的发展之中。这就是周予同先生的经学史研究；创办震旦学院和复旦公学时期马相伯的主要助手项骧；以及温州籍的苏步青和谷超豪，通过孙怡让的学计馆师承并发展了现代数学且融入了复旦大学的数学系。

今天我们有幸与瑞安地方一起举办这次文化盛会。我们怀着对瑞安新学的崇敬和对瑞安先贤的景仰，希望能够发掘光大先贤留下的宝贵精神财富。复旦大学中华文明研究中心瑞安研究基地在瑞安市地方领导的关怀和帮助之下也已经正式挂牌。我们对瑞安地方领导和各界民众的厚爱和信任表示衷心的感谢。同时我们也深感责任重大，我们复旦的同仁和瑞安的朋友将共同努力办好研究基地，推进对瑞安地方文化和瑞安乡贤的研究。我们也希望把研究基地办成一个开放的研究平台，不仅复旦的学者、瑞安的学者，也希望其他机构的学者能够参与进来，支持我们的工作，共同推进对瑞安新学和瑞安乡贤的研究，也预祝本次盛会取得圆满的成功，谢谢大家。

金光耀，复旦大学历史系教授，复旦大学中华文明国际研究中心主任

如何延续温州文脉的探讨

一

前不久，浙江省委省政府先后出台了《浙江省实施中华优秀传统文化传承发展工程的意见》，并开始实施浙江文化研究工程二期。对温州来说，目前各方面条件日益成熟，理应趁此东风加快实施温州文化研究工程二期的步伐。

一是下定决心，解决老大难问题。近年温州市区文物保护工作有序开展，但尚存在一些遗留问题，管理体制也亟待理顺。如市第一批重点文保单位籀园，屹立在九山河畔已有百年历史了。民国初年，文教界为纪念经学家、教育家孙诒让，在依绿园旧址上兴建籀公祠，后来增建籀园藏书楼（旧温属图书馆），1919 年至 1953 年作为温州籀园图书馆（温州市图书馆前身）的馆址。它是温州近代学术的摇篮，更是浙南几代读书人的精神家园。温州之有籀园，正如杭州之有文澜阁，宁波之有揽秀堂，绍兴之有古越藏书楼，瑞安之有玉海楼，其象征意义不可低估。然而，籀园 2005 年完成修复一、二期工程，12 年过去了，第三期修复工程至今尚未启动。建议在及早启动籀园三期工程的同时，将目前的市教育史馆调整为温州乡贤著作陈列馆，更切合籀园作为近代中国重要文化地标的地位。此外，还有文保单位天宁寺、七枫巷胡炘故居等，因目前属于其他相关单位管理，长年关闭，状况堪忧，建议市里抓紧进行沟通，予以妥善解决。

二是精心谋划，打好文化名人牌。近年来，温州建成朱自清旧居、郑振铎纪念馆、夏鼐故居、苏步青励志教育馆、马孟容马公愚艺术馆等一批名人纪念馆，可圈可点。不过，也有一些温州历史文化名人还没有得到足够的重视，如在温州生活了十多年的弘一法师（李叔同）、一代词宗夏承焘、作家琦君等。特别是与平湖、天津、泉州等地相比,温州对李叔同的研究、推介与事迹陈列,做得还很不够。十多年前曾有50位文化人联名倡议在江心屿建立李叔同纪念馆,希望能借实施文化研究工程二期之机,重新论证,拿出切实可行的方案,进一步打好文化名人牌。

三是仔细盘点,挖掘特色文献资源。由于温州市委市政府的重视,温州历史文献的整理出版一度走在全国地级市的前列,得到省内外学术界的高度肯定。建议在这方面仔细盘点,注重特色,继续推进。如温州收藏的民国档案中,永嘉县、乐清县商会档案自成系列,在全省有一定的影响,建议率先列入工作日程,系统整理出版。这对于加深认识以吴百亨、杨雨农等为代表的温州实业家的精神风貌与社会贡献,宣扬温州人的创业精神与慈善意识,必将起到积极作用。另外,温州图书馆藏民国期刊,特别是抗战时期的刊物,有数十种为独家收藏,一些出版社对此很有兴趣,可积极合作,集中影印出版。

四是乘势而上,继续出版学人文集。前几年市社科联组织出版"温州学人文选",《胡珠生集》《胡雪冈集》《章志诚集》《徐顺平集》《陈增杰集》《陈学文集》《徐定水集》等七部陆续问世,为老学者(包括辞世不久的学人)总结学术成果提供了难得的机会。建议恢复出版这套文选,使王栻、翁同文、周梦江、张禹、张宪文、张乘健诸集均得以顺利付刊,既告慰逝者,亦嘉惠学林。

五是抓紧行动,启动"抢救记忆"工程。譬如,有必要对文化老人宋承先、周旦、章志诚先生等,进行系统专业的访谈。今后可考虑以市政协文史委为平台,组织有兴趣的志愿者经培训后开展广泛的口述历史访谈工作,包括影音史料、纸质史料、民间文献等,均可按照专业规范整理保存,成为地方文化领域的特色收藏。这项工作也可与村史(或乡镇街道志、社区志)、家史的编写结合起来,通过抢救、保存文化老人的记忆留下这座城市的轨迹。

六是不厌其烦,加大发行力度。近年我市出了不少历史文化读物,有的质量也不差,但书店却很难见到。主要原因是策划出版的单位受财政因素的限制,不便或不愿开展发行工作,还有一部分单位出书停留于"自娱自乐"的阶段,影响了研究成果的传播,令人倍感遗憾。为此建议,通过主动争取出版社的配合发行、耐心争取新华书店的协作代销、财政支持相关单位自办发行等,促成更多温州学术成果走出温州,提升温州城市形象,让文化自信在温州得到更充分的体现。

二

瑞安作为宋代永嘉学派的重要发源地与晚清维新思潮的重镇，历史底蕴深厚，是名副其实的浙江历史文化名城。瑞安历代积累的地方文献资源特别丰富，在浙南地区首屈一指。近代以来温州五次较大规模的文献整理工作，即由瑞安孙衣言《永嘉丛书》发端，厥功甚伟。中华人民共和国成立之后，《中国近代人物文集丛书》《中国近代人物日记丛书》《两浙作家文丛》《浙江文丛》《温州文献丛书》《温州文献丛刊》《温州方言文献集成》《温州市图书馆藏日记稿钞本丛刊》等先后收录瑞安名贤著述四五十部之多，加上《孙诒让全集》及其他相关出版物，成绩可圈可点。面对瑞安独特丰富的文献遗存，我们的步伐与时代要求不相适应，为此很有必要趁势而上，开展系统、深入、多渠道的整理出版工作。新近瑞安顺应社会各界呼声，启动乡邦文献丛书整理出版工程，令人振奋。就此提出几点意见，谨供有关方面参考。

一是讲规范，进度服从质量。目前《丛书》工作方案尚未发布。建议在广泛摸底的基础上，审慎考虑取舍和严格甄别筛选，最后确定选题，并邀约相当的专家学者承担任务，分阶段施行。历史文献的整理，不是轻而易举之事，既需要甘于奉献的情怀，更需要过硬的功底，还离不开优良的学风。讲求古籍文献整理的专业规范，按学术规律办事，尤其重要。这项工程列入当地党委、政府的工作目标，势必有考核任务，但应牢固树立"进度服从质量"的意识，注意平衡，妥善处理质量与进度两者关系，精心打磨，庶几对古人负责、对读者负责、对社会负责。

二是出精品，注重图书品位。与乐清相比，瑞安起步晚了整整十年。希望瑞安方面借鉴乐清等兄弟县(市)的成功经验，树立精品意识，切实注重图书品位，争取后来居上。当务之急是物色一位既胜任工作又严于律己的许宗斌式的主编，组成精干的编辑班子，认真把关。经过五年甚至更长一点时间的努力，提供一整套比较完备而有新意的瑞安地方文献，经得起读者挑剔，经得起时间淘洗。在出精品的同时，造就若干热心文化事业、钟情文献工作的青年学人，达到既出书又出人的目的。

三是有特色，在继续出版历代文献的同时，侧重晚清民国时期著述。瑞安作为宋代永嘉学派的重要发源地与晚清维新思潮的重镇，我们理所当然重视宋代文献的整合工作，但《叶适集》《陈傅良先生文集》《刘安节集》《刘安上集》《许景衡集》等永嘉学派代表人物的著述，前些年均已出版，有的还计划修订再版，建议暂不列入整理计划。当然，查漏补缺，自属必要。对此可酌情安排。相比之下，晚清民国时期瑞安名贤辈出，著作蔚为大观，已刊《黄体芳集》《黄绍箕集》《陈黻宸集》《林损集》《赵钧日记》《林骏日记》《沈宝瑚诗文集》等之外，还大有文章可做。如项霁、项骧、杨绍廉、孙孟晋、金嵘轩、张綦骞、张一纯、张宋庼诸家，值得花大力气，广泛搜罗，精耕细作。此外，民国瑞安县商会档案，也可列入整理工作日程。这批文献价值高，能多角度反映瑞安的近代化历程，给予我们有益的启迪。

四是不畏难，做好发行工作。温州各地出版物的发行工作，一直是软肋。不少读者感叹，温州地区出的历史文献，很多品种书店看不到，瑞安也不例外。为书找读者，为读者找书，是文献工作者义不容辞的责任。委托出版社配合发行、争取新华书店协作代销、沟通财政支持自办发行等，都是行之有效的途径，希望瑞安方面不畏难，多管齐下，千方百计做好发行工作，既对得起作者与整理者的心血结晶，也促成更多瑞安学术成果走出温州，走向全国，进一步提升瑞安的文化形象。

五是有利弊，务必慎重考虑。整理古籍文献，通行影印与标点两种方式。与标点本相比，影印本工作周期短，出版见效快。但投入资金不菲，社会效益却不一定理想。以前几年问世的《重修金华丛书》为例，当地财政出资五百万，影印本印一百二十套，一套两百册，定价十八万元，结果相当一部分丛书束之高阁，真正需要查阅的读者难寻其"芳踪"。当然，如果出版社自筹资金，不需要当地财政提供巨额补贴，另当别论。标点本虽然工作难度较大，出版周期稍长，但只要工作到位，其质量、品位有足够保障。

有鉴于此，建议结合瑞安实际情况，分析利弊，通盘考虑。最好先采用标点本出版，便于更多的读者利用，以充分发挥文献资源的社会效益。如果经费宽裕，完全可以过几年再推出影印本。

卢礼阳，温州市图书馆研究馆员

从小溪到大海：张焕纶与上海近代教育

一、上海张焕纶与瑞安项骧

第一次到瑞安，非常高兴，首先感谢瑞安社科联和李天纲、金光耀几位老朋友邀请，让我有机会参加这次会议。我的发言从一段私家历史切入，说一下我的祖上。说来很惭愧，虽然我史学“科班”出生，从事历史研究，特别专注的方向是上海史。但是来瑞安之前，我对我祖上与温州、瑞安渊源关系的了解，还没有在座的洪振宁先生多。刚才洪先生的发言，才使我发现我祖上和瑞安的结缘还可追溯到晚清。虽然我做上海史研究，但主要是当代，就是1949年以后的上海史，对我家族的历史却反而限于皮毛。所以，我在这里是一次非常好的学习机会，让我就地感受到瑞安和温州文化跟上海之间的密切的关系。

我先简单介绍一下我的家族。祖上世居上海老城，靠经营米豆业发家。至道光年间，已时城内名门望族。直到1937年“八一三事变”后日军占领上海南北两市，张氏后代纷纷逃亡租界，迁居“孤岛”，从此大家族星散。我的曾祖父张焕纶，字经甫，生于1846年，卒于1904年。毕生致力教育救国，是清末新式教育的先驱，中国师范教育的开山祖。他与瑞安人项骧有一段师生情缘。他们的名字与上海近代教育的发轫、发展紧密相连，也是瑞安、上海教育文化交融的缩影。其实，在座的好多位从上海来的老师，都不是上海人，包括温州人在内的“移民”构成了一代新上海人。这是近代上海都市生成、发展的人口资源，也是上海文化的底色。我们这个张家，是上海城厢的“土著”，如今很少有“老上海”了。

作为上海老城厢的名士，张焕纶在上海教育史，乃至中国教育史上留下了足迹。上海受欧风美雨影响较早，得风气之先，张焕纶率先改革传统的书院教育，变成现代知识体系中的小学教育。他一生做了两件大事，一是新办了一所小学。1878 年办了正蒙书院，后改名为梅溪学堂，以及梅溪小学。建国后，曾更名为蓬莱路第一小学，1992 年恢复原校名，留存至今。正蒙书院就是张焕纶办的第一所近代学制的小学。该校有了年级之分，课程设置也仿照西法，除了有国文教育以外，还有算术、英文和舆地（地理）课程。刚才杨校长讲的，我们原来没有数学的概念，而最早它们也叫“算术”，但这个算术已经等同于数学了。洋务派们把它叫作“算学”，还有就是英文，这个当时也是很少开设。科举制还存在的时候，大家不愿意学英文，宁愿背四书。此外，书院进行军事训练，意在强其体魄，以为富国强兵打下基础。一些外国教会传教士办的小学不少，官方主导的洋务教育也是教育改革的潮流，建立了一批专门学校，但并未从基础教育做起，也未能建立国民教育制度。直到清末新政，颁布癸卯学制，才形成完整的学校教育体系。从这个意义上看，张焕纶创办梅溪之举，较政府的学制建立早了 20 多年，这也是他能够在中国教育史上留下一笔的重要原因。

张焕纶值得称道的第二个办学之举，是作为南洋公学的重要创办人。这是一段至今也未得到正确书写的“失声历史”。据有限但可信的史料记载，张焕纶是南洋公学首任中文总教习，就是我们现在所说的教务长。那么为什么现在上海交通大学百年校庆出版的校史把他列在“教授”栏目的第一位，我想是总教习之称已经相当陌生久远，当代人不了解在南洋公学草创时代，总教习一职肩负的是何等使命。南洋公学，是盛宣怀奏请光绪皇帝，在 1897 年初获准建立的，盛宣怀是公学首任督办，也就是督学。还设了一位总理，即校长，由盛的同乡何嗣焜担任。那时掌管学校事务的领导和今天完全不同，没有一个分工明确的领导班子。南洋公学初创时期，头等大事有二，一个是学堂的建制，即南洋公学的结构是什么，另是怎么组织与实施教学。校务大致的内容主要是两块，一块是筹钱，那是盛宣怀、何嗣焜的事。第二块，教什么、怎么教，以什么样的方式把各种不同层次的教育组织起来，需要聘请哪些教师（教习），盛宣怀通过上海道台邵友濂，请出了城内颇具声望的办学名家，素有“饱学之士”美誉的张焕纶任中文总教习，学校建制与教务，悉数由张统揽。张焕纶上任后，设计了四个院，示范院、外院、中院与上院。外院与中院，是基础教育阶段，分别为附属小学与中学。中院是如今上海南洋模范中学的前身。上院就是后来的大学，相当于本科教育了。南洋公学兴办初期，最要紧的是培养师资。师范院应运而生。由于开办经费十分有限，全校经费全部用于师范生，首期招收学生 40 名。作为中国高等师范教育的开端，南洋公学师范院是其标志。1897 年的 4 月 8 日，南洋公学开学日，就是师范院开办的第一课，站在这个课堂上的就是总教习张焕纶。所以交大认其为史上第一位教授，也并不离谱。大家不要想象那个时候的大学有多么的完善，分工多么明晰，其实就是这么一些人，就把包括师范、大中小学教育的"公学"给办起来了。所以我认为，当年盛宣怀、何嗣焜、张焕纶，还有后到的西文总教习，美国人福开森，他们的举动足以架起一座通向中国近代高等教育的桥梁，促使传统书院过渡到新式高等学堂。

穿越这座桥梁，负笈千里的莘莘学子来到上海，聚集在徐家汇的这所公学。他们放弃了科举制下的通用教材"四书"，学习新型的国文、算学、格致、英文、法文等西方知识体系的教材。一大批知识精英在此培育成长，他们的名字不用我一一介绍。其中就有一位从瑞安来到上海的青年项骧，先是投在张焕纶的梅溪门下，后又由他力荐，进入南洋公学师范院特班。从 1901 年入学，到 1903 年初离开，之后投奔马相伯，参加筹建震旦学院。根据我的粗浅考察，触发项骧离开南洋公学的原因，是 1902 年 11 月的"墨水瓶事件"，这个被称为中国近代学运史上"一声霹雷"的事件，起因于南洋公学五班学生反对一位名叫郭镇瀛的教习。这位先生思想保守，学问不足，固守传统礼教，引起学生不满。一次课前，学生在他的座椅上放了一个空墨水瓶，意思就是说这个老师没有学问，没水平。郭先生见此非常愤怒，当场就要追查学生。投诉到学校之后，校方开除了三名带头的学生，由此而引起了波及全校，轰动上海的一场退学风潮。最终有 145 名学生以退学示威。师范院特班的学监(班主任)蔡元培也愤然辞职。这么多学生退出规模不大的南洋公学，致使学校陷入创办以来的最大的办学危机。

这个危机既是保守思想和旧师道的一次失败，也是新式教育带来的民主意识启蒙的成果。这批学生离开公学后，和年轻的教师一起，创办属于自己的学校。项骧也是这次学潮中有志有为的学生之一。他和马相伯一起创办震旦学院，马相伯起草办学章程，项骧是主要参与者。项骧还被推举为学生中唯一的干事长，协助马相伯处理教学上的事务。震旦学院的情况我想不必再往下讲了，很多与会专家对此很有研究。我想回过来讲一下的，像张焕纶这么一个具有新思想的老学究，顺应了时代变革，带着如项骧这样一批年轻人，担当了新教育的开山祖。

根据洪振宁先生这次提供给我的资料，瑞安孙氏家族和我的曾祖父有很多联系。孙锵鸣曾经在 1887 年和 1888 年执掌上海龙门书院，张焕纶曾就读于龙门书院，毕业后在书院开设舆地、军事等课程。其办学的许多新举，得意于这段求学教书的经验。有此也开启了一段他与瑞安人的交谊。1887 年 12 月 17 日，孙锵鸣和他的女婿宋恕一起参观考察张焕纶的梅溪书院。孙锵鸣赋诗三首，称赞梅溪书院“开堂聚群英，莘莘皆兰芷”，赞张焕纶“伟哉子张子”。宋恕也赋诗二首，赞美梅溪书院：“涓涓梅溪流，虽微可清耳”，并感叹说“安得汉郡县，学校皆如此”。那年，宋恕与张焕纶“一见如故，时相过从，从容论当世务，甚合”。宋恕称张焕纶为“江南奇士”，为张焕纶《救时刍言》写《书后》(《宋恕集》)。张书共四卷，提出变革措施数十条，宋恕说仅“一条与鄙见未合”，“余皆深合鄙意”。宋恕在《书后》提出著名的三始说，废时文，改官制，开议院。温州博物馆今存张焕纶写给宋恕的信函 22 件，时间大致在 1887 年至 1889 年。张焕纶比宋恕大 16 岁，张焕纶在其中一封信中说：“我两人心心相印如此，咄咄奇事！文气磅礴盘郁，皆真性情所流露。”“弟知交中不乏有才有学之人，求有真血性之人独鲜。凡骛虚矜持、漠然无意于民物者，由无真血性也。惟真血性人乃能先天下忧、后天下乐，阁下真其人哉！”两年后，张焕纶回忆两人的交往畅谈说：“客岁剪烛雄谈，发前万年未泄之秘，商后万年不刊之典，不顾小儒咋舌、伧父掩耳，夜益深，谈益豪，两人气概自谓一时无两。”那时的宋恕一心想着：“斟酌古今采欧美，更改制度活黎元。永嘉旧学大施展，水心君举慰精魂。”他又在题陈虬《上山东张抚帅书》诗中说到与张焕纶论设立议院等变法之事“昔年曾与论此事，上下纵横千万语”。(《宋恕师友手札》)以上这些新发掘的资料，是洪振宁先生这次提供给我的，抄录在上面，最直接地表现了张焕纶与瑞安孙氏、项氏家族的密切关系。

另外，张焕纶的长子，也就是我的祖父张铁民，系南洋公学首届师范生，师范院学长(班长)。南洋公学师范院院歌《警醒歌》的词作者是张焕纶,谱曲者之一就是我祖父。或许是与歌词主题相契合,作曲署名取铁民的沪语同音"惕铭"。上海交通大学将《警醒歌》作为校史上第一首校歌。张铁民兼通英、法两国文字,曾为教员及上海广学会的翻译员,译著颇丰。宣统二年,应《新闻报》馆总理汪汉溪诚邀,入报馆任编辑,一度任总编,其后因病退职。愈后复出任编辑,直至 1936 年去世。张铁民与项骧的关系密切到什么程度,还需要查考。但可以确定的是,祖父是南洋公学师范院的第一届学生,项骧是 1901 年南洋公学特班的同校园的学生。另外,瑞安方面的资料表明项骧是南洋公学师范院特班的学生,就是由蔡元培督学的那个班级。另外,瑞安方面的资料表明项骧是在 1899 年到上海求学的,入学梅溪书院。那时张焕纶身体渐衰,校董会由其二弟张焕符主持,其长子张铁民掌管校务。故此,张焕纶父子与项骧在梅溪相遇,张铁民和项骧是南洋公学的学兄弟。两所学校将上海人与瑞安人结缘。

我在这里还要再次感谢复旦大学中华文明国际研究中心和我的两位复旦老友的邀请。我和复旦大学关系深厚,也是以一个复旦人的身份参与这次会议。恢复高考后,我在北师大读完本科和硕士。毕业后在复旦大学工作了 15 年,也是在那里获得了博士学位。复旦是我的母校,我的精神家园。最后要表达我的一层意思,就是说,研究瑞安新学、温州模式,都要注意蕴藏其中的移民文化,这个也是上海文化的基因,也是上海这座都市永远"摩登"的不竭之源。反观之,这也是温州的文化基因。"走天下""创世界"的传统由来已久,成就卓然。移民在温州文化中深深扎根。移民文化为当地的社会结构带来了一种新面貌、新的样态。恐怕我们现在研究的还非常不够。接下来,我将从全球史、海洋史的角度,对上海跟温州之间的关系再做一点解读。

二、从梅溪到南洋

中国俗语称:三句话不离本行。我是一个历史学者,我的发言要从上海的一则历史往事开始。1904 年春,上海老城厢的梅溪学堂接受了一名叫胡洪骍的新生,他是这个新式学堂创办人张焕纶的挚友胡铁花的小儿子,老家在安徽绩溪。梅溪是中国人自办的第一所新式小学，张焕纶则是地地道道的上海本地人。尽管胡洪骍在此仅读了一年便转到了澄衷学堂，但他在梅溪受过的新式教育的启蒙使他终生难忘。学堂开设的英文、算学两门是胡洪骍在绩溪老家的私塾从未学过的，可以说是他所接受的西方文化和科学的最早启蒙，而他在到上海之前就打下的厚实的国文功底，又使他在进梅溪六个星期后，在课堂上指出教师教学中的失误而得教师赞赏，一天中连升三级。胡洪骍一直记着这个上海老城的小小的学堂，还有他父亲的老朋友倡导新学的无量功德。

那个安徽绩溪的乡村少年在上海求学六年之后，又从黄浦江起航，踏上了留美之途，在美国康奈尔大学开始了留学生活，完成了人生道路上又一次重要的转折。他就是胡适。而胡适始终念兹在兹的梅溪学堂和它的创始人张焕纶先生，则是我的曾祖父。这当然是个历史的巧合，但在史学的视野中，却有相当的历史寓意。胡适和张焕纶，一个乡村少年和一个上海老城士绅，虽然他们的故事都与上海新式教育有关，而两人的命运却迥然不同。

胡适的家乡安徽绩溪是一个万山重叠，清溪如织的山间乡村，风景秀丽但十分闭塞。抗战时期，连日本人都未敢去过。1940 年胡适的 50 虚岁大寿，家乡的村民隆重地给胡适上了一方匾，按中国传统，这显示了村民对他的尊崇。匾上的内容倒与本题无关，值得注意的是，附识特别注明“驻美大使”的官衔。因为村民们只知官，不知学，在他们看来，教授、博士、主编都不如一官半职重要，他们甚至不懂那些头衔意味着什么。于是我们不难想象，若不是经过梅溪学堂、澄衷学堂和中国公学的熏陶，而后又入康奈尔、哥伦比亚大学，恐怕就难以产生这样一位震撼现代中国的文化巨人。正是这个由溪到海的历程，孕育了现代中国的一代知识精英、文化精英和政治精英。从 19 世纪中叶起，在上海新式教育中成长起来，又从这里走向世界的何止胡适一人！

在这里，我特别要再次提及一位瑞安人项骧。他在 1902 年 11 月反对保守教员的“墨水瓶事件”后，与 145 名学生集体退学。次年，项骧转入震旦公学，与复旦结缘。两年后，他在族叔项湘藻资助下踏上留美之路，到哥伦比亚大学深造，在那里获得政治经济学硕士学位，与胡适成为校友。少年胡适、青年项骧竟与梅溪学堂、南洋公学、复旦大学有如此联系，不能不使让人感受到近代上海教育的独特魅力。

可以毫不夸张地说，在现代中国，几乎难以找到与上海的现代教育没有任何关系的名人、精英，他们或是直接受到新式教育的启蒙，或是在上海学校有过或多或少的经验，或是从上海踏上留学的征程。上海犹如他们人生的摇篮，人生的舞台，人生的驿站。1874 年 9 月 19 日，中国最早官方派遣的留美幼童 34 人，从上海登船，前往美国。据载，这些第一次踏上轮船，坐在“室洁灯明，光彩交映”的大菜间里的中国男孩，望着船外“自来火灯簇簇匀排，荡漾波心”，感到快乐而新奇。正如著名教育家蒋梦麟在自传中写下的 20 世纪初登船离开上海赴美留学的感受：“邮船启碇，慢慢驶离祖国，我的早年生活也就此告一段落。”

或许有人要问：为什么上海和它的现代教育有如此的魅力？北京的新式学堂不也赫赫有名？比如北京大学的前身京师大学堂，清华大学的前身清华留美预备学校。诚然，北大、清华至今仍然是中国现代教育骄傲的象征。但是，教育与一座城市的成长，与一个东方大都市的崛起如此紧密关联，环环相扣，非上海莫属。这就是关于我的曾祖父张焕纶的故事，另一个由溪入海的故事。

张焕纶 1878 年创办梅溪学堂，因成就突出，在 1897 年被聘为南洋公学的首任中文总教习，即教务长，并首创师范班，开启了中国师范教育之门。然而，这样一位中国现代教育的先驱，早已在历史中湮没。至今，除了上海梅溪小学还记得这位创始人之外，很少有人知道他和上海交通大学、中国师范教育有着如此的渊源。若不是近年来上海史研究方兴未艾，大概连我这个后代也只听其名，不知其人。梅溪的往事已经完完全全地融进了大上海，无声无息。

这对于遵从传统的中国家族来说，多少带有一点悲剧的色彩。而当我们用社会的眼光审视这段历史进程的时候，则会感受到一种震撼和激情。消失在大上海百年历史之中的，远不止张焕纶这个具有新思想的老学究，而是整个上海老城厢和它的居民。上海，这个在 19 世纪中叶开埠以前极为普通的滨海县城，在历经开埠以后 80 年的沧桑巨变，到 20 世纪 30 年代俨然是一个被称为“东方巴黎”的现代大都市。尽管这个历程中充满着屈辱、哀伤和血腥，但也凝结着无数的创造、成功和辉煌。

这个历史巨变产生的一个最重要的社会成果，是新上海人逐步取代了城墙内的老上海人，走到了社会的中心，成为这座城市的主体。这个理直气壮的对外宣称是“上海人”的人群大而庞杂：有殖民者，有外国难民、冒险家，有国内的逃难者、求生者、淘金者，当然，还有负笈千里的莘莘学子。也在这传统和现代的新陈代谢中，上海老城厢内的本地人蜕变成新上海人群中的一部分，不再凸显自己的特征。以至于在今天，铺天盖地的现代媒体所传达的怀旧情绪，是针对20世纪30年代摩登的上海人而发，而不再去追寻更具有本土意义的原生态的上海人。

上海现代教育的兴起，正是与新上海人的喧嚣问世，与上海历史急速的新陈代谢紧密相连。梅溪出现之前，洋学堂在上海方兴未艾，天主教会创办的徐汇公学于1849年创办；1857年，另一所天主教会学校圣方济学校在上海虹口开办；基督教会的学校裨文女塾和清心书院分别于1850、1860年先后开学。上海最著名的教会大学圣约翰大学的前身圣约翰书院与梅溪学堂的前身正蒙书院同在1879年创立；其后，闻名遐迩的女校——中西女塾和天主教震旦学院于1890和1903年先后登场。继梅溪之后，不少移居上海的外乡人纷纷加入举办新学的行列。胡适离开梅溪之后就读的澄衷学堂，就是由宁波富商叶澄衷所办。南洋公学虽系官办，但初创时期的三位重要人物：总理（校长）江苏武进人何嗣焜、监院（西文教务长）美国人福开森(John Calvin Ferguson)以及张焕纶正好形成了一个小小的外乡人、外国人和上海本地人的共同体。1876年开幕的格致书院是更为典型的上海案例，它是由英国驻沪领事麦华陀(Sir Walter Hanry Medhurst)倡议创办，得到直隶总督李鸿章、两江总督李宗羲和上海道台等官员和地方绅商的大力资助。书院的核心人物则是江苏苏州人王韬和英国传教士傅雅兰(John Fryer)。本地名流李平书、张焕纶等都担任过书院董事。由外国人倡议，又不是教会学校或外侨学校，有不少地方名流、士绅参议其事，但又不直接掌管院务，中国官员对它有一定影响力，但它又不完全听命于中国政府。这样一所亦中亦西、亦官亦民、外乡人和外国人主事、本地人协助的特殊学校，在中外教育史上罕见。它与上海的社会格局、社会形态完全吻合，它只能首先在上海生根。

20世纪初，中外移民的各种教育行动构成了形态完整的现代教育体系。但这个体系打上了上海城市移民文化的深深烙印。每个学校的文化背景、社会背景差异很大，教育思想和方法的多样在上海成为正常。经由多元的上海教育的培养和熏陶，现代都市人又不断增添和强化了上海文化的开放和宽容的特质，就是令人瞩目的海派文化——海纳百川，有容乃大。海派文化完完全全接纳并包容了我的家族、上海本地人和上海老城厢。这个由溪入海的故事可以打住，但它也似乎在提醒我们，“老上海”里，仍然有一位近代教育家张焕纶的背影。

张济顺，华东师范大学历史系教授，原党委书记，
上海史、中国现当代历史研究学者

文化，作为温州人力资本的构成要素

很高兴能参加“2019 玉海文化研究论坛”，感谢会议主办方特别是复旦大学李天纲教授的邀请。我是温州乐清人，专业背景为经济学，曾跟踪研究过温州模式较长时间。20 世纪八九十年代，曾几次来瑞安的莘塍、塘下等地做家庭工业、专业市场发展情况调研，1998 年还在瑞安参加过一个民营经济发展研讨会，但而后 20 多年就没有机会再来瑞安了。

瑞安是历史文化名城，是永嘉学派的重要发祥地。昨天我们实地考察了孙怡让、宋恕、陈黼宸、项骧、周予同等名人故居和整修后的忠义街等历史古迹，让我对瑞安的历史文化有了新的感性认识。我还参观了瑞安中学及其校史馆，了解到它是孙诒让创办的、温州地区最早的新式中学，它培养出一大批杰出校友，新校区从选址、规划、布局到建筑风格，也都给人留下深刻印象。瑞安与我老家乐清的人口规模、经济实力等都差不多，但瑞安的城市规划建设明显要比乐清好，中心城市的集聚功能相当突出。昨天听陈书记说，瑞安市区的建成区面积(包括周边街道在内)达 100 多平方公里，人口已有 80 多万了。而乐清主要受地理环境的影响，在狭窄的滨海地带从南到北就分布着北白象、柳市、乐成、虹桥等大镇，不利于经济和人口的集聚，不能有效形成一个市域中心城市，不无遗憾。

2017 年，《温州日报》用一整版篇幅转载李老师的《兴文教以开风气，尊先贤以继传统》一文，它对瑞安近代历史文化的发展脉络，特别是对近一两百年来温瑞和上海的经济、文化联系与互动，梳理得非常清晰，分析得有根有据，读后让人信服，深受启发。在温州，瑞安无疑是一方重镇，历史文化积淀深厚，人才辈出，经济发展特色鲜明，值得进一步挖掘与研究。复旦大学中华文明国际研究中心在瑞安的研究基地昨天也已经正式挂牌，可喜可贺。

在今天的论坛上，我想就温州区域文化与温州经济发展中的人力资本之关系，漫谈一些体会认识。

在座的大部分教授、学者都是做历史学、文化学和思想文化史等方面研究的。像洪振宁先生提交的论文，把瑞安的历史文化与“改革开放”贯通起来进行研究。我们探讨文化与经济的联系，永嘉学派与温州模式的关系，温州人与温州经济发展的关系等，都会碰到一个问题：它们是通过什么“中介环节”而建立起有机联系的？我想到了现代经济学中现成的“人力资本”概念及人力资本理论。在我看来，区域文化对现实经济活动的影响，是通过凝结在劳动者身上的人力资本而发挥作用的，换言之，人力资本是文化与经济建立联系的“中介环节”。

一、温州发展的最大优势是温州人

温州的陆域面积只有 1.2 万平方公里，2018 年末全市常住人口为 925 万人，其中户籍人口为 828.7 万人，除了泰顺、文成等山区县，温州沿海一带的人口密度非常高。境内方言多种多样，有温州话、闽南话、蛮话、苍南金乡话、大荆话（台州黄岩话）、客家话、泰顺话等，它们相互之间是不相通的。如苍南县有温州话、蛮话、金乡话、闽南话等不同方言；平阳、洞头县主要有温州话和闽南话；乐清市有温州话、大荆话（台州黄岩话）；泰顺则有泰顺话；文成话与温州话也有差别。语言相通是相互交流的前提，也是相同的区域文化形成的基础。温州区域文化，就其核心区范围而言，便是以温州市区为中心，并与周边的瑞安、乐清、永嘉等市县说温州话的人口共同组成的这样一个区域。

在 1978 年改革开放之初，温州人均耕地就只有 0.5 亩，到现在则下降到 0.33 亩，而联合国粮农组织公布的人均耕地警戒线是 0.81 亩。这么点人均耕地，不管农民怎样精耕细作，连吃饱肚子都有困难，更不可能发家致富了。从自然资源禀赋的硬约束条件看，温州人之所以形成跑码头闯天下、四海为家的传统习惯和生活方式，实在是一种无奈的选择。如果像浙东北和苏南等地那样，老百姓在当地生活得好好的，温州也就不会有那么多人、那么高的比例人口背井离乡去走南闯北，甚至闯荡世界了。我觉得，很多温州人在国内外读了书以后不回来，选择留在外面发展，与温州的地理环境和资源条件也有密切关系。

很多人都说，温州经济发展是靠“改革开放”起家的。诚然，没有改革开放这个大背景，就不可能有温州模式的应运而生，也不可能有温州这 40 年来的大发展，但改革开放的大背景大政策如同普照之光，全国都一样，为什么温州能够成为市场化、民营化改革的开路先锋并独辟蹊径创造特色鲜明的温州模式？尽管几十年来不时听到有人说温州经济不行了，但温州人总是能够通过自主创业创新而发展了 40 多年。

温州背山面海，偏居东南一隅，土地面积小，腹地范围也小；人多地少，资源匮乏，无金属矿产资源；与台湾地区隔海相望，长期属于国防前线，获得的国家投资很少。就是说，温州在区位条件、资源禀赋、国家投资、原有经济基础、资本积累等方面，都没有比较优势可言。那么，温州经济发展的比较优势在哪里？依我看，温州发展的最大优势就是温州人，其成功的主要秘诀也在于充分发挥了温州人的优势。有人可能会说：人是经济活动的主体和动力，不管哪个地方的经济发展都离不开发挥人的积极性与优势。这话初听起来没问题，但如果我们比较一下改革开放以来中国不同地区的发展状况就不难发现，如何发挥当地人的优势及人的优势的发挥程度，是大不相同的，可以说温州是将人的优势发挥得淋漓尽致的地方。如地处长三角核心区的浙江杭、嘉、湖地区，由于区位条件得天独厚，容易吸引外资和集聚人才，不管谁当市委书记、市长，只要尊重经济发展规律，不瞎指挥不折腾，经济发展业绩一般就不会差到哪里去；而温州则不然，特别需要创造让广大老百姓可以跑码头闯天下、根据市场需求创新创业的制度和政策环境，特别需要充分发挥温州人的优势和人力资本的独特作用。

二、温州人力资本积累的比较优势

瑞士著名心理学家荣格说：“一切文化都沉淀为人格。”我觉得，这句话对于我们理解温州人、温州区域文化是颇有启发性的。温州人具有强烈的地域认同感，喜欢“扎堆”集聚，喜欢“抱团”发展，还乐于互相帮助。在外地甚至在国外的温州人，一听到说温州话的老乡，即使初次见面，也会立即拉近情感距离。温州人所具有的特别强的乡情乡土观念，喜欢“扎堆”“抱团”发展的行为方式，就是一种充满故乡温情的“集体人格”。

在20世纪30年代的民国时期，温州的民族资本主义经济就已发展到一定规模了。进入改革开放时代，温州为什么会成为中国民营化、市场化改革的开路先锋？温州人为什么能够率先开辟并走上市场经济的发展道路？我想，这与温州人在价值观和行为方式方面的“集体人格”也是相关的。

在这里，我拟从人力资本理论视角进一步分析。人力资本理论作为现代经济学的一个重要分支，是在20世纪五六十年代后才发展起来的。美国经济学家西奥多·舒尔茨和加里·贝克尔，都因主要对人力资本理论的重要贡献而先后获得诺贝尔经济学奖。人力资本是与“物质资本”相对应的一个概念，亦称“非物质资本”。人力资本的主要特点在于：它与人身联系在一起，是凝结在劳动者身上的资本，包括劳动者的文化知识、技术水平、劳动技能和健康状况等，且不随产品、服务的出卖而转移。人力资本通过人力投资形成，人力投资包括：用于教育培训的支出；用于医疗卫生保健的支出；用于劳动力国内流动和移民入境的支出。其中，最重要的是教育培训支出。教育培训和医疗保健对于形成人力资本的意义，容易理解，但人口迁徙中发生的支出，为什么也构成人力资本的组成部分呢？这种支出，会使人力资本在流动重组中得到优化配置和增值，相当于间接提高了人力资本质量。

上述人力资本构成因素，没有涉及人的价值观念及其行为方式，或者说，它撇开了劳动者的价值观念及其行为方式的差别——对于比较成熟的市场经济来说，这种“撇开”也是可以理解的。但是，如果我们结合中国经济改革和市场经济发展初期的特定背景，由于不同区域在从农业文明向工业文明的转型发展过程中，特定区域群体从历史文化传统中继承下来的价值观及行为方式、交往方式和劳动技能等，都是大不相同的；而它们对当地经济发展路径、发展方式的选择及对发展绩效的影响，客观上也是大相径庭的。这也是我将特定的区域文化及受其影响的群体价值观和行为方式，视为人力资本的构成因素的主要原因。

在相当长时期内，温州的人均受教育程度都远低于浙江，甚至还低于全国的平均水平，医疗卫生事业的发展水平也不见得高于全国平均水平。因此可见，温州在人力资本积累方面的比较优势，不是表现在教育培训和医疗保健的较高程度上，而是主要表现在受区域文化传统的影响，以及同时受发展条件制约而产生的劳动力高流动性所带来的价值观念及行为方式上。

温州人力资本积累的比较优势，概括地说表现在：一是具有发现潜在市场机会的敏锐眼光和特殊能力。自改革以来，大批温州人跑码头闯市场，捷足先登发现市场先机的例子不胜枚举。二是具有很强的动员、组织社会资源的能力。温州当地可利用的发展市场经济的社会资源较少，但通过市场方式并利用亲缘、地缘、商缘的关系网络，温州商人、企业家能够迅速有效地动员和组织社会资源。三是具有敢于竞争、勇于冒险、善于创新的企业家精神。在全国不同区域群体中，温州的商人、企业家人数占总人口比例应该是最高的，个体工商户、小微企业主、企业家人数合计有近200万人，平均每五个温州人中大约就有一个当老板。四是具有丰富的、从当地产业文化传统中继承下来的“心灵手巧”的劳动技能。由于温州人多地少、发展空间狭小，广大老百姓必须在土地之外、区域之外寻找生存发展空间，各类传统手工业向来很发达，民间流传着“有艺不愁穷”的说法，裁缝、木工、泥水、油漆、理发和弹棉花、补鞋等农村手艺人一直很多。他们不仅吃苦耐劳，勤俭持家，而且头脑灵活，干活既快又好，在改革后是最早转入家庭工商业的一支生力军。试想，如果一个地方的农村劳动力长期被捆绑在土地上，像中国许多传统农业地区的农民那样，只知道面朝黄土背朝天埋头苦干农活，要想一下子跨越到家庭工商业领域从事经营活动，谈何容易，原因就在于人力资本积累难以匹配、不相适应。

那么，温州人力资本在价值观与行为方式上的比较优势是怎样形成的呢？我想，可能主要来自以下三个方面。

首先，重商主义的区域文化传统。在中国长期的农耕文明时代，重义轻利、重农抑商可谓根深蒂固，但温州八百年前形成的永嘉学派，就明确主张义利并举、事功务实、经世致用，永嘉学派的集大成者和主要代表人物叶适明确否定儒家所谓“仁人正谊不谋利，明道不计功”的思想，强调“功利与仁义并存”“农商并举”，提倡发展工商业，并把士、农、工、商的社会分工与互利作用看成是社会兴盛、经济繁荣的前提，从而在温州率先出现重视工商业的思想文化传统和商业精神。需要指出的是，一种社会学说的发展往往是特定时代的产物，永嘉学派也不能说是叶适等人凭空创立的，而是由于他们长期生活在温州，不仅可以近距离观察和切身感受工商业发展所带来的社会福利效果，而且也容易体悟和认同当时当地老百姓的价值观念、人生追求和民风民俗。这是主张“经世致用，义利并举”、通商惠工、减轻捐税的永嘉学派形成的重要经济社会基础。但可以想象，宋代温州的人绝大多数肯定是文盲，更不要说有多少人有能力和时间去阅读永嘉学派的学术著作了，因此可以说，温州区域文化中源远流长的重商主义、事功传统，应是由反映日常社会生活、非文本意义上的民间文化与由文人士大夫创立、文本意义上的永嘉学派所共同构成的，而且其主流应是民间社会代代相传的工商业传统及其价值观念、民风民俗。唯其如此，这种区域文化才具有充沛的活力、生命力及对后世的影响力！

其次，劳动力的高度流动性。受当地资源环境条件的约束，一代代温州人不得不选择流动迁移、外出谋生，形成跑码头闯天下的谋生习惯。温州人漂洋过海到欧洲谋生，至少也有一二百年的历史了。费孝通先生在 1986 年发表的《小商品、大市场》一文中有一段是这样写的：“那是 1937 年的夏天，我从伦敦到德国柏林去和我的哥哥一起度假。一天，有人敲我们的房，打开一看是一位拎着手提箱的中国人，异国遇乡人自然大喜过望，可我们彼此的方言不同，话语不通。只见他极有礼貌地鞠了个躬，然后打开手提箱，一看里面都是一些日用小百货，看来他是请我们买东西的。他走后，哥哥同我说，在柏林、巴黎等欧洲大陆的不少城市中，这样的小生意人数以万计。他们大多来自温州、青田一带。”至于温州人在国内的流动迁移就人数更多、频率更高了。即使在对劳动力流动管控极其严厉的“文革”时期，温州农村劳动力外出种田、伐木、做手工业、小生意每年仍有几万人。改革开放后，温州农村劳动力逐步获得了流动自由，据统计到 1986 年外出打工的就超过了 29 万人。他们从事各种手工业、个体商业、服务业，风餐露宿不畏艰辛，在市场的夹缝中求生存谋发展。现正泰集团董事长、全国工商联副主席南存辉是乐清人，他在 20 世纪 80 年代就是一位走南闯北的补鞋匠。农村劳动力在全国各地特别是在大中城市的大规模流动择业，非常有助于他们转变价值观念，提高劳动技能，积累货币资本，了解市场需求，捕捉市场机会，提高综合素质。在温州数以几十万计的打工者中，先是一批批分化出个体工商户、小业主，而后在个体工商户、小业主中又逐渐成长起一批大中商人、企业家。劳动力流动成为培育温州民间商人、企业家队伍的一所没有围墙而规模巨大的“综合性社会大学”，对温州人力资本的积累、提高的影响是积极全面，也是极其巨大的。再后来，随着温州商人、企业家走向全国创业，不仅为其他地区带去了资本、技术和管理经验，创造了大量就业机会，还为“将市场经济的种子撒向了全国各地”做出了独特贡献。

最后，“百工之乡”的产业文化传统。温州“百工之乡”的产业文化传统源远流长，这与上面说的“劳动力的高度流动性”也是相互联系的。据地方志记载，温州人“人习机巧”，“民以力胜”（乾隆《温州府志》卷四）；“能握微资以自营殖”（万历《温州府志》卷五）。就是说，温州人心灵手巧，善于经商做生意，能够让小钱不断得到增殖。即使经历 50 年代的社会主义改造，“文革”期间的割“资本主义尾巴”，也没有将温州的个体工商业赶尽杀绝，改革开放前的温州依然存在着“地下包工队”“地下运输队”“地下黑市交易”和“地下劳务输出”。所谓“地下”，说的是这些经营活动在当时是非法的，但人要吃饭活命，只能冒着风险顽强地“在夹缝中求生存”。一到改革开放的春风吹拂，就“千树万树梨花开”了，到 1984 年，温州从事家庭工业加工生产的就有 33 万人，从事购销业务的民间商人队伍则达 10 多万人。这样的经济奇观，显然与温州源远流长的“百工之乡”产业文化传统及劳动力的高度流动性密不可分，是断不可能在长期封闭的内陆地区出现的。万事开头难，温州人力资本后来的进一步积累，则是在发展市场经济中“边干边学”，并适应市场竞争环境变化而“水涨船高”的结果了。

三、温州人力资本积累之不足

历史的发展如抽刀断水。前述温州区域文化，长期孕育于农耕文明和传统工商业的社会环境，对于当代温州人的价值观念与行为方式的塑造，如春雨润物细无声，具有潜移默化的影响。比之传统农耕文明更加根深蒂固的中国广大内陆地区，温州的区域文化，以及受其深刻影响的人力资本积累，显然是更有利于市场经济特别是“古典式市场经济”的发展。在经历了 40 多年发展后，就温州人力资本积累的比较优势而言，目前仍然主要集中在重商重功、善于捕捉商机、勇于竞争、敢于冒险等价值观上，以及吃苦耐劳、心灵手巧、擅长务工经商等群体行为方式上。如从现代市场经济发展来审视温州人力资本的积累现状，且不论现代教育培训和医疗保健方面，即使在价值观念和行为方式方面，我们也应看到其不足之处与局限。

一是竞争意识很强，而合作精神较弱。温州人的一大特点是人人都想当老板，都想自己做主说了算，“宁为鸡头，不为凤尾”，因此普遍选择单打独斗的家庭经营方式。今天的市场主体，绝大部分还是实行家庭（家族）经营的小微企业、个体工商业户，规模企业不多，上市公司更少。同时企业之间实行紧密合作方式的也不多，职业经理人市场也没有得到相应的发展。这表明，温州人对合作、协作是不习惯的、也是重视不够的。但我们知道，发展市场经济，敢于竞争、善于竞争固然重要，但合作、协作的作用也是不能忽视的。

二是重“三缘”等“特殊关系”，而轻交易的“普遍关系”。温州人的家庭（家族）观念、亲友观念特强，非常重视血缘、亲缘、地缘等“三缘”关系，也很重视老乡、同学、朋友、战友等特殊性社会关系。但是，现代市场经济具有高度开放性特点，建立符合法律契约精神和现代商业伦理的普遍规则和交易关系，首先“要认规则而不是认熟人”。因为只有这样，才能更好地走向全国市场，进入全球市场，把企业做强、生意做大。

三是冒险精神强，而信用意识还需提高。温州人具有很强的自主性、冒险精神和扩张冲动。但近一二十年来，温州也不时发生一些民营企业资金链、债务链断裂，出现一些企业老板“跑路”并导致其他企业陷入财务危机，其中不少是由企业之间相互担保引发的。在温州民间，重诚信讲信用的“社会资本”本来是比较丰厚的，可一旦发生企业资金链、债务链断裂的连锁效应，何况有些被担保方从一开始就带有诈骗目的，也就必然会严重伤害市场经济发展的信用基础。

四是重视实践经验，而学习新知识不够。温州的商人、企业家的学历普遍不高，他们对实践经验非常重视，但对学习经济、管理、贸易、法学和现代科学技术等新知识则比较轻视。杭州有很多来自温州的商人、企业家，但在杭州的讲座、论坛和企业沙龙上，我几乎看不到温州人的身影。温州的商人、企业家在当地和国内外创办的商会、行业协会很多，但大都具有浓厚的同乡会、联谊会性质，组织会员举办新知识学习讲座、知识文化交流活动还很少。

总之，我们应该正视温州人在价值观念和行为方式方面存在的上述不足与局限，并努力加以创新改进。而近200年来“瑞安新学”的发展表明，它非常重视发展现代教育、培养现代人才，而且非常重视将教育发展、人才培养与实业拓展密切结合起来，像孙诒让这样的经学大师、文史学家，都亲自办学校、开公司；重视发展各类公益事业，有很强的公德意识；重视团结互助，抱团发展等。“瑞安新学”的这些特点和优点，是契合新的时代经济社会发展需要的，值得花力气进一步加以挖掘、总结和发扬光大。现在，瑞安市委提出要弘扬“玉海文化”精神。我相信，通过深入发掘“玉海文化”的丰富内涵并加以倡导推广，对于丰富提升温州人力资本的文化含量和企业家精神，对于促进温州人的现代化，对于进一步推进温州经济社会的现代转型，都是具有重要现实意义的。

张仁寿，浙江工商大学教授、前校长，温州模式、区域经济研究专家

近代瑞安经济崛起与江南、上海之交通

我这一次主要谈的就是晚清的沪瓯海上交通与瑞安的关系。为什么有这个想法？因为现在研究思想文化，非常注重思想文化传播的实际的渠道。换言之，也可以说是新的观念的实际的接受史。那么从这个角度来讲，瑞安文化是一个很好的范例。也就是说从地图上看，瑞安相对来讲，与新文化或者说是西学方面的重镇——上海，距离是非常远的，这是第一。第二，瑞安以往和上海的联系是比较疏离的。所以在这样一种状况下，昨天我们参观了一整天，非常的震撼。这样的人文底蕴，即使在上海郊县如嘉定、松江这样的人文胜地，其实也是难以媲美的。那就有一个很实际的问题，为什么相对偏僻的或者偏远的，在我们传统认为核心文化圈之外的瑞安有这么一大批的新学人才，而且他们的影响不光是对当地，对江南乃至整个中国都有一个非常直接的广泛的影响，这就是一个很有趣的问题。今天我只是从一个角度，也就是从新文化、新观念实际传播的渠道这一角度做一些探讨。

我想强调这么几点。第一，就是瑞安并不偏僻、并不偏远，这和上海开埠以后的整个的交通格局的变化是直接相关的。大家知道 1843 年上海开埠，同时宁波开埠，接着就是温州开埠。请大家注意非常关键的几个时间节点，换句话说，从外部的角度来看，温州并不偏远，温州很重要，否则的话就难以理解温州为什么在 1877 年就开埠。所以我们应该在整个近代的所谓三千余年之大变局的格局下看整个江南的文化发展，而不能拘泥于明清，或者近代、或古代传统等。

第二，对东南沿海地区而言，海运在当时是近代中国思想观念实际传播的主要通道。电报和铁路，相对来讲是比较滞后的。因为这样的缘故，温州、瑞安得以首先享受到交通工具的变革给思想观念带来的实实在在的影响。当时的海运,其实主要是客运。近代中国的铁路、汽车,也主要是客运。我们不要想象成,好像海上航运的通道主要是为了运载商贸货物。过去我们往往注重论述新的从西方传入的思想观念、文本对中国人的影响,近年来我们注意到促使近代中国人思想认识发生变化有更直接的原因,比如在探析西学对中国人的实际影响时,西器西物即文本以外的代表西方近代科技成果如轮船通航等新事物的作用更直观形象。因为作为一般的民众来讲,他实实在在体会到西方比我们先进,主要是看到的技术变革给他的实际生活带来的变化。而客运为主的晚清沪瓯海上交通的联系,这个对以往相对偏远的温州和瑞安,实际上就如同现在所说的“弯道超车”,一下子把所谓的相对的传统文化版图上的偏远地区拉到了中心地区,或者说使其直接靠拢了中心地区。

第三,我们要注意到上海开埠以后,江浙沿海地区逐渐形成的一个口岸城市体系,对瑞安经济、教育、思想文化和社会变革所带来的影响。比如刚才讲到的上海、宁波、温州,然后是杭州,在这样一个口岸城市体系下,瑞安所在的江浙沿海地区就整体被盘活了。瑞安在与外界新的商贸经济、教育科技、思想文化和社会变革等领域的沟通、联系和互动方面,在这样的体系和格局中间,获得了助益。所以在上海开埠后,对瑞安在中国东南地区轮船海运交往沟通网络初建之后的文化地位和文化影响,我们应该依据史实而有一个新的判断。

这里有实际的资料作支撑,比如讲我们注意到瑞安的新的思想、新的文化的崛起,肯定要回答一个问题,这些新学是怎么让人们读到的?比如讲新学的书报是通过什么渠道、以什么样的规模、在什么样的时段传入瑞安的,这是一个很有趣的话题。我就注意到邮局在温州和瑞安出现得很早。

自轮船招商局沪瓯海上航线开辟后,两地间信息的沟通大为便利。江浙地区,唐代以来就设置有邮驿传递官方文书。明清时,民间信函往来则由民信局及其信船传递。19 世纪初,上海有 70 余家民信局。[①] 它们与江浙各地的民信局,担当了民间信函的传送。由于便捷的海上交通,温州民信局的经营较为活跃。《1882 年至 1891 年瓯海关十年报告》载:“本城有 9 家民信

① 徐之河等主编:《上海经济(1949—1982)》,上海:上海人民出版社,1983 年,第 454 页。

局，总部在宁波。它们集体运作，费率一致，每年底按比例分红。在寄达地收取邮资，费率标准如下：寄往上海或上海寄来，每封信100文，量多则每封70文；寄往宁波或宁波寄来，每封信70文，量多则每封50文。以上信件若内含提货单，收费200文；内含支票、钞票或硬币，按其金额的1.5%—3.5%收费。包裹按体积大小收费30—500文。寄往其他地方和通商口岸或从那里寄来的信件，由宁波总部处理，除了温州与宁波或上海之间的邮资以外，另加上述两地之一与寄达地之间的邮资。宁波总部是本省南部地区的分发中心。如果本口与宁波或上海之间的汽船交通暂停时间稍长，且寄信人出价足够高，民信局就派出信差经陆路送往宁波。”①

1866年江海关试办邮政，为中国近代邮政事业的开端。1896年3月，光绪帝批准张之洞奏议和海关总税务司、英国人赫德所拟章程，开办大清邮政，由赫德负责此事。次年2月，上海成立大清邮政局，11月1日接收上海工部局书信馆，成为江南乃至全国的邮政通信中心。温州的新式邮局，也随之起步。1911年，温州邮局已从1902年的2所增至35所。“1902年开设的两个分别在温州和处州，其中只有温州是汇兑局，在此期间，在温州城和瑞安开设了两个分局，两个都是汇兑局。”②上海开埠后，尤其是轮船招商局沪瓯海上航线的开辟，激活沪瓯，乃至海外的经贸文化联系，对温州及瑞安思想文化和经济社会近代化进程多方面的助推作用，由此可见一斑。

所以我的一个基本看法，就是除了思想观念本身的研究，还要注意到思想观念是依托什么渠道，依托什么工具，以什么样的方式互相交流和互动的？由此想到一个问题，就是应该注意到浙东学派或者说浙东文化，或者说瑞安文化、温州文化，也就是说我们通常意义上的地域文化的研究，其实应该有更大的一个空间和视野。在今天来讲，特别要注意与江南文化的对接，与江南文化研究的对接。

为什么这么说？因为江南文化有广义和狭义之分。在我看来，在当代从事瑞安文化的研究，应该从广义的江南文化这样的空间来考虑。实际上

---

① 赵肖为译编：《近代温州社会经济发展概况：瓯海关贸易报告与十年报告译编》，上海：上海三联书店，2014年版，第218页。

② 陈梅龙等译编：《近代浙江对外贸易及社会变迁——宁波、温州、杭州海关贸易报告译编》，宁波：宁波出版社，2003年版，第168页。

这是你中有我、我中有你。近阶段上海江南文化、海派文化和红色文化研究是非常重视这方面的。从江南研究来讲，瑞安文化、温州文化目前相对而言是被忽略的，所以上海的学术界和浙江的学术界其实都应该关注这个问题。这个不应该被忽略，不宜比较狭义的考虑，以致过分强调本地的文化的独特性、重要性和影响力。近代的信息工具便捷之后，各地域文化的沟通和联系，其实已有了超乎我们想象的生动性、活跃性。所以我想在今天来谈玉海文化，有它的非常重要的时代意义。昨日，中国国务院正式印发了长三角区域一体化的发展纲要，我想对我们来讲，更加可以从中体会到玉海文化研究的当代的价值。所以我认为，从历史到现实，都应该以更大的空间视野来看玉海文化的学术价值和当代意义。

戴鞍钢，复旦大学历史系教授，著名港口地理、江南经济研究学者

小论永嘉学派的经济地理原因

我是从泰顺出去的，到吉林读大学，在复旦读研究生，毕业后留校工作至今。泰顺在温州是属于比较边缘的地区，过去咱们温州人一直把泰顺人叫作乡里。但是现在这种情况改变了，因为泰顺已经改变了，泰顺和温州周围的平阳、乐清都是“大哥哥”的“小弟弟”，跟在大哥哥的后面，有样学样的，所以也有了改变。这次会议确实开得很好，我自己也有一些感想，我研究的是永嘉学派，也主编《温州通史》。温州有自己的文化基因，感觉上虽然在温州经济发展得好的时候，各地都讨论怎么样像温州一样发展民营经济。但是，我们也认为温州的民营经济能够率先发展起来，有它特殊的环境。同样的道理，有些地方能做起来的，温州这里就不一定做得起来，当然这些理由我也很难说一定是这样。有些发展条件是暂时性存在的，有的可能就是从古至今都没有改变，于是就产生一个“文化基因”的问题，我今天就想谈谈这个题目。

温州人的创业，解决了民生困难，而创业成功也和地方文化有关系。我们认为温州的永嘉学派，是地方文化的反映，那就要问为什么这些观点在别的地方没有形成？我这里想再做一点论证。着重说明一下永嘉、温州的模式（叫作温州模式、永嘉学派也可以）形成的条件及其过程，以及它拥有的生命力。有学者讲到温州历史上经济文化的三次大发展，我同意他的想法，现在说“第三次”还太早，现在先不讲第三次，我们拭目以待，若干年后对现在的经济文化再下一个定论会更好。我们可以先提出来，温州从早期发展到现在的经济发展高潮中都有哪些特点？我想从这个角度讲一下，主要是举宋代的例子，看看温州经济、文化形成的时候有什么共同特点。

第一个特点，宋代温州的经济发展、文化发展高峰，首先是来自人口增长。我们先要肯定人口增长是古代经济发展的基本动力。温州是个比较独特的地方，它历来是中国人口密度最高的地方，大概只有福建一个地区略微超过温州，福建的人口密度也很大，从中我们可以比较出温州的一些特点。南宋的时候，温州已经是属于人口密度大的地方，我进行了一些研究。南宋末年，温州人口达到最高峰，人口集中在今天的沿海平原地带，包括瓯江平原、瑞安平原这一地带。平均每平方公里生活近 520 人，这是什么样的概念？1958 年瓯江下游的村庄就是这个数字。也就是说，南宋温州沿海地带，人口密度就已经达到当代水平了。当然，彼时山区开发还没开始，而且沿海平原还在不断形成。新的土地开垦以后，情况还会有改变的。

温州文化的第二个特点，是在瓯江三角洲平原的开垦过程中形成的。温州在这样高的人口密度下面，腹地山多田地少，就只能往沿海平原，通过围海造田来谋求新的空间。所以三角洲平原不断地形成，不断开垦，平原人口不断繁衍，山区人口不断移入，这样温州瓯江、飞云江三角洲平原地带人口越来越多。围海造田要花大的代价，费用要去分担，劳力要分配，家庭、家族之间要商量问题，这样就会形成合作，有学者讲的温州人的“抱团”大概也就是在这种围海造田的过程中形成的。

第三个特点就是温州的耕读文化。在温州的地理情况下，山区不能发展大农业，只有一些山货、野货的土产可以交易。只有在三角洲地区，较大规模的农业才成为可能，温州人解决吃饭问题，慢慢变得富裕起来，就是在三角洲地区发展农业的结果。农产量增加，吃饭问题解决以后，就有余力发展工商业，温州平原地带的工商业是相当发达的。工商业的发展，可以导入相当的财富，也就可以供养更多的人口。从农业、工商业生产中进一步分离出来的剩余人口，还要寻找其他方面的出路，读书也成为温州人的一个出路。温州人读书好，与江南其他地方一样，也和生活的压力有关。当温州人口的增长速度超过了耕地的增长速度，温州人就会不断寻找各种各样的出路。

根据我的人口史研究，明代时温州的人口与耕地的紧张状况曾经有所改善，粮食紧张的状况开始缓解。这是因为宋代开发的盐碱地经过一百多年时间的熟化后，可用耕地面积开始增多了。但是情况稍有一些改变，自然繁殖和迁徙进入的人口又增加了，来自人口增长的压力始终没有减轻。那么，消减人口压力的另外一个途径就是到山区开垦新的耕地。明代以后，平原人到山区开发耕地的情况也有发生。与山区耕地开发的同时，沿海滩涂地发展渔业的情况也不断发生。明清时期，渔业成为温州经济中的重要部分，渔业在温州的经济当中是很重要的。

人口压力的导向，还有一个重要的途径就是投入工商业，这方面我也做了一些研究。温州是南宋时候的重要商埠，温州本身并没有太多可供出口的物资。我们讲到的瓷器，主要还是从龙泉那边过来的，温州本地产量有限，质量也不高。温州更多的是扮演几个港口之间的转运点的角色，有点类似于以前讲的荷兰的"海上马车夫"的角色，温州人把货物从这里运到那里。元代海运中，温州人经常出现在浏河港，他们有时候像闽船，有时候像苏船，在东南沿海起到中介作用。在沿海贸易过程中，温州的产品质量也有提高。但温州的漆纺产品，其实主要是从浙西，浙北那边来的。温州的丝绸，完全是浙北来的。

凡是人口密度大的地方，一定是重视读书的。大家也注意到，在浙江省读书读得最好的不是杭州，是温州。在温州人的笔下，还有其他的一些学者的笔下，那时候杭州人还有点懒洋洋的，因为科举其实也是冒险之举，你奋斗了多少年，如果不成功的话，那你吃饭的问题和孩子的前途也解决不了。所以基本上在宋代的时候，温州是属于读书读得比较好的地方，此外是福建。就这两个地方。杭、嘉、湖那一带是到了明代以后情况才倒过来的。我们讲到温州的经济发展，不能离开中国历史的大背景，因为历史是一个变动不居的过程。

中国古代的任何一个王朝都重视农业，没有不重视农业的。但是，对商业的观点就是很不一样，有些时候就把商业当作需要受到压制的对象。所以明代的时候温州人下海不行了，连上山采矿都不行，那么能干些什么？你老老实实地在山区耕种几亩薄田，那一点点田地怎么解决吃饭问题，所以温州人偷偷摸摸下海的也很多。正路被关上以后，他们没办法，于是被迫走违禁的道路。到山上采矿也是不许的，因为朱元璋有个理论，认为几百人聚集在一起是要造反的，所以不许上山采矿。但明代唯一的一场南方地区的农民起义，就发生在我们家乡的采矿业。政府派大军把他们镇压下去，才在泰顺建立一个县。这说明外部条件很重要，有时候国家政策不利于温州发展。

宋代做得那么好，温州人定位那么高，为什么到了明代就下去了？基本上是和国家政策有关系的。国家政策转变对浙北影响不大，因为浙北都是平原地带。温州这个地方就不行，很多条件不具备，所以温州到了明代就开始走向衰落了。什么时候又开始好点？到了清朝收复了台湾之后，朝廷就解除了禁令了，于是对外贸易又重新发展起来。在明代不许发展对外贸易，清代许可了。“五口通商”以后，温州经济发展的另一个时代也来临了。所以说对外开放，能够往海上去，也是温州经济发展、文化发展必需的一个条件。

还有一个方面值得我们注意，温州人在南宋时参加科举的成功率在全国可以说是名列前茅。科举成功率高的还有福州，因为那时候的官员选拔基本上是通过科举来实现的，所以南宋时期可以说是温州人在中国政治舞台上影响最大的一个时期。南宋时期，温州的文化人和学者的人数都有了大幅度的增加。当然在文化、文学艺术领域也产生了一些有全国性影响力的人物。来自温州的官员、学者们都具有共同的想法，我想这共同想法就是这个地域是历史所形成的，这块地域上产生的思想也是历史所形成的。今天我们说永嘉学派并不是宋代才开始形成的，它从唐代以来就在浙东萌芽了，但拥有全国性的影响力是从南宋开始的。所以我认为这也是我们要分析的一个方面。

温州学者重视工商业，永嘉学派讲“义利并举”，这是当然的。温州人要靠工商业来解决自己的吃饭问题，他们不一定要重视工业，但不会像朱熹那样提出盲目压抑工商业的想法，这种想法在温州是一直受到抵制的。而且还有一点，大家应该也都注意到，明代的理学很兴盛，但理学在温州不占上风，这也比较独特。因为它的经济，它的生活的需要，它没有前提去讲那些空话的。因此思想文化作为上层建筑的一个部分，不是凭空产生的，它是环境的产物，它受到地理环境的影响，也受到历史传统的影响，它植根经济的深厚的基础之上，像在温州这种地方，永嘉学派经世致用的思想是有它的生存土壤的。

吴松弟，复旦大学历史地理研究中心教授，著名温州籍学者，《温州通史》主编

温瑞文化复兴

从『永嘉之学』到『瑞安新学』

兴文教以开风气，尊先贤以继传统

引言

对于从20世纪80年代以来的中国经济发展，学界一直有“温州模式”和“苏南模式”的比较和讨论。撇开两个发展模式的具体差别不论，温州偏处一隅，人口、幅员、技术、市场等基础条件远远不如江南平原、水网发达地区的情况下，工业化、城市化、市场化和现代化却都能强势崛起，甚至与“江南”相提并论，实在是历史上一个非常突出的现象，堪称奇迹。

当我们探究“温州模式”为何成功，以及今天反省温州整体发展还存在问题时，往往众说纷纭，经济学家、政府官员、一般民众，以及国外人士都会提出不同的看法。一般认为，温州人民勤劳、精明、奋斗、“抱团”，较早出国闯荡，又乐意在成功之后造福乡梓是当代温州崛起的原因。是的，这些原因或多或少都是有现实依据的，有很多案例可以证明。但我们还是要说，这些原因都还是不完整的，甚至不是根本性的。我们还是要问：当年为什么是温州，是瑞安，而不是看似条件更好的望郡？其实，当代温州经济、社会的发展还有一个更加关键的原因，那便是文化因素。这里所说的“文化因素”，包括了学校、教育、科学、技术、新式产业、外事交流、社会团体等，在这些领域，温州（尤其瑞安）地区在120年前就在江浙区域领先发展。瑞安地区早期的新式文教事业和近代事业，是当代“温州模式”的一个重要基础。另外，如果想要对“温州学”进行研究探讨，这些因素都是不可忽视的。

我们认为，温州地区的现代化，并非是从80年代才开始，而是早在一百多年前，以一大批乡贤人士举办新式文化、教育、市政、产业事业为肇端。简单地讲，就是由孙衣言、孙锵鸣、孙诒让、宋恕、陈黻宸、项氏兄弟等倡导而来的。他们不但是瑞安和温州地区的文教大族，而且身先士卒地倡导和举办新式产业、现代商业和文明市政，瑞安的学校、工厂、公司、邮政、码头次第兴建，即使是在当时现代化事业中“开风气之先”的江浙地区，瑞安也是“敢为天下先”，走在大部分州、府、县之前。

相比由改革开放开始的“现代化”，近代中国已经经历过一次相当强度的“现代化”，学术界称之为“早期现代化”。清末民初的“洋务运动”“戊戌变法”“辛亥革命”，历史学家将这些判定为失败了的“现代化”。然而，运动虽然失败，但其过程留给我们的遗产，并不是无用的。先贤们开辟的那些道路，那些做法，那些具体成果，都渗透到地方事业中，为后人所继承。比如，今天上海的上海中学，就是当年瑞安乡贤孙锵鸣执掌十年的龙门书院的薪火相传；今天瑞安的瑞安中学，则是由孙氏、项氏开创的学计馆、方言馆的直系传承；上海的复旦大学，是由丹徒马相伯、瑞安项骧、无锡胡敦复、三原于右任、川沙黄炎培等师生，加上上海、宝山的地方士绅合力创办的，今天发展成著名大学。与改革开放以后的现代化相比较，清末民初的那场轰轰烈烈的运动，堪称“近代中国的第一次现代化”。

“第一次现代化”期间，中国有几个地区的“维新”运动突出，取得了一些成就。“同光新政”以后，上海、南京、汉口、天津得风气之先，建立了众多新式机构。通商、通都大邑之外，宁波、广州、厦门、福州、长沙、南通、无锡、安庆等口岸城市的近代文教事业也有相当程度的发展。然而，瑞安所处的温州地区交通不便，没有租界，早期并不对外国人开放，也没有大量的外来知识分子聚集到本地。但是，瑞安的文化、教育、工业事业发展很早，在本地造就了一批新式机构和人才并大量向外输出。瑞安的“新文化”“新教育”，虽不像沪、宁、汉那样地处人文荟萃的中心城市，但本地培养的人才，并不亚于江苏、浙江的任何府城。当年的瑞安，只是个普通的县级城市，瑞安县所属的温州府，夹在福州和宁波两大对外通商口岸之间，相对闭塞。瑞安的外语教育虽然晚于上海、宁波的教会学校，但在华人自主办学研习外语和科学方面，却早于杭州的方言学社和绍兴的中西学堂。总之，近代瑞安地区现代事业的强势崛起，并没有多少“天时”“地利”因素，有的只是一大批矢志不渝，自强不息的先贤人物，他们艰苦创业，打开眼界，增进知识，编织网络，这才有了“走出去”的第一代现代温州人。瑞安地区一百多年来的成就，靠的就是“人和”。

近代瑞安，涌现出一批文教型的先贤人物。例如著名经学家、维新教育家孙诒让（1848—1908）先生，今年是他的诞辰170周年，逝世110周年；新派文人、南社骨干洪炳文（1848—1918）先生，今年他诞辰170周年，逝世100周年；实业家、慈善家项湘藻（1858—1918）先生，今年是他诞辰160周年，逝世100周年；著名经学史家，复旦大学教授周予同（1898—1981）先生，今年是他诞辰120周年；著名音乐家缪天瑞（1908—2009）先生，今年是他诞辰110周年。仅仅是可以纳入诞辰周年的温瑞籍知识先贤，就可以轻易列举如上。这些人物虽非政、商领域的风云人物，但他们在中国的科学、文化和教育领域都具有扎扎实实的专业影响，也做出了非凡贡献。

浙南地区的新派读书人数不胜数，他们结成了一个温州籍的学者网络，这一“温学网络”完全可以和世界各地的“温商网络”相比。民国时期，温籍学者网络已经遍及全国各地的大、中学堂，在诸多领域大有“无温不成学”的态势。以数学专业为例，温州籍数学家为20世纪中国大、中学校做出了突出贡献，以至于全国数学界公认温州地区为“数学家之乡”。例如，复旦大学前校长、著名数学家苏步青先生，复旦大学前校长、著名数学家谷超豪先生，都是温州籍，他们的学术渊源，也都始于瑞安学计馆的师教薪传。复旦有一个传说，20世纪80年代全国大学数学系的主任，一大半是复旦的毕业生。这些以温州、瑞安籍为代表的知识精英有一些普遍的特点：(1) 他们都和上海在洋务运动后出现的新派知识界、文化界有着密切的关系，比如“洋状元”项骧到上海后，与张经甫、蔡元培、马相伯交往，学问大长，一生成就突出；(2) 他们大多是从传统士大夫转化而来，古今中外的新旧知识，调谐会通，具有“旧学商量加邃密，新知培养转深沉”的品质；(3) 温、瑞籍的新式知识人，常常可以联通到由清末经学家、朴学大师孙诒让创办的瑞安学计馆，以及由乡绅实业家项湘藻、项崧兄弟创办的瑞安方言馆。也就是说，温州风气之开，最初就是由几位瑞安先贤奠定的。为此，我们可就瑞安学风或称“瑞安新学”形成的三个特点进行论述。

一、瑞安学风与海派文化

在清同治、光绪年间，中国士大夫意识到“洋务”的重要性，讲求“新学”。当时看来，北京最具“天时”“地利”，那里集聚了全中国的财富、权力，翰林院、国子监等最高学府都在北京。然而清朝的北京并不具“人和”，那里的官员、满贵和读书人都抵制“西学”。1862 年，北京设立同文馆，满洲八旗子弟不好学习，几十年也没有培养出一个人才。南中国的澳门、广州 16 世纪就与欧洲通商，以最早出产“通事”人才闻名，具有“地利”“人和”，独缺“天时”。在五口通商以后，上海迅速崛起。1853 年，上海的进出口外贸总额超过了广州，洋行、银行、书局、报馆、学校、教会、学会等机构在外滩一字排开，远远超过了澳门、香港和广州。同治年间“太平天国”运动剧烈动荡，两广、两湖、江南都惨遭涂炭，上海却得以幸存。因此，就创设“新学”来讲，19—20 世纪的“天时”“地利”“人和”都转到了上海。这就是上海之所以能够取代北京的传统文化中心，超越广州的对外文化交流中心，成为中国新文化、新思想、新生活和新教育策源地的原因。

温州府的瑞安县，地较偏僻，办学不易，“天时”“地利”“人和”中，前两项都无法具备，只能依靠“人和”的强大效应。对此，孙诒让在《瑞安新开学计馆叙》中坦陈：“瑞安偏小，介浙闽之间，僻处海滨，于天下形势不足为轻重。然储才兴学，以待国家之用，而出其绪余，以泽乡里，则凡践土食毛者，皆与有责焉，故不容以僻远而自废也。”与上海开埠以后聚集了江、浙，甚至全国和海外的信息、资本、技术和人才相比，瑞安兴学全凭本乡本邑之力。以一邑之力，办时代之大事业，这等的决心不是周围环境逼迫所致，而是几个士大夫“文教救国”“振兴乡里”的自觉意识所致，以“人和”之“君子自强不息”，弥补了“天时”“地利”所欠缺的因素，终于在温州地区发展起一个相当强大的新式教育事业，成为在东南沿海地区独树一帜的“新学”基地。

瑞安学计馆和方言馆，是地方办学的先驱。19 世纪 60 年代，北京、上海、广州举办同文馆、广方言馆的时候，其他城市并无兴办新学的举措。大多数的地方学校转型，无论是私塾、书院改为小学堂、中学堂，还是全新创办的中西、存古、方言、师范、法政、实业学堂及各类新式书院、公学、学院等，都开始于1905年前后，主要是为了响应张百熙、荣禄、张之洞等人《奏定学堂章程》（癸卯学制，1903年）仓促举行的。“废科举”之后，各地要员急忙应对，这才形成1905年的全国办学高峰。然而，瑞安的情况不同，据初步查证，学计馆和方言馆在1895年筹备创办，比全国各地士大夫设立的新学堂提前了近十年，是地方士绅们在“废科举”之前就已经出现的自觉行为。

19世纪60年代，因为太平天国运动和第二次鸦片战争的失败，清政府迫于内外压力，开始推行“维新”措施。为挽救清王朝，主导“同光中兴”的曾国藩、李鸿章、左宗棠，一方面敦促北京对外开放，另一方面利用手中的权力，在上海、南京、天津、福州、山东、兰州兴办“洋务”企业，如轮船招商局、江南制造局、金陵制造局、福州船政局等。这样，便形成了由中央和地方两股力量推动的“洋务运动”。清朝中央的学校改造计划，基本上只是为了配合洋务运动的补充措施，并没有根本性的学理性考虑。时至19世纪80年代，北京主导的同文馆、广方言馆办学计划并不成功。相反，由于上海地处中西文化交流要津，洋务运动开展比较充分，一批新式学校在民间人士的推动下应运而生。例如在上海租界开设的中西书院、格致书院是华人士绅、地方大员和外国传教士、商人合作举办的新式书院；在上海老城开设的龙门书院、梅溪书院，是传统士绅举办的改良书院。

简言之，清末的教育改革，一种形式是为北京朝廷效力的同文馆模式，最后完全失败；另一种形式是上海民间的改良书院模式，在当时已经相当成功。瑞安的学计馆、方言馆，正是受到了当时上海租界内外办学的鼓舞，同时也借鉴了龙门书院、梅溪书院的办学经验。这一点，无论是从学计馆、方言馆的办学宗旨、课程设置，还是从孙锵鸣、孙诒让与张经甫的个人关系，以及项氏家族与上海洋场的商业联系上都可以看出。因此，与瑞安的“新学”事业相联系的，不是北京，而是上海；不是官场，而是民间。1896年，孙诒让的《瑞安新开学计馆叙》刊登在上海《时务报》上，这是响应上海变法运动的一项重要成就。近代以来，一大批瑞安籍学者如孙锵鸣、陈虬、宋恕、陈黻宸、项骧等人活跃在上海租界内外，“海派文化”与瑞安学者们的关系是非常值得研究的。

晚清同光年间带动瑞安兴办“洋务运动”最为重要的人物，无疑就是孙衣言、孙锵鸣兄弟，他们就是在瑞安开“新学”风气的两位乡贤。孙锵鸣为道光二十一年(1841)进士,任侍读学士。道光二十七年(1847年)充任会试同考官,李鸿章、沈葆桢两人均出于本科,故当曾、左、李、沈等人担当同光"洋务"大任的时候,他被誉为"天下翰林皆后辈,朝中将相两门生"的导师级人物。不仅如此,咸丰三年(1853),孙锵鸣回到家乡瑞安,编练团练,保境安民。同时,他在家乡和孙衣言一起,倡导实业。光绪十三年(1887)起,孙锵鸣到上海担任龙门书院、求志书院山长,从此打通了瑞安与上海的联系。从他以后,不单是瑞安籍的文人士大夫如宋恕、陈黻宸、项骧等人到上海求学、教书、办报、建团体,而且有大量的瑞安籍士绅、商人、实业家到上海买机器,通商路,兴实业。瑞安的现代事业,与上海同步发展,与"海派文化"共命运,这在浙南地区各县份中是最为突出的景象。

瑞安的现代化事业,还有一个突出的特征,那就是本籍的士绅、学者、商人、实业家的关系非常密切,与一般的"四民"之间的盘剥和缠斗相反,瑞安的"士、农、工、商"能克艰克难,精诚合作,这在其他地方并不多见。在瑞安多见的情况是:士大夫兼为商人、工业家兼为教育家,如此身份相兼的"人和"关系,使得商人也乐意襄助学术、文化和教育。比如孙衣言一生为士绅,但他不耻言工艺、技术和贸易,有《夷务录》100卷;孙衣言、孙锵鸣的"诒"字辈子女,都从事创办实业的事业;孙诒让本人是全国著名的经学家,同时提倡"新学",孙氏家族也在稍后兴办过多项实业。瑞安在19世纪90年代已经开出这样的新风气,确实是有着一种"人和"因素在起作用,别的地方少有。

二、乾嘉学派与现代学术

瑞安方言馆、学计馆以外语和科学教育为先导,以"西学"为号召,开创了中国现代教育和学术方向之"东西合璧"和古今结合的重要范式。表面上看来,中国现代教育的起源,是从引进西方科学技术,学习西方语言文化开始,这一点是确凿无误的。但是,这只是一个表象,并非当时主办者的全部想法。这体现在孙诒让等人举办方言、学计教育的时候,不仅仅是主张引进"西学",还主张恢复"古学",即以天文、历算、推步、测量为代表的古代科学传统。为此,他们认为需要提倡的并非仅仅是"西学",而是光复传统的"新学”。1862年，奕䜣的《奏请创设京师同文馆疏》，开始了广方言（外语）教学；1866年，总理衙门的《奏请京师同文馆添设天文算学馆疏》，开始算学教学。由于满洲保守势力的惰性，清朝外语、算学的普及在北京一无进展。最主要的原因当然是北京排斥西方文化、视洋人为仇寇的保守风气。而上海的“新学”事业则比较顺利，在太平天国动乱期间，江、浙地区有一大批懂得传统“汉学”的儒生士大夫，如冯桂芬、王韬、李善兰、徐寿、华衡芳、马相伯、马建忠、孙锵鸣、陈黻宸、陈虬、宋恕、章太炎等人来到上海，他们懂得一些天文、历算知识，决心要把古代学术中的“格致”传统发扬光大。民间学者和官方学者有着不同的立场和主张，因此在行为和态度上也非常不同。上海和江、浙的民间学者主张“中西会通”“古今并存”，并不认为“西学”会毁灭中国，而是认同传教士所说的“西学正所以救儒学”是一条可行的路线。

“汉学”“经学”，即以汉代学者的考据学方法研究“五经”，亦称“乾嘉学派”。“经学”固然是关于儒家经典的旧学问，但是汉代和清代的“经学”，都有重视五经中的“格致”传统，如把春秋《左传》《礼记·月令》《算经》作为天文、历算、考工知识来探讨。更重要的是，清代的“经学”“汉学”中已经融合了利玛窦、徐光启翻译的明末清初“西学”，一大批江南经学家如顾炎武、梅文鼎、江永、钱大昕、戴震、阮元、李锐都在某种程度上掌握了欧洲天文学、数学、几何学、历法学，虽然他们不懂得外语，但是通过利徐《几何原本》、阮元《畴人传》等掌握了欧洲算学。清代“汉学”中的“西学”，虽然今天看起来都是些“ABC”，太基础，太原始，好像失去了意义，但是在当年全民族的读书人对西方学问一片茫然的时候，有学者能够在原有的知识体系中找到相应的内容，把“西学”翻译成确切的“中学”，把天文学对应成推步，把几何对应为勾股，把微积分对应为割圆术，无疑是启发、鼓舞中国学者的学习热情，提升其自信心的历史性行为。

“算学”，在清代是“经学”的一个门类，乾嘉学者们用它研究《左传》《礼记·月令》和其他古代史籍。幸运的是，清末瑞安正好有一支“经学”特重算学，它是从嘉定钱大昕一系的“汉学”传授而来。“经学”特别注重传统，强调师承，瑞安的算学其来有自，传承有序，是乾嘉学派的一脉。瑞安当地的乾嘉算学，是从陈润之开始的。陈润之钻研清初徽州学者梅文鼎的历算学，受到了邻县平阳知县黎应南的影响，黎应南则是清代最重要的数学家李锐的学生，而李锐则是钱大昕的学生，许多上海“新学”学者如李善兰、华衡芳、张文虎等人的学术渊源都可以追溯到李锐。林调梅的算学师承陈润之，后被孙诒让等聘为瑞安算学馆总教习。从项傅霖到孙诒让一辈，孙诒让的数学知识，来自陈润之、林调梅的传授，和清末滞留在上海租界历算学家李善兰等是同一渊源。这样的学术渊源使得瑞安的算学非常强劲，发展很快。按孙诒让的说法：“吾乡自宋元迄明，惟忠毅精通历算，而未有传书。道咸而后，几山项先生、菊潭陈先生始研治宣城梅氏之书，以通中西之要。迩来颖伟之士，又广涉代微积之学，以究其精眇，盖彬彬盛矣。设馆以教，俾后生小子，有所津逮，以启发其智慧，群萃以广其益，积久而通于神，则魁杰雄卓之材，或出于其间，尽人以胜天，而不以惰窳隳其志气，斯固贤士大夫之所乐也。至于中材谨士，志域凡近，理财习艺，以自殖其身家，则小试小效，固亦若操左契，斯又无俟于扬榷已！”孙氏的概括，点明了瑞安“新学”的活水源头，也开辟了瑞安“经学”的崭新天地。

算学之外，瑞安的经学考据学传统也流传到了上海和北京。当时，瑞安经学的代表人物是经学大师孙诒让，他与俞樾、黄以周并称“清末三先生”，其学问在全国范围内都被推崇。孙诒让的家族乃瑞安大族孙氏，父亲孙衣言是道光三十年(1849)进士，点为翰林，入值上书房。孙衣言掌学杭州紫阳书院，同期执掌苏州紫阳书院的是衣言的同年和同道——著名经学家俞樾。孙诒让本是同治六年举人，但后来因专研经学，绝意仕进而一心治学。其所著《周礼正义》《墨子间诂》《契文举例》《温州经籍志》均为引领一时学术的精心之作。在“同光之际”的环境下，孙诒让不但做到了“诗书传家”，还因为一生“经世致用”，将自己的学问用来培养家乡后人，追赶时代进步。1902 年，孙诒让与章太炎一起，参与了蔡元培在上海主办的“中国教育会”，可见这一代经学家的学问已经汇入了上海民间学者的新学术潮流。

瑞安“新学”进入上海之后，复旦大学周予同先生开创的经学史研究，是中国现代学者中间最能继承瑞安孙诒让经学的。周予同的“经学史”是自己独创的，与“经学”并不相同，但是“经学史”的基本知识还是“经”，周先生在课堂上经常提到孙诒让的经学成就。周先生幼年就读于孙氏蒙学堂，1912 年进入瑞安中学的时候，孙诒让已经故世了。他的经学知识是在北京师范学堂跟随钱玄同学习的，钱玄同的经学导师是章太炎，章太炎的老师是俞樾，俞樾的老师是陈奂，陈奂师从段玉裁，段玉裁又曾师从清代经学大师戴震。于是，周予同的经学史研究既继承了瑞安孙诒让的经学，又吸收了钱玄同、章太炎、俞樾、陈奂、段玉裁一脉的江南传统经学，更吸收了现代西方文、史、哲各门类新学，开拓出融汇古今的现代经学史研究。

瑞安的经学（包括算学），有两条线索“通往”复旦大学：一条是主流经学的路线，即周予同的治学，他将孙诒让、章太炎坚持的古文经学，与皮锡瑞等人整理的今文经学真正融合起来，成为现代经学史，是复旦历史系影响重大的重要专业；另一条是经学中的数学路线，通过孙诒让的学计馆，温籍的苏步青、谷超豪等师承发展成为现代数学，并融入复旦大学数学系。这两条路线最初都是从乾嘉学派中延伸出来的，虽然现在已经离我们很远了。而今天的“经学”与“经学史”，“算学”与“数学”已然是完全不同的学科门类，但“饮水思源”，我们不应该忘记这个肇端。章太炎、梁启超、胡适之等人高度评价“清学”，认为是中国现代学术的渊源之一，这是非常有道理的。而熊十力、冯友兰、牟宗三等人贬低乾嘉学派，认为清代经学、考据学对现代学术无所贡献，这是完全错误的。

瑞安“新学”进入复旦大学，其实还有第三条路线，就是在创办震旦学院、复旦公学时期，马相伯的主要助手项骧，参与制定了《震旦学院章程》并主持院务，这对后来的《复旦公学章程》也有一定的影响。在这两部现代大学的“大宪章”中，项骧协助马相伯设计和落实了外语、哲学两个专业的课程，提出一些学习外国语文和欧洲哲学的方法，这是一条更加迫切的“西学”路线。为此，项骧把瑞安方言馆的实践和心得带到了上海，交给了震旦，以及复旦。

项骧是瑞安方言馆培养出来的第一代毕业生，他于1898年从瑞安来到上海，经由孙衣言、孙锵鸣在上海的门生、故旧的关系，得到地方士绅张经甫的照顾，进入梅溪书院读书，并于1901年考入蔡元培主持的南洋公学特班学习。1903年，项骧作为南洋公学退学生和马相伯所教的拉丁文“二十四子”之一，受大家推举参与筹建震旦学院，起到了至关重要作用。鉴于京师同文馆迟迟不能在中国承担西学著作翻译，早期的震旦、复旦试图在民间举办“译学馆”，为国家、民族分忧，翻译“西学”。有一个特点非常重要，当时中国人学习外语有两种不同目的，一种是买办英语、商业英语，一般人学习英语，只是为了和外国人做生意，是出于商业谋利，上海洋场上多是这样的“洋泾浜”英语；另一种是少数精英人士主张的，学习外语是以了解和翻译西方的公法、历史、哲学和神学为导向。按照马相伯、马建忠的建议，为了翻译“西学”学习的外语，主要是法文、拉丁文，还不是英文，它们被认为是西方语言的根本文字。马相伯、项骧等人在震旦、复旦实践外语教学，是精神和哲思层面上的精英外语、学术外语。

上海开埠以后固然是英语、法语流行，民间人士学习外语相比北京更为热烈。但大多数外语人才都加入了买办行列，不愿用外语从事哲学翻译和学习西学先进之用。项骧《申报》1906 年有文章《论中国教育之弊》批评新学堂只顾谋利，不注重教育宗旨，“英文、算学二门，无论何校之学生均视为重要之科，以他日出为教员，此二科可以获多金也。若夫中国之学术，则弃若弁髦，非真知其不足致用也，以其不便于获利耳”①。1902 年由蔡元培主持南洋公学特班，目的在于培养第一批“西学”翻译人才。特班学生除项骧之外，外语基础都很差，蔡元培特地选了 24 位有兴趣，有潜力的学生跟随马相伯学习拉丁文。“二十四子”中间，只有项骧在瑞安方言馆已经学习了英语，因此他被推举为学生领袖，马相伯委派其代为筹建震旦学院。据查证，1903 年的《震旦学院章程》是在马相伯指导下，由项骧参与完稿。震旦的这份章程非常强调外语（拉丁文、法文、英文）教学，同时用阅读西方哲学的方式，边学习，边翻译。虽然 1905 年复旦公学筹建时项骧已经出国留学，但《复旦公学章程》延续了震旦章程。马相伯、项骧、于右任、胡敦复等人合作奠定了“注重科学，爱好文艺，不谈教理”的传统。因此，复旦的传统中间接也有瑞安项骧的重要贡献。

三、知识精英与乡绅社会

清代末年，民国初年，中国社会发生了一个根本性的变化，即在中央王朝制度崩溃之际，地方士绅出面承担了更多和更重要的社会责任。在传统

① 《东方杂志》，1906 年，第 13 期，收入《中国近代教育史资料汇编・普通教育》，上海，上海教育出版社，1995 年，第 401 页。

中国的社会中，地方士绅在乡间承担修桥铺路、赡养鳏寡等公益慈善责任，历来是得到人们鼓励和赞美的。清末民初发生的变化是，在中央权力瓦解的时候，地方士绅不但从事地方公益，而且还在新的社会理念感召下，为更大的共同体，如一县、一郡、一省，乃至整个“中华”社会承担责任。清末在太平天国战乱之后的百废待兴，洋务运动中新式事业需要创建，这些给了地方士绅一个极大的空间，不但可以为本地社会服务，而且还可以为国家事业出力，这样就大大地扩展了士大夫们的乡土情怀，把自己的责任感延展到了社会与国家。不同于原来捐助一桥一路，私塾书院，只是为了造福乡梓，孙诒让、项氏兄弟在瑞安举办学计馆、方言馆，并不是传统的乡土慈善，而是为民谋划，为国分忧的“天下”情怀。马相伯、马建忠、项骧等人创办学校，从“格致”“数学”“学计”和“广方言”开始，他们都不是简单地为了谋生，而是为了倡导“新学”，启迪民智并长期地造福大众，这种“人和”精神与传统，从项氏家族勇于在瑞安中学的存废之争中“续歌”护校之举中可见一斑。

为了方便讨论，我们做一下名词上的区分。我们把那些具有财力、权力和势力的地方大族人士称为“乡绅”，而只是把那些努力提倡或亲自从事公益事业的人士成为“乡贤”。值得注意的是，在 19 世纪 60 年代“太平天国”运动后，江南地区人民重建和复兴家园的过程中，各地都出现了一大批“乡贤”人物，他们用自己的财富、权力和知识，创办新式事业，造福一方百姓。这些“乡贤”人物，有南通张謇、丹阳马相伯、川沙黄炎培、上海穆藕初，在瑞安就是以孙诒让、项氏兄弟为代表者等。

瑞安的氏族力量历来强大。宋恕《洪楝园寿诗序》说：“衡自幼习闻先君及邑父老谈瑞门第，必曰孙、黄、洪、项。”孙氏、项氏是瑞安的传统大族。按孙锵鸣《项宜人七十寿序》的说法：“吾邑南堤项氏，世为城中望族，南宋时第进士者十有八人。自是清德相继，历七百余年不衰。”瑞安的四姓大族，耕读传家，研习举业，原来都是儒家传统的升官发财之路。然而，孙诒让，项氏兄弟举办的学计馆、方言馆是另外开辟的新路，是儒家仕途之外的。这个事业和读书做官，心向魏阙的路线不同，它是服务社会，开导民生的新派路线。

学计馆、方言馆及合并之后的“瑞安中学”所兴起的“瑞安新学”，不仅为瑞安当地造就了一大批人才，使得温州荣膺“数学之乡”和“人才大县(市)”的美名，更在温州地区人才留学国外，遍布全国，聚在上海，进入复旦，贡献文教等方面所起到的关键作用，远远优越于古时科举择贤制度的畛域限制。由于“学计”“方言”，以及科学、技术、思想、文化等现代知识、理念、精神在一个江南偏僻县份的普及，为整个温州地区的现代化事业带来了一个“链接外界，走向世界”的有用网络。早在一百多年前，上海就是温州走向全国和世界的一个网络。不但使数以万计的温州籍劳工从上海登船到欧洲，而且使大量的温籍学子通过上海的各类文化机构到全国任职，到世界留学。总之，瑞安学计馆、方言馆开创的“新学”传统，确确实实为温州地区，乃至全国的现代化事业提供了坚实的基础。这一点应该永远铭记，深入研究。

鉴于以上三个方面的讨论，我们以为20世纪80年代出现的“温州模式”并不是偶然的，当瑞安和温州经济强劲发展的时候，我们认为这并不是突如其来、无缘无故的。温州人在从事现代化方面是有底蕴的，一点不落后的。外人既不能抹杀，自己更不必菲薄。瑞安和温州的经济起飞的根本原因，就是此前有了近一百年的铺垫。温州的现代化是内部生发的，不是外来牵动的；温州的现代经济是有文化、教育基础的，它不是草根民众或是鲁莽，或是碰巧搞出来的。在当今温州经济、社会和文化发展遇到瓶颈的时候，我们不必对“温州模式”失去信心。相反，回顾一百多年来瑞安先贤如孙衣言、孙锵鸣、陈黻宸、宋恕、项氏兄弟等人的功业，我们应该有更强的信心走出目前暂时的困境，这种信心就是“经济要用学术做指引，文化要以教育做底蕴”；以瑞安先贤为激励，以瑞安新学为鼓舞，继续发扬“敢为天下先”的瑞安精神。在仍然是“偏于一隅”地方属地，尽可能地抓住“天时”“地利”等一切有利机会，并更要像当年的先贤筚路蓝缕创办学计馆、方言馆、航运电力等实业公司那样，自强不息，“士、农、工、商”各阶层、各街坊、各家族之间联为一体，称唯以“人和”而取胜。如此的“温州模式”便不会衰落，且能在21世纪的南中国立于不败之地。

李天纲，复旦大学哲学学院宗教学系教授，复旦大学中华文明国际研究中心副主任、瑞安研究基地主持人；项宇，复旦大学中华文明国际研究中心特约研究员，中心瑞安基地主持人

中国事功学说的内涵再勘与价值重估

作为中国文化史上最繁荣的时期，宋朝被日本学者称为“东方的文艺复兴时代”，其维续近百年的各大学派互争雌雄的盛况，有中国历史上第二次“百家争鸣”之赞誉。其中，作为南宋三大思想流派之一，永嘉学派传承儒家而独树一帜，志存天下而积极用世，最早提出事功思想，主张“经世致用、义利并举”，全面丰富和发展了以“外王之学”为核心的事功哲学体系。而享有“东亚文化之都”[①]称号的温州，则是事功学说的发祥地。千年温州，远绍永嘉学派，中兴瑞安新学，近启温州模式，其中一脉相承的事功学说之精髓，穿越千年而绵延至今，是温州对中国哲学文化的重大贡献。站在新时代视角，重新挖掘永嘉学派这座思想宝库，重新评估事功学说的历史贡献和时代内涵，发挥事功学说对当代社会的经世致用之价值，对浙江加快打造新时代文化高地、全力建设“重要窗口”具有重大的现实意义。

一、事功学说的形成发展脉络

永嘉学派又称事功学派，它继承儒家入世精神，创立了以实学、实体、实用为特征的事功学说。从狭义的角度看，永嘉学派就是南宋以叶适为代表的，与朱熹道学、陆九渊心学鼎足争鸣的思想流派。从广义的角度看，永嘉学派不仅有南宋的创立形成，而且有晚清的重振复兴，更有当代的创新发展，其间虽有盛衰起伏但一脉贯注，对浙江、全国乃至东南亚社会都有深远

---

① 应忠彭等：《温州被授予“东亚文化之都”称号》，《浙江日报》2021年8月31日，第4版。

的影响。

首先,创立与形成——南宋经世致用的永嘉学派。

永嘉学派作为南宋三大思想流派之一,溯源于北宋温州学者“皇祐三先生”和“元丰九先生”。北宋以前,温州地处僻壤、远离京师,文化相对落后,罕有知名学者。“皇祐三先生”率先在温州传播中原文化种子,其中王开祖首倡“道学”“见道最早”①,林石以“明经笃行”②倾向于达用,丁昌期继之,三人开永嘉学术之先河,成为事功学说的源头。随后,去中原汴京太学学习的“元丰九先生”将洛学和关学引入温州,为永嘉学派的形成奠定了文化基础,其中功居首位的周行己在《宋元学案》中被称为“永嘉学派开山祖”③。郑伯熊私淑周行己,与其弟郑伯英“首雕程书于闽中,由是永嘉之学宗郑氏”④,成为当时温州地区学术的领军人物。薛季宣则创立“制度新学”而“附之世用”⑤,至此脱胎伊洛程学而始为一派。其门人陈傅良承上启下,讲学岳麓书院,创办仙岩书院,进一步阐发永嘉之学,得到了全国学界承认并产生重要影响。叶适吸收归纳前贤智慧提出“崇义养利”⑥“成利致义”⑦,最终确立了永嘉学派的主要宗旨和学术体系。此外,许景衡、徐谊、钱文子、蔡幼学、曹叔远等学者,都围绕通经致用进行过思想阐扬和论述。可以说,永嘉学派源远流长、功臣颇多,概而括之主要是由周行己开山、薛季宣创立、陈傅良中继、叶适集大成。

其次,重振与复兴——晚清维新图强的瑞安新学。从元朝开始,朱熹道学被尊为官方哲学,永嘉学派一度衰落。清末,“三孙五黄”(指孙氏衣言,弟锵鸣,子诒让;黄氏体正,弟体立、体芳,侄绍第、绍箕)、“东瓯三杰”(指陈虬、宋恕、陈黻宸)等瑞安籍为主学者面对内忧外患,重振永嘉学派,倡导维新儒学,冀以振世救弊。特别是孙衣言、孙锵鸣带领子侄门生,以永嘉经制之学

---

① 黄宗羲:《宋元学案》卷六《士刘诸儒学案》,杭州:浙江古籍出版社,1986年,第319页。
② 陈傅良:《止斋集》卷四十八《新妇墓表》,长春:吉林出版集团有限责任公司,2005年,第407页。
③ 黄宗羲:《宋元学案》卷三十二《周许诸儒学案》,第429页。
④ 同上。
⑤ 叶适:《水心文集》卷十四《陈彦群墓志铭》,《叶适集》上册,北京:中华书局,1961年,第258页。
⑥ 叶适:《水心别集》卷之三《士学上》,《叶适集》下册,北京:中华书局,1961年,第674页。
⑦ 叶适:《习学记言序目》卷二十三,北京:中华书局,1977年,第322页。

为己任，以数十年治学之功，续力刊刻《永嘉丛书》《瓯海轶闻》等，宋恕说“天荒首破、曙光乃来”“温人始复知有永嘉之学”[①]。他们深刻认同永嘉学派“必弥纶以通世变”[②]的现实意义，积极利用曾国藩、李鸿章、张之洞及俞樾、章太炎等政学两界人脉，作新国学、躬行西学，亲自践行经世致用理念。倡议维新强国，近代中国十多名早期维新思想家温州独占其二，宋恕的《六斋津谈》是清末全面系统论述各项变法主张的最重要著作，陈虬的《治平通议》被梁启超收进《西学书目表》；推进教育兴国，创办小学、中学、府学、师范、职业、女校等数百所学校，开创了教育界的十余项全国第一；力行实业救国，创办农渔、工矿、运输等一批实体，参与掀起了近代中国早期现代化高潮，涌现了世所罕见的真正意义上的儒商群体。诚如叶适所言“识贯事中枢纽，笔开象外精神”[③]，他们创造了近代史上百余项全国各行业细分领域的单项冠军，使瑞安成为晚清浙江乃至全国的维新重镇，无愧是近代中国思想解放的先驱。

再次，创新与发展——当代敢为人先的温州模式。永嘉学派在立说之始，就倡导务实为国、反对空谈心性，重商、实干、创新已成为融入温州人骨髓的集体潜意识。改革开放以来，温州秉持敢闯敢试、敢为天下先的创业精神，从发展家庭工业和专业市场起步，以“小商品大市场”名闻全国，创造了举世瞩目的温州模式，赢得了“东方犹太人”之美誉。作为全国民营经济先发区，80 年代的温州家家点火、户户冒烟，前店后厂，蔚为壮观，家庭工业是考察温州模式的必看内容。1986 年 4 月万里副总理还为此在瑞安召开了著名的“七级书记会”，共议商品经济发展大计。从全国第一家弹棉机器厂、第一家乳品厂，到全国第一批个私企业、第一批专业市场，再到全国第一座农民城、第一个“三位一体”农村合作协会，温州一直扮演着敢吃螃蟹的探路者角色，成为中国市场经济的主要发祥地。可以说，温州模式是事功学说的生动实践，事功学说因此被称为温州模式的文化基因。进入 21 世纪，温州用创新实践破解温州模式“成长中的烦恼”，以市场化、民营化和信息化推进

---

① 胡珠生编：《宋恕集》，北京：中华书局，1993 年，第 325 页。
② 叶适：《水心文集》卷十《温州新修学记》，《叶适集》上册，第 178 页。
③ 叶适：《水心文集》卷二十九《和李参政》，《叶适集》中册，北京：中华书局，1961 年，第 603 页。

工业化、城市化和国际化。积极创建全国唯一的新时代“两个健康”先行区，重塑民营经济新标杆，续写温州模式创新史。同时，以研究温州模式为缘起的温州学应运而生，温州正在迎来历史上的第三次文化高峰。温州——原本一座普通的城市，秉承事功学说的践履，经过改革开放的淬炼，已然并将继续成为一个时代的标杆。

二、事功学说的历史贡献与思想内涵再勘

永嘉学派所创立的“事功”学说，“事”体现的是“事皆寓理、事上磨炼”的中心命题，“功”体现的是“为民立功、为国立功”的伟大理想。他们秉入世之精神，求经世之功利，行济世之大义，进一步拓展了“外王之学”的内涵与外延，不愧为儒家中的儒家。归纳起来，重点在以下九大领域取得了突破性成就：

第一，在哲学方面：面对义利之辨这一哲学思想史上的千年争论，永嘉学派在倡导“笃行而不合于大义，虽高无益也；立志而不存于忧世，虽仁无益也”[①]的基础上，从“道不离器”的立场出发，提出崇义养利、成利致义，首次明确将“利”光明正大地上升到了不可或缺的重要位置。学说以朴素的辩证思想倡导义利并举作为笃行大义的现实选择，终结了道义与功利的二元对立论，为事功学说乃至明清实学奠定了坚实的哲学理论基石，使群众敢于光明正大地追求物质财富。

第二，在经济方面：提倡实事功利、反对虚谈心性，主张“既无功利，则道义者乃无用之虚语”[②]。在欧洲尚处于黑暗中世纪的情况下，永嘉学派就旗帜鲜明地主张“四民交致其用而后治化兴”“通商惠工，扶持商贾”[③]，肯定雇佣关系和私有制的合理性，建议提高商人地位，有效助推了商品经济的繁荣发展，对资本主义萌芽起到了理论先导作用。晚清之际更是极为推崇谋利思想，提出在农业、工商业、财政、货币等方面采取改良政策，来推动民族资本主义经济发展。

① 叶适：《水心文集》卷二十九《赠薛子长》，《叶适集》中册，第607页。
② 叶适：《习学记言序目》卷二十三，第324页。
③ 叶适：《习学记言序目》卷十九，第273页。

第三，在民生方面：永嘉学派最早提出“许民求富、保民之富”的民富论观点，比欧洲古典政治经济学开山之作《国富论》中提出的“国富必须民先富”思想整整早了500多年。永嘉学派重视民生的极端重要性，认为民生攸关王朝的安危存亡，提出“天命之永不永，在民力之宽不宽耳”①，建议政府轻赋税、少管制、不争利，以“救民穷”来“宽民力”，用“济民困”来“结民心”②；主张“以天下之财与天下共理之”③，理财只为富民强国，是共富论思想的萌芽或雏形。

第四，在教育方面：永嘉学派虽“志在经世”，但坚持“以学为本”④，认为中兴国家“莫先人才”。通过广施教泽、开启民智，温州进士出现了从北宋前仅两名到南宋一千多名的井喷，地区人均进士数全国第一，创造了科举史上的温州神话，曹村镇被誉为中华进士第一村。在晚清时期，不仅开创了教育界的十余项全国第一、创办了数百所学校，而且涌现了数学家群体、北大温州学派（胡适语）等温籍学术团体，在诸多领域形成了“无温不成学”的局面。

第五，在史学方面：永嘉学派最早提出“名经实史”⑤“五经皆史”⑥，比清代章学诚“六经皆史”说早了500多年。永嘉学派认为“专于经则理虚而无证，专于史则事碍而不通”⑦，主张经与史、理与事结合，反对离器言道、讲求治史致用，注重从朝代成败兴亡、典章沿革兴废中研究治理国家的根本制度。永嘉学派的学者对易经、周礼、春秋等经典进行深入研究，出经入史、托史见义，成为事功思想的重要来源。其中陈傅良所著的《历代兵制》是我国第一部系统研究军事制度的通史巨著。

第六，在文学方面：永嘉学派承北宋古文运动精神开创永嘉文体，以“雍容广大如柳欧，汪洋恣肆如韩苏”⑧之势，使南宋文风为之一变，重回文道合一、切于实用之路而形成永嘉文派。其散文创作为时而发、博于雄辩，

---

① 陈傅良：《止斋集》卷二十《吏部员外郎初对札子第二》，长春：吉林出版集团有限责任公司，2005年，第181—182页。

② 同上。

③ 叶适：《水心文集》卷二《财计上》，《叶适集》下册，第658页。

④ 叶适：《水心文集》卷二十《故礼部尚书龙图阁学士黄公墓志铭》，《叶适集》中册，第393页。

⑤ 叶适：《水心文集》卷十二《序》，《叶适集》上册，第221页。

⑥ 叶适：《水心别集》卷六《史记》，《叶适集》下册，第720页。

⑦ 叶适：《水心文集》卷十二《序》，《叶适集》上册，第221页。

⑧ 杨万里：《从永嘉文体到永嘉学派》，《江海学刊》2011年第1期，第198页。

《宋元学案》甚至有“文胜于学”[1]的赞誉。四库馆臣称叶适“文章雄赡，才气奔逸，在南渡后卓然为一大宗”[2]，其碑志文与韩愈、欧阳修齐名。陈傅良文章“几于家有其书……读之者无不动色”[3]，“迓而求见者如云”[4]，后人誉其为“南宋文章第一家”[5]。

第七，在朴学方面：永嘉学派秉承通经致用之精神，采用乾嘉治经之方法，在经学、诸子学、文字学、训诂学、校勘学、目录学等方面均有独创之成就，特别是孙诒让被学界誉为一代朴学大师。《周礼正义》集两千年礼学研究之大成，被称为“清代新疏之冠”[6]。旨在弘扬墨子“救世”精神的《墨子间诂》，是墨学研究史上具有里程碑意义的著作，奠定了墨学真正复兴的基础。《名原》开启用甲骨文考证古文字之先例，其方法、体例开辟了古文字学研究的新途径，被誉为划时代的作品。

第八，在学术品格方面：永嘉学派具有宝贵的批判性思维，学者公开批判占据封建社会正统地位的“抑末”乃至“禁末”思想，开创性提倡农商并重。他们对道统说提出质疑，疑六经、斥老庄、批孟子，甚至对至圣孔子的言论也不盲从。此外，他们具有宝贵的创新性思维，主张“利惟谋新，害不改旧”[7]“因时施智，观世立法”[8]，提倡一切都必须跟随时代变化而创新具体做法。他们不迷信任何权威，敢于补前人之不足、发前人之所未发，创新性地提出了与道学、心学迥异的学术观点。

第九，在实践方面：永嘉学派的学说把哲学问题拉到社会现实，从经济学的角度来理解哲学、从行为学的角度去落实哲学，演绎了一出“理论联系实际”的古代版经典之作。以中国士大夫阶层舍我其谁的人文品格、自我良知和道义担当，学派学者积极参与掀起了近代中国第一次现代化浪潮，他们在学术、教育、实业等多个维度都取得了令人瞩目的成就，中国历史上罕见地涌现了“知行合一”的儒商群体，他们成为践行经世致用的楷模，可谓是理

---

① 黄宗羲：《宋元学案》卷五十五《水心学案下》，第 608 页。
② 纪昀等编：《四库全书总目·水心集》，北京：中华书局，1997 年，第 2145 页。
③ 陈傅良：《陈傅良先生文集》附录，杭州：浙江大学出版社，1999 年，第 682 页。
④ 吴子良：《林下偶谈》卷四，陈止斋条，第 42 页。
⑤ 温州市瓯海区仙岩街道陈文节公祠正门楹联。
⑥ 梁启超：《中国近三百年学术史》，上海：上海古籍出版社，2014 年，第 202 页。
⑦ 叶适：《水心别集》卷十《始议二》，《叶适集》下册，第 760 页。
⑧ 叶适：《水心别集》卷二《民事下》，《叶适集》下册，第 657 页。

论家与实践家的完美结合体。

三、事功学说的历史地位与时代价值重估

永嘉学派从诞生之日起，就一直被作为区域显学来对待，这与它的历史贡献是极不相称的。事功学说不仅是浙学的源头活水，而且如果说中国传统哲学的发展，历经了先秦子学、两汉经学、魏晋玄学、隋唐佛学、宋明理学、明清实学、乾嘉朴学等七个不同阶段，那么事功学说从创立以来就一直在中国传统哲学史上占有一席之地。

首先，永嘉学派事功学说是浙学的重要源头和高峰。浙学作为富有活力的地域文化形态之一，从南宋成型以来已有700余年历史。浙学概念由朱熹评论陈傅良、叶适、陈亮等人学术时首创，他说"江西之学只是禅，浙学却专言功利"①。可见，浙学概念自出现开始，指的就是永嘉学派首倡的事功学说。《宋元学案·周许诸儒学案叙录》在论及"元丰九先生"周行己、许景衡时，认为"浙学之盛，实始于此"②，也就是说浙学的兴起盛行开始于"元丰九先生"尤其是周许两人。清代学者项傅霖说，永嘉经制之学为浙学大宗。当代学者王宇表示，永嘉学派是宋代浙学的中坚力量，叶适是宋代浙学当之无愧的集大成者。永嘉学派不但直承伊洛之学开启浙学学术景观③，而且其所蕴含的笃行大义的家国情怀、崇实黜虚的务实精神、工商皆本的事功追求、与时通变的创新思维，成为以求实、批判、兼容、创新为核心的浙学精神的主要源头。因此，浙学的兴盛和成型都和永嘉学派直接相关，事功学说是浙学的重要源头与高峰，温州是浙学的始源地。

其次，永嘉学派事功学说是宋明理学的四大流派之一。理学是宋、元、明时期儒家思想学说的通称，是中国古代最为精致、最为完备的理论体系。作为公认的南宋三大思想流派，朱熹道学主张"性即理"，陆九渊心学主张"心即理"，这两种心性之学属于儒家的"内圣"之学。永嘉学派则主张"事即

① 黎靖德编：《朱子语类》卷一百二十三。
② 黄宗羲：《宋元学案》卷三十二《周许诸儒学案叙录》，第431页。
③ 郑根成：《永嘉学派的学术渊源》，《常州大学学报(社会科学版)》2018年第3期，第92页。

理”[①]，正如陈傅良的学生所言“但令事事理会……器便有道，不是两样，须是识礼乐法度皆是道理”[②]。而且永嘉学派侧重的是“义理之学”，即旨在寻求儒经中所蕴含的大义和道理，或者说合于一定伦理道德的行事准则。他们反对空谈义理，而是要实行义理并见之事功。因此，永嘉学派的事功之学属于儒家的“外王”之学。这三大思想流派加上张载气学，共同构成了宋明理学的四大流派，将中国传统哲学的思维水平提升到一个新高度。南宋学者楼钥说“言理性之学者宗永嘉”[③]，早年塘下南山林石祠中悬有“理学渊源”匾额，陈傅良被称赞为“理学名臣无双士”[④]，故温州有“理学名邦”之美誉。

再次，永嘉学派事功学说是明清实学的主要渊源。明清实学主张崇实黜虚、实体达用，认为学问必须有益于国事，是中国古代朴素唯物论发展的最高阶段。永嘉学派强调“物之所在，道则在焉”[⑤]，注重究心于实学，提出“善为国者务实而不务虚”[⑥]。这种“道不离器”的唯物观，加上“修实政、行实德”[⑦]的实践论，在“诸儒以观心空寂名学”[⑧]的当时可谓独树一帜。《四库全书总目》称永嘉学派“一事一物，必稽于实而后已”[⑨]，清代学者黄宗羲则称其“步步着实，言之必使可行”[⑩]。当代学者陈来认为，真正接近于现代学术史研究所使用的“实学”概念，在南宋应为永嘉之学。[⑪] 因此，永嘉学派在学术界也有永嘉实学之别称，中国实学思想初具形态是从南宋永嘉学派开始。受永嘉学派经世致用思想启发，明代宋濂宣扬“真儒在用世”[⑫]，方孝孺直接提倡经世之学；黄宗羲倡导“事功本于仁义，仁义达之事功”[⑬]，顾炎武

---

① 陈来：《事皆是理——陈傅良与永嘉学派再认识》，《温州日报》2017 年 11 月 29 日，第 9 版。
② 黎靖德编：《朱子语类》卷一百二十，北京：中华书局，1986 年，第 2967 页。
③ 楼钥：《神道碑》，《止斋集・附录》，《四库全书》集部别集类 89 卷五十二，第 918 页。
④ 温州市瓯海区仙岩街道陈文节公祠正门楹联。
⑤ 叶适：《习学记言序目》卷四十七，第 702 页。
⑥ 叶适：《水心文集补遗・奏劄》，《叶适集》中册，第 617 页。
⑦ 叶适：《水心文集》卷一《上宁宗皇帝劄子》，《叶适集》上册，第 6 页。
⑧ 叶适：《水心文集》卷二十五《宋厩父墓志铭》，《叶适集》上册，第 490 页。
⑨ 纪昀等编：《四库全书总目・止斋集》，第 2108 页。
⑩ 黄宗羲：《宋元学案》卷五二《艮斋学案》，第 56 页。
⑪ 陈来：《事皆是理——陈傅良与永嘉学派再认识》，《温州日报》2017 年 11 月 28 日，第 9 版。
⑫ 宋濂：《送方生还宁海(并序)》，《宋文宪公全集》卷三十。
⑬ 黄宗羲：《黄宗羲全集》，杭州：浙江古籍出版社，2006 年，第 498 页。

主张“明道救世”“引古筹今”[①]之实学。所以说，事功学说是明清实学的主要渊源。

最后，永嘉学派事功学说是乾嘉朴学的重要组成部分。乾嘉朴学是一种以训诂、考订古代典籍为主的考据学，文风朴实简洁，重证据罗列而少理论发挥，对研究、总结、保存中国传统典籍做出了重大贡献。“当代儒宗”林尹的《中国声韵学通论》是我国第一本大学声韵教科书，其主持编纂《中文大辞典》被誉为“集古今辞书之大成”。作为复兴永嘉学派的主将，孙诒让更是在经学诸子、金石文字、训诂校勘、文献目录等方面均有精深造诣，被学界誉为乾嘉考证学之殿军。他秉持以学术求治道的淑世情怀，所著《周礼正义》被梁启超称赞是“清代经学家最后的一部书，也是最好的一部书”[②]；覃思十年而撰成的《墨子间诂》是迄今为止最权威的注墨之作；《契文举例》是我国第一部考释甲骨文的研究专著；《温州经籍志》被目录学界称之为“近世汇志一郡艺文之祖”“最著名的地方艺文志”。鉴于孙诒让的突出学术成就，章太炎称他“三百年绝等双”[③]，郭沫若说他是“启后承先一巨儒”[④]。

总而言之，永嘉学派事功学说是浙江最具辨识度的特色文化符号之一。我们再勘事功学说的历史贡献与思想内涵、重估事功学说的历史地位与时代价值，目的就是要将事功学说打造成富含浙江韵味、体现东方智慧、具有世界影响的国家级文化新标识，发挥事功学说对当代社会经世致用之价值，以文化创新推动实践创新，努力为赓续中华文脉、展现中国气派提供更多的浙江元素和浙江样本。

邵定美，瑞安市社会科学界联合会原主席

---

① 顾炎武：《亭林文集》卷三《与人书二十五》。
② 梁启超：《中国近三百年学术史》，第 251 页。
③ 章太炎：《章太炎全集》（四），上海：上海人民出版社，1985 年，第 213 页。
④ 郭沫若：《郭沫若全集文学编》卷四，北京：人民文学出版社，1984 年，第 127 页。

走出经学：纪念“思想解放”的先驱孙诒让

一、如何评价孙诒让？

孙诒让是一位经学家、教育家，也是一位瑞安、温州地方新式事业的建设者，即所谓“乡绅”“乡贤”式的人物。孙诒让一生的成就丰厚，贡献突出，却只是被认为是清末三大经学家，即毕生与儒家经书为伴的学究人物。他的事功成就，在学术界很少有人议论；他在经学体系中达到的思想高度，更是缺乏认识。有人会问：孙诒让确实是一个“思想解放”的人吗？他和今天谈论的改革开放话题有联系吗？我回答：是的，有关系，而且关系重大！如果我们把改革开放话题放回到所谓“三千年未有之大变局”（王韬、冯桂芬、李鸿章）来看，孙诒让的一生实践，即他的研经治学、兴办教育、倡导实业，都是当时的“改革开放”。孙诒让的学问和事功，包含着“思想解放”的内容。

广义来讲，中国人的“改革、开放”，或者说“近代化”的事业，并不开始于40年前。在明末清初、清末民初，先辈们早就从事社会进步事业，我们称之为“早期近代化”。孙诒让不但是一位学问精湛的经学家，而且还是一位躬行实践的改革者。“西学东渐”，万事更迭，四百年来先辈们不断“改革”自身的文化制度，努力“开放”旧有的思想体系，孙诒让这一代人的学问与事功，承明末“西学”，启清末“新学”，为中国的现代学术转型做出了突出贡献，值得我们在今天研究、纪念和发扬。遗憾的是，大家知道孙诒让是一位“经学家”，却很少有人认识到他是一位“改革者”。还有因了当年的门户之见，从“经学家”这个头衔望文生义，说他是“保守派”，这是个大误会！

梁启超把孙诒让、章太炎，加上更长一辈的俞樾列为“正统派”，称之为清代汉学的三大“殿军”，其实包含着贬义。他说：“清学在蜕分期中，犹有一、二大师焉，为正统派死守最后之壁垒，曰俞樾，曰孙诒让，皆得统于高邮王氏。樾著书惟二、三种独精绝，余乃类无行之袁枚，亦衰落期之一徵也。诒孙则有醇无疵。得此后殿，清学有光矣。”①梁启超的评价并不全是赞誉，他肯定孙诒让一生精研经学，从不懈怠，不像俞樾晚年沉溺于鬼神故事和儿女情致，写《右台仙馆笔记》《茶香室丛抄》。但是，梁启超说清学“正统派”不及康、梁的“今文派”，俞樾、孙诒让、章太炎的“古文经学”是保守的，“今文经学”才是讲变法的。他说：“炳麟谨守家法之积习甚深，故门户之见时不能免。如治小学排斥钟鼎文、龟甲文，治经学排斥‘今文派’，其言常不免过当，而对于思想解放之勇决，炳麟或不逮今文家也。”②这个观点至今影响人们对俞樾、孙诒让、章太炎的评判，把三位“古文经学家”列在“思想解放”不够勇决之列。梁启超的不恰当评价，不会令人对“革命派”章太炎形成误解，但后人似乎同意了他对俞樾、孙诒让的评价，即这两位“经学家”都不涉变法，不问世事，抱经而终。

章太炎对孙诒让的评价非常高，他对孙诒让人品、学问的尊重之情，介乎师友之间。章太炎在诂经精舍师事俞樾，而俞樾与孙诒让父亲孙衣言为道光三十年(1850)庚戌科进士同年，孙衣言为二甲第三名，俞樾为二甲第十九名。③ 章太炎在《与孙仲容书》对孙诒让推崇备至，誉为“海内奇硕，自德清(俞樾)、定海(黄以周)下世，灵光岿然，独有先生。虽年逾中身，未为大耄，浙人所仰望者，亦无第二人”。章太炎自陈为学，“远不负德清师，近不负先生，虽并世目为顽固，所不辞矣”④。孙诒让去世后，章太炎作《孙诒让传》说：“诒让学术，盖笼有金榜、钱大昕、段玉裁、王念孙四家，其明大义、钩深穷高过之。”⑤章太炎对孙诒让的推崇，出于衷心，溢于言表，固然原自师门之谊，但实在也是因为孙诒让学问精湛，浙中第一。可是，赞誉在不意之间也

① 梁启超：《清代学术概论》，《梁启超论清学史二种》，上海：复旦大学出版社，1985年，第6页。

② 同上书，第79页。

③ 孙延钊撰，徐和雍、周立人整理：《孙衣言孙诒让父子年谱》，上海：上海社会科学院出版社，2003年版，第15页。

④ 章太炎：《与孙仲容书》，《章太炎全集·太炎文录初编》(四)，上海：上海人民出版社，1985年，第163页。

⑤ 章太炎：《孙诒让传》，《章太炎全集·太炎文录初编》(四)，第213页。

带来了一些认识偏差，因为章太炎在近代学者中间的巨大影响，他在《孙诒让传》中只提学问，不谈事功；只谈经学，不谈西学，则孙诒让给人的印象也只是一位“经学家”。章太炎在传中一掠而过地提道：“晚年尝主温州师范学校，充浙江教育会长，清廷徵主礼学馆，不起。”他对孙诒让的“新学”事功、变法实践也是评价不足。

孙诒让的学问，得到同时代的两大巨擘梁启超和章太炎的承认。梁启超的评价带有负面，将之列为“古文经学”的保守派。章太炎的赞誉非常正面，并无保留。他说：“诒让治六艺，旁理墨氏，其精专足以摩致姬、汉，三百年绝等双矣。”①但是，骄傲的章太炎也暗藏机锋，他称孙诒让“三百年绝等双”。问题在“等双”，与谁“等”？章太炎是暗指孙诒让与自己是乾嘉“汉学”之后的双子峰。这个表述，脱胎于戴震评价钱大昕：“当代学者，吾以晓徵为第二。”②戴震“毅然以第一人自居”，章太炎则谦逊地以为“等双”。“清学家”之间的学问争执，非常微妙，实在是清学史上非常有意思的话题。

梁启超的批评不中肯，他说俞樾“类无行之袁枚”，其实俞樾谨言慎行；他评价章太炎的维新勇决“不逮今文家”，其实章太炎激烈反清。孙诒让虽被称为“有醇无疵”，却也是“为正统派死守最后之壁垒”的保守派。章太炎的赞誉也忽视了孙诒让治学中的“经世致用”倾向，以及他在瑞安、温州成功举办的新式教育实践。孙氏、项氏家族在瑞安创办学计馆、方言馆，突破“五经”知识体系，学习数学（学计）、外语（方言），并非突发奇想，而是有着几十年的学术积累与思想变革。孙诒让一生只是一位乡居的地方人物，没有赶去北京、上海的时髦，参加“变法”活动。然而，如果不划定中央、地方的范围，只是根据“思想解放”本身的尺度来衡量，孙诒让等地方人士所从事的新式事业，是“同光”时期最为切实的“改革”运动，不比康有为、梁启超的“维新”保守、落后。从办学成就来讲，江、浙地方士绅与外人合作的事业，比康、梁在“百日维新”中匆忙布置的事业更加成功，这是清末民初各地如瑞安、温州、杭州、宁波、南通、无锡、南京，以及上海地方上的普遍现象。孙诒让年长章太炎、梁启超 20 多岁，他和他父亲，还有叔父孙锵鸣都长期生活在曾国

---

① 章太炎：《孙诒让传》，《章太炎全集·太炎文录初编》（四），第 213 页。
② 江藩：《汉学师承记》，上海：中西书局，2012 年，第 57 页。

藩、李鸿章的幕府周围。我们知道，曾、李的大幕里走出了清朝第一代改革家，过去的历史学家承认薛福成、马建忠、王韬、郑观应等是“早期改良派”。他们忽略了更早一些的时候，张文虎、顾观光、李善兰、徐寿、华衡芳就已经在清朝传统学术中开拓“西学”渠道，为“变法”事业鸣锣开道，为洋务活动培养人才。这些人都是孙氏家族的朋友，这个群体是更早时期第一代的“改良派”。瑞安孙氏，是清末学问和思想变革的先驱，这一点是必须要指出来的，因为它正是我们今天纪念孙诒让的主要原因。

开放就是解放，在明末、在清末，士大夫看待“西学”(科学、技术)、“西教”(神学、哲学)的态度就是评估“思想解放”的尺度。仅举一例，就可以知道孙诒让对“西学”，包括西方基督教的态度非常开放，超过很多维新人士。他说：“明末时候，利玛窦、艾儒略诸位教士将《几何原本》《同文算指》及几种格致的书带到中国来。徐光启、李之藻等把它翻译成华文，盛传于世。本朝开国，南怀仁等又蒙我圣祖皇帝优礼，任钦天监副之职，修定《灵台仪象志》及历法各种书，这些算是西国文明输入中国的历史。到了嘉庆以后，蒸汽之学发明，而火轮船、火轮车次第造成，从此全地球五大洲几万里路，彼此交通，犹如邻居一般。而西国文明一天比一天进步，又有许多新的事物与科学知识传布来到中国，可是中国地广民众，轮船、铁路尚多未能通行之处，加以民情大多守旧，所以一时未能使人人都可以得到这些新的知识。”①孙诒让对明末清初的“利徐之学”做出正面评价(他的算学教育即源于此)，对英国维多利亚时代的文明进步了如指掌(他的英国知识比梁启超更早更确)。他肯定“西学”入华推动了中国的进步，他批评中国许多地方风气不开，民情“守旧”，而瑞安和温州走上了“开放”的道路。孙诒让的言论没有超过上海各类报刊所载，但他在瑞安、温州办学、兴实业多年，一字一句，有根有据，不是空言，而是实行。在甲午失利、戊戌失败和庚子赔款之后的 1901 年，公开说出这样的主张，在传统学者中间并不普遍。在一片“保国、保种、保教”的声张中，孙诒让的改革思想非常开放，还需要勇气。

孙诒让不但对“西学”有深入的肯定，他还把西洋传教士援为自己的同

---

① 孙诒让：《在温州艺文学校开学典礼上的演说辞》，转自《孙衣言孙诒让父子年谱》附录，第 469 页。

道和朋友。《在温州艺文学校开学典礼上的演说辞》(光绪二十七年)发表在1901年7月某日。当日,英国传教士苏慧廉(William E. Soothill)举办的温州艺文学校开学,孙诒让从瑞安来到府城,热情赞美了利玛窦、徐光启以来的"西学"。那一日,著名传教士、朝廷变法的"洋顾问"李提摩太(Timothy Richard)也在场。孙诒让以欢迎朋友的口吻说:"李先生是西国有名的通儒,今幸光临我温州,来与我们互相见面,谈笑于一堂,亦算不易得的机会,所以我与同来的师生们对于两位先生今天这一番的热情是同表感谢与钦佩的。"[①]在士绅"反洋教",惹出了"义和拳奇祸"的辛丑年,大多数的读书人对列强同仇敌忾,孙诒让不怕见外国人,继续真诚地认可"西学",与洋人并肩合作,确实就是他"思想(非常)解放"的标志。

《在温州艺文学校开学典礼上的演说辞》如此重要,但民国十五年(1926)编订的《籀庼遗文》集中并无此篇。徐和雍编《孙衣言孙诒让父子年谱》《孙诒让全集·籀庼遗文》始收入本文,仍不遑学界采用。从目前的孙诒让研究来看,他在经学以外的"外篇"文字都没有受到足够重视,而这些才是孙诒让开放思想之所在。这份演讲稿的重要性是让我们看到孙诒让不单是清初经学的继承者,他也是明末"西学"的接受者和践行者。利玛窦、徐光启翻译《几何原本》,入清曾为顾炎武、黄宗羲、王锡阐、梅文鼎、江永、戴震、钱大昕、阮元等经学前辈所传承,至清末因为西方"坚船利炮"的刺激,又有士大夫李善兰、华衡芳等人继起。利玛窦、徐光启翻译的《几何原本》,在1842年即由张文虎、顾观光、李善兰等重新校勘,收入金山钱氏《守山阁丛书》。清末"西学"的源头,正在这个群体,而瑞安孙氏兄弟、父子就在这个群体里。后来,《几何原本》后九卷即由伟烈亚力、李善兰续译;因此,曾国藩邀请李善兰入幕,京师同文馆算学馆聘为教习。孙诒让等人办学计馆,是以明末清初"天文历算"之学为号召,学习西方近代的数学、物理、化学、生物、天文、地理知识。学计馆像是京师同文馆的瑞安地方版,却和皇家事业无关,他是从地方实业、增进民生的目的出发引进"西学""西艺"。孙诒让也属于"中学为体,西学为用"的学者,读书、研经以中学为主,但他并不保守,他的"中学"向

① 孙诒让:《在温州艺文学校开学典礼上的演说辞》,转自《孙衣言孙诒让父子年谱》附录,第470页。

“西学”完全开放。在这篇演讲中，他欢迎西学入中华，说“中国文明开化，始于黄帝轩辕氏教史官仓颉造作书契。而伏羲八卦同后来《尧典》《舜典》为中国圣经最古之书，都在距今四五千年光景。西国文明，始于埃及、巴比伦，其金字塔古碑，亦大约在西历纪元前三千年的时候。可见东西文明，都开辟于上古时代，真是遥遥相对。”他不喜欢中西两大文明的隔绝状态，而主张学习西方。“至于我自己，虽然读过中国旧书，而不识西国文字，近来稍稍兼看西书的译本，总还惭愧，所得甚为浅薄，且每恨未曾亲到西洋，参观各国的新政设施及一切大小学堂的办法，以增长见识。”[①]孙诒让，研读中学，雅好西学，实在是一个“保守的革命家”、中国近代思想变革的先驱。

二、孙项新学的同光渊源

孙诒让的学问和事功，与父亲孙衣言、叔父孙锵鸣有密切关联。他在瑞安举办学计馆，与项湘藻、项崧举办方言馆同时。甲午战败之后，孙、项二氏合作办学、兴业，既有振兴地方的初衷，更是受到了弥漫于南中国的爱国情绪的感召。从孙氏、项氏家族的经历来看，他们的爱国热情和爱家乡的责任感出现得更早一些，是在太平天国动乱时期举办团练，保境安民活动中产生的。孙、项比较，项氏财力充足，而孙氏长于耕读，在外漂泊的官宦生涯令其人脉细密、眼界开阔，且学问精进。叔父孙锵鸣是道光二十一年(1841)进士，父亲孙衣言是道光三十年(1850)进士。孙诒让出生于道光二十八年(1848)，稍长，即遇上太平天国(1851—1864)席卷江南十多年，可谓是“生于忧患，长于动乱”。孙诒让随父亲常年在外，同治年间的经历给他强烈的冲击，治学虽称是因了“经学”“汉学”之旧，但早已在动乱中渗入了“内忧外患”意识，并逐渐向新知识、新思想敞开大门。

查考一下孙衣言在江南为宦时的交游圈，就可以探知启发孙诒让的“西学”之源。少年孙诒让随父亲遇见的都是道咸之际经学界的开通人士。同治二年(1863)十二月某日，纪念苏轼 828 周年诞辰，“衣言与南汇张啸山茂

① 孙诒让：《在温州艺文学校开学典礼上的演说辞》，转自《孙衣言孙诒让父子年谱》附录，第 470 页。

才、阳湖方元徵少尹、归安杨建山孝廉及王孝凤员外、叶云岩游戎（圻）、陈小舫（庆瀛），刘开生（翰清）两太守、李壬叔、李小石（文杏）、吴颖仙（文通）三文学，张元素布衣（绚）、林若衣郡丞，聚集周缦云先生蛰庵，庆贺醵酒”①。周缦云在这一年入为曾国藩家塾老师，教授曾家子女，他家里（蛰庵）的宴请，是一大半的曾幕班底。参加这一天聚会的，有许多是从经学考据中走出来的天文、历算学者，如张啸山在经学、史学校勘之外，还研究天文、历算，有《春秋朔闰考》，1844年，他和李善兰协助钱熙祚刊刻《守山阁丛书》，收录了明末“西学”作品多种，有熊三拔、徐光启《简平仪说》、李之藻《浑盖通先图说》、李之藻《圜容较义》、王锡阐《晓庵新法》、王锡阐《五星行度解》、江永《数学》、薛凤祚《天步真源》、艾璐略《职方外纪》等。《守山阁丛书》收入“西学”，表明上海地区的经学学者对鸦片战争前后的局势做出了迅速反应，他们率先意识到明末清初的“利徐之学”必须重新纳入“清学”，以“经世致用”为标签，砥砺讲求。钱熙祚去世后，张文虎、李善兰陆续在同治年间进入了曾国藩幕府，成为大幕中最早研习“西学”的新一代经学家，其学问大致可以说成是一种“经学—西学”形态。

1852年，李善兰加入英国伦敦会在上海设立的“墨海书馆”，与伟烈亚力续译了《几何原本》。1861年起，他与徐寿、华衡芳在安庆加入曾国藩幕府，随后就出任京师同文馆算学馆教习，成为从第一位从经师转型而来的现代数学家。中国近代史上有一个普遍现象，即第一代力行开放、改革的思想家，都是从曾国藩、李鸿章的幕府里走出来的。在曾氏幕府的学术环境熏陶下，孙诒让家学中原有的词章、经术，自然而然地就加入了“西学”。1863年在皖江，孙诒让15岁，正是求知欲最为旺盛的年龄，便已经濡染“西学”。清末有一路的学问，是“经学”与“西学”的结合，呈“经学—西学”结构。有证据表明，孙诒让在数年之后就与曾幕中的学者结识，亲炙学问。同治七年（1868）十一月，孙诒让从瑞安去南京，他父亲把张文虎等前辈学者介绍给他，“衣言官事之余，偕诒让从诸先生游”。孙诒让对张文虎的学问很佩服，“啸山在诸先生中最为老宿，精研惠、江、戴、钱诸家之学，尤长比勘”②。我

① 孙诒让：《在温州艺文学校开学典礼上的演说辞》，转自《孙衣言孙诒让父子年谱》附录，第49页。

② 同上书，第85页。

们知道，惠栋、江永、戴震、钱大昕是乾嘉时期的经学家，但也都接续利玛窦、徐光启开出的学问路径，有数学、天文学、历算学著作行世。孙诒让与清末的"经学—西学"学者既有如此深入的交往，则他在同治初年就开始了新知识的思考，比一般在清末"戊戌"时才有所醒悟的儒生要早很多。

我们看到，孙诒让继承了父亲孙衣言、伯父孙锵鸣的"事功"，也在同光时期中外熙洽的氛围中形成了融会贯通的经学主张，相对于周围的保守派，他对"西学""新学"的态度非常开放，他的社会改造实践也推行得更早、更切实际。孙诒让一生居于乡邦，他的办学、兴业局限于家乡瑞安，延展到府城温州。但是，他兼容并包，中西会通的学术主张，比较康、梁的"今文经学"要先进、合理许多。孙氏家族联合乡邦人物举办的"新学"事业，也比康、梁奔走于宫廷内外，最后惨淡收场的"百日维新"要扎实、可靠、有效得多。

三、经学家与思想解放

100 多年后回看清末的"变法"过程，我们发现梁启超的结论不太可靠，孙诒让、章太炎这一批"经学家"其实正是"思想解放"的先驱。梁启超称"古文经学"家是"正统派"，他们"思想解放"之"勇决"程度，或不逮今文家。其实，清末的古文经学家并不保守，他们对于"洋务""西学""变法""维新"的接受程度，一点都不亚于康、梁等人。就孙诒让在同治、光绪年间的言行来看，他所理解的"西学"，他所从事的"维新"，实实在在是早于康有为、梁启超的。事实上，梁启超在 1896 年到上海举办《时务报》，就是得到了平阳宋恕，钱塘汪康年，丹徒马相伯、马建忠等人的帮助。梁启超手上并没有一个自己的学校，他想发表一些现成的办学成果，便移书瑞安，邀请孙诒让提供学计馆的《学约》。[①] 孙诒让在回复信中表示，甲午战争失利，促使瑞安士绅创办学计馆。他说："乃前年倭议初成，普天愤懑之时，让适以衔恤家居，每与同人论及时局，忧闷填胸，辄妄有缀述，聊作豪语，以强自慰藉，大旨不出尊著说群之意，而未能精达事理。"[②]孙诒让肯定梁启超的"说群"言论，应看作是前辈

① 朱芳圃：《孙诒让年谱》，台北：台湾商务印书馆，1970 年，第 69 页。
② 孙诒让：《丙申复梁启超书》，转引自朱芳圃：《孙诒让年谱》，第 68 页。

的赞许,他说的“未能精达”云云,则并非自感不及,而是谦虚。

在“甲午”“戊戌”“辛丑”时期的思想界、舆论界,康有为、梁启超、章太炎的政治和文化主张都比孙诒让更加激进,这是显然的,也是必然的。但是,我们并不能就此简单地判定孰为先进,孰为落后。20 多岁的年龄差距,形成不同的思想道路,有不同的治学方法,也有不同的兴趣领域,但不能就此认定后人天然进步,前人必然落后。有些激进的主张,事后看来也未必公允和可行,甚至还是偏激和错误。将章太炎和孙诒让进行比较,他们都是被梁启超批评的“正统派”,但在中西文化关系上却有很不相同的主张。1904 年,章太炎写《訄书·序种姓》,相信“萨尔宫,神农也”“后萨尔宫有尼科黄特者,黄帝也。其教授文字称苍格者,仓颉也”[1]。萨尔宫、尼科黄特、苍格,都是指古代巴比伦历史中的传说人物,19 世纪一些西方学者考证“中国人种西来说”,认为中国文化是《旧约·创世纪》的一脉相传,谋求“西学”,主张“变法”的章太炎相信之,非常激进。孙诒让不同,他在 1901 年上述演讲中指出:“中国文明开化,始于黄帝轩辕氏教史官仓颉造作书契,而伏羲八卦同后来《尧典》《舜典》为中国圣经最古之书,都在距今四五千年光景。西国文明,始于埃及、巴比伦,其金字塔古碑,亦大约在西历纪元前三千年的时候。可见东西文明,都开辟了上古时代,真是遥遥相对。”[2]孙诒让认为四五千年前的东西方文明,“遥遥相对”,各有起源,以后才交流会通。孙诒让的“遥遥相对”说法,和最近的考古学、人类学的“满天星斗说”契合,比较平衡,既不保守,也不过激,属于有见识的温和派,更可能发展成为科学理论。

“清代学术”中人的孙诒让,显然是一位学问严谨,思维缜密,且“思想解放”的变法人物。仅仅是一个“经学家”,或者是“正统派”的评价,对于孙诒让来讲,是不充分的,也是不公正的。章太炎对来自梁启超的“正统派”评价耿耿于怀,他说:“人谓章太炎为正统派,此非余之欲主正统,盖为文而不先绳以法度,恐将画虎不成反为狗。”治学为人都比较温和的孙诒让,大概不会计较梁启超对“正统派”思想解放不够“决绝”的评价,但他的言行,证明“经学家”同样也能发展出进步思想,“走出中世纪”,步入近代社会。可能确实

---

① 章太炎:《訄书》,见朱维铮:《章太炎全集》(三),上海:上海人民出版社,1984 年,第 173 页。

② 孙诒让:《在温州艺文学校开学典礼上的演说辞》,转自《孙衣言孙诒让父子年谱》附录,第 469 页。

不像梁启超说的那种“决绝”，但他的“变法”行为却更加坚定、彻底，影响力也是长远、有效。今人编《孙诒让全集》，序称孙诒让、俞樾、章炳麟为“三大师”：“仲容、曲园、太炎三大师，皆浙人也，润溉中国学坛乃至于今，亦近世奇事。”[①]这应该是公正的看法。

李天纲，复旦大学哲学学院宗教学系教授，复旦大学中华文明国际研究中心副主任、瑞安研究基地主持人

① 许嘉璐：《孙诒让全集·序》，北京：中华书局，2009年，第4页。

温州模式中社会文化传承与企业家精神的演进

作为一名研究经济发展与金融市场的学者，我在浙江长期观察研究浙江企业和区域产业经济，温州的企业成长和经济社会的变化是我关注的其中一个重点。作为一位长期生活工作在长三角的杭嘉湖的人士，我在研究温州经济的同时，也比较熟悉临近的长三角其他区域的经济发展，对它们的差异有所了解。在曾经从事过的“温州企业家与私营部门的工业化模式”与“苏南经济的成长模式”的比较研究中，我对两地经济现象背后的地理、社会、人口因素关注较多。经济现象与社会文化传统密不可分，瑞安的例子，证明温州的经济与文化一直存在互动的关系。当然谁先谁后，谁重谁轻，在学术上并不是能找出很确定的因果关系的，也不需要太多的因果关系的争论。我们需要的是理清两者之间的互动关系，顺势而为，收获新的成果。温州和瑞安，国际联系广泛，产业结构轻巧，企业家个人精神突出，在下一步文化创意产业、新兴智能产业上也应该是可以大有作为的。温州在自身已积累的社会文化资源禀赋的基础上可以做到与杭州、苏南和上海一样有自己的特色，但前提就是要像瑞安这样振兴文化，激活传统、开拓创新。

我们发现温州模式虽然有很大的特点，但还是跟市场经济的基本规律还是一致的。“温州模式”只是成功于家庭企业、民营企业率先于全国的早发阶段就大规模出现而成长起来了，当然它在特征、路径方面有很多不同。但是，它最终仍然是归向市场经济来配置资源，企业以市场需求为导向来投资、复制技术、改进和创新来满足市场的，这和很多东亚模式，乃至西方早期工业化的路径基本是一样的。

那么我们从以下几个方面分析，主要是从微观层面，第一个就是企业家和企业家精神，看看到底跟其他地方有什么不同？因为南加州大学经济系教授约翰·施特劳斯(John Strauss)对意大利非常熟悉，他对意大利、东南亚，还有东亚的家庭私营部门的工业化都进行过研究，他就觉得温州模式有其区域特征，可以从中发现当地的文化色彩。我们发现温州企业家的特征，是发现市场配置资源的能力，这方面相当多的温州企业家(可以说早期的家庭企业主)是相当强的，跟浙北和苏南不一样。强在哪里内？强在发现市场的能力，强在快速组织生产的能力，以及执着的精神。浙北和苏南很多是通过乡镇集体企业的延伸，跟上海国有企业建立关系，甚至利用政府关系来得到资源和市场的；而温州基本上是通过自发、自主的企业活动来建立，当然这个自发不是凭空想象出来的，我们也发现很多企业成长的种子(seeds)。问他们企业的这个"种子"是哪里来的？有些人就会说是到上海、到深圳打过工的人带回来的，还有一些跟上海外贸有个人联系的，跟人学生意的，等等。记得有一个很大的服装加工企业，当时一年有就有一亿多美金的出口订单，老板一开始就是学裁缝的，跟着前辈做。后来发现不行，大家都跟他一样的，他说我要跟人家不一样。他就跑到上海去跟人学如何找外国人做服装生意，摸来摸去摸不到门，结果在进出口博览会上就遇到了老外，然后就很认真地约老外好几次，打动了老外。人家说你来给我先做学徒，他说我帮你拎包打杂都没问题，就是这种精神……学了两年多后回温州再创业。我们当时见到很多服装企业的老板，后来跟踪企业生命周期的，发现能够长久的基本上都是这类企业，它们善于不断学习向上。还有一类是家庭作坊的案例，产业规模比较小。个体家庭作坊也是有组织的，他们联合起来构成了市场关系。个体户能够做到一定的规模，企业间也要形成供应链市场。我们发现产业的集聚，跟乡情观念是非常有关联的，往往一个产品的厂家就集中在一个村级单位，几家几户合作，然后变成一个村、一个镇的合作，不是很分散，城镇之间很有区域特色。这个跟很多地方不一样，和苏南、浙北是不一样的。

按照哈佛大学普特南(Putnam)教授的讲法，意大利北部为什么后面会追上南部？按产业传统，原来罗马、那波利那边是很强的，后来北面米兰那边赶上来了。有人认为米兰公国是受了德国移民的影响，萨伏依是受了法国文化的影响，其实没有太大关系。德国是大机器、大工业生产的，很难移植到米兰地区；法国那边的产业也不过如此。其原因，还是跟米兰地区的企业家精神和文化有关。

人力资本跟当地文化的关系，张仁寿老师已经讲了很多。我在思考另外一个问题，文化、经济和传统的关系，能否做出来一个经济成长的逻辑模型？用这个复合关系的模型来理解我们温州现象中的宏观发展经济学、微观发展经济学？这是我们团队非常想做的。后来，我们专门研究企业、企业家的成长道路，都设法把文化要素放进去，试图把文化对于经济生活的影响体现出来。正好我们知道耶鲁大学有个经济社会学的博士马克在义乌这里做社会学课题的研究，我发现他找了很多文献，用在他的产业研究中。他跟我讲，他是用关系网络和社会资本这样一些概念来观察温州经济模式。我们跟他一起做了一个研究，成果是一个很有意思的报告，可惜后来没有发表。我们在好几个地方都讨论了这个"社会资本"的报告，参与讨论的学者都很感兴趣，颇有一些启发。我们是在经济发展模型的研究中，引入文化研究的视野和方法。从文化、历史、社会学的角度进入我们经济学研究的成果肯定是很多的。不管怎么样，我们经济学也一直想从社会、人文的角度观察，在温州模式中，温州的文化是怎样跟企业同发展，跟经济活动结合在一起的。

我们为了研究更透彻，就采用了普特南在研究意大利北部家庭经济促进区域经济发展时定义的社会资本概念。社会资本是指文化继承下来后，在一些区域，或者个人身上带有的禀赋特征，这种禀赋特征会在企业的创立和经营过程中，尤其是在市场的发展方面起很多的作用，我们把它看作像是播种(seeding)的苗床(seeding bed)的土壤。当然我们现在的经济学在实证上还没法精确运用社会资本这个概念，还没有做进一步的实证研究，但是很多故事是可以这样讲的。社会资本的好几个方面，是可以影响微观经济和区域经济的。社会资本是通过影响个人行为，达成不同的社会效果。社会处于一个庞大的网络系统中，个人的行为影响团体行为，团体的行为改变网络特征。一个区域的文化特征，又被那个时代的读书人按自己的体会用生花妙笔写出来，这一点其实就是经济地理与"永嘉学派"产生的真实关系。

温州学者对“永嘉学派”的尊重，其实和外面的人文学者有很大的不同。我们认为是温州区域经济产生了思想学派，而外面一些搞思想、文化、哲学的教授每每要说是“永嘉学派”的“义利观”直接启蒙了温州人。其实20世纪八九十年代温州的兴起和经济发展还很难从实证分析上证明这一点，毕竟这一代温州的家庭企业主和后来的企业家大多还没有完整的中学教育经历，更是和永嘉学派的人物、思想远隔上千年、或至少百年之久，哪来的纽带可以传承？而且也不符合“永嘉学派”自身的观点。现在我们知道，连孙诒让也并不是这么说的，他是自己开公司做实践的来体会、提炼并宣扬永嘉学派的“义利观”的。我怀疑“永嘉学派”中的有些人物，他们可能没好好读过四书五经，只是在家族朋友之间受到了行为上的影响和传承。比如，温州人其实是比较讲义气的，这是很特别的。我们浙江籍同学之间都有一种现象，从国外回来也好，大学放寒暑假也好，温州人是非常喜欢结伙排队去买机票、抢火车票的，我们杭嘉湖、宁绍的朋友就基本上从来不打招呼地就自己回家去了。温州人关系网络密切，就是一般大家讲的“抱团”，可上海人、杭州人就不明显。你到兰州、西安、武汉，温州人抱团就更厉害了。搞一个地产项目，他可能搞不过那边的国企，或者什么关系户，但是几个人一聚资，几天内现金就能集几个亿，其他机构实力再大，数天内也难以做到。集资是有很强的信任和信用关系存在的，这是温州在外地做生意和投资受欢迎的重要原因，这就是一种在特定文化氛围内长期积累的一种社会资本。

上升到区域层面谈社会资本，普特南教授其实就是讲这个问题。意大利北部的社会资本也是一个长期积累的一种社会资源禀赋，那边既有日耳曼的文化特征，就是行为严谨；又有意大利的文化个性，就是行为活泼。所以意大利北方的艺术设计很丰富，很现代，不像南面的比较保守。从这两个方面，我们试图探讨社会资本对经济增长的作用，试图做一点理论上的突破。理论突破很难，但是我们有几点发现：第一，我们是把社会资本看作一种公共产品，公共产品没有排他性，可以公共享用，就像空气，像文化一样。社会领域的公共产品，是可以积累的，可以应用的，但又不像经济上的公共产品是要折旧、损耗的，反而会自我进化，越来越好用，我把这样的社会资本外溢叫做正向的外部性，公共产品就有外部性的。当然守旧反对演进也会越来越不合时宜的，这时外溢性里面就会带有一些负面的，比如温州人力资本上的一些缺陷也可以从这方面来理解。一定区域内的组织体系，可能不适应持续的创新，不适于现代化的要求，它会产生负面的作用。最极端的例子就是带有黑社会性质的行为，比如一些极端的债务追讨方式的问题。所以传统地方经济制度非正规的金融运行方式，它发展到后来就难以为继了。东北、华北的朋友认为"拍胸脯"是讲"信用"，我们江浙沪的文化就不觉得这是信用，我们崇尚的实际是契约精神，"拍胸脯"只是"义气"。这两种社会习俗导致的社会资本差别很大，对商业社会的产生和运行的影响很大。而温州社会资本积累到今天，其文化个性可能表现得不太适应现在或未来的创新与发展。

温州当下可能面临的挑战，笼统地说，就是经济发展遇到了瓶颈。具体体现为人的素质问题，即企业家精神、人力资本的问题。经济学上把企业家精神、人力资本要素分开了，这两个要素可能都受到我刚刚讲的社会资本的影响。正面的和负面的都有。现在的温州要在人力资本、企业家精神、创新思维，以及企业家后备力量的培养上花功夫。这关系到企业家创新能力能不能持续，能不能顺利地过渡到下一代和企业的长期发展。还有一个问题，即我们现在的高新科技、创新驱动型企业、高质量发展的经济需要相当现代化的管理水平，这需要创业思想的更新。关于职业经理人和高技术的关系，我不太了解现在温州的现状。我觉得温州在这方面可能还不太具备优势，需要向杭、嘉、湖靠近，与上海靠近会比较容易落实到高新科技企业、创新型经济的升级上。温州的前辈已经做了许多的工作，所有的工作实际上不外乎两点：一是用科技和文化开发"民智"（包括企业和人力资本）以提升自我；另一个是打开渠道，把新的技术、思想和人才内容引进来，把旧的产业提升上来或淘汰。温州的企业家很多是"二代"接班，大多数"二代"是被送出国去培养的。送到国外以后，有些"二代"对自己父母亲的事业不感兴趣，也没感情。我也曾参与过他们的这些企业家"二代"接班问题的讨论，就遇到这个问题，好多"二代"存在这样新旧身份的冲突。一个企业的传承，其实也是文化的传承，但传承又不能阻碍创新。怎么才能让他们继承和发扬企业家精神，面对创新型的经济开拓市场呢？开拓和提升更需要大量高质量的科技人员，而温州并不是一个科技城，也不是一个大学城，高科技人员的集聚是有一定的难度的，温州这方面的外力要比上海、杭州少很多，我们怎么样来解决？我想提出来供大家思考。谢谢！

钱彦敏，浙江大学民营经济研究中心研究员，
企业成长与产业发展研究专家

温州模式的提出与反思

“温州模式”的讨论在 20 世纪 80 年代后兴起，作为在华东主要媒体上海《解放日报》工作的温州籍记者和编辑，我参与了一些温州经验和相关人物事迹的报道，经历、见证了“温州模式”的兴盛。作为生在乐清，学在复旦，对瑞安文化、经济也有了解的温州人，深知家乡发展的艰难曲折。而地处江南，勤劳勇敢，“抱团”成事的民风，加上文化底蕴深厚，诸事敢为天下先的精神，使得“温州模式”成为江浙地区社会发展的先锋。回顾 40 年来的道路，温州经验确实值得总结。“温州学”，或者“瑞安学”的建立，是提升和超越“温州模式”的顺理成章的学术路径。

我在《解放日报》工作了 40 年，我见证了改革开放的全过程，又因为是温州人的关系，必然就会和温州模式有关联。《解放日报》是上海市委的机关报，在华东地区乃至全国也有很大的影响力。《解放日报》对华东地区的经济、社会报道比较擅长。温州模式的提法，正是 1985 年《解放日报》上最早提出来的。作为一个温州人，我一直为温州模式摇旗呐喊。这是我们温州人的本质，也就是当时的初心。现在强调“不忘初心、牢记使命”，改革开放就是我们不可忘记的极其重要的初心。

说《解放日报》与温州模式的提出有关联，因为它是本报 1985 年在周瑞金同志的重视下，首次提出来的。周瑞金是温州人，他的中学是在温州中学读的。当然，其他几位同事也做了不少具体的事情。回想起来，我也写了两篇与温州模式有关联的文章。一篇是在姓社姓资争论很激烈的时候，我写了一篇文章，以赵章光的“章光 101”作为例子，谈了温州的经济模式，刊登了一个整版，文章题目叫《改革需要红色大亨》。在这篇文章里，我提到了私营经济的合理、合法的问题，这是第一篇文章。第二篇文章，是我们上海新闻界的团队到乐清柳市镇采访，采访的题目就叫《"柳市现象"启示录》。什么叫"柳市现象"？就是柳市镇崛起了一批低压电器制造企业，被称为"中国电器之都"。据说，有人在外地写信，邮寄地址只要写"浙江省柳市某某收"，就收到了，温州市、乐清县都可以省去，说明当时柳市被关注的程度。正是在乐清柳市兴起了一批私人企业，大家看到了温州的乡镇企业可以做大做强。好像是吴敬琏吴老说过一句话，说市场经济看温州，温州模式看柳市。所以，我选择柳市这个地方，提出"柳市现象"来给我们启示。我就提示两条，两条放在一起说，就是"温州模式必须坚持，市场经济必须坚持"。这两篇文章的往事，已经如烟般地过去了，我们不需要再提"当年勇"。但是，有时候想起来，比如在今天的会上想起来，还是觉得蛮欣慰的，作为一个温州人，身在上海，从事新闻事业，还是为家乡的发展做了一点应该做的事情。

第二个谈一个总体的感想，发言之前我想起了两句话。第一句话说，如果地理是历史的舞台，那么在这个舞台上唱主角的应该是文明；第二句话是汤因比在《历史研究》这本书上的开头所写的，印象特别深刻，就是"事实上，文明才是观察人类世界发展的标尺"。为什么这个时候会想起这两句话，因为我在想一个问题，就是说为什么说瑞安市委、市政府与我们复旦大学中华文明国际研究中心合作，共同举办这一场研究论坛？之前为了这个论坛，李天纲教授邀请我陪同他，几个月前到温州来过，和陈胜峰书记联系，做了些筹备工作。现在论坛成功举办了，我再次来瑞安表示祝贺。为什么温州瑞安要辛辛苦苦搞这样一次论坛，然后和前面两句话又有什么联系呢？我的粗浅理解就是，我们现在站在瑞安的地理位置上，展望未来，要唱一出以推进文明为主题的，以"温州模式""温州学"或者"瑞安新学"为标题的历史舞台剧。我们这个会议的关键词，就是"地理""历史"和"文明"，我对这个论坛的理解是这样的，不一定正确。但是我有这样的体会，认为温州模式不单是一种经济型形态，是一种地方文化的表达，是一种地方历史的结晶，当然也是一种文明的呈现方式。

杨校长的发言，很清楚地表明文化与文明的区别。中华文化、海派文化、温州文化都是文化，但它们都是我们近代中华文明的一部分。中华文明进入人类近代文明之后，有很多进步，也有很多不足。中国近代的科学、思想都还没有达到人类文明的先进程度。文明不论,什么叫文化?我理解的文化,就是文化的精神价值、生活方式、集体人格这12个字的综合。因此也可以说“温州模式”是温州人的精神价值、生活方式、集体人格的一种表达。我们理解的温州模式,是从文化角度来理解,比一般的经济理解要宽广一些。温州模式,它既是一种经济形态,也是精神形态,是一种文化表达,更是一种文明贡献。温州模式是温州人践行温州文化的集体意识,推动市场经济的文明贡献,这是我粗浅的总体的认识。

下面我想讲“三个不能回避”。研究瑞安新学、研究温州学、研究温州模式,在当下,我觉得有三个问题不能回避。第一个不能回避什么?就是不能回避温州文化特征之一的传教士文化是外来文化。温州文化特质,我记得五年之前在乐清,当时陈一新同志还在温州当书记的时候,在德力西集团创立三十周年主办纪念活动的时候,我代表新闻界和他对话。讲到温州文化,我认为温州文化的特质是三方面构成的,第一是五千年中华文化的血脉,第二是永嘉学派的文化基因,第三是温州开埠后对于西方文化的包容,这三方面构成了温州近代文化土壤的特质。讲温州文化不能回避传教士,我看了原《温州日报》记者沈迦写的《寻找苏慧廉》,它把温州文化对于西方文化的包容都讲清楚了。有人说,温州是“中国的耶路撒冷”,浙江各种各样的宗教,最多的是在温州,其中最多的还在柳市。乐清柳市最大的基督教教堂,中国社会科学院世界宗教研究所在那里设立了一个研究基地,就像复旦大学将要在瑞安设立瑞安新学研究基地一样。温州经济能够崛起,基督教起了相当大的作用。当年苏慧廉帮助建立的教会机构,与欧美国家,与港澳台地区有联系。倒不一定是信仰宗教推动经济,如同张校长、钱教授的研究所提示的,教会建立的海内外关系网络帮助温州发展了自己的市场经济。单讲温州经济模式是家族、宗法关系并不全对,因为温州人很多地方其实是一村一族都信宗教,教会的关系网络也帮助建立人群之间的紧密关系。19世纪的时候,英国伦敦会传教士苏慧廉做了一项巨大的贡献,他把《圣经》翻成温州话,温州话一来大家听得懂,二来温州话变成了书面语,大家看得懂。使得大家可以理解,温州既能够敢为天下先,同时也能够成为外面所说的东方犹太人的原因,这是能够构成“世界温州人”现象的一个重要的思想来源,这是我的一个想法。刚刚听到李天纲教授的发言,捕捉到一个思想文化的灵光，不知道是不是准确。李教授谈到孙诒让请教过苏慧廉，瑞安办方言馆、学计馆也受到传教士“新学”的启发。这就是说瑞安新学本身诞生的过程中，就已经包含了传教士文化的因素，我们不能回避。我觉得母校的杨玉良校长推动中华文明国际研究中心建立，金光耀主任主持中心工作，李天纲教授策划瑞安新学的研究，在纪念改革开放四十周年的背景下讨论“温州模式”，就是有这种中西文化会通的包容心态吧！

第二个不能回避的问题，就是“利”的文明史意义。温州“永嘉学派”中的“义利并举”的“利”字大有讲究，孔子有曰：君子不言利。我现在深深地认识到，“君子不言利”是不文明的，这句话是不文明的。温州模式虽然是1985年提出来的，但并不是说温州模式是那一年才诞生的。如果我们把温州模式看作是一种地方文化，是温州人的精神状态，那它就不是在改革开放之后才有的。温州人被批评的“资本主义的尾巴”，早就在那里摇摇摆摆的，我自己是有切身体会的。我从小是在乐清高岙的村庄里面长大的，村民大多是姓高的同一个宗族的。高岙在明朝是尚书之村，现在还有国务院重点文保单位。但是在20世纪60年代三年困难时期，苦到什么程度，我印象特别深，实在没有吃，还吃过藤叶。为了五分钱的一个饼，我和一个叔叔在马路上抢得哭了。那时我还是学生，每年春天生产队里插秧，凌晨三点多起来，跟我爸爸一起到田里干活。拔秧、插秧之后，生产队集体烧饭吃。为了吃饱饭，我从小就学会一个技能，我爸爸说你吃第一碗饭的时候，一定要盛得少一点，可以吃得快一点。第二碗你要多一点，把饭压下去，这样保证你不会饿。我在读书的时候，凌晨三点至永嘉山上去砍柴，砍完以后天亮挑到白象镇去卖掉，就为了几毛钱。最厉害的有一段时间，晚上穿着草鞋跑六个小时，和父亲跑到了盐盘沿海。那时山高没有公路，买了盐以后挑着，摆渡到温州。我这么小的小孩子，跑到了温州，人家屋檐下面门还没开。等庭院里扫马桶的声音起来了，我就推门进去，推销海盐。卖好以后，再去上学。讲这些故事，我想说明什么道理？我常常问自己，当时去卖盐、卖柴，心里想的是“义”吗？显然不是，就是为了蝇头小利，也就是为了活下去，这是一个根本的原动力。我归纳起来说，温州模式的源点，就在于我们在一亩三分地上的努力，是一种生生不息的生命力。在这种困境之下，温州人为了争取活下去，摆脱自身的困境，以及活得更好一点的动力，这才是“温州模式”的本质。也就是说，为了利没什么不光彩，我觉得“利”是很真实、很朴素的道理，而真理往往就是最朴素的。哈耶克有句话，我觉得特别重要，他说人们追逐私利，拥有私有财产的过程中，就自然地发出了价格的信号。这些私欲导致的价格、价值信号，奠定了市场经济的基础。我到城里卖给温州人海盐、砍柴，赚到几毛钱，这就是价格信号，进而发出了市场的信号，接下来的过程就催生了商业与文明。从这个逻辑过程来说，在一定意义上，这就是人类文明的起点。我被这句话深深打动，因为自己有切身体会。

所以对“义利并举”的关系，我是这样理解的。我举个比喻来说，就像圣经与面包的关系。当一个人没有面包吃的时候，你读《圣经》，你当然可以很顽强地发扬自己的信仰精神，用天堂里的明天来激励自己，但是，你读下去也很难、很累。只有在吃饱面包的时候，才有更好的条件来享受《圣经》给你带来的精神愉悦，以及思想洗礼。在这个过程中间，只有当你吃饱了以后，读了《圣经》才能考虑到义，然后才能说坚持“义利并举”，不要“见利忘义”。我们观察柳市的市场经济，一开始家庭作坊做得粗制滥造，假冒伪劣，然后才逐步规范化、市场化。因为在这个过程中，人们被迫向市场低头，向规律低头、向法则低头、向契约低头，在这个情况下，人们逐渐得到了文明的熏陶。最简单的例子，以前我们从上海到温州，是坐轮船过来的，要坐几天几夜。因为我爱人在华东师范大学读书，我在《解放日报》工作特别忙，暑假把孩子送到高岙来，轮船要坐 36 个小时，风浪摇摆。大家上轮船你挤我抢，说起来很不文明。现在回想起来，大概要难为情的。其实不足为奇，现在你看西装革履，坐高铁，坐飞机上的乘客，来来往往多么文明。这个过程的养成，富而知礼，衣食足而知荣辱，这就是“义利并举”。

第三个不能回避，就是不能回避现实的课题。杨校长提出了六个结合，我觉得这六个结合就体现了教育的三个面向，即面向现代化、面向世界、面向未来。用这样一个现实的态度来研究瑞安新学，研究温州学是非常有意义的。现在大学里面的好多课题，没有意义，一方面是许多课题是跟着短期的政策导向走，为已经成为客观现实的状况做注解。但也有另外一方面，就是脱离实际，理论到理论，用不适用的概念来理解中国社会的变化。我觉得复旦大学中华文明国际研究中心在瑞安建立研究基地，对于瑞安一百多年来形成的“新学”体系，结合自宋代以来的“永嘉之学”的历史传统，关注改革开放以来形成的“温州模式”，这样的研究才是自主的研究，是学者们自己想做的研究。我这些年来与李天纲教授的交流，知道他们是对温州，对瑞安文化是有深入了解的，也有自己的想法，因而是坚定地支持他们的想法。研究过去，直面当下，面向未来，研究不能从故纸堆里回到故纸堆，不能从象牙塔回到象牙塔，不能不了解到当地的文化脉络，就对“永嘉学派”“温州模式”发表高谈阔论。瑞安新学、温州学，它也是一种“经世致用”的学问，在孙诒让那一辈学者中就是这样的。当下最现实的课题是什么呢？温州模式过去得到了各方面的赞誉，现在也遇到了一些实际困难，但在对改革开放40年的思考中，我们可以想想深层次的问题。温州模式怎么样持续下去，文明成果怎么样更坚实地落地？这些都是现实中的问题，是需要研究的，这才是我们推进文明成果落地，进而开展瑞安新学、温州学研究的现实意义。

高慎盈，《解放日报》高级编辑

温瑞崛起的文化基因

杨校长、各位领导、各位专家好！

很高兴我有这个机会到瑞安来参加关于温瑞文化的研讨。

我们正泰集团的创业、发展，本身就是“温州模式”崛起的一个范例。正泰集团历来重视乡土文化，内部重视企业文化，外部则承担文化责任。瑞安是温州百年前社会、交通、教育、文化率先起步的城市，乐清则是近四十年经济发展迅速的地方。作为一个在乐清创业，在全浙江发展，也在上海从事各项业务的集团企业，深感我们根在温州，底蕴是文化。一个地方的文化发展，会启动经济发展，这是百年前瑞安新派士绅的作用；一个地方的经济发展，也会带动当地的文化进步，这是正泰集团乐于从事的事业。我们这几年成立了正泰公益基金会，专门支持温州和全国的文化事业。同时，正泰集团还在筹建温州南怀瑾书院，当然从事“温州学”“瑞安新学”的研究，也是我们的文化责任所在。

我们知道，瑞安是浙商文化，还有南戏文化的发祥地。温州的读书风气很盛，从宋代以后就被称为“理学名邦”“东南小邹鲁”，确实名不虚传。瑞安的先贤，如叶适、陈傅良等人，都是永嘉学派的主力军。南宋时期一大批倡导永嘉之学的大家，润物无声、薪火相传，到了孙诒让这一代学人，在从事学问的同时，还创办近现代工、商业，农、牧、渔等产业，为当代温州经济的崛起，奠定了基础，产生了非常深远的影响。据我了解，一百年前，温州近代产业的兴起以瑞安先贤为代表；到了四五十年前，温州经济又一次崛起，以至于产生了“温州模式”，就主要是以乐清为代表了。从这个意义上来说，瑞安在温州有开风气之先的地位，而乐清人后来居上，也可以认为是瑞安先贤精神的继承者。

我们正泰集团是创办于1984年，也正好就是在学术界提出“温州模式”的前一年，到今年为止已经是整整35周年。35年中，正泰在温州这一块土地上萌芽、成长，温州文化的滋养，不断地激励我们做大做强，成为温州产业模式的一个代表性的企业。因此，在这里说正泰是“温州模式”的一个代表，也是过去的。我们历来重视企业文化的传承和发展，不断地从温州优秀传统文化中吸取智慧，形成了兼具温州文化和企业自身特色的生态文化系统。我们提出了以客户为中心，创新、协作、正直、谦虚、担当的核心价值观，不断引领着我们正泰前行。我加入正泰集团的二三十年来，一直研究怎么样做好产业、做大实业。现在的正泰已经是一个在浙江省，在全球范围内经营的企业了，在上海也有很大的规模。但想来想去，正泰的生意做到了全世界，仍然有很强的温州文化特征。可以说，温州文化，对我们企业的影响是非常巨大的。近代以来，在国家民族内忧外患的情形之下，温州各地早在“戊戌变法”时期，就出现了一批以追求经世致用、义利并举为特征的先贤。如陈虬、宋恕等人提倡“民权”“自治”思想，他们办学校，建医院，开报馆，都是实践家。像孙诒让、项申甫这些读书人，还亲自开办实业，建电灯厂、轮渡公司、各种加工厂，他们才是温州第一代实业家。我也读过一点学术界关于“永嘉学派”的研究文章，谈了很多哲学问题，但很少说到他们的“义利并举”主张。还有，谈到瑞安孙氏、项氏复兴“永嘉之学”，整理文献，研究经学，这样的文章也不少，但详细研究他们创办现代实业，振兴地方经济的文章就不多。某种意义上来讲，当年瑞安先贤们主张的“义利并举”，是更早的“温州模式”。

从先贤的经验当中汲取思想精华，推陈出新、融汇中西，是我们正泰集团应该探索的一个方向。我们感受比较深的是，先贤把西方很多的理念、方法，引进到我们的生产实践中来，需要跟我们温州这里的实际情况相结合。在那个年代能够这样做，是非常了不起的。“戊戌变法”之前，孙氏、项氏、黄氏这些士大夫，先是通过读书，在外面考试、做官、见世面，有点像我们今天读了大学，受了高等教育，有了人脉关系，然后再回到家乡从事创业实践。他们在当时的社会地位，比一般的农民要高，比后来发起建立洋务企业的官僚大员要低，是处于中间地位的士绅阶层。而三四十年前，温州人再一次投入市场经济，搞私营创业的时候，机会面前人人平等，不少人确实是从草根阶层突围出来的。可真正成功的企业，不但要靠机遇，还需要知识储备、技术引进、人才积累、海内外开拓等，这些都需要不断创新才能达到。正是在这种不断升级换代的过程中，正泰集团从一个小作坊，发展到今天的大集团。我们和当年瑞安先贤走的道路有相同，有不同。不同的地方在于瑞安的第一次近代工业创业，走的是士绅道路，而乐清的第二次民营经济发展，走的是草根道路。然而，相同的地方更加重要，我们都共同地意识到了公司企业所应承担的社会责任，做实业不仅仅是为自己，更要造福一方，惠及全民。我感觉到，"永嘉之学"能在宋代以后，时隔数百年，到清代末年又在瑞安先贤们的努力下焕发出新的生机，并流传至今，有它很现实的原因。这就是，我们温州人在产业、经济、文化、思想的不断升级中意识到，永嘉之学的重商、创新、变通、"义利并举"的事功精神，正是温州人敢为天下先的根本。

我们正泰集团最近正在编辑一个文库系列，我跟编辑的人讲，今天企业的发展壮大，要放到温州文化和这个时代的大背景之下，进行反思和总结。为什么我们正泰能够发展起来？1984年，南存辉董事长从"求精开关厂"一个小作坊，不满足为上海来料加工，聘请老师傅、技术人员建立热继电实验室，发明新产品，在当年假冒伪劣产品盛行的市场环境中脱颖而出。我们创业的道路上，一波三折，承包制、中外合资、股份制、多元化、集团化，一路过来，算是成功了。到了今天，我们要进一步发展，就要回溯历史，寻找自己的文化基因和文化动力。无论是从承担社会责任，还是扩大社会影响，或者深入地夯实我们的企业根基，都要重视文化建设。我们集团的务实创新，同样是基于温州的文化精神。永嘉学派特别坚持道器统一，实质上就是要反对空谈，强调务实。正泰的创新，一定要做得接地气，我们正泰创业35年来，始终坚持主业围绕实业不动摇，从八个人的一个小作坊，成长为有三万员工的大企业，业务遍及全球140个国家，为各个产业提供我们的电气设备、高端装备。有工业的自动化，还有绿色的能源产业，形成了发电、储能、输电、配送、用电全产业链的全覆盖。特别是近年来我们抢抓工业物联网发展的机遇，提出了运用互联网的战略布局，依托工业物联网的平台，打造智慧能源生态圈。

正泰35年来的发展壮大，见证了温州从80年代改革开放初期到现在的艰难历程。温州人为中国市场经济的发展做贡献，不说是抛头颅，洒热血，那也是义无反顾，前赴后继。那么多的企业，有的是父创子承，有的是兄终弟及。还有的做着做着就没了，破产了，传不下去了。传不下去的原因各种各样，有一些是主观个人的原因，但更多的原因是市场经济环境恶劣，法规不全，保护不力，不公平竞争。早期，我们的经营不仅要承担业务经营上的经济风险，还要承担政策上的风险。温州民营经济都是这样一路走过来的，所以说，温州人为市场经济的创新开拓，作出了不可磨灭的贡献。那么永嘉学派和瑞安新学所展示的温州人精神，是一种怎样的联系呢？我们讲永嘉、讲瑞安，就是讲一种开拓精神，讲崇商的文化。实际上，就是讲要贴近市场，尊重劳动和生产。在温州这么一个氛围里，我们觉得创业很光荣，用自己的双手去开辟一个新天地，这是我们骄傲的地方。看到像孙诒让等前辈，严谨治学、兴办教育、创造实业，给我们留下非常深刻的印象。他推动创新永嘉学派，注重诚信重义，义利并举，成为温州温商思想文化的一个"主脉"。他的思想推动了近代温州现代化的进程，也激励着我们一代代温州人勇闯天下、锐意进取。

瑞安是一座拥有深厚历史文化底蕴的城市，近代以来的温州各个县市都是人才辈出。怎样推动温州的文化发展是我们共同的一个使命。2018年，正好是南怀瑾先生诞辰100周年，我们正泰基金会在温州市委市政府的推动之下，和温州地方共同建设温州南怀瑾书院。南怀瑾先生生前也一直关心温州经济、文化的发展，他认为温州文化的文脉，从1 300多年前到现在，是一脉相承的，今天需要我们做好传承和弘扬的工作。李强书记在温州总结了几句话，大意是，"恋乡不守土，重利不守财"，行事方法还是比较大气的。我觉得这也是永嘉学派"义利并举"的体现。另外一个就"自信不自满，敢冒险，知进退"。温州人是敢冲敢闯，但是他们知道哪些地方是能进就要进，不行就要退。我想文化是我们经济得以持续发展的不竭动力和精神支持。在瑞安和温州，我们拥有这么宝贵的财富，所以一定要弘扬务实创新、经世致用精神，用这种思想来推进文化的创新发展，加强文化建设，不断赋予温州精神新的内涵和活力，把我们的文化自信转化为经济动力，瑞安，乃至温州的发展必将会迎来新的更好的明天。谢谢各位！

陈建克，温州正泰集团董事、副总裁，正泰公益基金会执行理事长

◎ 从『永嘉之学』到『瑞安新学』

瑞安新学研究

从项氏看近代文明在瑞安的推进

近代历史上，在东南沿海的瑞安县城，人才辈出，先贤们兴办学校，经营实业，便利民生，积极推进近代史上的现代化建设实践，体现了那个年代延续至今的温州人精神。

一、晚清瑞安是接受外来文化的先锋

近代中国历史的主线是迈向现代化。百年中国近代史，从1840年至1949年。近代文化史，也可说是从1826年至1956年。近代新文明，不同于中国古代文明，传统走向现代，封闭走向开放，专制转向民主，农渔转向工商，新型文化兴起。20世纪历史发展的主线，我将它归纳为：传统与现代的互动转化，本土与全球的互动转化。

在古代中国，内陆往往是文化中心，沿海则是边缘。但近代以来，晚清、民国时期，中西文化交流互动，沿海成为促进内陆变革的重要因素。上海，逐渐由中国传统文化的边缘转换成为近代新型文明的中心，它是民国文化最为发达的地区。

而中国东南沿海的一个港口城市——温州，在这个时期，同样呈现出前所未有的变革的态势。新航路开通，始于1877年，温州来往上海的轮船日益增多，与外界的交流空前加强。温州留学生外出始于1898年，他们成为日后促进社会发展的重要推动力量。温州知识群体大都有留学日、美、法等国的经历，视野开阔，颇具世界眼光；又受上海影响，往往能开风气之先。他们中的许多人也投身于兴实业，办学校，或从事新式医疗，尝试着推进现代化建设的实践,他们思想与行动相联合,理论与实践相结合。他们创办新式报刊,使用新型机器。于是,航运、印刷(石印、铅印)、报业、商业、工业(榨油、制茶、罐头)、医药卫生、电力电信等,逐渐得以在瑞安落地、发展。如瑞安普通学堂学生李墨西,偕弟李慕林留日,入弘文学院,攻读食品制造专业,回国后在瑞安创办太久保罐头厂,开温州近代食品工业先河。刘绍宽的日记(1906 年正月十三日)和张棡的日记均记有参观罐头厂的记录。其产品获得南洋劝业会、巴拿马贸易赛会金牌奖。同时,他们还创办印刷所,以从日本带回的石印手架试制彩色招牌纸,印刷所更名务本石印公司,是浙南地区最早的石印印刷。1908 年,李墨西应邀到永嘉城区的浙江省第十中学任教,石印公司迁至温州府前街,改称务本印刷局,有二号石印机 2 台,对开石印大机 1 台。印制表格、简易商标,承印《瓯海民报》和《浙瓯潮报》。1913 年,务本率先增设铅印。

近两百年来,瑞安走在推进现代化建设实践的前头,成为温州地区接受新文明的动力引擎。

二、瑞安南堤项氏对推进现代化的贡献

从历史上看,温州人往往是靠家族联手的合力(其中较为突出的是以合股的形式)来推进早期现代化的。如瑞安南堤项氏,又如鳌江王理孚父子等。

瑞安南堤项氏"世为城中望族"(孙锵鸣语)。自南宋项公泽以来,据传有 18 人进士登第,奉敕在南堤桥巷口建"会文坊",会文里之名由此而来,一直沿用至今。清代中后期,南堤项氏再度兴盛,项雰、项傅霖、项傅梅三先生,均好学,以诗文名世,著作刊入瑞安南堤项氏丛书。他们最早合力着手校勘孙希旦书稿《礼记集解》,后人项琪,协助孙锵鸣集众人之力完成孙希旦先生著作《礼记集解》刊刻,表彰乡贤。瑞安有藏书,自项氏兄弟始,他们以其水仙亭和珠树楼藏书惠及族人和乡亲,促进和带动了地方文明新风尚向上向善的提升。项氏原以诗文名世,到近代转向兴办新式学校和发展实业。近代以来,面对内忧外患,南堤项氏家族的先贤们,率先投身于教育强国和实业救国的实践,在温州的南部地区艰苦创业,率先经营实业,兴办教育,以

文化与经济互动，全力推进现代化建设实践，其业绩，在四个方面尤为突出。

第一，兴办新式学校，培育经世人才。南堤项氏精英1896年参与创办瑞安学计馆，项湘藻、项崧兄弟又出巨资创办瑞安方言馆。据项崧日记记载，方言馆开学时间是在1896年12月，它是近代浙江创办最早的外语学校。1902年项氏创办东南蒙学堂。1903年，在上海的项骧协助马相伯，参与创办震旦学院，并主持刚起步的学院的校政。1909年，项家毅然坚持瑞安普通学堂的办学，为后来的瑞安中学打下坚实的基础。1917年又创办了私立南堤小学。

第二，开通轮船航线，便利百姓生活。1904年下半年，项湘藻、项崧等租用"湖广号"客货轮，行驶于瑞安与宁波之间，半年后，改为自购小轮航行于温瑞内河。1915年购汽船以航行，公司改名通济，公司增加股份，项荫轩（项湘藻堂弟）任经理。进而创办瑞平内河汽轮运输公司及经营飞云江轮渡。1926年起，又经营平阳至瑞安、至鳌江的往返客运航线，至1954年。

第三，创办电灯厂等，经营实业。最早分别在瑞安、平阳两县发电。项沆同先生为实现父亲项湘藻先生的遗愿，于1919年建南堤电灯厂，1920年竣工，1921年送电。在温州地区，领先于其他各县。1922年，瑞安南堤项荫轩先生在平阳龙河创办横阳电灯厂，开业发电。瑞安、平阳两地电业，项氏亏本，但继续发电。1925年，项氏还创办了南堤淀粉厂等。

第四，捐资助学，倡导推进地方公益事业。南堤项氏先贤还屡屡兴办地方公益，岁饥，办荒政救饥；发起创立籀庼学会，拟整理籀庼遗著；牵头修纂县志。项骧的女婿王超六，任瑞安中学校长时，曾将岳父在美国留学时购置的整套《哈佛丛书》连同书柜捐赠瑞中己巳图书馆；1949年1月，项锦裳为纪念先人项骧七十诞辰，以二千元金圆券在瑞安中学设立奖学金。

近代史上，南堤项氏的项湘藻、项荫轩等人，与温州地区的实业家李墨西、郑恻尘、杨雨农、陈承绂、李毓蒙、王理孚、汪晨笙、黄起文、吴百亨、许漱玉等，在外的温州实业家徐寄庼、黄群、周守良等相似，接受维新自强、实业救国的近代思想，以新锐的眼光、新型的技术，集资合股的形式联手合作经营，致力兴办工商实业和推进新式学校、新型交通等地方事业的发展，开风气之先。

瑞安南堤项氏家族兴办实业、致力民生改善等在近代史上推进现代化建设的实践，可说是这一地区众多实例之中的个案，是众多的近代温州人中普通的一例，从中我们似乎看到这一地区的文化血脉与社会风尚的传承与发展。20世纪80年代的温州模式和温州人精神，正是对近代温州新文明的延续，是近代史上温州人推进现代化建设实践的接力。温州人，以改善民生为本，以兴办企业为基，联手合作推进地方实业和公共事务的发展，自近代至现代，这种文化血脉、精神面貌、社会风气与族人代传技术依旧在不断延续。

三、先贤业绩应当表彰，精神值得弘扬

纪念近代先贤，更应当表彰推进现代化的建设者们。他们创办实业，推动工商业发展；他们兴办新式学校，推进新型教育；他们谋划和致力于人民生活水平的提高，为地方公共事务做出业绩和贡献。这些普通而非凡的近代温州人，他们的那种艰苦创业的精神，值得今天人们大力弘扬；他们的那些改善民生的业绩，值得今天的人们深深缅怀。

但是，由于历史的缘由，那些在近代史上为推进现代化建设做出重大贡献的人们，长期以来，极少得到应有的表彰。先辈们做的事很多，而今天知道的人太少。现在，对近代史上瑞安的孙、黄、洪、项等各家的研究和纪念，应当提上议事日程，搜集史料，加以专题探讨，并不断公布于社会，让更多的人知晓瑞安人在推进现代化建设的普通而非凡的业绩。

近两百年来，瑞安一直是推进中国现代化建设的排头兵，近代文明的史迹，尤其是西式风格的建筑尚有不少保留。城南的草堂巷与南堤街相通，南堤街上有项傅霖珠树楼，草堂巷则有项骧故居。珠树楼是清代的传统建筑，项骧故居则建于民国初年，与同样也有西式风格的陈黻宸故居、李笠横经室一样，它们都是近代中国文明发展的见证，具有较高的文物价值和纪念意义。瑞安县城玉海街道有众多的名人故居，与项骧故居隔不多步路，有宋恕故居、许松年故居、洪炳文故居、林尹故居、陈步云故居和李逸伶故居；西北方向不远处，有德象女校、孙诒棫故居、沈靖宅院、小沙巷的黄绍箕和黄绍第故居、郑德馨宅、周予同故居、何浩然故居、洪光斗宅、黄公硕故居、林去病故居，还有孙衣言创办诒善祠塾的邵屿寓庐、著名的孙衣言建筑的藏书楼玉海楼、陈虬等人经营的利济医学堂，以及李维樾故居、林庆云宅和陈葆善故居

等。瑞安老城区作为浙江省历史文化名城之一，在故居保存方面，并不亚于福州的三坊七巷。建议进一步加强对项骧故居等名人故居的保护力度，绘制瑞安城区名人故居地图，强化民众的保护意识，力争建立“瑞安近代文明史馆”或“近代瑞安先贤纪念馆”，布展介绍近代史上推进现代化的先贤。

洪振宁，温州市社科联原副主席，温州市决策咨询委员会委员，
温州政协智库专家

宋恕与经学：清末变法思想及“瑞安新学”

一、经学家宋恕

1896年前后的上海，来自浙江温州的宋恕是一位具有影响力的人物。在变法舆论中心上海，在一群浙江籍寓沪学者中间，宋恕较早熟悉“西学”和“时务”，因而备受关注。在意识到旧学术体系的危机之后，士大夫们对经世学愈发重视。有以《春秋》经世，讲“微言大义”；有以“六艺”经世，讲分门别类的应用知识。大家都以为“经世学”是一种从“经学”里派生出来的实践之学，可以谋生，可以治世，可以兴书院，也可以救国。宋恕在“经世学”上引领同侪，他既在杭、苏经学家俞樾的门下，又能通过在瑞安、上海的家族、友朋关系，辗转连接李鸿章、张之洞两大幕府，因而是一位枢纽人物。虽然宋恕后来没有机会站到“戊戌变法”的第一线，但与他交往的一批重要人物如谭嗣同、康有为、梁启超、章炳麟、汪康年，以及思想史上不太显著的夏曾佑、孙宝瑄、陈虬、陈黻宸等人都受到他的影响。

甲午战争以后，宋恕的一些观点就被圈内人注意。这些观点不只是“公车上书”式的呼吁，他用“经世学”“实学”来分析时局，因而能够深入制度根源。这种带着经学色彩的批判，既传统，又新锐；既激烈，又中肯，对聚到上海的各地士大夫很有说服力。据宋恕《乙未日记》，宋恕于乙未年(1895)二月二十二日(3月18日)“始识一六”，“一六”即康有为。闰五月二十三日(7月14日)“始识李提摩太”。1895年春，孙宝瑄从北京移居上海，就很佩服宋恕：“盖(宋恕)先生专以崇实为本，恶汉、宋以来专以书本为学问，即程朱主静，亦无俾于民物政教，皆虚学也。”[①]1895 年 5 月，夏曾佑致书宋恕，谈及自己和圈内同人的钦佩之情：“每闻群公言及执事之学识，时用引领，而劳薪不息。……细绎再三，涣然冰释，怡然理顺，不刊之论，可悬国门，非鄙人所能望其肩背也。”[②]1897 年 1 月，章炳麟从杭州来到上海，思想发生很大变化，部分原因是受了宋恕的影响：“炳麟少治经，交平子（宋恕）始知佛藏。”[③]梁启超夸赞宋恕：“东瓯布衣识绝伦，梨洲以后一天民。”[④]蔡元培评价说：“与康（有为）、谭（嗣同）同时，有平阳宋恕、钱塘夏曾佑两人，都有哲学家的资格。”[⑤]

1891 年，宋恕已经在《六斋卑议》提出“议院”“自治”，比较康有为《上清帝第二书》（“公车上书”，1895）还在“发明孔子之道”，敬呈“公羊之义”，至《请定立宪开国会折》（1898）方才复述“上下议院”的说法，宋恕确实是变法思想史上的先导人物。但是目前研究都跳过了“经学”“经世学”，直接从哲学史、思想史的角度来讨论。对他的观念、概念作现代学术分析，当然更易于思想诠释，但不方便作处境化理解。蔡元培在 50 年以后有意把宋恕当做哲学家，宋恕当时却自以为是经学家。宋恕在上海求志书院课馆，该书院分科就设“经学、史学、掌故、算学、舆地、词章”六斋，经学为首要学科。经学是过去的学问，但是我们如果从周予同先生提倡的“经学史”角度阅读《六斋卑议》，研究“戊戌变法”的经学背景，则对于宋恕这位瑞安新学人物的理解，或许还能深入一步。

清末的“经学”与“经世学”是既有联系，又形分别的两种学术。明清之际，徐光启、李之藻、顾炎武、钱大昕等人都将天文、舆地、历法、推步、河工、农作列为“致用之学”，以“天文”称天文学，以“坤舆”代地理学，以“勾股”代几何学，以“格致”代物理学，以“广方言”代外国语言文学……那时候经外无学，在一些力图变革的儒生看来，经学与经世学是统一的，即后者是前者的

---

① 孙宝瑄：《忘山庐日记》，上海：上海古籍出版社，1983 年，第 73 页。

② 夏曾佑：《致宋燕生书》，胡珠生编：《宋恕集》附录，北京：中华书局，1993 年，第 529 页。

③ 章炳麟：《瑞安孙先生伤辞》，《太炎文录》卷二，章炳麟承认他对佛学的兴趣是因了宋恕的劝告，其实他在上海《时务报》时期得到宋恕思想的多重启发，《忘山庐日记》的记载可以证明。

④ 梁启超：《广诗中八贤歌・咏平阳宋恕平子》，《饮冰室文集》第四册，“文集”45，北京：中华书局，1989 年，第 13 页。

⑤ 蔡元培：《五十年来中国之哲学》，《蔡元培全集》第四卷，北京：中华书局，1984 年，第 370 页。

实践，是应用之学。时至清末，“西学”又一次进入中国，“西学”呈现出一个完整的知识体系。清末学者的进步在于认识到，传统的“经学”“实学”知识，已经不能涵盖现代知识体系，未来学术应该“走出经学”。19 世纪 60 年代，上海、天津一批士大夫倡言“经世”，学习“西学”，吸纳外来文化。“走出经学”的经世学，试图包容外交学、公法学、政治学、经济学、历史学、地理学、哲学和神学……1861 年建立的京师同文馆，沪、穗广方言馆及一批改良书院，如江阴南菁书院，上海龙门、求志、格致、中西书院，包括温州瑞安孙、项家族兴办的学计馆、方言馆等，都是在经学体系下发展“经世学”，以适应时代。1826 年，湖南贺长龄、魏源编《皇清经世文编》，分“学术、治体、吏政、户政、礼政、兵政、刑政、工政”八纲；1888 年，上海葛士濬编《皇清经世文续编》，增设了“洋务”一纲 20 卷。[①] 60 年间的“经世学”变化，就是因“洋务”而引进了“西学”，建立起“新学”。这样的“经学—经世学”，是开放之学，又是渐进的改良、温和的革命，也像是一种文化保守主义。直到 1901 年，南洋公学特班招生，已经将学习科目分为“政治、法律、外交、财政、教育、经济、哲学、科学、文学、论理、伦理”[②]，但在士大夫的认识中仍然是“经世学”：“南洋公学开特班，招生二十余人，皆为能古文辞者，拟授以经世之学，而拔其尤者保送经济特科。”[③]

宋恕，字平子，又字燕生，温州平阳人。孙锵鸣招为女婿，嫁之以四女，宋恕按《尔雅·释亲》“妻之父为外舅”的雅称，呼锵鸣为“外舅”，即岳父。宋恕治学，一直被认为是经学出身。孙锵鸣，道光辛丑(1841)进士。丁未(1847)会试，孙锵鸣为房师，荐拔李鸿章。锵鸣之外，宋恕也向岳伯父孙衣言求教，与从妻舅孙诒让切磋。孙衣言与俞樾为道光庚戌(1850)同科进士，

---

① 从“经世文”看明清“经学”如何从“五经”和“四部”知识体系向现代知识形态的转型，应该是一条比较切实的考察方法，但研究并不充分。从陈子龙编《皇明经世文编》，到魏源编《皇清经世文编》(1826)、饶玉成编《皇清经世文续集》(1882)、葛士濬编《皇清经世文续编》(1888)、盛康编《皇清经世文续编》(1897)、陈忠倚编《皇清经世文三编》(1897)、麦仲华编《皇清经世文新编》(1898)，再到邵之棠编《皇清经世文统编》(1901)，各编的纲目逐渐展开，慢慢呈现出现代知识格局。康有为弟子麦仲华(1876—1956)之《新编》，分 21 门：通论、君德、官制、法律、学校、国用、农政、矿政、工艺、商政、币制、税则、邮运、兵政、交涉、外史、会党、民政、宗教、学术、杂纂，从经学到经世学，再到新学的路径艰难展开。

② 高平叔：《蔡元培年谱》，北京：中华书局，1980 年，第 13 页。

③ 黄世晖：《蔡孑民先生传略》，《蔡元培年谱》，重庆：商务印书馆，1943 年，第 11 页。

同在曾国藩门下，同入翰林。[①] 因为父辈的师生及交游关系，宋恕在清咸同年间的江南经学格局中有重要地位。曾国藩、李鸿章、孙衣言、孙锵鸣都不是书斋里的经学家，宋恕也远不及孙诒让的校勘功夫，但他讲求"文章、义理、考据"的不同章法，了解方言、舆地、时务和洋务，扛起了"经世学"大旗。俞樾称宋恕"有排山倒海之才，绝后空前之识"[②]，良非虚言。宋恕跟随孙锵鸣在外授学，从事书院馆课制艺。平阳宋恕、瑞安孙诒让已经使家族内形成了共识，即经学要为"变法"提供思想资源。1896 年到上海加入强学会的章炳麟，在政情和人脉上求教于老到的宋恕，宋恕则在经学文章上称道"江浙无双"的章炳麟。宋恕与章炳麟为曲园师堂下之"同门"[③]，章炳麟却称孙诒让（以及宋恕）是"宾附"俞门，未免还是崖岸太深，恃经学过甚。

由于宋恕岳父孙锵鸣是李鸿章房师，岳伯父孙衣言曾入曾国藩幕府的关系，宋恕与江苏政、学两界熟识，是浙江士人群体与江苏（上海）学者之间的桥梁。1887 年，宋恕四月随岳父孙锵鸣来龙门书院课馆，七月去南京钟山书院任教。宋恕初次来沪，居住时间不长，但定下明确的学术方向，立志借鉴日本明治维新。"丁亥相从到沪滨，便求东史考维新；百年心醉扶桑者，我是支那第一人。"[④]在上海，宋恕结交了龙门书院高才生张焕纶，谊在师友之间。1896 年，钟天纬为首，张焕纶、宋恕、赵颂南、孙宝瑄、胡庸等"为申江雅集之会，每七日一叙，公拟改良教育，倡新法教授议"[⑤]。随着宋恕的居间串联，上海和浙江学者为推进教育改良事业走到一起，他们实践的"经世学"

---

① 朱芳圃：《孙诒让年谱》："（衣言）公同年有武陵杨彝珍（性农）、德清俞樾（荫甫）、江宁寿昌（湘帆）、丹徒丁绍周（濂甫）、祥符周星誉（叔珣），皆宿学名儒。"（台北：台湾商务印书馆，1970 年，第 4 页。）

② 温州博物馆编：《宋恕师友书札》（上册），杭州：浙江摄影出版社，2011 年，第 10 页。

③ 见 1898 年 6 月 15 日宋恕《上俞曲园师》，此信驰贺俞樾之孙陛云（阶青）本科进士殿试一甲三名（探花），内中除了称俞樾、孙锵鸣为师，俞陛云为师兄外，另称章太炎为"同门"。此信为章太炎在武昌开罪张之洞、梁鼎芬之事向俞樾申情，可证两人之情谊。宋恕亟请俞樾向湖南巡抚陈宝箴推荐章炳麟，令其摆脱困境。"同门余杭章枚叔（炳麟），悱恻芬芳，正则流亚，才高丛忌，谤满区中。新应楚督之招，未及一月，绝交回里。识者目为季汉之正平，近时之容甫。今湘抚陈公爱士甚，师可为一言乎？私窃愿之，非所敢请也，非所感不请也。"（胡珠生编：《宋恕集》，北京：中华书局，1993 年，第 588 页）宋恕在俞樾门下久，1890 年拜俞樾为师；同年夏，俞樾便将宋恕推荐给张之洞，预备出使欧洲四国之用，后因病滞留上海，未成行。

④ 宋恕：《外舅孙止庵挽诗》，胡珠生编：《宋恕集》，第 862 页。

⑤ 钟天纬：《刖足集》附录，转载于《中国近代教育史资料汇编・教育思想》，上海：上海教育出版社，1997 年，第 447 页。

在“戊戌变法”前有相当大的影响。同年，广东籍变法人物康有为、梁启超、麦孟华等受命来上海创办《时务报》，他们必须依靠这一批江、浙籍的老练学者。苏南和上海的学者率先开展“西学”翻译，“新学”研究，从事书院改造，如徐有壬（1800—1860，乌程人）、张文虎（1808—1885，南汇人）、冯桂芬（1809—1874，吴县人）、李善兰（1811—1882，海宁人）、徐寿（1818—1884，无锡人）、王韬（1828—1897，长洲人）、华蘅芳（1833—1902，无锡人）、钟天纬（1840—1900，金山人）、赵元益（1840—1902，昆山人）、马相伯（1840—1939，丹徒人）、马建忠（1845—1900，丹徒人）、经元善（1840—1903，上虞人）、郑观应（1842—1922，香山人）、张焕纶（1843—1902，上海人）、盛宣怀（1844—1916，武进人）、葛士濬（1848—1895，上海人）、张謇（1853—1926，海门人）等，都是较早从事“洋务”文化活动的在沪苏人，他们的“西学”造诣、世界眼光和社会资本远远超过“少年新进”者。单以言论激烈和启蒙强度不及“戊戌”一代，便看轻这一辈“早期改良派”是一种片面认识。

经世学是经学的边缘学科，宋恕在俞樾门下也是边缘人物。“经学”在乾嘉年间形成“吴”“皖”两派，后人又加上“扬州学派”。道咸年间，浙西学风转入考据，以俞樾为代表。俞樾治学沿袭长洲陈奂（1786—1863），陈奂则师事金坛段玉裁、高邮王念孙（1744—1832），由此上溯到休宁戴震、嘉定钱大昕，江南、浙西的经学传统同源一体。俞樾在同光年间任上海龙门书院讲习，后主讲杭州诂经精舍。诂经精舍由仪征阮元创办，章炳麟为精舍学生。俞樾在吴越之间讲授经学，杭、嘉、湖地区兴起朴学，是浙学的一次高峰。章炳麟《俞先生传》赞曰：“浙江朴学晚至，则四明、金华之术拂之，昌自先生。宾附者，有黄以周、孙诒让。”①宋恕固然功名不彰，仕途不顺，但他在沪、苏、宁各大书院掌学，学问扎实，眼界开阔。1890年三月初八日（4月26日），宋恕初见俞樾，即“呈帖拜门”②，跻身于“曲园居士”门徒之列。

经历“同光新政”的“变法”，上海学界流行的经世学，已经不同于“乾嘉之学”（考据）、“常州学派”（义理）和“桐城之学”（文章）讲经世。诸家讲经世，沪上新学群体是借用经学讲“西学”。上海经世学群体借用顾炎武、钱大

---

① 章炳麟：《俞先生传》，《章太炎全集·太炎文录初编》，上海：上海人民出版社，1985年，第212页。

② 宋恕：《庚寅日记摘要》，胡珠生编：《宋恕集》，第918页。

昕等人“实事求是”的说法，认为“经学”里有着天文、地理、历算、数学、政治、经济、法律等实用知识，属“朴学”，是“实学”。钟天纬、张焕纶等人在广方言馆、龙门书院求学时有“经科”，俞樾是上海广方言馆的经学老师，孙锵鸣在龙门书院提倡经世学。1876年，冯焌光设立求志书院，六斋（经学、史学、算学、舆地、掌故、词章）之首仍为“经斋”；1886年，张焕纶改建梅溪书院，也开设“经史”课程。但是，上海新式书院的经世学，方向是“新学”“西学”。以算学、舆地、天文为导向的经世学并不发“微言大义”，或作“通经之论”。而且，上海的经世学，并不只是关心科学、技术、工艺、制造，如后来批评的那样不讨论西方政治、法律、宗教。相反，王韬早在墨海书馆就加入基督教，提倡“六合混一”的普世主义；马相伯、马建忠从徐汇公学毕业，本人就是神学家、法学家；张焕纶有完整的教育学知识；郑观应对借鉴英美政治体制早有全面主张。他们在中西、格致、龙门、求志书院的讲授，在张园、徐园、愚园的演说，培养了一批新式人才。“戊戌变法”前后来上海的各地学者，包括谭嗣同、康有为、梁启超、汪康年、章炳麟、夏曾佑等亟欲参与“变法”者，都在格致、中西书院和江南制造局翻译馆听演讲、买书籍，恶补“西学”。当时的现象是，内地士大夫思想激进，学问传统，对西方文化新鲜好奇，却知之不详，故而热烈讨论，畅谈竟日。① 宋恕在这群人中如鱼得水，带他们走访，从林乐知、李提摩太见到钟天纬、张焕纶。1895年9月3日他写信告诉孙诒让："四方志士通人颇多枉访，谈经说史，酬酢接踵。"②

另一方面，宋恕也是把“新学”“西学”灌输到“经学”中去的关键。孙衣言与俞樾有亲密关系，瑞安经世学群体崛起之后，“东瓯三杰”宋恕、陈虬、陈黼宸都进入省府杭城，汇入了浙西经学。俞樾和孙衣言的同年关系，锚定了一张经学网络。俞樾在《春在堂笔记》中自述："余与孙琴西衣言，三为同年。道光十七年丁酉科，君得拔贡，余得副榜；二十四年甲辰科，同举于乡；三十年庚戌，同成进士，相得甚欢。余尝赠以诗曰：'廿载名场同得失，两家诗派异源流。'然君刻《逊学斋诗》十卷，止余一序；余于咸丰九年刻《日损益斋诗》

① 按柯文：《在传统与现代性之间：王韬与晚清变法》（南京：江苏人民出版社，1994年）提出的“沿海改革派”（Littoral Reformers）的概念来分析，康有为等“内地改革家”（Hinterland Reformers）在思想准备阶段受到前者的影响，而影响力却反而更大。

② 宋恕：《致孙仲容书》，胡珠生编：《宋恕集》，第685页。

十卷，亦止君一序也。同治四年，两人分主苏、杭紫阳书院，又赠以诗曰：'二十年得失共名场，今日东南两紫阳。'"[1]在诗艺上，俞樾推崇袁枚，孙衣言欣赏苏轼，风格不同。但是在经史学问中，孙衣言、锵鸣兄弟，孙诒让、宋恕姑舅都尊重俞樾。另外，孙氏周围的瑞安学子黄氏、陈氏也拥趸经学，推崇朴学。

瑞安孙氏的经学、经世学，在同治、光绪年间接续了"清学"主流。孙衣言、孙诒让父子雅重经典，刊刻《温州丛书》，建玉海楼藏书，精研经学。孙诒让作《周礼正义》《周礼政要》《墨子间诂》，"海内达人推为绝学，兼通内典及欧洲政治学说"[2]。孙锵鸣、宋恕翁婿治学是另一种境界，他们的经世之学在于开风气，寻路径。翁婿两人在上海、南京、苏州主掌多家书院，"四十年间所掌书院，其大者五：曰姑苏之正谊，金陵之钟山、惜阴，沪滨之龙门、求志"[3]。上海的两家书院龙门和求志，是清末改良书院的典范，讲的就是经世学。上海各新办书院的更新路径，用经世学吸纳算学、天文、舆地、欧洲历史、西方政治等"西学"，注重经学研究与改良事业相结合。孙锵鸣、宋恕在上海龙门书院的教学贡献，就是引进江南制造局译书馆之"西学"："盖当先生掌龙门时，通国议论蔽固甚。如李公鸿章、侍郎郭公嵩焘，皆以昌言西洋政法之善被大垢，几无所容其身。林野达人，自李壬叔、冯敬亭两先生外，莫敢昌言。先生则慨然言于苏松太分巡，移取局译西籍，每种各一份存院，俾诸生纵阅。"[4]如果说，衣言、诒让父子的治学成在经学，那锵鸣、宋恕翁婿的贡献则在经世学，即引入更多的"西洋"知识资源，"经世致用"地解决清末严峻的"政法"问题。

二、各地籍经学群体与"经今古文之争"

戊戌前后，上海报刊媒体成为变法舆论的中心，士人云集，在沪浙籍学者往往关系紧密，俨然成群。该群体以宋恕、孙宝瑄（钱塘人，孙诒经子，李

---

① 转见于朱芳圃：《孙诒让年谱》，台北：台湾商务印书馆，1970 年，第 12 页。
② 宋恕：《外舅孙止庵师学行略述》，胡珠生编：《宋恕集》，第 328 页。
③ 同上书，第 323 页。
④ 同上书，第 324 页。

瀚章婿)、章炳麟(太炎,俞樾弟子,余杭人)为核心,而尤以宋恕为尊长。[①]宋恕是温州平阳人,孙宝瑄是杭州钱塘人,两人的频密交往,拉近了温、杭籍学者的关系。参与这个群体活动的有陈昌绅(杏孙,钱塘人)、姚文倬(稷塍,仁和人)、汪康年(穰卿,钱塘人)、汪大钧(颂虞,钱塘人)、夏曾佑(粹卿,钱塘人)、胡惟志(仲巽,归安人)、陈虬(志三,瑞安人,时住长春栈)、陈黻宸(介石,瑞安人)。租界的文化空间"华洋杂居",欧美日侨民学者也在其中。林乐知、李提摩太等,还有几位经常与宋恕往来的日本朋友,如在沪日本留学生森井国雄、《亚东时报》主编山根虎臣等,被奉为各圈内的高人。杭、温之间,乡音不同,但因为见解卓越,认识许多老洋务,还有东、西洋人,宋恕在浙人群体中颇受尊重。宋恕向俞樾报告上海的情况,颇有高屋建瓴、臧否后来的口吻,说:"杭州新起学人,行谊识解当以孙仲玙(宝暄)为最,训诂词章当以章枚叔(炳麟)为最,宗教空理则当以穗卿为最。若以刘宋四学月旦三君,则孙儒、章文而俱兼史,夏则玄也。"[②]

清末上海社交圈之活跃,远胜于北京、苏州和杭州。从内地入上海,十里洋场,华洋杂居,光怪陆离。百业兴旺,社会开放,言论自由,伦理约束较宽,人们愿意交往,也必须应酬。宋恕等人频繁造访,相互宴请,在公共集会处因演讲、看戏、送迎等活动碰面。值得注意的是,清末上海的社会交往中,士大夫群体仍然按照地籍关系,形成了一个个亚群体。上海的同乡、同业会馆是各地籍群体的联系纽带,但沪上社交活动的空间多在福州路、虹口和沪西张园、徐园、愚园等地点。最多的活动,便是相互召饮,讲演,立会,酬唱等。"戊戌"前后,文人聚餐多在"一品香"(福州路22号,址今44号)、"万家

---

① 戊戌(1898)年正月十六日,孙宝瑄作《生日自述》,述及二十五年来的家境及在京沪寓居的情况,生日诗以拜宋恕为师作结尾:"邻右宋荣子,平情察物理;学术贯古今,理乱掌中指。朝夕相过从,深谭无厌时;疑难资启牖,愿奉以为师。"(孙宝瑄:《忘山庐日记》,第169页)闰三月十四日,孙宝瑄又记:"宋燕生先生风节为当今第一,其经世之学,远在包慎伯之上,无论龚、魏诸人。先生生平于古名臣中,最服膺唐陆宣公,宋司马温公,二人皆洞悉民情,深达治体者也。凡读书、论世,一得力于先生,心中师事已久。顾世之知先生者盖罕焉。先生尤长于诗,每成一章,哀感顽艳。国朝诸家中,罕有其匹。生平律己尤严,于非义一介不取,而论事不屈挠于人,必穷源尽委,不肯稍作违心语。其于古今政治利弊,民情隐微,了然指掌,盖旷世之大儒也。"(同上书,第197页)其对宋恕学问之佩服可见一斑。孙宝瑄与章太炎为杭州小同乡,也是他离开北京到上海寓居后订交的。戊戌年三月七日,章太炎离沪去武昌加入张之洞幕府,未得暇与孙宝瑄饯别,遂在长江航行中有《九江舟中寄怀》相赠,"灵均哀郢土,而我独西驰。"(孙宝瑄:《忘山庐日记》,第187页)可证两人关系之密切。

② 宋恕:《上俞曲师书》,胡珠生编:《宋恕集》,第567页。

春”(河南路、山东路间)等番菜馆。1894 年,宋恕来上海求志书院课馆,初赁东来升栈;1895 年二月初,因家眷到沪,便租定外白渡桥堍北四川路仁智里 12 弄第九幢长住。[①] 宋恕从虹口过苏州河南行,十分钟内可至外滩、福州路;往西去张园等处,均在半小时步行范围内。变法教育家钟天纬新办学塾,欲聘请宋恕,建议到低廉的沪南高昌庙就近赁屋,他为了交友方便婉拒。[②] 当时,孙宝瑄的“忘山庐”在西门内;[③]章炳麟家贫、薄薪、单身,寄寓在友人胡仲巽(惟志)家里;[④]梁启超、梁启勋、麦孟华有钱,租在英租界新马路梅福里,与老上海马建忠、马相伯同一弄堂。[⑤] 上海“五方杂处”,各地人士打成一片的同时,仍保持着科举时代的籍贯认同,苏(上海)、浙、粤籍人士都有自己的交往圈子,有的还扎堆住在同一处。不同地域的学者,在众声喧哗的舆论界发声,有着明显的方言声调。

研究“戊戌变法”和“辛亥革命”赖以发生的“公共空间”,在 1989 年以后成为热门话题。这个空间里的话语是“启蒙”“宪政”和“民权”。细查一下,“变法”舆论中还能细分为苏、浙、粤、湘籍小团体。江苏“沪学”一派,依附江南制造局译书馆,格致、中西、求志、龙门、梅溪等书院,以及徐汇、南洋等公学,他们有地方事业,也有民间资源。康、梁等人携旨南下,《时务报》事业轰轰烈烈,“粤学”一派彰显。浙江籍士人从温州、杭州、绍兴等府郡零散进入

---

① 宋恕:《上俞曲师书》,胡珠生编:《宋恕集》,第 562 页。

② 宋恕《复钟鹤笙书》:“至移居一节,敝眷极欲就高昌庙之轻租,惟鄙意尚思多识海内外通人奇士,寓彼不如寓虹口访友之便。”(胡珠生编:《宋恕集》,第 555 页)

③ 孙宝瑄初到上海的日记缺失,未查到忘山庐的地址,但日记有记他“出城”,可见住在南市老城内。另一次他记载说住址靠近“法兰西学校”,则判断“忘山庐”应在城内离法租界不远。“……相近处有法兰西学校,荫亭之弟履平入肄业焉。是日,余与荫亭往视,规模宏畅,楼四层,读书之所,寝食之地有常处。外辟大园平旷,纵学童嬉戏。”(孙宝瑄:《望山庐日记》,第 171 页)按“法兰西学校”为 1886 年在法租界公馆马路(今金陵东路 63 号)开设之“法文书馆”(1911 年改名“中法学堂”;1913 年迁至敏体尼路,即今光明中学址)。金陵东路 63 号书馆原址仍有保留,沿街骑楼确为四层。另见温州博物馆藏章炳麟《致宋恕》(1899 年 2 月 20 日)手迹,因不记得孙宝瑄忘山庐的门牌号码,信末有询问住址:“仲玙寓处是否在西门内?愿开住址为荷。”(《宋恕师友手札》,杭州:浙江摄影出版社,2011 年,第 27 页),则可以肯定孙宝瑄忘山庐位于西门内。

④ 章炳麟《致汪康年》:“先时常在仲巽家中寄寓。今得彼书,乃知以《訄书》故,颇有谣诅。巽本胆小,嘱弟不可寓彼宅仲。”(《汪康年师友书札》,第 1949 页)仲巽,即胡惟志,字仲巽,湖州归安人。

⑤ 《时务报》时期梁启超兄弟和麦孟华寓住新马路梅福里(今黄河路 125 弄)一年多。“丙申七月,《时务报》出版。报馆在英租界四马路、石路,任兄住宅在跑马厅泥城桥西新马路梅福里。马相伯先生与其弟眉叔先生同居,住宅在新马路口,相隔甚近,晨夕过从。麦孺伯(孟华)于十年之冬亦由广东来上海,与任兄及弟三人,每日晚间辄过马先生处习拉丁文”(佚名:《〈时务报〉时代之梁任公》)。

上海，呈现了“浙学”的整体实力。他们胜在人数众多，学力不错；有钱的做寓公，没钱的受雇用，围绕着变法事业，展现各自的学问。“戊戌变法”前，各地域学派已经亮出自己的“logo”，有《苏报》(1896)、《湘学报》(1897)、《楚学报》(1898)；“百日维新”失败后，留学生和同盟会友树立更多地域大旗，如《浙江潮》(1903，东京)、《湖北学生界》(1903，东京)、《直说》(1903，东京)、《复报》(1904，上海)、《洞庭波》(1906，东京)等。清末舆论空间内有丰富的地域多样性，这是应该更加重视的思想现象。

因为“变法”的共同话题，各地人士开展跨籍贯交往，全国性的舆论场在上海形成。1896 年 9 月 25 日(八月初九日)，谭嗣同来上海后，和粤、浙籍人士频繁交往，他们就“孔教”和“变法”议题交换意见。他在《仁学》中对康有为的“粤学”大加赞赏，也感叹“湘学”落后。谭嗣同《壮飞楼治世篇》论“湘粤”：“其明年(1896)春，道上海，往访，则归广东矣。后得交梁、麦、韩、龙诸君，始备闻一切微言大义，竟与嗣同冥思者十同八九。”①“湘学”为“粤学”奥援，《新学伪经考》(1891)在广州万木草堂刊刻后就已成态势。“徐研甫编修仁铸督湖南学，以之试士，时湘士莫不诵读，或携入场屋。”②另外，戊戌年杨锐在北京建“蜀学会”，林旭建“闽学会”，呼应康、梁。康有为说是“海内风行”恐怕未必，但在湖南、四川受欢迎则可以肯定。康、梁用公羊经义演绎的“微言大义”，在上海、天津新派学者中反响微弱，不成为“维新”的话题。试举一例：1895 年，康有为已经因“公车上书”而“名满天下”，上海广学会时以“何为当今中国变法当务之急”为题，在《万国公报》有奖征文，康有为应征。奖设五等，共 80 名，主持评奖的王韬给了康有为末等奖。③

宋恕就是这样一个在南、北走动，在“经世学”与“经学”之间摇摆，一个介于“沪学”与“浙学”之间的人物。在钟天纬、张焕纶等龙门书院生中，他讲“变法”的经世学。1895 年以后，由于内地士大夫涌入上海，宋恕成为他们的“中介”，他的治学又摆向了“经学”，对康有为的“经义”感兴趣。10 月 29 日(九月十二日)，宋恕听说章炳麟要来拜访，充满期待，却终未等到他来。1896 年 4 月 6 日(二月二十四日)，宋恕在格致书院第一次见到谭嗣同。

---

① 谭嗣同：《仁学》，沈阳：辽宁人民出版社，1994 年，第 151 页。

② 康有为：《重刻〈新学伪经考〉后序》，《新学伪经考》，上海：中西书局，2012 年，第 344 页。

③ 见 *Annul Report of C. L. S.*，1895，上海三自爱国会图书馆藏。

1897年1月19日(丙申年十二月十七日),宋恕与章炳麟在《时务报》馆第一次见面。按章炳麟《交平阳宋恕平子》回忆,宋恕向他推荐谭嗣同,"会平阳宋恕平子来,与语甚相得。平子以浏阳谭嗣同所著《仁学》见示,余怪其杂糅,不甚许也"①。从《仁学》某些段落看,诸如"顾(炎武)出于程朱,程朱则荀学之乃礽"②这类判断,与江南经学家的认识大相径庭,章炳麟看不大上。1897年4月3日(三月初二日),谭嗣同再访宋寓,章炳麟也应邀前来。谭嗣同、宋恕、章炳麟,三人谈论了些什么,这是中国变法思想史上有意思的问题。谈起康、梁的"孔教",谭嗣同很欣赏,章太炎却非常不赞成。"梁卓如等倡言孔教,余甚非之。或言康有为字长素,自谓长于素王。"康有为斥责古文经学,以为"古学皆刘歆之窜乱伪撰也"③。章炳麟对此大不以为然,以此触发了经今古文学之争的衅端。

1898年春,《孔子改制考》在上海大同译书局刻成,旋因"百日维新"失败,遭官方禁版。政治打压来自清廷,但学术非议一开始就出现在学者之间。当初《新学伪经考》在上海影响不大,是因为"新学"家们多见博闻,多做少说,早已不再与旧学纠缠,因而少有卷入"经学"争议的。"伪经"和"孔教"问题,主要在浙、粤、湘籍人士之间讨论。《孔子改制考》出版以后,孙宝瑄从1898年6月28日就开始阅读。按他的《忘山庐日记》,阅读延至本月二十四日(7月12日)。孙宝瑄越读越不以为然,他是《孔子改制考》的最早发难者。此后,孙宝瑄、章炳麟和宋恕对于《孔子改制考》和《新学伪经考》的讨论延续很久,酝酿出清末思想界的大事件"经今古文之争"。孙宝瑄说,把什么人,如原壤、晏婴、邹衍等都拉进来,"牵强附会,目为改制、创教,以曲圆其说,则颇沿作时文之陋习矣。考古之学贵精确,其似是而非者,奚必援据以贻笑耶!""长素最信《公羊》,以为真经。若如长素之说,则《公羊》亦伪造耶?""此亦自命考据家也,令我笑死。"④宋恕以前曾反感"新经"说,但他觉得《孔子改制考》中的"孔教",和他《六斋卑议》中主张严肃孔庙祭祀,仿"西国七日一礼拜之法"相似,转而支持康有为。当"经今古文之争"爆发后,浙

① 章炳麟:《交平阳宋恕平子》,胡珠生编:《宋恕集》,第1031页。
② 谭嗣同:《仁学》,第72页。
③ 宋恕:《丙申日记摘要》,胡珠生编:《宋恕集》,第938页。
④ 孙宝瑄:《忘山庐日记》,第215页、第219页、229页。

籍经学群体的孙宝瑄、章炳麟认定康有为“曲学阿世”，这让宋恕十分尴尬。

三、“经世”：宋恕的经学主张

1897年7月，章炳麟、宋恕、陈虬同时应邀担任杭州《经世报》主笔。他们把杭州的维新报纸以“经世”命名，很可能就是宋恕的提议。宋恕《〈经世报〉叙》是该报的发刊词，他对经世学做了详细的定义。他认为：经世学并不是经学之外的单独学问，不能将“经世别为学之一宗”，“夫古无所谓经学、史学也，学者学经世而已矣。理者，经世之的；数与文者，经世之器；而经、史、诸子者，经世之师承也”①。他几乎是要说经世学即经学，经学即经世学。至于另外两位主笔，章炳麟也在创刊号上撰文，呼应“经世”，称“往者，士大夫不思经世之志，而沾沾于簿书期会……”②陈虬曾与宋恕合办“求志社”（1882），以经世学讲“变法”，用西学“设科”，敦促早开“议院”，他的主张和宋恕的经世学说接近。

宋恕的经世学，内核是西学和新学，经学是缘饰。说宋恕有一个“从古文经学出发的托古改制思想体系”③，并不确切。目前所见宋恕著述，并没有专门而系统的经学作品。他批判陆、王、程、朱，直至董仲舒，有类于“清学”反“宋学”。但他的“改制”主张，很少“托古”，更多是反传统。他推崇欧洲，最想写《欧洲名人传》，还想“用纪事本末著《欧洲善政记》”。他叹息“未识西字”④，难检原著，不能完成。“戊戌变法”时，西学在通商口岸已经普及。但是像宋恕这样，近十年之前就已经在“经世学”的旗号下标明批判和启蒙的主张，在内地士大夫中是少见的。1891年他在天津见到李鸿章，提出“易服更制，一切从西，策之上也；参用西法，徐俟默移，策之中也；不肯变通，但责今实，策之下也”⑤。比起“戊戌”时期的康有为仍在“暗窃西学”，宋恕的“西化”早在甲午战前就已经落到实处。章炳麟与宋恕谈得来，与其说在古文经学上志同道合，不如说章炳麟更需要宋恕“西学”经世学来帮忙。

---

① 宋恕：《〈经世报〉叙》，胡珠生编：《宋恕集》，第273页。
② 章炳麟：《变法箴言》，汤志钧编：《章太炎政论选集》，北京：中华书局，1977年，第17页。
③ 胡珠生：《编者的话》，胡珠生编：《宋恕集》，第2页。
④ 宋恕：《六字课斋津谈·史家类》，胡珠生编：《宋恕集》，第64页。
⑤ 宋恕：《上李中堂书》，胡珠生编：《宋恕集》，第503页。

换句话说，并不是宋恕“宾附”，而是章炳麟要借助。有证据表明，章炳麟不但在“佛学”上受过宋恕影响，他的“西学”也得到宋恕的启发。章炳麟在重订本《訄书·序种姓》(1904)中相信：“中国人种西来说”，即“萨尔宫者，神农也……尼科黄特者，黄帝也。其教授文字称苍格者，苍颉也。”宋恕在《六字课斋津谈》(1895)中写道：“西人谓世有文字，始于亚洲之非尼西人。又谓巴比伦字最类中国字。《易》之‘乾、坤’，乃巴比伦呼‘天、地’土音，《尔雅》所载干支别名亦然。疑中国之学传自巴比伦。”[①]“西化”派一直在讲种种“西来说”，以章炳麟之深思好学，他一定向宋恕咨询此说，并且相信了很久才放弃。

宋恕敢说“一切从西”，李鸿章并不真的忌讳宋恕进呈的“易服、议院”等建议，暗中还觉得此人可用，就像他隐藏使用耶稣会士马氏兄弟一样。关于李鸿章对宋恕上书的态度，有指他保守，说是斥责了宋恕。其实，1892 年 6 月 8 日在天津接待宋恕的张士珩(字楚宝，合肥人，李鸿章外甥)说：“中堂于君甚赏识……连日接谈，知君西学之深，实罕伦比，将来必能办大事。”[②]李鸿章先欲安排宋恕到“武备学堂”(陆军)教习，而宋恕提出要加入“水师学堂”(海军)，后者更加现代。1893 年，宋恕如愿出任天津水师学堂汉文教习，月薪 24 两，与洋文教习严复同事。1894 年，上海求志书院以更高薪水相召，宋恕便由津转沪。10 月份报到，书院支给本年的教习薪水 267.70 元。[③] 宋恕有能力在南、北洋务新体制中治学、谋生，不同于一般的经学生。

宋恕的经世学，有明晰的新知识、新学科的建构意味，这和章炳麟论战文章中的古文经学气息大异其趣，与陈虬《经世博议》中强烈的“治国平天下”儒家情怀也很不同。宋恕的室名“六斋”，得自上海求志书院当初设斋以六，经学、史学、掌故、算学、舆地、词章，故曰“六字课斋”。宋恕在求志书院代岳父孙锵鸣担任的职务是史学、掌故两斋“阅卷”，相当于历史、社会两科主任，“弟(孙锵鸣)承乏求志书院史、掌两斋阅卷之任已十余年”[④]。长期的分科教学和研究，令宋恕对欧、美、日教育规制有所了解。他说：“今白种诸

---

① 宋恕：《六字课斋津谈》，胡珠生编：《宋恕集》，第 57 页。
② 宋恕：《壬辰日记摘要》，胡珠生编：《宋恕集》，第 932 页。
③ 宋恕：《甲午日记摘要》，胡珠生编：《宋恕集》，第 934 页。
④ 宋恕：《代孙锵鸣致邱赞恩》，胡珠生编：《宋恕集》，第 601 页。

国，大小学校，莫不以经世为学，以三学为教。”[1]他把“经世学”等同于现代知识体系，意不在“存古”，而在“改制”——建立新式高等教育和现代知识体系。马叙伦《石屋续渖·宋恕》：“二十余岁，著书曰《六斋卑议》。六斋者，先生自署其课读之室也。俞先生读《卑议》，称之曰：‘燕生所为《卑议》，实《潜夫》《昌言》之流亚也。’人以为不阿好其弟子。”[2]按马叙伦的说法，俞樾的《六字课斋卑议》书后，对宋恕的经学成就评价不高，归为王符《潜夫论》、仲长统《昌言》那样的政论文章。以保守旧学来衡量，宋恕是“宾附”，是“流亚”；然而，以开拓新学来衡量，宋恕却是走在时代的前列，这也是俞樾、章炳麟对他的称道之处。

宋恕心目中未来书院体系应该有的科目，可以从他为拟在杭州创办《自强报》(1897)撰写的启事中看到。他开列了需要翻译、介绍和研究的“新学”纲目，除“域外史学”之外，还有“一，天文学；二，地文学(雨露之属为地文)；三，地质学(矿学为地质学之一门)；四，动植学；五，人类学；六，养生学(医学为养生学之一门)；七，三业学(农、工、商)；八，三轻学(光、热、电)；九，化学；十，乐学”。我们可以理解为这是中西、格致、龙门、求志等沪上改良书院零星开设，而亟欲在“改科举”“新书院”的维新和变法中全面兴办的大学专业，它包括了理、工、农、医、商系科，正好就是“经世学”能够接受的内容上限。按这个“纲目”(curriculum)的系统、精准和更新程度来判断，章炳麟、陈虬未必能开列出来。但是，关于文科(哲学)，宋恕却妥协地回到了经学立场。他说：“按白人心性学虽日日新，然终不出黄人古学之上。盖心性学黄人已造其极，译拜仁言以相印证固善，然可从缓，故暂不立此目。”[3]宋恕在《六字课斋卑议》中提出要仿行欧美“议院”“内阁”“自治”“学会”，也对外语(广方言)、外交(公法)、法律(律例)教学持开放态度，但却在哲学(心性)上固守旧章。回到经学的宋恕，掉进了张之洞版本的“中体西用”，立现落伍。当时在天津，已有严复的英、法近代哲学译介；在上海，早有马相伯、马建忠的“文通之学”。上海还有徐汇公学、约翰书院、亚洲文会、广学会等学术团体，学者采用欧洲语言，传播西方哲学。

---

① 宋恕：《〈经世报〉叙》，胡珠生编：《宋恕集》，第274页。
② 马叙伦：《石屋续渖》，上海：上海书店出版社，第8页。
③ 宋恕：《〈自强报〉启事》，胡珠生编：《宋恕集》，第259页。

南、北洋学者和欧美传教士一起，在19世纪80年代已经消化了英国政治哲学、欧陆法哲学和基督教神学。宋恕没有尽早接触到这一群体，他的"经世学"局限性正在于此。

"戊戌变法"时期，"孔教"作为指导思想被提出来，固然有更新儒教、改革进取的宗旨。1898年的"孔教"是批判传统与民族本位并行，因而能够得到像谭嗣同、宋恕等激进变法者的支持。"方孔之初立教也，黜古学，改今制，废君统，倡民主，变不平等为平等。"①然而，儒家经学在历史上被作为政教工具，经学家们"学"与"术"并用，常常为政治利益曲解"经义"，这是近代"孔教"论者难以调和的。谭嗣同热烈地给"孔教"注入"仁学"人道主义，"吾甚祝孔教之有路德也!"②但是，潜藏着民族主义和信仰主义两大张力，后来果然发酵，酿出事件。宋恕试图让"孔学"保持"世界主义"，但康有为的"孔教"则以"保国、保种"的形式出现，暗窃西学，欲侪路德，却与其他宗教对立起来，因其"国教"身份而干涉信仰自由，酿出宗教冲突。

对于近代"孔教"更新运动面临的困境，作为俞门弟子的宋恕是明白的。宋恕和夏曾佑是浙籍学者中力挺"孔教"的二位大将。宋恕对夏曾佑说："自叔孙通以老博士曲学媚盗，荣贵震世，而孔教始为世法所乱，然余子之教犹无恙也。及至江都，认法作儒，请禁余子，余子之徒惧于法网，渐多改削师说，而周末诸子之教始尽为世法所乱。"③按他的经学史知识，经学自叔孙通、董仲舒以来，一直就是"媚盗"之学。对于宋明以来，程、朱、陆、王的儒学诠释，宋恕也认定为"皆虚学也"。宋恕的经学观，只认汉以前的"六经"，而无所谓"今文""古文"，"汉学""宋学"。从这一方面来说，宋恕也并非是一个传统的经学家，而是一位经世学者。宋恕赞成康有为《孔子改制考》，是出于支持"维新"的考虑。从变法角度考虑，他佩服康有为"污身救世之行"。他说："戊戌春见《孔子改制考》，始服更生之能师圣，始知更生能行污身救世之行，而前疑冰释。(《新学伪经考》仆不甚服)。"④宋恕认为康有为的经学虽然不可靠，但变法的目的和作用却不用怀疑，"长素非立言之人，乃立功之

---

① 谭嗣同：《仁学》，第70页。
② 同上书，第72页。
③ 宋恕：《致夏穗卿书》，胡珠生编：《宋恕集》，第527页。
④ 同上书，第602页。

人。自中日战后，能转移天下之人心风俗者，赖有长素焉”[①]。宋恕的经学主张是立足于大局观，故他能接受《孔子改制考》把孔子作为一个“变法家”来推行。

四、余论：走出经学

近代瑞安籍学者，复旦大学周予同教授曾把古代涉及“六经”的学问，分为“经、经学、经学史”[②]三种。这三种学问既是从周秦、两汉到近代的演化过程，也是传统学者在学术更新运动中的自觉努力。“经”为元典，自周代确定，由孔子传承；汉武以下“法定”（周予同语）经博士，“经学”成形。先是汉学，后是宋学，以天地、鬼神、性理、学伦……为序列，框定了中古时代教义型的意识形态。“经学史”，则是章炳麟、钱玄同、周予同等以下好几代学者把儒家经典对象化，施以客观研究，因而形成的近代学术。按周先生的意见：“经是可以研究的”[③]，是这个意思。因此，在相当完整的意义上，经学史是从经、经学知识体系发展出来的现代之学、客观之学，是出走之学。

经学出走，以经学史融入现代学术体系，在上海改良书院（龙门、梅溪、求志）和新兴书院（格致、中西、徐汇、约翰）的进化过程中看得很清楚。江苏学者在沪办学，讲数学必题《九章》，讲工程学必序《考工》，讲地理学必涉《禹贡》，讲天文学必引《左传》，讲外国文学必称《方言》，这些都是从经、经学出发，以“经世学”做过渡，走向现代学术的明显轨迹。在《六字课斋卑议·变通篇》中，宋恕主张把“经学”讲作“经世学”。另外，宋恕还把经学家的“小学”（训诂之学）的定义给改了，他所称的“小学”，不再是“汉学”的附庸，而是教授“十六岁以内子弟”[④]的地方学校。小学（Elementary School）要官立，不得私授，这是现代国民义务教育的意思。至于“大学”，也不再是“正心诚

---

① 孙宝瑄：《忘山庐日记》，第220页。孙宝瑄、宋恕等在沪浙人经学团体本来对于《孔子改制考》引起的变法效果还有肯定，但经过仔细研读，页是受到章太炎的影响，越来越不能接受康有为的经学观点。1898年7月4日（五月十六日）晚，孙宝瑄携《孔子改制考》夜访宋恕，对康有为的今文经学观点大加批驳。宋恕却仍然为之辩护，陈述了当初赞成康有为的理由。

② 周予同：《“经学”、“经学”、经学史》；朱维铮编：《周予同经学史论著选辑》，上海：复旦大学出版社，1996年，第549页。

③ 周予同：《僵尸的出祟》，朱维铮编：《周予同经学史论著选辑》，第603页。

④ 宋恕：《六字课斋卑议》，胡珠生编：《宋恕集》，第15页。

意，格物致知，修身齐家，治国平天下”，而是现代高等教育的意思。大学(University)“改分经、史、西、律四门”[1]，分别为经学、史学、西学和法律学等专业系科。这个“四门”学校分类与宋恕从教的求志书院“六斋”体制相当，虽然并不彻底，但却难能可贵。宋恕是想在内地推广上海的经世学办学实践，用此方法引导到现代学术，这也是当时日本高等学校正在走的道路。在“变通篇”里，宋恕勾画出从“经学”到现代学术的路径，有明确的“新学”取向。宋恕专门提出“西文”教育，“各督抚通饬属府知府，立即择董募捐，于各府城建西文馆一区，内分英文、法文两斋，限二年内办竣”。西文馆应该聘请外籍教师，如若不能承担，或者偏远无人应聘，应该将学费发给学生，让他们出来“游学”。宋恕的计划，不是空想，瑞安的方言馆(1895)、学计馆(1896)正是这样做起来的，项骧也是这样从温州到上海，加入南洋公学、震旦学院的。我们从“出走之学”来理解“经世学”，才能摆脱在“经学”范畴内看思想学术，而以一种“经学史”的眼光来审视近代学术的诞生。

英国中世纪研究学者沃尔特·厄尔曼(Walter Ullmann)在他的《中世纪政治思想史》[2]中提出，现代政治思想有两个来源，一是“自下而上”的，基于“citizenship”(市民，公民)民权概念的“罗马法”，它在“文艺复兴”以后得到了振兴；另一就是“自上而下”的，基于君权神授、天主信仰的神学体系，它是由阿奎那引入亚里士多德经验论，与《圣经》教义结合而成的经院哲学，这种“托马斯主义”，在法学上属于“王权法”。厄尔曼认为欧洲教会研究领域的学者在13世纪以后从大阿尔伯特开始，到阿奎那完成了两种学说的结合，他们在接受亚里士多德的发展过程中，有三个非常不同的阶段：(1)对他的敌视；(2)在基督教的框架内适应他的学说；(3)从基督教的外衣中逐步释放他。[3] 欧洲中世纪后期以《圣经》神学接受亚里士多德希腊哲学的过程，与明末清初儒家学者从异域吸纳“西学”的经验类似。一方面，“罗马法”复兴，挑战“王权法”，与宋明以后市民社会在南方兴起，抗衡北方集权主义意识形态相似；另一方面，互为异质思想的天主教义和古希腊人文主义世界观在语言、思维和信仰上力求融合，与明末以来“利徐之学”的“天学”“实学”

① 宋恕：《六字课斋卑议》，胡珠生编：《宋恕集》，第15页。
② [英]沃尔特·厄尔曼著，夏洞奇译：《中世纪政治思想史》，南京：译林出版社，2011年。
③ 同上书，第162页。

会通学说一致。如果我们把“经—经学—经学史”的发展过程，看作是儒教意识形态通过某种异质的经验主义学说，“自上而下”地演化出一个现代知识体系，那么中国人确实也有一个“走出中世界”①的复合经历。中国近代除了从“市民社会”自下而上地发展现代学术之外，儒家经学也努力能对现代学术有所贡献，而它的中间形态就是“经世学”。

清末的“经学”有两个方向，一个方向是明末清初以来江南学者以“汉学”“实学”“朴学”“考据学”名义发展起来的“实事求是”，采用经验主义方法的“经学”，鸦片战争以后，经学提倡“经世致用”，与“西学”再一次相遇，在上海地区发展起新型的“经世学”；另一个方向的经学，就是清代中叶以后加剧了的“经今文学”。常州学派的经今文学主张用“微言大义”的方式来“通经致用”，这是一种先验论式的整体思维。经验论经学注重知识门类的建构，先验论经学则注重意识形态建设。当康有为以今文经学的方式推出《新学伪经考》《孔子改制考》之后，宋恕知道他不是谈学问，而是搞政治。他对孙宝瑄说：“子以考古贬长素，甚善，然长素非立言之人，乃立功之人。自中日战后，能转移天下之人心风俗者，赖有长素焉。”在宋恕看来，只要倡导者意图正确，行动有效，像康有为“伪经考”“改制考”这样不甚可靠的知识，也能在启蒙运动中发挥作用。这个折中说法，当时学者少有不赞成的，孙宝瑄当场诺诺，“长素考古虽疏，然有大功于世，未可厚非也，余亦敬服其说”。次日，孙宝瑄再往下读，实在受不了，便又记道：“长素与世虽有功，而考古之武断，不能不驳正之。”②章炳麟学问较真，力求知行合一，但对康有为的“经—术”割裂，也持部分谅解态度。他说：“说经之是非，与其行事，固不必同。”③“立功”与“立言”、“经世”与“经言”的区分，说到底还是真理与实践、理想与现实、知识与应用的割裂与冲突。近代学者所谓“学与术分”“知难行易”“道术未裂”④等说法，都表明中国人在政治生活中陷入了一个知识论与价值观上的困境。

---

① 见朱维铮《走出中世纪》，上海：上海人民出版社，1986年。

② 孙宝瑄：《忘山庐日记》，第220页。

③ 章炳麟：《论说》，载《五洲时事汇编》第三册，光绪二十五年九月初十日。转见汤志钧编：《章太炎年谱长编》，北京：中华书局，1979年，第89页。

④ 梁启超《学与术》、孙文《孙文学说》(1918)提出“知难行易”；钱钟书在《谈艺录》提出“东海西海，心理攸同；南学北学，道术未裂”的说法，都察觉到这是中国近代思想的一个死结。

戊戌前后一代经学家，还有一种倾向，就是随意把各种各样急迫的、具体的知识转型和社会变革问题形而上学化。经学家谈“经世”，常常把各地制造局、同文馆翻译的“声光化电”教材知识，直接揽入四书五经和经史子集中，用以建立貌似“西学”的新古典体系。康有为的《实理公法全书》、谭嗣同的《仁学》里面都有这种倾向，而《皇清经世文编》续、三、四编也充斥此类文章，流行的做法就是以《易经》附会科学，搞“科学易”。13 世纪的神学家们利用刚刚获得的古代地中海航海知识，用《旧约・创世纪》诺亚儿子闪、含、耶斐特家族树，画成一张以耶路撒冷为中心的亚、欧、非洲“T-O地图”，代表大公教义。从最具体的知识，跳跃到最抽象的主义，对文化做一种本质主义和整体主义的理解，这是清末“经今古文之争”中的一大误区。章炳麟后来意识到政学混淆问题的严重性，指出是“为政论者，辄以算术、物理与政事并为一谈”。他看到“惟平子与乐清陈黼宸介石持论稍实”①。经学争议的意识形态化，并不是一种有逻辑、有程序的哲学化，而是一种简单化、泛化。厄尔曼说：“（中世纪）整个政治体系完全依据一种抽象的观念、一个纲领性的蓝图、一种抽象的原则，所有的论证都是以它为教义基础而演绎出来的……这种观点的作用是反对，甚至抵制经验性的结论和认识的。”②“托马斯主义”正是对这种泛意识形态做法的修正。

当“实学”成为“玄学”，知识成为意识形态，政治、法律、经济、社会、文化、宗教的具体问题，被武断地公式化、形而上学化，许多新知识、新制度、新观念反而无法讨论了。对于急需布置“新政”，落实各项变法措施的“维新”来说，士大夫经学家这种以其昏昏，使人昭昭的状态，并非吉兆。在这方面，在沪江苏学者因为参与新知识体系的构建，从改良书院、创建大学的专业要求来看，他们很少再有这种牵强附会。我们没有看到钟天纬、赵元益、马相伯、马建忠、经元善、郑观应、张焕纶、李平书等“沪学”群体中人对“经今古文之争”发表过具体意见，他们专注“西学”的翻译、消化和吸收，用以构建“实学”“科学”。宋恕的“实学”“经世学”也久经历练，“六斋”之中，他的“算学”（包括声、光、化、电、重学）虽不突出，但他对日本变法的关注，对西方议院的

① 章炳麟：《章太炎自定年谱》，见汤志钧编：《章太炎年谱长编》，北京：中华书局，1979 年，第 38 页。

② ［英］沃尔特・厄尔曼：《中世纪政治思想史》，夏洞奇译，第 228 页。

热衷，实际上属于政治学、法律学和宪法学领域，可以列在“舆地”“史学”两斋，远比在“经学”斋讨论“经今古文之争”更为重要。宋恕处在“沪学”的边缘，他的地位优势是“沪学”与“浙学”群体的“中介”。章炳麟刚来上海时，“西学”知识并不过硬，他写《菌说》(1899)使用时髦的科学知识去推导新社会原理，构建新意识形态，不无虚悬夸饰。正是在这一时期，宋恕以其“经世学”引领了孙宝瑄、章炳麟、汪康年等“浙学”人士，他的思想地位正在于此。

李天纲，复旦大学哲学学院宗教学系教授，复旦大学中华文明
国际研究中心副主任、瑞安研究基地主持人

新史学与中国早期社会理论的形成：以陈黼宸的“民史”观为例

一、一个有关中国社会学史的内在视角

近代中国历史的激烈变迁不仅体现在社会结构转型上，而且体现为另一重要“面相”，即现代学术思想和学科形态的产生，社会学是其中一重要分支。① 中国社会学史研究一般将中国早期社会理论的形成视为维新变法时“西学东渐”的产物，并将这一过程大致分为三个阶段：初如康有为、梁启超、谭嗣同所主张的“群学”；后有严复翻译《群学肄言》，为国人对英国早期实证主义社会学的正式接触；而体系完整的社会学理论传入的标志则是1902年章太炎翻译日本人岸本能武太的《社会学》一书。②

康、梁等人的“群学”观开启了中国社会学史演进之路。“群”的概念“涉及政治整合、政治参与以及政治共同体”等多重含义。③ 在康、梁看来，国家之富强、经济团体之发达、学术风气之开新，必须“依靠民权和绅权去专制政治之固弊”，“借‘合群立会’之策，推行政治公议和民间公学，以政党奠定政

---

① “中国社会学在发育和发展过程中，确立了上识国体、下察国情的基本精神，不仅对中国社会的历史和现实形成了客观认识，更是在每个阶段里都为中华文明的现代复兴提出了总体构想。”参见渠敬东：《现代中国社会的形成》，收录于《中国社会学文选》上卷，北京：中国人民大学出版社，2011年，第1页。

② 这类研究可参见韩明谟：《中国社会学史》，天津：天津人民出版社，1987年；刘贻绪：《社会学的起源和在中国的发展》，《江汉论坛》1982年第2期；姚纯安：《社会学在近代中国的进程(1895—1919)》，北京：生活·读书·新知三联书店，2006年。

③ 张灏：《梁启超与中国思想的过渡(1890—1907)》，南京：江苏人民出版社，1995年，第69页。

制，以学会开启民智”，从而“确立中国现代民治政体的双重根本”。①

严复则将“群学”视为对自然演进序列的整体刻画。人类社会自身的历史依据自然生物界进化之规律，其演进的动力依据则是“力”；制度、社会风俗之变是随着人心之力的运动而不断迁延。② 为此，严复所理解的“群学”在三个层面上定义了社会范畴：人之本心、社会组织、人之成长与社会建设的最终伦理目的即与自然演进合一。

虽然社会学借助维新学人的翻译被引入中国，但是这种引进亦是中国自身思想传统转化外来学问的过程。康有为的“群学”之说是融合了春秋公羊学、大乘佛学和西方基督教、自然权利学说、空想社会主义学说的综合产物；③而严复在界定个体、群体、国家等范畴时，则用《大学》的“絜矩”之道来消化西方的“自由”观。④ 正是在这一意义上，中国自身的思想与文化传统为“群学”的学理内涵提供了内在根据。因而，理解中国社会学史起源的关键在于早期社会理论与中国思想传统之间的关联。

一旦我们从中国思想史自身出发，又会发现不同地域学派传统塑造了近代“群学”学理取向的差异。比如，章太炎视社会学为“物理证明”般的客观学问，而排斥如严复那样，在“群学”中杂糅天演论的超验内涵⑤，便与浙西乾嘉学派唯知识、唯名物的学术性格紧密相关⑥；而他对吉丁斯所定义的社会学始于“同类意识”这一学说倍加推崇，也正基于他从古文经学出发而申论的“历史民族”观；⑦章氏与康有为持论的差异，也反映了有清一代汉宋

---

① 渠敬东：《现代中国社会的形成》，第 1 页。

② 姚纯安：《社会学在近代中国的进程(1895—1919)》，第 45 页。

③ 参见杨雅彬：《中国社会学史》，济南：山东人民出版社，1987 年，第 4 页。

④ 参见黄克武：《自由的所以然——严复对约翰弥尔自由思想的认识与批判》，上海：上海书店出版社，2000 年，第 30 页。

⑤ 章太炎《社会学自序》：“社会学始萌芽，皆以物理证明，而排拒超自然说。”参见汤志钧：《章太炎年谱长编》，北京：中华书局，2013 年，第 80 页。

⑥ 杨念群曾指出江浙地区的学术传统坚持对“理”的非道德化中立原则。此外，江浙的区域文化传统表现为明清之际，大批儒生长期游离于政治核心结构之外，学术专门化的技术是江浙文人进入政治轴心的必要手段，因此，“职业化”和“专门化”成为江浙学术群体的特质。参见杨念群：《儒学地域化的近代形态——三大知识群体互动的比较研究》，北京：生活·读书·新知三联书店，第 202、209 页。

⑦ 如王汎森指出，章氏“以‘历史’民族来理清种族之纯粹性”。参见王汎森：《章太炎的思想》，上海：上海人民出版社，2012 年，第 65—66 页。章氏此说形成于维新前，早于翻译岸本能武太《社会学》一书；他倾慕心理社会主义学说，也与对种族以同一历史意识为前提的立论分不开。关于章、严二氏思想分野，参见姚纯安：《社会学在近代中国的进程(1895—1919)》，第 101—105 页。

之学对垒、今古文学之争。① 可见，“群学”提出的背后交织着维新文人对思想经典的全面反思，他们试图“以中释西”，既激发传统文明自身的活力，又用汉语古老语汇的丰富内涵来改造西学概念。

此外，“群学”或“合群立会”的主张，还与近代经世文人群体及学术组织的演进息息相关。比如，艾尔曼对常州今文学派所做的研究发现，19 世纪常州今文经研究开始跳出宗族血缘所规定的家学范围，发展为以“诗社”为表征的更广泛的士人政治联盟，学人的“结社”成为推动政治批判与政治参与的新社会组织形式；与此同时，这些文人结合经学和经世学说为结社行动辩护，使之与传统的朋党政治剥离从而获得政治合法性；这些辩护为晚清今文经学改革派康有为、梁启超所采纳，从而使“群”变为自己政治变革主张的核心内容。② 可以说，中国早期社会学的形成，扎根于士大夫群体以结社组织生活，追求一致的经学旨趣、文学风格、政治立场乃至治世理想之中。

由此可见，中国早期社会学思想确受戊戌维新时期“西学东渐”新风的影响，但它与中国文明在思想和社会两方面历史演进的内在联系也不容忽视。中国早期社会理论与中国思想史、社会史之间具体而微的关系，成为理解中国社会学学术形态起源的关键。为此，有关中国社会学史的考察需要置于中国文明内在理路的关照下进行。正是从这一视角出发，本文意图回到地方史和地域学术传统中，选取近代永嘉学派的代表人物陈黻宸的思想，呈现经学观念应对晚近思想和社会危机，以旧学融新学，使经世传统转变为现代学术形态和政治治理体系的过程。

二、陈黻宸与近代学术思潮

陈黻宸，字介石。清咸丰九年（1859）生于浙江省瑞安，1917 年病殁。1883 年，与同乡好友陈虬、池志澂等创办“求志社”，以“布衣党”著称。时瑞安硕儒孙衣言、孙锵鸣在邑倡兴永嘉学，求志社成员多受其衣钵且多所启发，陈黻宸亦受其影响，以治郑樵、章学诚著称。陈黻宸与陈虬创立利济医

---

① 王汎森：《章太炎的思想》，第 49—64 页。

② ［美］艾尔曼：《经学、政治和宗族——中华帝国晚期常州今文学派研究》，南京：江苏人民出版社，1998 年，第 219—221 页。

院于瑞城，后扩充兴建利济学堂，为我国开辟现代医院和学堂的先行者。他中年大半时间从事地方教育，除温州一隅书院，还包括上海速成学堂、杭州养正书塾。1903年，他携诸门生创办《新世界学报》，翌年中进士，得孙家鼐、张百熙举荐，充任京师大学堂师范科教习。1907年，由岑春煊奏请，充两广方言学堂监督。后清廷下诏预备仿行立宪，各省设咨议局，他当选为浙省咨议局议长，任间积极支持苏浙"保路运动"。民国二年，陈黻宸出任众议院议员，兼北京大学文科史学教授。他在北大讲授中国通史，其中国哲学史授课为胡适之先；许德衍、陈中凡、冯友兰、吴景超等深受其教，特别是吴景超，沿袭并发展了陈黻宸所提倡的民史传统，将史学与社会学、地理学、民族学、民俗学研究融合。①

近些年在有关近代思想史和政治史的研究中，陈黻宸的思想以及他在清末民初浙省政局中所起的重要作用日益引发学人关注。这些研究大致为四类视角：第一类，以近代新史学思潮为背景，考察陈黻宸的新史观内涵，一方面理清其所借鉴的西学源流，另一方面指出其融汇之新意。如俞旦初通过考证英国实证主义史学家亨利·托马斯·巴克尔（Henry Thomas Buckle）的《英国文明史》在20世纪初传入中国思想界的过程，发现陈黻宸深受巴克尔文明史学思想的影响而痛感中国旧史之弊。基于俞旦初的考证，李孝迁做了深一步挖掘，指出陈黻宸所做的《地史原理》一文，借鉴了巴克尔的历史研究法，即在史学研究中引入统计学。② 蔡克骄则注意到陈黻宸受到了社会进化论和实证主义史学的双重影响，指出他所理解的史学是一门综合性学科，"民史"在这一综合体系中占据重要位置，同时，陈黻宸还提出了历史动力学一说并创造了"良史"体例。③ 陈黻宸的"民史"思想也引起了张越、李峰等人的重视，如张越在对20世纪初新史学思潮的整理中强调陈的新史特点在于将对帝王将相的关注转移到对"民史""国史"的撰述上。④

---

① 有关陈黻宸的生平可参见陈谧：《陈介石先生年谱》，北京：北京图书馆出版社，1999年；胡珠生、蒋纯绚：《海内师表陈黻宸》，收录于陈德溥编：《陈黻宸集》，北京：中华书局，1995年，第1—2页；陈德溥：《陈黻宸与北京大学》，杭州：浙江大学出版社，2011年，第70页。

② 李孝迁：《巴克尔及其〈英国文明史〉在中国的传播和影响》，《史学月刊》2004年第8期。

③ 蔡克娇：《陈黻宸与"新史学"思潮》，《浙江学刊》2000年第2期。

④ 张越：《"新史学"思潮的产生及其学术建树》，《史学月刊》2007年第9期；李峰、王记录：《新旧之间：陈黻宸史学成就探析》，《史学集刊》2007年第2期。

与上述思想史研究不同的是，基于对京师大学堂课程体系设置的考据，桑兵指出，陈黻宸对史学之科学化的理解包含了“学科”和“科学”两种概念，这一理论的模糊性是传统学术重心由经入史，以及西学冲击下导致的史学成为综合学科的结果。① 第二类，将陈黻宸思想置于地方学术史脉络中来考察，理清其与浙东史学、近代永嘉学之间的关系。蔡克骄认为陈黻宸的思想处于浙东学派发展第三期，继承了该学派重视历史观研究、重世务和事功、经史并治且长于历史编纂学等学术传统。② 陈安金则看到了晚清孙衣言、孙锵鸣家族复振永嘉学统对于陈黻宸的影响，称他的思想仍然是近代地方学人振兴区域文化的努力，其史学成就表现为在孙氏家学的地方史研究基础上，开辟中国通史研究，尤重视社会史。③ 第三类，通过细致的文本解读，澄清陈黻宸学说体系内部的关键概念。尹燕和齐观奎同时注意到陈黻宸十分重视史家的主体意识和治学修养，并指出陈将经之“学”从经之“术”中剥离出来，使经学摆脱专制桎梏而恢复它独立的学术价值。④ 第四类，将陈黻宸的政治活动放到辛亥革命的大背景中考察，建构其思想与政治实践之关联。如叶建对浙江光复运动的考据说明，作为杰出的地方精英，陈黻宸的政治行动贯彻了他早期的民权思想，同时他也利用了学缘和地缘关系，为革命组织动员提供了现实保障。⑤

上述研究呈现了陈黻宸的思想价值与历史功绩，构成了理解陈黻宸的不同侧面及问题核心，也为进一步形成对陈黻宸思想的总体性理解提供了可能。不难看出，经术说、新史论和政治改良是理解陈氏思想的三大面向。陈黻宸的高徒马叙伦曾指出，陈的学宗有三大来源：永嘉经制学、章学诚史学和陆王心学。⑥ 这一总结提醒我们，把握陈黻宸思想之内在逻辑的关键

---

① 参见桑兵：《晚清民国的国学研究》，上海：上海古籍出版社，2001年。

② 蔡克娇：《“浙东史学”再认识》，《史学理论研究》2002年第3期。

③ 陈安金：《融汇中西，通经致用——论永嘉学派的近代命运》，《哲学研究》2003年7期。

④ 尹燕：《陈黻宸“去政治化”的经学新论》，《中国政法大学学报》2012年第4期；齐观奎：《近代经史嬗变过程中的陈黻宸》，华东师范大学硕士学位论文，2007年。

⑤ 叶建：《地方知识精英与辛亥革命在浙江的延续——陈黻宸与浙江光复运动关系探析》，《湖北师范学院学报》(哲社版)，2011年第5期。

⑥ “先生于学虽无所不窥，然亦宿于性理文章经制，治性理宗陆九渊、王守仁，以为人致不为私欲所蔽之心，自应万事而曲当；苟求于外，则支离而无归……(言)经制则自治史始，谓不通史学，则于民生习俗之故，世运迁移之迹，不能推原而究末，所设施为无当。”参见马叙伦：《陈先生墓表》，陈德溥编：《陈黻宸集》。

在于理解其心性学与史学之间的关系。我们注意到，上述研究都忽视了陈黻宸在《伦始》一文中对人的心智结构之设定，这一提法吸收了西方经验论的概念，也是对陈黻宸其人形成总体性理解的关键。本文以陈氏 1902—1903 年发表于《新世界学报》的六篇论文及 1905 年编纂的《京师大学堂中国史讲义》为文本依据，①为呈现其整体思想的内在逻辑结构做一推进。但在回应这一问题之前，我们有必要回到近代永嘉学派的思想传统及其所应对的 19 世纪中叶以来的社会问题，才能明晰陈黻宸的“民史”观及其所孕育的中国早期社会理论发轫的社会史基础。

三、近代永嘉学派的产生：一个社会史考察

永嘉学派是南宋淳熙年间与理学、心学并重的一支思想流派。② 19 世纪中叶，温州瑞安孙衣言、孙诒让家族在面对太平天国运动后的社会溃败局面后，试图通过复兴永嘉学统以应对时代危机。

1851 年开启的太平天国运动及其惊扰起的捻匪起义、贵州苗乱、陕甘回乱等动乱，前后历时 24 年之久，对帝制中国的社会和人心结构造成了前所未有的影响。这一影响一方面体现在由等级和礼仪所表征的帝制国家政治权威和规范的全面瓦解，地方社会，特别是底层社会力量开始成为政治格局的重心；③另一方面更深层次的后果则是以“气”和“力”为表征的新精神气质的出现，并奠定了战乱之后夷平化社会形态的内在基础。追逐事功和功利目的的心态腐蚀着社会环境，地方私利化背后的伦理紧张体现在人心和道德秩序的维系与不断败坏的习俗风气之间形成的巨大张力，这构成对国家政治普遍秩序的威胁。因此，太平天国运动之后的社会重建任务，体现

---

① 包括：《经术大同说》(1902 年第 1 期—第 9 期，及 1903 年第 2、3 期)、《独史》(1902 年第 2 期)、《伦始》(1902 年第 3 期)、《地史原理》(1902 年第 4、5 期)、《辟天荒》(1902 年第 6 期—1903 年第 1 期)。

② “乾、淳诸老既殁，学术之会，总为朱、陆二派，而水心断断其间，遂称鼎足。”黄宗羲：《宋元学案》，北京：中华书局，1986 年，第 1738 页。

③ 太平天国之后地方社会力量在晚清政局中的扩张，在政治形态上表现为中央权力下移至地方督抚手中，在经济形态上的表现则为地权恢复过程中大地主所有制的崩溃。参见孔飞力：《中华帝国晚期的叛乱及其敌人》，北京：中国社会科学出版社，1990 年，第 224—229 页；罗尔纲：《湘军兵志》，北京：中华书局，1984 年，第 217—228 页；杨国强：《晚清的士人与世相》，北京：生活 · 读书 · 新知三联书店，2008 年，第 143 页。

在政治结构调整和新道德秩序重塑两个方面。[1] 可以说，社会与人心的双重危机构成了晚近永嘉学派文人群体的问题意识来源。

1854 年，正值太平天国内乱的第三个年头，时任实录馆纂修的温州学人孙衣言深感当时汉宋之学对立所造成的门户之弊，对于士人负责且有效地应对举国内外危机实为不利，欲以地方永嘉学派的思想传统通汉宋区畛，倡明经世变革大义："文定为《温州学记》曰：永嘉之学，必兢省以御物欲，必弥纶以通世变。可谓兼综汉宋之长者矣，彼龂龂于马郑、程朱之间者，未窥其本云。"[2]1858—1865 年间，孙衣言被简放地方，并在其座师曾国藩的幕府中效力，帮办安庆营务及平叛地方会匪的经历使其积累了丰富的地方守土经验，也时刻使他体会到士风士习背后隐匿的人心困境才是帝国治乱之根本。"夫士子之习，或薄浮华，儒家者流，或疑其阔远，然以变化气质，讲明义理，舍此无由"，学之不讲，"于是闾巷鄙夫，始得挟其桀骜恣睢之气，争为长雄，而胶庠之士亦且折而从之，此大乱所由作也"。[3] 1865 年洪杨之乱结束后，孙衣言在从事地方教馆和行政事务之余，开始系统整理永嘉文献，主讲杭州紫阳书院，以及掌理浙江官书局，这方便了他在校雠佚书、古籍编目方面与以俞樾为代表的乾嘉学派的交流往来。[4] 1875 年始，孙衣言逐步退出政局中枢，返乡还里设立"诒善祠塾"，意图以宗族家学的方式陶铸人才，作为清明吏治、敦风化民的良才储备；而永嘉学派的史论传统为这一政治抱负提供了丰富的思想给养。

永嘉学派特重人的历史主体性，主张为政建制的前提要以气质人心作为基础，人道才是政制不泯的前提，也是天地自然运化的动力，人以气禀发挥出的才具和责任来统一政事和事功之业。[5] 正是在此意义上，孔子作为周代的旧史官，其整理旧史而作六经以应世变危机的建制努力，成为备受永嘉学派推崇的政治人格典范，而"史学"也被认为是培育此种政治责任伦理

---

① Philip Kuhn, "Local Self-Government Under the Republic, Problems of Control, Autonomy, Mobilization." In Frederic Wakeman, Jr & Carolyn Grant (eds.), *Conflict and Control in Late Imperial China*. Berkeley: University of California Press.

② 孙延钊：《孙衣言孙诒让父子年谱》，上海：上海社会科学院出版社，2003 年，第 22—23 页。

③ 同上书，第 49 页。

④ 同上书，第 63—64、72 页。

⑤ 参见何俊：《叶适论道学与道统》，收录于《徐规教授九十华诞纪念文集》，杭州：浙江大学出版社，2009 年；郑吉雄：《陈亮的事功之学》，《台大中文学报》1994 年第 6 期。

人格的必要途径。[1] 孙衣言为诒善祠塾制定的学规中，不仅将史学置于与经学同等重要的位置，而且详细规定了读史方法和治史侧重。值得注意的是，孙衣言特别强调与现实相关的当前史意识，尤重前代史和治乱史之研究（“《明史》则以其时代相近，有资考镜，且其文最为有法……即看欧阳公《五代史》，亦取其文可为法也”）；此外，记录学术师承和迁延的学案及地方史研究的舆地掌故之学（“看其他诸书……史部如宋元明学案及舆地掌故之书”）也被纳入读史细目。[2] 稍后我们会看到，孙氏家学开辟的永嘉学派第二期传统，构成了陈黻宸制作新史体的要素与纲目，也是将古史地理改造为民史的重要学养来源。

19 世纪 80 年代，孙氏的弟子们跳出宗族家学的范围，逐步形成超越血缘关系的文人结社组织——“求志社”。社员有陈黻宸、金晦、陈虬、池志澂等，而与孙氏联姻的平阳学人宋恕虽未列名，却也是参与社事雅集的活跃分子。[3] 这批文人在结社、讲学过程中通过不断吸收其他学脉而丰富延伸着永嘉学的内涵：“是时瑞安孙衣言、锵鸣兄弟方以陈傅良、叶适之学诱勉后起，衡（按：宋恕）既受业其学……其同邑金晦治颜元、顾炎武之学，陈黻宸治郑樵、章学诚之学，陈虬治苏轼、陈亮之学，虬兄国桢治易象数兼禅学。”[4] 随着交友、游学、科举和游幕等社会交往圈落的扩大，这一永嘉新学文人群体进一步与其他地方学派融合、对话。1890 年，宋恕入杭州诂经精舍，成为俞樾的弟子，正式接触乾嘉小学，此一师承关系也为他日后与俞樾的另一高徒章太炎举为同道奠定了基础。1896 年至 1898 年，宋恕、陈黻宸先后进入孙宝瑄幕府。[5] 维新变法期间，孙氏幕府成为这批永嘉新学文人与其他学派展开思想交流、学术争辩乃至政治论战的平台。比如，宋恕对法相唯识宗

---

① 叶适很早提出了“五经皆史”的主张，“五经”不仅是对三代以来治道的记录，也是对这一治道的反思性建构。参见何俊：《叶适论道学与道统》；周梦江：《叶适与永嘉学派》，杭州：浙江古籍出版社，2005 年，第 252 页。

② 孙延钊：《孙衣言孙诒让父子年谱》，第 177—178 页。

③ 胡珠生：《宋恕年谱》，胡珠生编：《宋恕集》，北京：中华书局，1993 年，第 1090 页。

④ 刘绍宽：《宋衡传》，胡珠生编：《宋恕集》，第 1081 页。

⑤ 孙宝瑄 1897 年日记载：“正月壬寅……初三日，微晴。诣燕生，不遇”。可见，宋恕与孙宝瑄的交往不会晚于 1897 年，甚至可能更早，因 1887 年宋恕遭遇家难后便随岳父孙锵鸣至上海，此后长年漂泊于沪、杭两地；孙宝瑄与陈黻宸的结识缘于宋恕的推介。1896 年孙宝瑄之兄孙宝琦在天津创办育才馆，委托其弟请宋恕赴津任教。宋恕致函孙宝瑄转荐陈黻宸。1898 年，宋恕偕陈黻宸在沪访孙宝瑄，通过这次交往，陈黻宸也与章太炎结识。参见陈谧：《陈介石先生年谱》，第 1170—1172 页。

的推崇一度影响了章太炎。① 1897年章太炎遭到岭南学派康有为门徒的排挤，被摈出《时务报》之后，便出任宋恕创刊的《经世报》撰述，其时参与筹办、编辑《经世报》的还有陈黻宸、陈虬和浙东学人汤寿潜。与此同时，宋、章二人创设"浙学会"，以合流乾嘉学和浙东学为目的，与康、梁岭南学派倡言孔教改制展开针锋相对的论争。②

1902年，陈黻宸创办《新世界学报》，与《新民丛报》就有关"哲学"定义辩论分歧，这一思想交锋可以说是维新期间浙学与岭南学派论战的余续。在这篇论辩檄文中，陈黻宸借助日本学术界划定的哲学分支对"philosophy"作了一总体科学的诠释，提出宗教学、政治学、法律学乃至"一切有形无形之学"无一不可以哲学研究。进言之，"哲学"在陈黻宸这里不仅包括思想史，同时也涵盖了其他社会科学分支中有关一般原理的研究。③ 正是这一立场构成陈黻宸创建以"民史"为核心的社会理论体系的基调。除了学派思想的论战，陈氏本人亦在早期的"学社""学会"组织基础之上进一步探讨现代政治参与的形式，在他看来，推行学校教育，用"民史"学培养富有政治责任伦理精神的知识分子，才是建设现代政治共同体生活的关键。

以上社会史考察意在表明，陈黻宸"民史"观的形成扎根于19世纪中叶以来浙江文人群体奠定的经世传统中，这一传统由三方面构成：首先，它表现为由宗法家学向士人结社的转变，且这一文人"结社"开始超越宗法血缘、师承、同年等传统社会关系的范围，向均平化的社会组织形态过渡。其次，这些经世文人通过挖掘本土的经史学传统来回应19世纪中叶以来的人心和社会危机，并通过与不同地域学派之间政治语言的交流和交锋，激活并提升地方学术传统应对帝制国家总体政治问题的能力；这些政治语言一致的

---

① 宋恕在佛学上对章太炎的影响起于1897年，时宋恕建议章太炎"取三论读之"，三论即《法华》《华严》《涅槃》三经。章太炎自述这一时期读佛经"不能深也"，但却影响了他1903年因苏报案入狱后对佛学的研读。参见汤志钧：《章太炎年谱长编》，第114—115页。

② 1897年7月14日宋恕致章太炎函："执事欲振浙学，与恕盖有同情。然非开学会不可，非请曲园师领袖其事不可。鄙意欲俟此馆既开，拟一《浙学会章程》，邀集同门雅士，公请曲园师出名领袖……期于大昌梨洲之学、德清之道，方能为浙人吐气。"可见此时宋、章有关浙学会事宜之讨论。值得注意，浙学会成立之初欲以诂经精舍的书院学生为主体，且以伸张浙东学("梨洲之学")和乾嘉学派("德清之道")为旗帜，"方为浙人吐气"暗示与康梁党人的对峙。参见宋恕：《复章枚叔书》，胡珠生编：《宋恕集》，第573页。

③ 陈黻宸：《答〈新民丛报〉社员书》，陈德溥编：《陈黻宸集》，第1018—1020页。

旨趣或分歧仍然位于清代朴学开辟的考经证史的智识主义思想谱系中。[①]最后需要指出的是，这批经世文人的治学活动，以及他们开辟的学社、学会、学堂等生活形式塑造了具有现代意涵的社会组织，同时他们意图通过社会团体的政治参与来构建现代国家政治秩序。可以说，“为学”和“为政”是近代永嘉经世传统的一体两面，而这也奠定了陈黻宸的“民史”理论，以及他本人教育改良或政治实践的基调。

四、“经术大同”：现代社会思想背后的传统反思

陈黻宸的“民史”观，其立论是建立在对传统经学史的反思性批判基础之上的。在他看来，经学所代表的中国人的思想精神，其发展经历了四个阶段：排外、封建、一统和专制，最终陷入了如今人心困顿的局面。具体而言，汉武帝罢黜百家，独尊儒术，是春秋战国以来诸子百家之间互相争立门派家学的延续，只不过这一争胜以儒家清除其他诸子，获得思想胜利为结果，因此，经学在其发展伊始便必然带有排外色彩。儒家被奉为帝国唯一认可的经典思想，亦催生了儒学内部在诠释经义上的不同解释体系，由守一经一卷，割裂为古文经和今文经各家护卫经说的局面。这一精神内在的矛盾运动演化出一个逻辑：思想之胜出者，因无外力与争，其内竞力逐渐减弱，遂为思想重新归于统一而创造了条件。经过马融、郑玄“网罗众家，折中一轨”的集大成努力之后，儒学发展出现了在理学来临前的统一融合趋势。但理学在进一步巩固儒家经典地位的同时，也逐渐失去了发展活力。最突出的表现在于“经”已不再能为构建理想政制形式提供任何思想给养，通经不为致用，而乃科举功名所出。经术专制的遗毒最终制造了当前的时代病人：所谓经学家是一群专于经典章句记诵，失去了理想与精神的叛经罪人。同时，专制下的“愚人”之术使得思想本身越来越自闭禁锢，专以排外防内为己任。

---

① 余英时认为，清代由乾嘉学派掀起的考据运动开启了儒学道德理性的知识化发展方向，道德因素转变为思想因素，客观的“闻见之知”在“道”的追求中具有先决作用。这一精神转变贯通了清代汉宋之学的争论，也奠定了今、古文学学派对立的基础。参见余英时：《清代儒家智识主义的兴起初论》，见《人文与理性的中国》，上海：上海古籍出版社，2007 年。

独尊儒经，在陈黻宸看来，已经与“经”之义背道而驰。今日之经学家，无论在经之名、经之实还是经之行的辩争或实践中，都没有发挥出“经”的原旨大义。所谓名争，当前的思想界表现出来的是“尊经”“篡经”“亵经”，即只将儒家经典奉为“经”，而排斥其他诸子思想，“经”成为儒家的一家私言。与此相反，“经”在陈黻宸这里，“非一人之私言，而天下万世之公言”，此为正经之名。就经之实而言，陈氏认为，“经”是基于人的日用行习之所需而定立的行为标准。而人的日用行习之需遵循着文明进化之规律，今人之需、之言不同于古人之需、之言，故此，“经”为人订立行为准则要依据当前历史条件下的人之需求，而不可落入泥古拜经之僵化中。最后，习经之目的在于通经致用，明经鉴世，证其实迹，而不是拘泥于经典的一字一句之间，只做章句记诵之工夫。①

经学之所以造成当前思想之困顿局面，陈黻宸认为并非“经”本身出了问题，而是“经学”在传习和现实化的过程中背离了上述原义。因此，走出时代精神桎梏的途径便落在了如何恢复“经”之原义这一问题上，也就是突破儒学一家私言之藩篱，道出“经”作为天下公言的本义，重新掀起一场复古运动：

> 我不以一人之私言而尊之，而以天下万世之公言而尊之，而后经尊，而后圣人尊，盖我固将以古之所行者施于今也……变今必欲复古始。②

那么，什么是复古？首先，复古不是复制古人，因为“古之不同于今亦明矣”。复古的前提是要认清“时势”，明辨当今经学所面临的处境。这包括两个方面：第一是往回看到历史事实——经术并未扭转中国历史的治乱格局；第二则从当前角度看到新的历史条件之变——诸子百家思想复兴以及西学的进入。这两点为重新反思旧经学，并为发展出经术的新形态创造了有利的条件。因此，陈黻宸提醒世人，我们有望在新的历史时期，沿着“经”之精神史的运动规律——盛衰起伏的辩证运动——重新赋予“经”以思想的

① “古所以名经者，以其出于人生日用行习之所需，而为人人所当言所当行者”；而习经之目的在于“明其是非可否以为当世鉴可也。”陈黻宸：《经术大同说》，陈德溥编：《陈黻宸集》，第536—537页。

② 同上书，第537—538页。

生命活力，实现“经”的理想状态：言公言、行公行的经术大同。

经术大同之萌芽早在战国诸子百家争鸣时便已现端倪。陈黻宸指出，诸子思想中蕴含了经之本义的苗头，因为其首先以致用为目的，以用古者用今（“彼其胸中亦时时有一用天下之意，亦时时有一天下舍我而无所用之意”），同时，诸子之说表达出强烈的怀疑之自我的精神（“是故宗旨自我，言论自我，思想自我，信古人而疑古人自我，信今人而疑今人自我”），而更为重要的是，诸子学说特别强调“术”之一端，即由经义入经制，学术与政治相始终，将“经”现实化为政治制度、治国方略（“欲出其所得力者以权衡操纵”）。但是，诸子学说最终未能实现经术大同的理想状态，其原因在于战国只停留在士大夫提倡经学的小范围内，未将经之功效达于天下之民。这也是之后造成经术由盛转衰的根本原因。因此，实现经术大同之理想的唯一通途在于“效达于民”，即经学的普遍民教，以“春秋战国时之经术之灌输于学士大夫之智脑中者，转而灌输于群天下之民之智脑中”，从而实现社会整体的思想启蒙。

可见，陈黻宸将救世出路寄托在基于普遍民众教育而掀起的新思想变革之上，为此，他将论战的矛头直接对准了三股势力：泥古派、西化派和变法派。陈氏指出，泥古派导致“自大病和自欺病”这两股风气，“自大病”者主张以夏变夷，“自欺病”者则将一切西学附会为经学早已阐发过的理论。针对这一不知变通的奉经之举，陈氏不仅予以否定，且相当激进地提出以“烧经”作为与泥古派的对抗，通过否定、怀疑，由盲目迷信经义转为肯定自我的独立思考之能力（“洪濛万古，穿凿无余，意想大开，惟我独贵，我安知有圣人哉”）。但请注意，这一更新的自我并非空无内容，它必须重新回到自身文明体的历史之中，一方面，从历史当中寻找文明进化轨迹之起源；另一方面，则将经学视作历史精神的总体，并将其作为自我精神确立的基点，有了这一基点，才能为吸收外来文明从而塑造新学奠定基础。因此，陈黻宸特别反对流行的西化说，以头脑空无一物的姿态完全照搬西说而致彻底否定自身。相反，如能真正领会西学同样有逼出理想精神以致用的大智大慧，便不难融通中西学之间的异曲同工之处。不唯如此，针对“戊戌变法”以来，康、梁学派主持的变法大义，陈黻宸一针见血地指明其危险之处，即面对自身文明体的思想和历史，不做出全面的清理和反思，便急切地树立变法大旗,以“空疏无具之身”做“新奇可喜之论”,震骇耳目,蛊惑人心,这一做法不过是任意运用意志,用自身一套知识体系,激进而盲目地剥夺了一切常识和历史经验。①

但接下来的问题是,既然只有通过普遍民教进而激发新思想之启蒙才是救世的恰当办法,那么,普遍民教依据了什么样的人心结构?其实质内容是什么?其与经术大同预期实现的公言和公行是什么关系?对此,陈黻宸在《伦始》和《辟天荒》中通过讨论教育问题来澄清上述问题,由此提出了“民史”的人性论基础。

五、“民史”的人心基础:“伦”与“文”

从表面上看,《伦始》似乎讨论的是以德育补充单纯智育不足的问题,但这篇文献立论根本在于提出了一个“伦即我”的人性本体假说。在陈黻宸看来,所谓生命的本质及其进化发展的原点是“伦”。由“伦”扩展出的范围构成不同的生命关系总体:由“亲亲”(特指母子之爱)关系发展出“我”之伦的世界,与“我之伦”相关者“我”自有爱护之心,这种自爱与他者之“伦”发生关系时,因爱护而发出争胜之心。但争胜之心尚不能保全“我之伦”的独立性,继而有无数之“小伦”经由争胜转为相助,复合为群的“一众之小伦”,而“世界之大伦”,即在这无数无量之“小伦”和“一众之小伦”上形成的更普遍的生命关系。可见,个体生命正是在“伦”的不同层面上实现整全:

> 惟我有伦乃生爱心。浑沌不齿,但知有母,然知有母,是即爱性。性本有爱,因母而动。唯我母爱,唯母我爱。由此爱性,种为爱心。与我伦者,我必爱之。爱之不已,因而护之。护之不能,因而争之。我既人争,人亦我争。于是析世界之一大伦,而为恒河沙数之无量小伦。而复有人焉,虑其争之不胜也,于是求其伦之助者。助之而又虑其不胜也,于是求其助之多者,而恒河沙数之无量小伦,复合而为一众小伦。人之所以翘然战胜于禽兽中而有以独立者,伦之力也。②

---

① 以上引文均见《经术大同说》,第542页、547页。

② 陈黻宸:《伦始》,陈德溥编:《陈黻宸集》,第575页。

在陈黻宸这里，个体就其本体而言，自一开始就不是孤立的绝对存在，而是在关系中被定义的，个体生命只有在伦常中才能保有独立与自由。他在针对伦之“无始说”[①]时进一步阐释了这一论点，并提出“伦即我”的第一命题。在“无始说”看来，“我”在本体上只是一个漂移（“无来无往”）的虚空（“无着无住”），在这个虚空的基础之上，依次生出“心”“相”“念”“伦相”，所谓“伦相”即君臣、孝悌、夫妇等伦常关系；而“我”与上述诸种伦常关系展开之活动，反过来作用于“我”心，从而产生伦理情感。相反，陈黻宸不认为能够从一个虚空之“我”中推出“伦”这一实在关系。他定义了与“无始说”完全不同的个体本性。首先，陈氏将“我”区分为“我思想界”和“我思想界”之外一个对立着的“非我思想界”。这一“非我思想界”是不可穷尽的实在物，但只要“我”调动眼睛、耳朵等器官，与“我思想界”之外的事物发生接触，“非我思想界”便构成了“我”之官感的对象，继而成为“我思想界”的新内容。[②] 这一无可穷尽的“非我思想界”即为“幻我”。可见，虽然“我”无法穷尽在“我思想界”外的世界，但后者总会构成“我思想界”的对象，只不过是以潜在形式（“幻”）存在着的，“我”无法脱离这一世界而别造一个“我思想界”。照此逻辑，“伦”就其本身与“我之思”的对立而言，是一实在；就其构成“我之思”对象而言，又是潜在的、将要实现的“我之思”本身，或毋宁说就是“我”本身：

> 且我无问其有始无始，而既有伦矣，是亦我之伦也。我既不能自出于伦之外矣，是亦我伦之所当尽也。[③]

因此，在陈黻宸这里，个体不仅在伦常关系中才能具有确定含义，且又是一个潜在的、可实现的存在。这一实现的过程，即主体能够通过运用自身能力将外在纳入自己的思维世界之中，完成“我思想界”的对象化运动。结合前述“伦”在不同层面上所展现出的生命关系，可见，主体如何通过对象化运动，实现不同层次的伦常关系，便成为教育的目标。

---

① “或曰，伦者世界中之幻境也。我本非伦，伦何有我？是说也，我闻之唯心家言。为唯心家言者曰伦无始，为唯物家言者曰伦未始无始。为无始言者曰非我非伦，为未始无始言者曰即伦即我。”陈黻宸这里以一唯物家之立场对唯心论之无始说展开反驳。陈德溥编：《陈黻宸集》，第 577 页。

② “以吾思想界之所存，又不足以逮我非思想界之万一，吾之身至思想穷矣，我之力至思想极矣。然此思想者，乃犹在思想之界中者也，是亦斥鷃之见耳，况乎目乎耳乎？”参见陈德溥编：《陈黻宸集》，第 577 页。

③ 参见陈德溥编：《陈黻宸集》，第 578 页。

接下来我们有必要进入普遍民教的另一个层面的讨论，也就是由上述人性本体论引发出来的问题：主体如何实现对象化运动进而完成“伦”的整全性？在“伦即我”的本体论假说基础上，陈黻宸在《辟天荒》一文中构造了他的人性论第二命题：成“文”。

什么是“文”？在陈看来，“文”是一切人都具备的内在能力，是人心中固有之物，是人区别于非人（动物）和未开化之人的特质。基于人的普遍心智结构而培养人，则为成“文”的过程：“夫文之所以成者，一原于发声，二原于印象，三原于观念，四原于感情，五原于抽象，六原于概念。”①具体来说，发声是语言的基础，也是人区别于动物的基本能力。印象则是人之目、耳、口、脑在与外物接触，人在领受外物之时调动感觉能力而产生的结果。需要注意的是，印象是人与外物接触，由外物单向作用于人的感官而产生的。观念则在此基础之上更进一步，已经不再停留于简单感官，而是“觉解”的感应能力。这种能力使人在与外物往复接触运动中产生“意象”和“精神”。“情感”则在心智结构中更进一步，特指悲喜、甘苦、泣诉、怨慕等情绪，是造成人不同性情差异的特质。“抽象”和“概念”则是更高一层的思维活动，在陈黻宸这里，“抽象”是在自然情性和人伦日用中推出“分别”和“思虑”，比如孩童与母亲之间所产生的亲亲之情推出亲疏远近之别；饮食劳作、养欲给求的农耕和商业活动使人形成认知。“概念”是思维的最高层次，即在抽象思维的基础之上形成科学理性并得出普遍法则。由此可见，在陈黻宸所理解的人的普遍心智结构中，印象和感情分别代表了人的感觉和情感能力；观念、抽象和概念则代表了人的理智能力。不唯如此，这一结构本身意味着人通过调动自己内在的智识能力来与世界建立联系，将世界经验化并提炼为一套抽象观念和法则，只有“由抽象而成概念”才是一切科学方法之基础，其中，剖解、分类、比例、分析、演绎存之于“抽象”，而具体、搜集、统计、综合、归纳则存于“概念”。② 因此，只有基于这样一套普遍心智结构去培养人，才能被视为合宜的人心情理教育，而只有这样的人才真正能实现内在精神与外在世界的关联，从而发出自由之言，即“文章自由”。

---

① 陈黻宸：《辟天荒》，陈德溥编：《陈黻宸集》，第 622 页。
② 同上书，第 624 页。

所谓“文章自由”，即人通过调动内在的心智能力与世界建立联系的具体形态，陈黻宸将其概括为四个方面：首先，自由文章指运用通俗语言来反映人伦相往的秩序和原则；其次，为文者能够反求己身，具有独立的自我意识和反思能力，用怀疑和批判的眼光取舍古义；再次，作文之时不离对自身生活境遇的体验，充分舒展基于这一经验所激发的情感；最后，为文者对于他所处的共同体生活（“社会境遇”）也要给予充分的理解和同情，正是在这一意义上，自由之文是与民情相接的经世之文，为文者要时时关注与这一民情演变相关的世界历史变化运动之条件。因此，如果说“文”是普遍的心智结构，那么“文”的另一方面，即这一心智结构的现实化表现则是与共同体生活的普遍联结，特别表现为对社会条件和世界历史的感知与理解，这两方面一起构成了普遍民教的实质。

由此可见，陈黻宸所理解的救世的复古运动，是再造新文人的思想与教育运动，且这一新文人不再停留于传统的士绅阶层，而是扩展至普通大众，在这一意义上，毋宁说这是一场新知识分子或科学者的教育运动。他否定的是旧世界文人高高在上、与民情严重脱节的封闭格局，亦即当前表现为尊崇“文名”、限定“文法”、僵固“文体”“文格”的卑贱的文人风气，因为这一风气背后是文人德性的彻底丧失。与之相对，他要通过基于上述人性原理的普遍民教运动掀起一个新的文人时代。

那么，新文人被培养出的德性是什么？在陈黻宸看来，自《诗》和《春秋》始，文风已流入隐讽之辞，文人之情郁郁不得伸，对政治的批判以微言大义的形式出现，文章逐渐成为谋衣食、求名誉的工具，文人对于政治意见不能言、不敢言。而新文人最突出的一点则是以直情言文，秉笔直书。只有秉持这一德性的新文人才能承担其作为民情的代言人和政治的律法人角色，从而成为历史向文明进化的推动者：“则文者，乃世界人类之代诉辞也，文人者，乃世界人类之大律师也。”[①]而我们在《独史》和《京师大学堂中国史讲义》开篇的《读史总论》中发现，这一建立在普遍人心秩序基础上的大众教育及其掀起的思想即是以“民史”为核心的新史学，这一教育意图实现的律法人即是富有代议制色彩的史官制，而勾连这两个层面的新文人即是富有现

---

① 陈黻宸：《辟天荒》，陈德溥编：《陈黻宸集》，第 615 页。

代科学智识和良知的新史家。

六、总体社会科学体系与“民史”研究

陈黻宸所定义的“史学”是刻画人的日用伦常生活的学术形态；人的精神在日常生活中“上蟠下际”，发展出形形色色、纷繁复杂的内容，都构成“史”的一部分。不仅如此，知识分子也是人类这一精神运动的有机组成，只有沉浸于这一世界，对这一精神具体内容加以研究，知识分子才能实现政治和社会生活秩序的经制理想。此外，史学的性质是总体的社会科学体系，“史学者，合一切科学而自为一科者也，无史学则一切科学不能成，无一切科学则史学亦不能立”①。这一体系性史学其要件包括三个方面：思想史（“学问史”）、社会史（“社会人类史”）及政治史（“政治史”）。第一个方面早在《经术大同说》下篇便有并不完备的论述，陈黻宸将其概括为“编经”，即依据合时通俗的原则重新整理经学的学术史，而不是做割裂经义的类书。为了澄清陈黻宸所理解的体系史学的总体面貌，下面我们从归纳《独史》中开创的新史体的纲目类别（包括表、录、传三种体例）入手加以分析。

1. 世界史：将世界史纳入自身文明体的精神发展序列中，作新的帝王年表。在陈黻宸看来这是秉承了春秋大义：“煌煌帝国，列圣传序，文明之兴，为万族先……昔为地球一统国，今五帝三王之故俗，尚有存于泰西者……今详拟中外建国之先后，传祚之久促，系之岁月，统以我邦，此《春秋》尊王之大义也。作帝王年月表第一，邻国附。”其中，专作世界文化史，为文字语言录。②

2. 世界政治制度史：吸收东西邻国政治思想之新得，扩充中国史旧闻，作历代政体表。

3. 地理：包括中国地理和世界地理两部分，主要整理疆域沿革。其中，专作自然地理，为山川录和昆虫草木录，后者为描述自然的进化过程。

4. 国民调查和社会调查：国民调查包括贫民习业表，统计田赋和职业；

---

① 陈黻宸：《京师大学堂中国史讲义》，陈德溥编：《陈黻宸集》，第676页。
② 陈黻宸：《独史》，陈德溥编：《陈黻宸集》，第569—570页。

平民户口表，统计人口和户籍。社会调查包括平民风俗表，仿照西方风俗调查，掌握中国各地域风俗民情，同时继承左氏春秋开辟宗族史记录的传统，扬弃郑樵对于氏祖身份贵贱加以区分的做法，作宗族史考察，记为氏族录。

5. 中国政治制度史：也就是官制沿革表。陈黻宸认为，《尚书》反映了我国早在周代便已出现政治制度史编写之端倪，今亦需纳入西方政治制度史。

6. 法制和礼制史：包括四个部分——礼制、乐制、律制和历法。

7. 教育史：作学校录。

8. 经济史：作食货录。

9. 专传：包括国传，即君传和臣传（仁君列传第一，暴君列传第二；名臣列传第三，酷吏列传第四）；士传，即儒林传、任侠传和隐士传；女传，即列女列传；思想史，即一家列传；以及民史，即义民列传、盗贼列传（贼民和蠹民）和胥吏列传。

不难看出，陈黻宸设计的这一宏大史体所刻画的伦常日用是共同生活世界，即每个人作为社会分子、国民分子和世界公民的所有伦理关系的展开。换言之，“史”本身即“我伦”的全面实现，“我伦”之小伦，“一众小伦”乃至“世界大伦”的内容均是历史塑造的结果，“我”不能不通过历史的考察而理解当前之“我”。为此，陈黻宸提醒我们，知识分子也是“史界中之一物”，并警告说：“国而无史是谓废国，人而弃史，是谓痿人。”[1]正是在此意义上，“史学”是文人实现“我伦”在不同层面上整全的自我教育过程。

此外，陈黻宸在三个层面上为史学注入新的思想精神，并将其概括为史之“独例”这一概念。首先，新史之史例要改造旧史例的纪传之别，剔除尊卑的等级差别。这一改造奠定在《伦始》中所定义的伦理关系性质的基础上，即所谓“伦”之平等。陈黻宸将伦理关系区分为主观方和客观方，主观主施与，客观主报偿。在他看来，传统伦理结构强调的是客观一方，即为父、友、臣者对“我”的报偿，而理想的伦理关系则应强调主观的施与方，即“我”对客观对象的报偿以等量反施与，这种“施”与“报”的对等关系，在陈黻宸看来，是由于人伦的最高动力——“爱”的能力推动出来的，“爱”使“我”之主观方

① 陈黻宸：《独史》，陈德溥编：《陈黻宸集》，第569页。

与“父、友、臣”的客观方形成“施”与“受”的自由平等关系。正是站在这一立场之上，陈黻宸批评了班固用本纪和世家体例区分君臣尊卑，并提出恢复《史记》的帝王年月表和《三国志》以列传代本纪的做法，不再对君臣加以等级区分，而以“德”与“不德”为裁定标准。同样的伦理原则在新史学精神的另一个表现则是消除夷夏之别，用纪年表和列传的体例作世界史。最后，在去除了“君”的神圣性之后，陈黻宸特别提升了“民”之地位，这一点突出表现在他强调用调查统计的社会学方法对民事和民生加以考察和研究，制作民史。[①] 从上述归纳的新史纲目中我们也能看出，平民风俗表、氏族录、学校录和食货录的设计正是重视民情研究的体现。不仅如此，陈黻宸更是独立成篇，作《地史原理》一文，更为详尽地讨论了社会史研究部分。

在批判秦汉古史地理的“任天力之说”后，陈黻宸认为“群”的意志才是推进文明进化的原动力（即“权”），群意志对自然的改造会带来新的社会条件，特别是民风习俗的变动。地理学正是对群意志运动所产生出的文明轨迹的刻画，而这一轨迹的理想形态是基于自身民情历史而衍生出的文明总体，具有普遍性和包容性：

> 为地理学者又因时而变者也……夫形势之骤改，其初者，即民俗亦因而趋之……今试以历史为炉，土地为炭，万物为铜，人类为火，熔宇宙而一治之，黄欤？白欤？红欤？黑欤？棕之色欤？吾恐欧人将跃跃自鸣曰：吾必为莫邪大剑矣。虽然，此亦存乎人为之力耳。天下健者宁独斯人？[②]

正是在此意义上，地理学是研究社会事实总和的科学，即揭示“民人社会之义”的民情研究。[③] 这一社会事实总和包括人的种群、制度、习俗风尚、性情、德行、观念等，是构建社会生活和国家政治的民情基础。这里，我们看到孙氏家学开辟的永嘉学派第二期传统中所强调的舆地掌故之学对陈黻宸

---

① 梁启超在《新史学》一文中对旧史体的批判也涉及了“民史”的意涵。在梁氏看来，新、旧史体的分野在于“群体”之史与“个人”之史的差别；史学是对“群”或者说社会团体的演进的刻画，而史学教育的目的即培养公民对民族国家的认同意识：“贵乎史者，贵其能叙一群人相交涉相竞争相团结之道，能述一群人所以休养生息同体进化之状，使后之读者，爱其群善其群之心，悠然生焉。”参见梁启超：《新史学》，《饮冰室合集》（第一册），北京：中华书局，1989 年。

② 陈黻宸：《地史原理》，陈德溥编：《陈黻宸集》，第 602 页。

③ 同上书，第 591 页。

的影响。在陈黻宸看来，史迁和杜佑的舆地学早已洞悉了史地是为揭示“民人社会之义”这一含义，但并未形成西方式的体系科学，而新地理学“必合历史学、政治学、人种学、物理学、生理学及一切科学、哲学、统计学，而后能精审”。① 巴克尔的实证主义史学提倡将统计学方法引入历史研究的做法，为陈黻宸改造旧史舆地学提供了新的视角。② 在《独史》基础上，陈黻宸进一步提出了利用统计调查和区域研究的方法，揭示民之情状与风俗之间的关系，而这一刻画本身是为揭示物竞天择的自然公理。此外，他设计了较之《独史》更为详细的民情史体例，包括户口表、宗教表、族类表、学校表、职业表、疾病表、罪人表、儒林表、文明原始表和历代君主表。

现在，那一可体察社会境遇，刻画世界历史变动条件下的民情状态的经世之文，在新史学中得到了完整的构建。在《京师大学堂中国史讲义·读史总论》中，陈黻宸在巴克尔所论的历史的自然通例公理学说的基础上，明确地赋予了史学精神以普遍原理，即揭示人事物理的因果规律③，并将其定义为史学的科学准则：

> 史者天下之公史，而非一人一家之私史也。史学者，凡事凡理智所从出也。一物之始，而必有其理焉；一人之交，而必有其事焉。即物穷理，因人考事，积理为因，积事为果，因果相成，而史乃出。是故史学者，乃合一切科学而自为一科者也。④

正是基于普遍抽象的因果律原则，史家这一科学者在进行史裁时才能扬弃春秋义断，不为形势利诱所动，而行之更普遍的真理判断：

> 且我闻之，史家有大例焉，于强国不加益，于弱国不加损，于真王不

---

① 陈黻宸：《地史原理》，陈德溥编：《陈黻宸集》，第586页。

② 李孝迁指出，巴克尔主张采用形式逻辑的归纳法来研究历史，其中尤为重视统计方法，因为统计方法可发现诸社会现象背后的一般规律：“人之动作合于法例之证据，悉得之统计簿”，“统计学之于考察人性情之用固已多，所阐明远胜一切艺学”。参见李孝迁：《巴克尔及其〈英国文明史〉在中国的传播和影响》。

③ 巴克尔继承了18世纪启蒙思想家们的遗产，认为史学研究的目标是揭示蕴含在历史中的自然因果律这一通例公理：“一凡作事必有动机为因，二此动机必有前事为之因，三若能尽悉前事及知其设施之理之法，则其间构接之究竟，虽累黍之微，不难察知而预定”。因此“取上下古今人事所现之相，悉数研察，以寻其相通之故”。参见《李孝迁：巴克尔及其〈英国文明史〉在中国的传播和影响》。

④ 陈黻宸：《京师大学堂中国史讲义》，陈德溥编：《陈黻宸集》，第675页。

加褒，于伪统不加饰。抑我又闻之，史家有公理焉，斧钺不加威，章服不能奖，天子不能争，朝廷不能有。[①]

至此，作为史家的新文人形象及其所发出的史学公言，完成了一整套在心智结构和思想形态的普遍人格和抽象思辨的转化，新文人通过科学研究与世界建立了普遍关联，同时具有了成为政治律法人的舆情基础。在完成了这一系列准备之后，陈黻宸理想中的新文人运动的政治实践形态，即重立史官制出场了。

七、社会科学的治世理想：史官制之改造

陈黻宸对史官制的构建基于他对社会与政治关系这一问题的理解。由前述可见，他赋予了历史以社会进化这一普遍规律，推动社会文明之前进则成为政治形式理想的标准。社会提供了政治以自然基础，而政治是对社会的培育，是将社会引入到文明进化进程的必要条件，“非社会不足以成政治，非政治不足以奖社会”，政治之衰败注定使一国难以进入文明之轨道，而社会之萎靡正是政治无望之根由。

那么如何理解社会是政治的自然基础呢？首先，陈黻宸将政治区分为形而上政治和形而下政治，前者针对的是政治所由出的人性自然基础（“出于天然，而治理由是见”），后者则指与这一自然基础相匹配的典章制度（“出于人为，而治法由是生”）。所谓能够推动社会朝向历史进化方向前进的理想政治形态，是能够保存并激发人的自治能力，并能在自治人之间建立起公共精神从而形成公治格局的政治形式。因此，政治的当务之急是创造出符合人性自然（“根于性，发于情”），并塑造自治人格（“达于义”[②]）的制度条件。换言之，施治要秉于人的情势条件而授之以权，这是政治形而上学研究的目的。政治接下来的任务则是划定自治权之间相接的范围，“矫乎法治私而归于公”，避免因自治权相争而导致战争状态，从而实现公共秩序。可见，良好政治的前提是形而上学所论的人之性情，它扎根于社会的自然之中，

① 陈黻宸：《独史》，陈德溥编：《陈黻宸集》，第574—575页。
② 以上引文均见陈黻宸：《京师大学堂中国史讲义》，陈德溥编：《陈黻宸集》，第678—679页。

"国家之于社会,自国民之天性及情感而来,社会莫之致而致者也,然此又必有所以致之者,其致之也,谁主之,谁使之,吾何从而知之"。在此意义上,文人为良好政治形态提供准确的社会情势分析及研究,成为实现合宜政治秩序的保障。因此,在陈黻宸为史家所定立的评判标准中,如果说依据因果规律准则推定公允的史裁判断是史家公理的一部分(即"史质"和"史德"),那么广纳社会情势,并根据其在不同历史条件下而产生的变动,施与相宜的政治实践,则成为史家公理的另一更为重要的原则(即"史情"):

> 史者乃以广我之见闻而迫出其无限之感情者也。故自有史可传以来,而举数千万年帝王者,君者相者,士者非士者,穷而无告者,奴者役者隶者与作史之人,群相遇于情之中,而读史之人,又适与古数千万年帝者王者,君者相者,士者非士者,穷而无告者,奴者役者隶者群相遇于情之中,抑岂独然欤……又与时俱变者也。夫古今异道,王霸殊统,因时而施,乖越互见。①

至此,史家作为政治的律法人形象已经呼之欲出——能够借助于新史学研究,特别是民情史的考察,对社会条件予以敏锐的洞察,并依此制定出既能激发社会力量,又能实现公共秩序,保障史家发挥政治律法人作用的制度,这便是史官制。章学诚很早便提出从州府到朝廷各部,自下而上设立"志科","志科"一方面从制度功能上讲,保证史官采择史料文献,使"一人之史"(传状志述)、"一家之史"(家乘谱牒)、"一国之史"(部府县志)乃至"天下之史"(综纪一朝)得以制作传续;另一方面从制度精神上来讲,"志科"也是使史官能够守护典籍,发挥经纶政教之三代遗意的必要条件。② 陈黻宸借用了章学诚论修志说明伸张史权为古代"周闾史胥之遗意",同时对古史官制大加改造:就一国而言,建立自上而下的中央史馆至地方分史馆的参政议政体系,前者由太史官主掌,后者则由享有民望的乡大夫主掌,自下而上疏通民情。同时,这也是一套选举制度,地方分史馆乡大夫的任职资格决定于民选,而中央一级太史官的任免和废黜则由各分史馆的乡大夫决定。而

---

① 以上引文均见陈黻宸:《京师大学堂中国史讲义》,陈德溥编:《陈黻宸集》,第 686 页。

② 章学诚:《州县请立志科议》,见《文史通义新编新注》,杭州:浙江古籍出版社,2005 年,第 836 页。

就国家之间而言，则建立协调国际秩序的万国公史会，不仅有助于国家间互通政教风俗之情，同时以万国公法协定国家间秩序。

至此，陈黻宸完成了以“民史”为主体的总体社会科学理论的创建。这一创建体现在三个方面：第一，从永嘉经制学和章学诚史学出发，将“史”提升至与“经”同等的地位，同时以“史”总括经，揭示了史学作为政治轨迹之载体这一含义；第二，在王阳明“致良知”说基础上吸收西方经验论传统，为传统史学向社会科学形态的过渡奠定了现代人心结构和人性论基础；第三，吸收实证主义史学所强调的史学的“通例公理”来代替春秋义断，成为社会科学方法论的核心。正是在这三个层面上，“新史学”培养的是具有思辨智识能力的社会科学工作者，他们是能够下接民情、上达议政的知识精英，以团体组织的方式进行政治参与的中流砥柱。① 可见，在陈黻宸这里，社会科学教育才是推动中国现代思想与政治转型的关键。

八、余论

作为北大哲学门第一代讲师，陈黻宸开中国哲学史研究之先河，但其研究视角也遭到了后辈学者的反对。这场新旧之争即为民国初年胡适讲授《中国哲学史大纲》引发的争论，冯友兰将之概括为“哲学史”与“哲学大纲”之争。在冯看来，这场争论的焦点在于对哲学史性质之定义的新旧差异。以陈黻宸、陈汉章等老派文人为代表，因不明“哲学”这一概念，而将之混淆于“义理之学”，因此，其讲授的哲学史只是以史学视角来爬梳义理之学，而并不具有以哲学观为先导，对传统经学做一哲学化之反思的眼光。②

余英时曾将《中国哲学史大纲》所引发的史学革命，置于乾嘉学派运用

① 从陈黻宸本人的实践行动也可以看出，他所致力的现代新学教育和立宪改良运动正反映了他本人的思想主张。1901 年他执教养正书塾期间，对浙东史学的传播影响了马叙伦、汤尔和、杜士珍等青年学子，同时他与林獬等人推行白话文运动，组织学生通过白话演说对大众进行教育普及。陈黻宸亦是宪政改革的倡导者，除早期参与浙学会和《经世报》的筹办，1909 年他当选浙省咨议局议长后，依托地方议会组织政治公议、舆论监督和地方自治活动。

② 在《中国哲学史》1930 年首版自序中，冯友兰鲜明地表达了他对于哲学史含义的理解：“吾非历史家，此哲学史对于‘哲学’方面，较为注重。其在‘史’之方面，则似有一点可值提及。”冯友兰：《中国哲学史》，北京：中华书局，1961 年版，第 8 页。有关此争论参见冯友兰：《五四前的北大和五四后的清华》，《文史资料选辑》第 34 辑，北京：文史资料出版社，1963 年，第 170—171 页。

考据的怀疑论方法导致儒家“典范”丧失这一大背景中来讨论。他认为，胡适开辟的哲学史革命仍然是对这一典范丧失问题之回应。具体而言，胡适以平等的眼光，截断众流而从老子讲起，是考据学引发的诸子学复兴思潮之余续。[①] 不仅哲学门新一代学者胡适处于这一经学思想史序列中，从前文的爬梳我们看到，旧式学者陈黻宸的思想也继承了清代朴学开辟的考经、证史进而旁及诸子之学这一思想脉络。陈中凡对北大哲学门课程和讲师的回忆也佐证了这一点，“时所授西洋哲学、伦理、心理、生物学外，以中国群经诸子为主”，其中，陈汉章讲授经学，而诸子学一课则由陈黻宸讲授。[②] 在 1916 年开设的中国哲学史一课总论中，陈黻宸鲜明地主张重提诸子学价值以突破固守理学一家言之藩篱，这无疑是对《经术大同说》一文中相关申论的再次强调。[③]

正因为经史学在陈黻宸这里被塑造为总体社会科学体系，尚未发展出学科专业化之区分，因而北大哲学门的新旧学者之间产生了有关现代学术形态的分歧。但不可否认的是，陈黻宸的新史学体例作为总体社会科学的设计孕育了现代学科形态；这一新史学对民情史研究的重视，特别是国民调查、社会调查的提法，已经具备了社会理论、社会史研究及社会学研究方法范式的雏形。这也使我们不难理解，为何前辈社会学家吴景超会认为自己的学问路径是承袭了乃师陈黻宸的“民史”观，且“史学”成为现代学科体系中社会学、民族学等学养的重要组成部分，个中缘由恰在于陈黻宸的“民史”理论中已经蕴含了“社会学即史学”这一命题。

以内在理路视角考察陈黻宸的思想，意在为理解中国早期社会理论的形成打开一宏大视野。这一研究不仅要揭示早期社会理论嵌入在社会结构、机制及其历史脉络的生成逻辑，更重要的是呈现在社会转型期发育出来的社会思想中深植的文化自觉和理论抱负，它体现出思想建构自身与对中国人的人心结构的体察、对世风民情的洞见、对社会制度安排的摸索，以及

---

① 参见余英时：《重寻胡适历程：胡适生平与思想再认识》，桂林：广西师范大学出版社，2004 年。

② 陈谧：《陈介石先生年谱》，第 1216 页。

③ “今异家者(按：道、阴阳、法、名、墨、纵横、杂、农、小说)各推所长，穷知究虑，以明其指，虽有蔽短，合其要归，亦六经之支与流裔，使其人遭明王圣主，得其折中，皆股肱之材已……若能修六艺之术，而观此九家之言，舍短取长，则可以通万方之略矣。故以道专之于儒，非古也。”陈黻宸：《中国哲学史·总论》，陈德溥编：《陈黻宸集》，第 417 页。

对政治理想情怀的追求有着密切关联。第一,"民史"理论中提出的普遍心智结构是有关现代中国人格的深度刻画;第二,经典舆地学改造昭示了以民情为社会条件之构成这一内涵,并且这一理论改造本身使"社会条件"作为社会学研究的主体得以确立;第三,新史官制的设计在制度层面探求了社会科学学者在现代国家代议政治中沟通治理与体察舆情的可能性,从这个意义上讲,"科学者"及其科学良知才是实现政治自由和政体统一的精神中枢,也是现代政党政治所需要的具备政治责任伦理精神的知识人格典范。正是在这个意义上我们说,中国社会学学科形态的产生自一开始就未失去它与中国文明母体的脐带联系,相反,它不仅从母体中脱胎而生且激活了这一文明体自身,而且它怀揣的政治理想的激情及治世态度的严肃,无一不是中国传统文人士子用经世之道传递给新时代的知识分子有关学术和政治志业的内在召唤。

侯俊丹,中国政法大学社会学院副教授,北京大学哲学学士,
社会学硕士、博士

孙诒让清季变革师范教育的探索：以温州师范学堂为中心

晚清著名学者、教育家孙诒让先生晚年致力兴办地方教育、开创实业，以期教育救国、实业救国。温州师范学堂①诞生于急剧变革的清末，是近代社会转型中最早创立的现代师范学校之一，开浙江师范教育之先河，它是孙诒让晚年办学的重要成果。学堂为应时需，对当时学制进行了大胆改革，在较短的时间内为温州培养了大量人才，这在浙江教育史乃至中国教育史上都较为罕见。但就目前而言，对孙诒让的研究主要集中在其学术成就方面，对其晚年在温州的兴学兴业活动关注较少，特别是对孙氏晚年倾注大量心血所成的温州师范学堂，目前停留在简单的介绍阶段。本文将温州师范学堂的历史脉络清晰完整地呈现出来，这对研究温州师范教育史、孙诒让办学思想及实践等都具有重要意义。

一、全国较早、浙江最早的师范教育探索

孙诒让对清季师范教育的探索是全国较早、浙江最早的。清季最早的师范教育是光绪二十三年(1897)四月八日开学的南洋公学师范院，这是当时全国最早的新型师范学校，标志着中国师范教育的开端。但南洋公学后来陆续增设外院(小学部)、中院(中学部)、上院(大学部)，连同原有的师范院，成为一所兼有师范、小学、中学、大学的完整教育体制的综合性学校，而

① 温州师范学堂并非正式校名，详见下文，为行文方便，姑统称"温州师范学堂"。

不再是专门的师范学校。中国第一所独立设置的师范学校，是光绪二十九年四月初一日开学的通州民立师范学校，而孙诒让早在光绪二十七年就开始了对师范教育的探索，其办师范教育的主要成果——温州师范学堂，光绪三十一年九月决定创设，三十二年八月鸠工，三十三年部分开学，三十四年二月十一日正式开学，是浙江最早的师范学校。①

孙诒让办师范教育并非一蹴而就，而是有一个长期酝酿、探索的过程。早在光绪二十二年(1896)，孙诒让就创办了瑞安学计馆，这是浙江最早的新式学校，同时也是全国最早的算学专门学校；次年，他又赞助项湘藻、项崧兄弟创设瑞安方言馆，这是浙江最早的外语专门学校。仅此两者，就足以说明孙氏在浙江近代教育史，乃至中国近代教育史上的地位。何况孙氏的办学是长期持续的，从光绪二十二年创办瑞安学计馆至光绪三十四年逝世，他晚年致力兴办地方教育和实业，温、处两府在其引导下，共兴办新式学堂三百余所②，温州师范学堂正是在这样的背景下创办的。

温州师范学堂凝结了孙诒让的心血，寄托了孙氏对新式教育的希望，成为其晚年办学过程中最重要也最能体现其教育思想的一所新式学校。孙诒让最早言及师范教育的重要性见于其光绪二十七年十二月初八日给刘绍宽的复函，时刘氏正在平阳办学。书略谓：

> 县学堂生以五十名为额，兼学中西文者约三十名，余则专治中学，自十五岁以上至三十岁均可入堂，但求文理清通，不论有无功名。功课则以经、史、掌故、西政、西艺、舆地、算学七门为大纲。每日由教习讲解一二段，学生因抄撮为札记。七日作策论一篇。洋文则西文教习讲授言语文字，并及体操。于中西门径约略赅备，但能否切实奉行，尚无把握。盖西国教习，均由师范学堂出身，故胸有成竹；敝邑教习，均初次试

---

① 王国维曾于光绪二十三年(1897)冬谋设海宁师范学堂，未果。见其光绪二十四年(1898)三月致许家惺书。谢维扬、房鑫亮主编：《王国维全集》第十五卷《书信、日记》，杭州：浙江教育出版社，2010年，第3—4页。陈鸿祥认为："张謇于1903年创通州师范学校，自谓中国之有私立师范自謇始。实则，王氏之谋创师范，早此六年。惟校款无着，无所遑其志耳。"见陈鸿祥：《王国维年谱》，济南：齐鲁书社，1991年，第29页。

② 孙延钊撰，徐和雍、周立人整理：《孙衣言孙诒让父子年谱》，上海：上海社会科学院出版社，2003年，第362—363页。

办，成效殊未可必耳。①

书中所谓“县学堂”，即孙诒让于是年冬筹议将学计馆、方言馆合并扩充的瑞安普通学堂，预定于来年春正式开学。可见孙诒让虽亲订章程及各班课程，“于中西门径约略赅备”，“但能否切实奉行，尚无把握”，原因就在“盖西国教习，均由师范学堂出身，故胸有成竹”，而“敝邑教习，均初次试办，成效殊未可必耳”。诚然，在此之前，全国仅有南洋公学师范院是已正式开设的师范教育机构，如何能满足当时新式学堂的师资需求？

但自此以后，“办学必先有合格的师资”成为孙诒让最为深刻的认识，也是他四处寻求的办学良方。既然本土一时未有合适的师资，那么如何才能在短时间内解决这一问题呢？孙诒让身体力行，开始将师范教育付诸行动。光绪二十九年正月间，孙氏与林文潜等组织师范教育研究会，又于瑞安普通学堂内附设师资读书社。该社亦于正月间着手筹备，于六月初一日正式成立，以瑞安普通学堂教师为社员，亦广求其余各学堂教习入社。社中备置与各学堂教学有关而教师个人无力购买之书报刊物，以供借阅，彼此探究。②这是孙诒让兴办师范教育事业之始。

由于孙诒让少年时代长期侍父在外为官，深感温州方言对外交流不便，必须推广普通话，乃于光绪三十年(1904)八月上旬起，每逢星期日下午举行普通话讲习会，凡学堂教员及地方各界人士均可来学，每次讲习四小时，孙氏自任教习。③

自己动手培养师资是一方面，但这种办法所能达到的规模、速度、质量

---

① 孙诒让：《致刘绍宽书》，徐和雍、周立人辑校：《籀庼遗文》，北京：中华书局，2013年，第414—415页。注：刘绍宽(1867—1942)，字次尧，浙江平阳(今属苍南)人。父刘庆祥，字玉溪，县学廪生，能诗文，善篆刻，有《铁耕小筑印谱》《诗文钞》。庆祥之兄嫂杨氏，即杨配篯之女、杨镜澄之姊，绍宽少即养于杨家，因杨镜澄受业于孙衣言，绍宽因得以知孙氏之学。光绪二十三(1897年)，拔贡。光绪二十八年(1902)，任龙湖书院山长，又任县学堂国文教习。光绪二十九年(1903)，游学上海震旦学院。光绪三十年(1904)，东渡日本考察，撰成《东瀛观学记》。光绪三十一年(1905)，孙诒让为温处学务分处总理，聘刘氏为编检部主任。光绪三十二年(1906)，任温州府中学堂监督。刘氏乃孙诒让晚年兴学之知音与助手。

② 孙延钊撰，徐和雍、周立人整理：《孙衣言孙诒让父子年谱》，第310页。注：林文潜(1878—1903)，又名政友，字左髓，浙江瑞安人。曾为瑞安学计馆学生，后就读于杭州东文学堂、上海南洋公学。光绪二十八年(1902)返里，与孙诒让等发起演说会，创立师范教育研究会，词曲改良研究会。光绪二十九年(1903)三月，东渡日本留学。旋因日俄之战回国声援。九月，卒于赴秋闱途中。林氏在杭州东文学堂就读时，曾编著《寄学速成法》，温州日文译学之兴，林氏实为先导人物。

③ 孙延钊撰，徐和雍、周立人整理：《孙衣言孙诒让父子年谱》，第321页。

都颇为有限，因此孙诒让还需要“另谋出路”，这条“出路”就是“师夷长技”。甲午战败以后，清廷上下掀起了一股以日本为师的热潮，留日学生规模之大，一时成为世界留学史上的奇观。孙诒让注意到温州地区已有人赴日学速成师范，以为应急之法。光绪二十八年(1902)春夏间，刘绍宽来书索新式教科书，孙诒让有书答之，略谓：

近永(嘉)友有到日本就师范速成学堂肄业之举，半年卒业，效速而费少。贵乡诸君，不审有抚髀而兴者否?①

孙诒让很快就开始谋划派遣留日学生之事，并颇有鼓励刘绍宽组织平阳人士赴日留学之意。光绪三十年(1904)九月，孙诒让邀集瑞安普通学堂高才生家长举行茶话会，倡议家长送诸生各赴日本留学，以期深造，或投考官费，或自筹私资，请于年内准备。诸家长有意送子报名出洋者，凡二十余人。后瑞安普通学堂因学生多数人将留学日本，决定次年起改办高等小学。②

不唯如此，孙诒让还很注重现任教师的进修、深造。同年十一月，孙氏选派瑞安普通学堂助教许藩、陈恺留学日本，入东京宏文学院习理化专门科，并订立合同，约定专习速成理化一年，毕业以后须回校任教三年，留学费用由瑞安普通学堂提供。③ 这应该是较早的地方公派留学。

然而，派员留学的局限也是显而易见的，根本问题在于经费有限，自然可派人员也就有限。孙诒让很明确地认识到这一点，他在给刘绍宽的信中反复感叹：

---

① 孙诒让：《致刘绍宽书》，徐和雍、周立人辑校：《籀庼遗文》，第417页。

② 孙延钊撰，徐和雍、周立人整理：《孙衣言孙诒让父子年谱》，第320—321页。

③ 孙诒让：《瑞安普通学堂选派许藩赴日留学合同》，瑞安玉海楼藏。其合同全文为：“普通学堂开办三年，理化一科，尚未开课，实本堂一大缺点。今经同事诸公议定，派算学助教许介轩君游学日本，专习速成理化一年，毕业以后，愿任本堂算学理、化两科。理宜订立合同，以昭执守，胪列于后：一、由堂内抽提常年入款墨银三百元，以为游学之费。分三期付，第一期于临行时先付一百元，第二、第三两期，俟明年三月、七月汇付全数。一、须习理化科，不得擅入别科，否则须赔偿第一期学费，唯证人是问。一、毕业之后，须在本堂任教三年，不得别就他馆，亦不得中途托故辞退。议定第一年薄奉修缮墨银六十元，第二年八十元，第三年一百元。以后两面合意，再行续订。否则堂内同事不得强制执行。光绪三十年十一月廿八日订立合同。孙诒让(花押：合一如符)、许藩(花押：有志竟成)、证人陈范(花押：桃李悉门)。”按，许藩(1884—1947)，字介轩，浙江瑞安人。光绪十二年(1896)入瑞安学计馆，为首批学生。光绪二十八年，获温州府算学竞赛第一名，孙诒让即聘其为瑞安普通学堂助教。光绪三十一年，赴日留学。归国后，任瑞安普通学堂教习。民国元年(1912)起，任瑞安中学校长五年。陈恺与许藩同赴日留学，回国后同在瑞安普通学堂任教，宣统元年(1909)任瑞安中学监督。证人陈范(1865—1923)即陈恺之兄，其父陈润之(1816—1885)，亦精算学。

至资送东游理化两名，已定期渡海。师范则因资绌，又程度合者甚少，以是未决。①

昨师范生以经费支绌，未能急派，幸有中丞派送之举，可稍达此希望，惟名数太隘，考试又太繁，暗中摸索，恐未必尽如人意耳。②

但感叹不能解决问题，事情的转折点是刘绍宽东渡日本考察学务。光绪三十年（1904）八月十五日，刘绍宽与同里陈慕琳自上海赴日本考察教育。刘氏东渡以后不久，曾于九月初一日致书孙诒让③，书中所言内容今虽不可得见，但应该不出教育之范围，特别是有关留日及日本教育现状等问题。孙氏随后即召开鼓励留日的茶话会，亦当与此有密切关系。

而刘绍宽东瀛观学对后来温州教育影响最大最直接的一件事，就是锦辉馆饯别会。十月初七日，温州留日学生数十人为送刘、陈两氏归国，聚会于东京神田锦辉馆，商讨温、处内地教育大事，拟开温处两处师范学堂。组织这次饯别会的许燊有过一个主题发言，刘绍宽详记其事：

许君之意，以今日学务固不能不取法东西各国为改良之地，然派遣留学，经费既巨，有不能得多数，且非七八年或十年之久，不能学成归国，而内地学界万不能待十年后少数之学生为之振作，势非于内地广开师范学堂培植中小学普通教员不可。顾开设师范，万不可因陋就简，随场敷衍，如近年故事，必须宽筹经费，聘请上等教员，以广为造就。温、处两府十六县厅，如能会办，则经费易筹，气魄较大。其造就能遍及十六县厅，学成散入各县，改良各校，规则必能齐一。且有总设机关为之提倡，非惟于学务上易于调察，将来地方一切举动，两郡皆有密切关系，实至要之举也。一时听者，咸拍掌愿为赞成，将联名作公信致诸乡先生。④

许氏的发言不仅一针见血，而且能够对症下药。他指出了以留学的方

---

① 孙诒让：《致刘绍宽书》，徐和雍、周立人辑校：《籀庼遗文》，第419页。
② 同上书，第419—420页。
③ 刘绍宽撰，方浦仁、陈盛奖整理：《刘绍宽日记》第1册，北京：中华书局，2018年，第388页。
④ 刘绍宽：《东瀛观学记》，上海：上海古籍出版社，2005年，第112页。按，许燊（1879—1943），字达夫，浙江瑞安人。光绪二十九年（1903）东渡日本留学，光绪三十一年（1905）加入中国同盟会，民国元年（1912），任首届参议院议员。

式培养师范生存在的主要问题，即花费大、时间久、培养人数少，这显然不能满足当下急于兴办新学的现实需求。既然如此，许氏开出的药方就是在本地设立正规的师范学堂。这需要充足的经费、上等的教员，还有设一个学务总机关来提倡、协调。刘绍宽“以此议甚关切要，不得视为空谈，故具录之”，表示“吾温处两郡之士，如有兴者，固深愿为执鞭也”①。

刘氏于同年十月二十五日返沪，其历时70日，归著《东瀛观学记》，逐日记录其在日本期间考察教育的所见、所闻、所感、所想，另购日本中小学课本20余种及幼儿园教具20余套。锦辉馆饯别会所谓“将联名作公信致诸乡先生”以促成温处师范学堂的创设，以当时的名望而言，“乡先生”的领袖人物非孙诒让莫属，故刘绍宽自沪返里，先谒孙氏。孙氏为《东瀛观学记》所叙，略谓：

> 其大指在于研究师范以成教员，而多设蒙学以陶铸少年学子，至于管理之方，教科之册，无不采彼之长以裨我之缺。其论之精者，与《周官经》、大小戴《记》多相符合，信不刊之作也……次饶既为此记，又以考察所得者遍语其乡人。不数月而江南一乡，蒙学堂创成十有四区，平邑学务，将从此大兴，瑞安瞠乎后矣。某读其书，钦叹玩绎，愧未能逮。即揭其闳旨，以告吾党，亟相与从事于普通之教育，以植民智之基本，而无遽徒为高论，吾国学务，庶有觊乎！②

20多年后的庚午年(1930)秋月，晚年的刘绍宽检抄旧时日记，回顾平生往事，仍对锦辉馆饯别会以极高的评价：

> 余此后从事教育，皆基于此行，温州学务之创始，皆发源于神田锦辉馆饯别之一席话。盖此行亦一生事业之转捩关也。③

锦辉馆饯别会不仅是刘氏“一生事业之转捩关”，也是孙诒让晚年办学的转折点，更是清末温州新式教育的转折点。此时浙江全省尚未有正规师范学堂，而孙诒让、刘绍宽等人已经开始谋划设立包括温、处两府十六县厅在内的“道级”师范学堂，拉开了浙江师范教育的序幕。

---

① 刘绍宽：《东瀛观学记》，第112页。
② 孙诒让：《东瀛观学记叙》，徐和雍、周立人辑校：《籀庼遗文》，第474—476页。
③ 刘绍宽撰，方浦仁、陈盛奖整理：《刘绍宽日记》第1册，第398页。

二、温州师范学堂艰难曲折的创设过程

温州师范学堂的创设实得益于一个“总设机关为之提倡”，这个“总设机关”就是温处学务分处。学务处是清季省级教育行政机构，始于光绪二十九年十一月颁布的《学务纲要》，规定设于省城，总理全省学务①，而各省下属的道、府并无专门的学务机构，因此，温处学务分处的设立是中国近代教育史上的一个创举，直接推动了浙江的新式教育。②

光绪三十一年(1905)夏，黄群、陈琪、吴钟镕自日本归国度暑假，以温、处两府距省城较远，新学尚未大兴，拟设一学务机关，以统摄两府教育，言于温处道童兆蓉，童氏深然之。黄群等三人乃招集温处士绅五十余人，于府城池上楼集会，商议机关名称及总理人选，申报道、省府批准。然省府以《奏定各省学务处章程》，规定仅于各省省城设学务处，无下设分处之说，令温处道缓办。温处人士大失所望，黄群等尤愤慨之甚，乃联合与会各绅，致电京师学务大臣孙家鼐陈请。孙氏以为可权宜办理，以抚舆情，乃令浙江省学务处特准分设，乃成。③

---

① 《学务纲要》，转引自陈学恂主编：《中国近代教育史参考资料》上册，北京：人民出版社，1986年，第550页。

② 关于温处学务分处的设立、运作及意义，可参看蔡明婷：《孙诒让与温处学务机关的运作》，台湾《新北大史学》第15期，2014年5月。温处学务机关自光绪三十一年成立至光绪三十四年裁撤，前后历时三年，凡三易其名：温处学务分处、温处劝学公所、温处学务总汇处。

③ 孙延钊撰，徐和雍、周立人整理：《孙衣言孙诒让父子年谱》，第326页。按：温处学务分处成立之难及日后变迁，时任温处学务分处管理部主任的刘项宣回忆道：“(池上楼集会)公决筹设机关，名称拟即定名为温处学务分处，隶于浙江省会学务处，草定办法大纲，并议厘捐带收经费，公举瑞安孙籀庼比部诒让为总理，具牍(温处)道署，详奉浙抚聂中丞批准饬转照办，择沙氏宗祠设处筹备已有日矣。浙藩宝方伯棻，兼任省会学务处总办，以奏定各省学务处章程无设分处之规定，泥其议，饬道暂缓举行，两郡皆失望，童观察亦忿甚。发起人陈兰薰已先离瓯，在处仅黄溯初、吴璧华、陈春波、冯地造及不佞等数人，不愿已成之局挠于当路，联名电京请管学大臣饬浙准办。一面电请驻京同乡黄学士绍箕、徐侍御定超、陈农部黻宸赞成赞助。时管学大臣为长沙张尚书百熙，素慕孙比部名，且有同乡京官之关说，立即电浙照准设立。由是，案始定。正拟择日开办，乃童观察兆蓉忽抱病出缺，诸事无所秉成，中道停辍。黄、吴相继东渡，不佞等亦各风流云散。当时皆以为温处学务分处直同昙花泡影，将永无实现之一日矣。会阜阳程筱周观察恩培奉檄权摄温处道篆。观察为程用周提军公子，翩翩年少，毅力维新。下车检牍，驰函两郡士绅集议道署，以温处学务分处案经奉准，碍难停顿，令克日成立，刊发钤记，并发下温属各县参敬洋八百元为开办经费。故事，道宪履新，各知县均馈参敬，程观察不受，转发分处为开办费。孙比部鉴于程观察热情兴学，欣然受总理职任，手订章程，分部任事。”刘项宣原著、张宪文整理《温处学务分处纪略》，《温州文史资料》第四辑，浙江：浙江人民出版社，1988年，第4—5页。此文系刘项宣应孙延钊之请而作，写于1931年。(转下页)

温处学务分处甫一成立，即着手发展温、处两府的新式教育，而尽快培养合格的师资仍是当务之急，因此，孙诒让与温处学务分处同人要做的第一件大事，就是尽快开设师范学堂。原先颇为支持新式教育的温处道道员童兆蓉在光绪三十一年(1905)七月间突然去世，所幸继任的代理温处道程恩培于新式教育极为热心，①遂于同年九月二十六日开议学务演说，由温州知府锡纶正式提议设立师范学堂，推孙诒让为温处学务分处总理。② 师范学堂以温州府城校士馆为校址，孙诒让以温处学务分处总理兼任师范学堂总理。③

既已决定开办师范学堂，则办学经费成为孙诒让与温处学务分处同人面临的最大问题。光绪三十一年(1905)十月初三日，刘绍宽面见程恩培，程氏面谕温处学务分处当筹款至万金，开费岁约二千金，其余可作师范及补助金，又催温处学务分处从速开办，公文须早具详定案，"午后，缮定学务处简章，大段全取孙仲丈十二条为之，但分总纲、办法、规则三目而已"④。十月二十五日，刘绍宽访孙诒让，"预算师范学堂开支，大约常年六千，经费连学务处约一万，便可办"⑤。孙诒让议请以温、处两府旧科举考试经费，移拨作师范学堂开办经费，适学部通饬科举经费全数上缴，乃不果行。⑥

关于当日温处学务分处为办温州师范学堂筹款事，颇为周折。时任温州学务分处管理部主任刘项宣回忆道：

(接上页)刘文以时任管学大臣为张百熙，乃追忆偶误，张氏确曾任管学大臣，然已于光绪二十九年(1903)退任。

黄群(1883—1945)，字溯初，浙江平阳人。光绪二十七年，入杭州养正书塾，从陈黻宸学。光绪三十年，留学日本早稻田大学。三十一年，暑期回乡，积极促成温州学务分处。民国元年，任南京临时参议院议员。民国二年，任首届国会众议员。民国二十二年，捐赠其所创办私立郑楼小学校址为浙江省立温州师范学校办学之用。整理保存温州先贤文献四百余种，选刊《敬乡楼丛书》，凡三十八种。

① 光绪三十一年十一月，贺元彬实授温处道，程氏即卸任而去，孙诒让代表温处两府人士，作序以为送行。程恩培在任虽短，而于温处维新事业极为支持，其离任后，温处学务分处屡遭变故，因此两郡士人颇思程氏之恩。贺元彬"但坐啸而已"，温州知府锡纶则"极厌新喜故"，程恩培去后，"学界便黯然无色矣"，故孙诒让于次年正月二十三日有书致黄绍箕，希冀黄氏之力，使程恩培重莅温处道，事不果。见孙诒让《致黄绍箕书》，徐和雍，周立人辑校：《籀庼遗文》，第245—246页。

② 刘绍宽撰，方浦仁、陈盛奖整理：《刘绍宽日记》第1册，第410—411页。

③ 朱芳圃：《孙诒让年谱》，上海：商务印书馆，1934年。

④ 刘绍宽撰，方浦仁、陈盛奖整理：《刘绍宽日记》第1册，第411页。按孙仲丈，指孙诒让，孙氏年长刘氏十九岁，系长辈，故有此称。

⑤ 刘绍宽撰，方浦仁、陈盛奖整理：《刘绍宽日记》第1册，第414页。

⑥ 孙延钊撰，徐和雍、周立人整理：《孙衣言孙诒让父子年谱》，第330页。

(温处学务)分处开办时，仅由程(恩培)观察发下各县参敬洋八百元，实收仅七百元……但预计开办师范，常年经费须万余金，更加建筑校舍，需费尤属不资，非筹集的款，实属无从着手。因议各县粮串，每张带收三文，年可得三千余元；各县县署每年捐助二百五十元或二百元、一百六十元不等，视县缺繁简以为等差，名之曰官捐，年可得三千余元。以上二项，由处备文请府详奉抚院照准实行。又有各戏班请将文武衙门陋规裁撤，每月愿报捐师范经费一百元，商准道、镇饬属照办，年可得一千二百元。

预计开办师范经费尚缺，因与温处盐局督办叶寿松磋商，拟请盐斤每篰带收若干。叶督办对于学费颇乐赞成，惟云："盐税加至今日极矣，万无再加余地，如有闲款，可以化私为公者，当极力成全。"因托熟于盐局档案吏胥，查得盐行已奉裁撤，而犹征收栈租一项，每篰五分，大可化私为公。遂抄案牍，请盐局叶督办详奉抚院、运使，照准移拨。讵东郊十户盐行以私利丧失，极端反对，电省力争。最后由永嘉商会总理王岳崧调停，留二拨三，著为定案，年可得四千余元。

以上各项，每年统计可共收一万五千余元，除分处开费外，统作师范常年经费，相差不远。惟建筑校舍，尚无的款，因设法筹募。承永嘉徐元凯报效三千元，徐韶九、沈建斋各报效二千五百元。分处备文，请府详奉抚院报部给予"热心公益"匾额示奖。以上共计八千元，于建筑师范校舍，粗有基础。惟建筑费假定二万元，仅上收入，缺款尚巨。①

正在师范学堂经费尚未完全着实之时，又出现了处州要求分办师范学堂的提议，经费负担又加一层。温处学务分处是温、处两府的学务总机关，负责两府的教育工作，原拟两府在温州总设一所师范学堂，以培养两府所需师资。但由于温、处两府所辖地域较广，且多山区，交通极为不便，两府经济社会发展水平亦不平均，总设一所师范学堂的设想与事实之间存在不小的差距，因此请分款另办师范学堂。孙诒让允之，并有书致同人，略谓：

① 刘项宣原著，张宪文整理：《温处学务分处纪略》，《温州文史资料》第四辑，杭州：浙江人民出版社，1988年，第8—9页。

处州郑、陈两君来，交到公函，所论分办师范之议论甚剀切。处属官捐、串捐须拨由渠自收，照此办来，本处学款，又分去二千元光景，殊费筹划。处人分办师范之议，某前虑其与经济有碍，但郑子樵来舍，极述渠处寒儒之苦，景宁、庆元诸邑，并小考多无力到郡，何能到温学师范？此景况属实，而不欲以私见阻其进步，已复书订定分办，并以官捐、串捐畀之。惟货盐厘则是学务旧款，可不必分与，处人亦尚无坚求之意也。①

处州要求分款分办师范学堂，对孙诒让及温州学务同人而言，原属无奈之负担，但如此一来，对设于温州的师范学堂便有绝对自主权，不必再考虑处州方面的因素，更好地厘清思路，提高效率。唯经费一节，除官费外，又鼓励富绅以捐款授职的方式参与。乐清洪国垣、徐乾各捐一万，以湖北恩施县王文瓒报效鄂省教育经费一万两选任四川绵竹县知县成案，温处学务分处援案请府详院达奏，奉旨照准以知县分省补用。有此二万两，合库平大洋三万元，除拔温州府中学堂一万元、乐清高等小学堂五千元外，师范学校净收一万五千元，建筑经费始得完全。分处自开办后，为师范学校暨两府中学及各属小学筹足常年经费，统计不下二十万元，实初料所不及。②

办学经费既已落实，便马不停蹄开始校园建设。光绪三十二年(1906)八月，温州师范学堂鸠工经始，以校士馆两庑改建楼房。③ 有关温州师范学堂校舍选址、建筑及布置等项，刘项宣回忆道：

(温处学务)分处成立时，即首议及此，惟地址应择何处，初未决定。时适科举停辍，校士馆空无所用，处内办事人遂主张收用校士馆最为适宜。但该处规模宏敞，觊觎者甚众，如防营统领、水师分统及缉私营队等争欲捷足先得，同人惟恐落后，不待奉准，即黉夜启钥，先自迁入，一面具牍禀报，旋即奉准作为师范学堂校址。翌年八月，经始建筑，聘瑞

① 孙诒让：《致刘绍宽书》，徐和雍、周立人辑校：《籀庼遗文》，第521—522页。

② 刘项宣原著，张宪文整理：《温处学务分处纪略》，《温州文史资料》第四辑，第9—10页。注：捐款授职的方式，颇吸引力，除洪国垣、徐乾大额捐款外，尚有如乐清冯乃眷愿报效师范学堂经费长年四百元，求派该县大荆仓房，又有乐清县学堂监督洪济林担保，孙诒让因此请温州知府锡纶念师范学堂款项奇绌，同意冯乃眷的请求。见孙诒让：《致锡纶书》，徐和雍、周立人辑校：《籀庼遗文》，第522—523页。

③ 孙延钊撰，徐和雍、周立人整理：《孙衣言孙诒让父子年谱》，第338页。

安郭啸吾凤辉主持工程。

…… ……

初，师校方建筑时，预计筑就斋舍，勉强敷用，惟缺操场。商准府县，收用毗连仓地，已定案矣。时商会突争此地，官厅屈于情面，计划西隅若干丈归商会建筑，同人以师校不特操场重要，将来附办模范小学，地址务须宽广，倘过狭窄，无扩充余地，于前途关碍极大，婉劝另择地点。商会不特不允，且潜用种种阴谋，将图全占。同人因就官厅许划之地划归商会，余急为圈入，广雇工匠，昼夜砌筑围墙，以断其望。翌晨，商会闻知，开会决议，将以武力解决，同人亦稍不退让，相持不下。经人曲为调解，始得息事。

自有此争，师范设备始获齐完。时筚路蓝缕，诸事草创，置办各种器具及图书、仪器、模型、标本，所费不资。统计建筑及置办设备等，共费三万余元。彼时工料价值尚不甚昂，假在今日，恐再费倍蓰，犹不能有此结构布置齐备。①

当时温处学务分处已迁入校士馆办公，孙诒让身兼温处学务分处、温州师范学堂总理，原得力助手刘绍宽本年已任温州府学堂监督，独当一面，因此急需补充新的得力助手。孙诒让乃于光绪三十二年(1906)十二月初一日照会早年弟子、时任温州府学堂教习的刘耀东，敦请其到温处劝学公所相助。②光绪三十三年春，温州师范学堂东首教室落成，先开博物讲习所，招收学生七十五名，下半年入学，以半年速成卒业。③ 七月，温州师范学堂已建成之

① 刘项宣原著，张宪文整理：《温处学务分处纪略》，《温州文史资料》第四辑，第12—13页。注：文中所谓温州师范学堂与商会争地纠纷，系经温州商会会长王岳崧调解决。可详见李世众：《晚清士绅与地方政治——以温州为中心的考察》，上海：上海人民出版社，2006年，第257—300页。

② 孙诒让：《敦请刘耀东来温处劝学公所相助照会》，徐和雍、周立人辑校：《籀庼遗文》，第549页。刘耀东(1877—1951)，字祝群，号疚庼居士，刘伯温第二十世孙，浙江青田南田(今属文成)人。光绪二十三(1897)年，从诒让学。光绪二十八年，与瑞安许养颐东渡日本留学，入东京法政大学，任留日同乡会总干事。光绪三十二年，毕业回国，授中书科中书，执教温州府学堂。以学识渊博闻名遐迩，为金华府学堂借聘为总教习。宣统三年(1911)，任浙江省咨议局议院。民国后，历任松阳、鄞县、宜兴等县知事、镇江海关道统捐局局长。民国八年秋，辞归故里，著述自适。民国三十年，任浙江省通志馆续修《浙江通志稿》副总编辑。著有《刘伯温年谱》一卷、《南田山志》十四卷、《南山谈》一卷、《括苍丛书》九十卷、《疚庼日记》等。

③ 孙延钊撰，徐和雍、周立人整理：《孙衣言孙诒让父子年谱》，第342页。

教室设理化讲习所，亦以半年速成卒业，招生一百名。[①] 这标志着温州师范学堂即将进入正式运行，急需“聘请监学员，常川住堂以资管理”，孙诒让乃于同年四月二十日照会“热心教育，办事精明”的刘耀东，聘请其为温州师范学堂监学。[②]

当时，孙诒让为了全力筹建温州师范学堂，使其早日建成，辞谢了不少重要职务，有些职务看起来比“温处学务分处总理”“温州师范学堂总理”更具“吸引力”。如温州府学堂自光绪二十八年(1902)开设以来，办学情况颇不如意，官、绅多次敦请孙氏任总理，孙氏皆辞而不就，乃举刘绍宽任该学堂监督。[③] 由于孙诒让在温州的办学活动效率极高、影响颇大，光绪三十三年春，浙江巡抚张曾敭、提学使支恒荣聘其为本省学务议绅，孙氏婉辞，而荐蔡元培、陶濬宣以自代。[④] 同年四月，张之洞闻清廷奏派孙诒让为礼学馆总纂，又电聘请其为武昌存古学堂总教习，孙氏复电，以温州师范学堂未竣辞。[⑤] 光绪三十四年，浙江提学使支恒荣复致书敦请孙诒让为学务议绅，浙江巡抚张曾敭又拟聘其为浙江两级师范学堂监督及法政学堂国文教习，孙氏又报书力辞。[⑥]

光绪三十四年(1908)春，温州师范学堂校舍全部告竣。自光绪三十二年八月初动工，建成东西大楼四楹，又于两旁隙地各建楼房八楹及平屋十二

---

① 孙延钊撰，徐和雍、周立人整理：《孙衣言孙诒让父子年谱》，第348页。

② 孙诒让：《聘请温州师范学堂监学刘耀东照会附条约》，徐和雍、周立人辑校：《籀庼遗文》，第549—550页。注：照会原件藏温州教育史馆。

③ 不少材料误以孙诒让曾任温州府学堂总理，非是。可参看洪震寰：《孙诒让与温州府学堂——一个史实的辩证》，《温州师专学报(社会科学版)》1983年第1期。

④ 孙诒让：《致支恒荣书》，徐和雍、周立人辑校：《籀庼遗文》，第541—543页。注：孙延钊以此事系于光绪三十二年(1906)，且以提学使司之设，亦在是年四月，似可商榷。查光绪三十一年，清廷裁撤学政，设提学使司，统辖全省学务，省城设学务公所，立学务议绅四人，各省学务处随即裁撤。而支恒荣于光绪三十二年夏履任浙江提学使，旋随黄绍箕所率各省提学使团赴日考察学务，即孙诒让书所谓“客夏欣阅邸抄，敬审渥奉温纶，视学浙水”，“嗣闻旋节扶桑，荣履新任”，则可知此书作于次年，即光绪三十三年；且温处劝学公所又于光绪三十三年春裁撤改为温州学务总汇处，即孙诒让书中所谓“顷幸劝学公所奉文裁撤”；而孙诒让书中又自叙“年逾六十”；凡此种种，皆可证则此书之作当不早于光绪三十三年初。又，孙诒让于光绪九年五试礼部时，支氏分校礼闱，荐而未售，故孙诒让亦尊之为师。

⑤ 孙诒让：《复张之洞电》，徐和雍、周立人辑校：《籀庼遗文》，第561页。

⑥ 孙诒让：《致支恒荣书》，徐和雍、周立人辑校：《籀庼遗文》，第543—546页。注：浙江两级师范学堂定于光绪三十四(1908)年下半年开学，开学时间晚于温州师范学堂半年左右。见《学部咨复浙抚全浙师范学堂酌订课程文》，璩鑫圭、童富勇、张守智编：《中国近代教育史资料汇编》(“职业教育、师范教育”分册)，上海：上海教育出版社，1994年，第695页。

楹，并以长廊连于各房屋之间，统计用费三万六千余元。[①] 二月初六日，温州师范学堂举行招生考试，应考者一百四十余人。[②] 二月初十日开学，学科分必修科：修身、教育、经学、国文、历史、地理、数学、博物、理化、习字、图画、乐歌、体操；选修科：日文、手工。[③]

当时温州师范学堂的教师，都是一时俊秀。国文、历史等虽属于传统学科，但在孙诒让的直接引领下，所选聘的教员或是具有开明的胸襟和眼界，其中不少人还有出洋游历、留学的经历，如曾亲赴日本考察学务并著有《东瀛观学记》的刘绍宽；或是毕业于新式学堂、受过新式教育的新式人才，如毕业于京师大学堂的刘景晨；或虽属旧式文人，但对维新事业报以极大的兴趣并积极投身其中，如地方学究式乡绅张棡。温州师范学堂培养了不少人才，有的后来还成为某一领域的著名学者，如一代词宗夏承焘、中西交流史研究领域卓有成就的陈竺同等。再如考古学界泰斗夏鼐，早年也毕业于温师附小。

既然温州师范学堂是孙诒让心血凝成，称孙氏为温州师范学堂创始人是准确的，那么，孙氏究竟是否担任过温州师范学堂的领导职务？此问题长期以来较为混乱，极有澄清说明之必要。先看各家说法，较有代表性的有以下五种：

（1）刘景晨认为孙诒让以温州学务分处总理兼任温州师范学堂监督；[④]（2）刘项宣认为“孙总理遂委郭筱梅凤诰为监督，徐寄庼陈冕为监学，庶务委郭啸吾，会计仍隶分处”；[⑤]（3）孙延钊以温处学务分处文牍部主任郭凤诰兼任温州师范学堂首任监督，以温处学务分处管理部副主任徐陈冕任监学；[⑥]（4）洪焕椿则认为温州师范学堂“设有监督，而不设总理”，并以朱谱

---

① 孙延钊撰，徐和雍、周立人整理：《孙衣言孙诒让父子年谱》，第360—361页。

② 张棡撰，俞雄选编：《张棡日记》，上海：上海社会科学院出版社，2003年，第132页。招生试题有论述题二道，首题系“秦废封建而亡，宋撤藩镇而弱，岂形势之不同欤，抑立国之五本也论”，次题为“黄河扬子江流域形势论”。又有数学题二道。见《张棡日记》同页。

③ 《温州初级完全师范学校暂定章程》，温州：温州陈日新印书局，1908年刷行，温州市图书馆藏。

④ 刘景晨：《张謇题温州师范学校校名碑跋》，1949年3月，温州大学校史博物馆藏。注：温州学务分处，乃“温处学务分处”之误。

⑤ 刘项宣原著，张宪文整理：《温处学务分处纪略》，《温州文史资料》第四辑，第13页。注：郭凤诰郭凤诰（1867—1917），字筱梅，号暇斋，浙江瑞安人。光绪十七年（1891）举人。光绪三十二年，任温处学务总汇处学务长。光绪三十四年，任温州师范学堂监督。

⑥ 孙延钊撰，徐和雍、周立人整理：《孙衣言孙诒让父子年谱》，第361页。

所记未确；[①]（5）朱芳圃认为孙诒让以温处学务总汇处总理兼任温州师范学堂总理[②]。

以上五人均与孙诒让有或近或远的关系。刘景晨在温州师范学堂开校之初任历史、地理教员，刘项宣则始终在温处学务分处任职，此二人可谓是温州师范学堂创设的见证者和参与者。孙延钊系孙诒让嫡子，洪焕椿系孙诒让外孙、孙延钊外甥。朱芳圃毕业于清华国学院，主治古文字学，曾在浙江省立第十中学任教，并撰有《孙诒让年谱》。

此外，今温州中学校史[③]即以孙诒让曾任温州师范学堂总理，任期“自1906年2月至1908年6月”，郭凤诰于“1908年6月”任温州师范学堂监督，不复有总理一职。[④] 孙诒让卒于光绪三十四年(1908)五月，故此处任期之年月，当系公历。温州师范学堂于光绪三十一年九月决定创设，光绪三十二年八月动工建设，此前为筹备期，而孙诒让即任总理。唯温州中学校史将孙诒让总理任期延至其辞世之时，则温州师范学堂建成开学后，孙诒让仍兼总理，至其卒后，方由郭凤诰任监督，不复设总理。

上述资料之异，盖温州师范学堂领导层自筹设至开学有所变迁。因温州师范学堂与温处学务分处(三易其名，姑统称“温处学务分处”)同在校士馆旧址，温州师范学堂又在温处学务分处总理孙诒让直接主持下筹建，在筹建期，孙诒让或以温处学务分处总理兼任温州师范学堂总理，或二者同属温处学务分处总理统辖直管，故“孙总理”之谓，既指温处学务分处总理，亦指温州师范学堂总理，名虽有二，其实则一。其间光绪三十三年(1907)七月至年终，因温州师范学堂部分教室建成开学，乃聘刘耀东为监学，专事管理学堂事务。[⑤]

唯温州师范学堂建成开学之后至孙诒让辞世之前，或仍由孙诒让任总

---

① 洪焕椿：《孙籀公年谱三编合校录》，稿本抄件，上海图书馆藏。

② 朱芳圃：《孙诒让年谱》，上海：商务印书馆，1934年。

③ 温州师范学堂于民国二年(1913)七月改称浙江省立第十师范学校，民国十二年八月与浙江省立第十中学校合并，即今温州中学前身，故此校史将温州师范学堂追溯在内。民国二十二年，两校复分设。

④ 参见林勇主编刘绍宽纪念文集《永怀集》卷首插图“建国前本校历任校长名单及任期表”，上海：华东师范大学出版社，2001年。

⑤ 孙诒让：《聘请温州师范学堂监学刘耀东照会附条约》，徐和雍、周立人辑校：《籀庼遗文》，第549—550页。按，照会原件藏温州教育史馆。

理；或兼有孙诒让任总理、郭凤诰任监督；或不设总理，单设监督，仍以孙诒让任监督；或单由郭凤诰任监督；难以遽定，以俟再考。然温州师范学堂乃孙诒让心血凝成，则系不争之事实，故章太炎《孙诒让传》等，于孙诒让晚年兴学，特笔“尝主温州师范学校”之事。①

三、温州师范学堂的变革及其阻力

温州师范学堂诞生于四千年未有之变局的清末，则不得不结合当时当地的实际情况，对学制进行大胆变革，以应时需，同时也遭到了巨大的阻力。

温州师范学堂的变革要从其校名说起。关于温州师范学堂的正式校名，长期以来较为混乱，这一“混乱”的称呼实际上正好反映了温州师范学堂的变革。孙延钊以为其正式校名为“‘温州初级师范学堂’，官厅所颁钤记及校中对外行文并用此称”，又解释“揭在校门之张季直先生所书横额石刻，则‘温州师范学校’六字，在当时社会人士初见‘堂’改‘校’字颇觉新异云”②。而时任该校教员的刘景晨回忆道：

> 光绪丁未，温州师范学校落成，戊申初，开学。瑞安孙籀庼先生以温州学务分处总理兼任监督，南通张季直先生为书校额，一曰温州师范学校，刻石嵌大门上；一曰温州师范学堂，即右列六字，当时以称名不合时制，弃而不用，余在校充教习，爱南通书，收藏至今，逾四十年。光复以后，学制屡改，校舍屡迁，温州师范学校今在平阳县之郑楼，原有郡中校舍由温州中学校用作高级生就课寄宿之所，大门石额不复用于郑楼，而卸置郡校中有年。今余检箧，得前所藏六字，以赠温州中学校长金嵘轩先生，请与石刻六字并付校中保存。装裱成轴，为跋数语，后之览者以知古事物之来历云尔。③

可知张謇并书有“温州师范学堂”“温州师范学校”两校额，而以“温州师

① 章太炎：《孙诒让传》，《章氏丛书·文录二》。

② 孙延钊撰，徐和雍、周立人整理：《孙衣言孙诒让父子年谱》，第 361 页。

③ 刘景晨：《张謇题温州师范学校校名碑跋》，1949 年 3 月，温州大学校史博物馆藏。按，温州学务分处，乃“温处学务分处”之误。

范学校”刻石嵌于校门之上。[①] 温州师范学堂当时订立暂定章程，名曰《温州初级完全师范学校暂定章程》，如此则该校校名的正式全称当以章程为准，即“温州初级完全师范学校”[②]。既然该校正式校名为“温州初级完全师范学校”，张謇题写校名时为何仅题“温州师范学校”和“温州师范学堂”，而该校又仅将“温州师范学校”刻石嵌于校门之上？这不仅仅是简称，其省略“初级完全”四字正是对学制的改革。

清末学制，师范学堂按层次分为初、优两级，初级师范约当后来之中等师范，主要培养小学教员，属中等教育层次；优级约当后来之高等师范，主要培养中学教员，属高等教育层次。按就读性质分为完全、简易两科，完全科约当后来之全日制，学制五年；简易科约当后来之速成班，学制一年。温州师范学堂应该严格遵守学制，举办五年制的初级完全师范教育，但孙诒让结合温州当地实情，对当时清廷学制多有改革。校名虽称“初级师范”，然其立校之初，便有升办优级师范之考虑：

> 查《奏定章程》，初级师范学堂为培养初等、高等小学教员而设，须限定每州县必立一所。此时温属各州县因迫于经费未能各自举办，而小学教师一时又乏，故特于郡城综设一所，俟第一次毕业后，看各属能否渐次设立，本校或改为优级，或仍办初级，届时再行筹议。[③]

如果说办学层级的升格还只是计划，后因孙诒让逝世，且民国以后实行新学制而未能实现，但其对学制年限的改革则是根本性的。《温州初级完全师范学校暂定章程》第一章“立学总则”开宗明义地指出：

> 初级师范学堂原有完全、简易二科之分，本校因简易科时间太促，未能研求深造，他日出为人师或致难以胜任，而又屡小学需材孔亟，不能过延时日，故通设完全科，而以毕业期限缩短，定为三年。[④]

简而言之，就是温州师范学堂要培养合格的师资，故须办完全科；急需

---

① “温州师范学校”石刻校额后归温州师范学院，温州师范学院与原温州大学合并后，校名仍为温州大学，该校额今藏温州大学校史博物馆；“温州师范学堂”六字书轴，今藏温州教育史馆。

② 《温州初级完全师范学校暂定章程》，温州陈日新印书局1908年刷行，温州市图书馆藏。

③ 同上。

④ 同上。

师资，不能拖延太久，故须将年限缩短至三年，这势必要对课程、学时等进行较大幅度变革，变革力度越大，与《奏定章程》的出入就越大，其阻力也就越大。事实确实如此。光绪三十四年(1908)七月，温州师范学堂监督郭凤诰就曾将变通办法呈请浙江提学使支恒荣。支恒荣虽然并未明确反对，但也并未明确支持，他指示要考虑缩短年限、增加课时的办法"能否按照章程实行修了"，要求将"分配钟点详晰开列"，并鼓励郭氏"务当实心实力，认真经历，以赓续孙绅(诒让)未竟之业，以求副该属学界之望，是为至要"①。

因此，郭凤诰又将具体变通办法呈温州知府吴学庄转支恒荣，其要点如下：

> 查《奏定章程》，初级完全师范每星期定三十六小时，现在温州师范全班学生寄宿，并不通学，既省往返之劳，又乏旷课之误，故每星期酌增三小时，而于学生休养时间，亦无大碍。
>
> 至于"教育""经学"两科，《奏定章程》所载钟点，五年总计约在二千小时以上；"习字""图画"两科，五年总计亦约在三百小时以上。今温州师范所取学生，太半系科举遗留，素有根柢之人，于经书非但娴熟，且多已通铨义，似可无须限定字数令其温习，此"经学"之可以酌减钟点也。若"教育"，本为师范学堂极要之科目，钟点不可不多，但校内教员所编之讲义，谨案《奏定章程》"教育科"细目，参酌日本各校定本，意赅言简，毫发无遗；且第三年实地教授，俟附属小学开办后，拟另聘正教员为主任，学生不过于每星期中挨次轮教，而与正科亦不至妨碍，此"教育学"之亦可以酌减钟点也。若"习字""图画"，《章程》中名为必须，实则随意，校内于授课外，拟多购碑帖样本，由学生于自修时间自行绘写，此"习字""图画"之亦可以酌减钟点也。此外，俱核之《奏定章程》，五年钟点不甚相远。②

支恒荣大体认同，并无明确反对之意，并转呈学部，恳请批准施行：

> 查《奏定章程》，初级完全师范学堂毕业本以五年为限，今该郡因教

① 《本司支批温州初级师范学堂监督郭凤诰呈报办理情形请饬主持禀》，《浙江教育官报》第3期。

② 《本司支据温州府详初级师范学堂变通办法详学部文》，《浙江教育官报》第10期。

员缺乏,急于造就;又以简易师范时间有限,不适于用,不得不变通,缩短年限,增加钟点。据称,所取学生于中学素有根柢,经义已通。查阅送到分配钟点及学科预计表,尚属相宜。将来毕业后或仿照《奏定出洋师范生毕业奖励办法》,俟服务年限期满,再予给奖。以服务为实习,仍不失师范生本意。俾昭慎重,缘据前情,理合据情转详,仰祈钧部察核示遵,为此备由,呈乞照详施行。①

但这样的变通办法呈到学部之后,遭到了严厉的反对,内容被一一驳回,并饬温州府转温州师范学堂遵照办理:

查初级师范所以造就小学之教员,一切教科务求完备,该学堂既鉴于简易科之不甚适用,特设完全科,则年限、程度,即遵章办理,方为核实。

原详所称酌减"经学""教育"授课钟点及改"习字""图画"为随意科各节,查本部前定《优级师范选科简章》内载,《奏定学堂章程》于优级师范加习科及初级简易科之科目,均未列"经学",至优级师范及初级师范之完全科,不得援此为例,曾经通行在案,该堂既系初级完全科,则"经学"授课钟点即不应与定章歧异。"教育"一科,定章极为注重,习师范者,必须将"教育史""教育原理"及"教育法令"等详细讲明,条目既多,授课时间断不能减少。"习字""图画",系备将来教授各体书及各种图形之用,若改为随意科,令于自修时补习,则真能补习者曾有几人?势不至视为具文。不止以上各节。揆诸定章,既有未合,核阅所详学科预计表,除"修身""地理"外,其各科历年授课钟点,均较定章差少,甚至有一科共少至千余点钟者。浅深高下程度显然,更无强异为同之理,务令展长年限,切实办理,以符定章。

至该提学使所称"仿照《奏定出洋师范奖励办法》"等语,查本部酌拟《出洋学习完全师范毕业奖励》一折,系专指出洋学习师范及在光绪三十二年奏准限定游学资格以前出洋者而言,与该学堂情形不同,不得援引。

① 《本司支据温州府详初级师范学堂变通办法详学部文》,《浙江教育官报》第10期。

为此，札复该提学使司饬遵可也等因，奉此，合行札饬，札到该府，即便转移该监督遵照办理，毋违。[①]

温州师范学堂所谓变通办法的总原则是：缩短年限、增加钟点，但事实上并不是所有学科都“增加钟点”，而是有增有减。既然学制年限已经从五年缩短至三年，而还有部分学科需要增加钟点，那么这增加的“钟点”从何而来？势必就要减少部分学科的钟点。被减少钟点的学科，除了郭凤诰呈文中明确指出的“经学”“教育”“习字”“图画”外，就用一句“俱核之《奏定章程》，五年钟点不甚相远”轻轻带过。实则这里大有文章，因此，学部饬文指出：“核阅所详学科预计表，除‘修身’‘地理’外，其各科历年授课钟点，均较定章差少，甚至有一科共少至千余点钟者。”

那么，温州师范学堂究竟减少了“经学”多少钟点，减下来的钟点又用在了哪些学科？今将《温州初级完全师范学校暂定章程》[②]与《奏定初级师范学堂章程》[③]所规定的学科、学时进行比照，发现有很大的不同：

	经　学		教　育		文 化 课	
章程名称	周学时	占总时数	周学时	占总时数	周学时	占总时数
《奏定初级师范学堂章程》	90（五年）	25%	94（五年）	26.1%	176（五年）	48.9%
《温州初级完全师范学校暂定章程》	12（三年）	5.6%	26（三年）	12%	178（三年）	82.4%

由此可知，温州师范学堂三年制的文化课学时较五年制并未减少，反而有所增加，其“减少钟点”的主要是“经学”“教育”两科，而文化课中的“博物”“理化”等新式学科学时大幅增加，其三年周学时分别达 24、22 学时[④]，而这

① 《本司支奉学部札温州初级师范变通办法不符定章饬温州府文》，《浙江教育官报》第 12 期。
② 《温州初级完全师范学校暂定章程》，温州陈日新印书局 1908 年刷行，温州市图书馆藏。
③ 《奏定初级师范学堂章程》，璩鑫圭、唐良炎编：《中国近代教育史资料汇编》（“学制演变”分册），上海：上海教育出版社，1991 年，第 408—410 页。
④ 《温州初级完全师范学校暂定章程》，温州陈日新印书局 1908 年刷行，温州市图书馆藏。

两科在《奏定初级师范学堂章程》中五年周学时仅 12、14 学时。[1] 不仅如此，温州师范学堂于每星期 36 学时外增加 3 学时，而这 3 学时的内容尚未列入《暂定章程》，如再加上这部分学时，则其“经学”“教育”所占学时比更低，而文化课多占学时比更高。

《奏定初级师范学堂章程》：经学分“读经”“讲经”“温经”，并规定，“每星期读经六点钟；讲经三点钟；另有每星期温经三点钟，在自习时督课，不在表内”，也就说，上表所计“经学”课时，尚不包括“温经”。章程还规定了“读经”的字数，“每日约二百字者，因每年除假期以二百四十日计算，五年应共读二十四万字”，并举《左传》《周礼》字数合计二十四万左右为例。[2] 温州师范学堂则认为“所取学生，太半系科举遗留，素有根柢之人，于经书非但娴熟，且多已通铨义，似可无须限定字数令其温习”，取消“读经”“温经”，课时大幅缩减，成为除“修身”外课时最少的必修课。

至于“教育”一科，按理是师范学校的重要内容，也是师范学校区别于其他学校的重要特征，但温州师范学堂仍大幅缩减学时，幅度仅次于“经学”，看似令人不解，实则极为合理。《奏定初级师范学堂章程》规定，五年之中的前三年分别讲授“教育史”“教育原理”“教授法”，至第四、第五年，才是“教育法令、学校管理法、实事授业”。[3] 众所周知，“教育”是一门对实践要求极高的学科，如果缺乏充分的实践，其效果是可想而知的，但《奏定初级师范学堂章程》将绝大部分课时用在理论教学上，其“实事授业”仅占极小的学时量，这显然不符合“教育”这一学科的性质。温州师范学堂针对这一事实，进行大胆变革，采用自编教材，“谨案《奏定章程》‘教育科’细目，参酌日本各校定本，意赅言简，毫发无遗”，且第三年完全安排“实地教授”，并为此特地开办附属小学。[4]

除“减少钟点”外，温州师范学堂还采取改革教学内容的变通办法，如

---

① 《奏定初级师范学堂章程》，璩鑫圭、唐良炎编：《中国近代教育史资料汇编》（“学制演变”分册），第 408—410 页。

② 同上书，第 402 页。

③ 同上书，第 408—410 页。

④ 温州师范学堂监督郭凤诰曾就添设附属小学事请示浙江提学使支恒荣，请提卫粮中饱以助学款，未获准许。见《本司支批温州师范学堂监督请提卫粮中饱以助学款禀》，《浙江教育官报》第 12 期。

“修身”一科，《温州初级完全师范学校暂定章程》虽仍保留每周一小时的学时量，但所教内容与《奏定初级师范学堂章程》完全不同。《奏定初级师范学堂章程》规定“修身”科“摘讲陈宏谋五种遗规”，五年都如此，[①]而《温州初级完全师范学校暂定章程》除第一学期为“修身概论”外，后五个学期分别是“宋元学案”“宋元学案”“宋元明学案”“明儒学案”“国朝学案小识”。[②]《奏定初级师范学堂章程》“修身”科要求全国整齐划一，讲授同样的内容，完全没有考虑到地区文化的差异，而温州师范学堂将“宋元学案”置于极为重要的地位。《宋元学案》是最早建构永嘉学派传承谱系的著作，是宋元以来温州文化的重要载体，因此，该校的“修身”课已远远超出了狭义的“修身”范围，系列学案虽非该校自编教材，但已接近今日的“乡土教材”“地方课程”，是教育因地制宜的典型案例。

此外，温州师范学堂在考试、放假等制度上均有所变革。如考试制度：“平日旷课，无论多少，均须自行补齐，凡遇学期、学年试验，除治父母丧葬及真实重病不能与考者，准其于下学期及下学年之初补考外，其余一概不准（原注：临时试验。部章虽无补考明文，但分数系与学期或学年试验折半计算，不能不量酌变通，准与补考。至各项补考分数，由教员按科九折扣减，以示区别）。”放假制度：“凡遇清明、端午、中秋、冬至令节，现奉学部新章，均不放假，因念师范生年龄较长，未免各有家事，亦变通各假一天。”

总之，温州师范学堂对清末师范教育制度的变革力度很大，其所遇到的阻力也是巨大的，学部饬文同时体现了其力度之大与阻力之大。

四、余话

孙诒让晚年除了继续在学术上取得“三百年绝等双”（章太炎语）的成就，“结二百余年来考证古典学之局”（梁启超语），同时他又开创了甲骨学这样的学术新格局，成为“启后承先一巨儒”（郭沫若语），更难能可贵的是，他走出书斋，致力于地方教育、实业，成为影响深远的教育家、实业家。然而，

---

① 五种遗规分别是：《养正遗规》《训俗遗规》《教女遗规》《从政遗规》《在官法戒录》。见《奏定初级师范学堂章程》，璩鑫圭、唐良炎编：《中国近代教育史资料汇编》（“学制演变”分册），第401页。

② 《温州初级完全师范学校暂定章程》，温州陈日新印书局1908年刷行，温州市图书馆藏。

人的精力是有限的，过度操劳使孙诒让过早辞世。孙诒让的辞世，既是古典学术的终结，也使温州近代教育一度受到了顿挫。

温州师范学堂开学未几，孙诒让病重，并于光绪三十四年(1908)五月二十二日逝世。五月二十四日，温处道转省电，浙江巡抚冯汝骙得知孙诒让已逝，即裁撤温处学务总汇处，所有议办而未行之事，一律终止，不必再举总理。[①] 六月初七日，温处两府人士集聚温州师范学堂，召开追悼大会，临吊者八千余人。浙江教育总会、上海国学保存会、浙江旅沪学会、浙江旅京同乡会、温州留日学生会、浙江铁路公司等，并于是月先后召开追悼会。浙省各学堂亦停课追悼。[②] 温州师范学堂于校内建怀籀厅一座，以"师范之建皆籀公一人之力"[③]也。

近代温州教育的亲历者对孙诒让兴办教育的功绩普遍给予极高的评价。刘项宣回忆道：

> (温处学务分处)溯自乙巳秋间正式成立，迄戊申孙总理逝世，奉文裁撤，先后四年。其间不特筹划经费对付外界诸多波折，即机关名称，亦经屡易……凡此，皆出部定章程之外，而能变立名目，苟延残喘，俾师范学校得以告成，皆孙总理诒让名动公卿，足以保持之绝大原因也。……嗟乎！当分处初立时，仅承程筱周观察发下参敬洋数百元为开办经费，此外，款项一无着落。孙总理及不佞不惮烦劳，冒万险奋力图成，赤手筹定师范经费及两郡中小学堂常年进给，统计不下二十万金，成立各级小学堂四百余所，俾山陬海澨，尽成弦诵之区，迄今师范学校崇墉广厦，岿如鲁殿灵光，伊谁之力耶？[④]

---

① 刘绍宽撰，方浦仁、陈盛奖整理：《刘绍宽日记》第2册，第464页。《浙江教育官报》第2期(1908年)载有敕文："为札饬事，本年六月初三日，奉抚宪马札开，本年五月二十三日，据温处两郡黄式苏等电禀，温处学务总汇处总理孙绅诒让前因病危，已于十四日禀荐乐清在籍编修余绅朝绅接办，公文计日到省。现孙绅已故，两郡士绅以学务关系重大，总理一席，刻不可悬，恳速电余绅接办，以维大局等，到本部院。据此，即经电复，其文曰：'学务总汇处，往年权宜准设，并无奏案，自学部新章颁定，每省止准设一教育总会，每县设分会及劝学所各一；并无一府两府集合之教育会。而学务总汇处之名目，更为部章所无。今孙绅已故，着即裁撤，毋庸再举等因，电复外，札司立即转饬，遵照等因，奉此，合行札饬。札到该府，立即遵照，毋违，特札。'"

② 孙延钊撰，徐和雍、周立人整理：《孙衣言孙诒让父子年谱》，第363页。亲临追悼会的张棡曾在日记中详记其事，见张棡撰，俞雄选编：《张棡日记》，第136—137页。

③ 张棡任该校教员时，曾游览校园，对怀籀厅及学堂布局有详细记录，见张棡撰、俞雄选编：《张棡日记》，第206页。

④ 刘项宣原著，张宪文整理：《温处学务分处纪略》，《温州文史资料》第四辑，第5、13页。

夏承焘早年毕业于温州师范学校，虽未亲炙孙诒让之学，然于孙氏办学之功，颇有切身之体会：

（孙诒让）先生晚年尽心教育，东南新学，首创风气，此其功或在学术之上。自顾荼驽，但有感慕。①

孙诒让辞世一周年之际，"东瓯三杰"之一的宋恕游温州师范学堂，题联以表彰孙诒让办学之功德及勉励后学继承先贤之遗志。联曰：

秀绝江山，登惟一新台，当立志使永嘉学派复活；
壮哉堂室，愿此中多士，共勿忘是籀庼心血所成。②

张真，温州大学人文学院讲师

① 参见《夏承焘集》第六册《天风阁学词日记》(二)"一九四七年十一月廿八日条"。杭州：浙江古籍出版社、浙江教育出版社，1997年，第740页。
② 宋恕著，胡珠生编：《宋恕集》，第480页。原题作："题温州师范学校。"

陈虬的中学与西学

近代中国思想史上的一个核心议题是知识的转型，整体趋势就是以欧美知识为代表的西学在中国人的知识结构中占据越来越大的比重。借用罗志田教授的表述，存在着一个"从西学为用到中学不能为体"的趋势。[1] 这一总体趋势是比较清晰的，但是其过程充满了曲折、混沌、误解、曲解、冲突和挣扎。有人以"拿来主义"的眼光来看待中学与西学之间的关系，认为一切"为我所用"即可，但这种理解对于历史人物的历史语境缺乏"同情的理解"，而陷于过度简化的思维陷阱之中。实际上，中学与近代西学之间并非处处都是二水分流、并驾齐驱的关系，确实存在许多圆凿方枘、扞格不入的情况，在某些方面只能二选一。因此，对于历史人物来说，知识的转型一方面固然意味着自我更新，但另一方面也意味着不同程度的自我否定，尤其是当自我否定积累到相当程度后，连"我"都大成问题，遑论"为我所用"，所以对一些历史人物来说，接受外来知识、抛弃本土知识并不容易，许多"抱残守缺""画地为牢""盲目排外"的方案必须置于这样的语境下才能获得理解和同情。

中体西用论，作为近代知识转型的早期方案之一，记录了近代中国知识分子在知识转型问题上的早期努力。中体西用论往往被认为是洋务运动的思想纲领，以张之洞及其《劝学篇》为代表。诚然，作为晚清的封疆大吏，张之洞既有深厚的旧学素养，又有在地方领导洋务运动的实际经验，其《劝学篇》且是献给最高领导层的一个救国方略，因此，其中体西用论具有浓厚的

① 罗志田：《再造文明之梦——胡适传》，成都：四川人民出版社，1995年，第6页。

稳健风格。本文要考察的陈虬(1851—1904)则是远离朝廷、远离通商口岸的小县城的一个读书人,其最高功名仅为举人,与上海这样的口岸城市的联系也不算特别密切,无论旧学还是新学,陈虬即便是在当地也不算最高层次的文化精英,其视野、格局自然难与张之洞相提并论。但正因如此,陈虬这样的人物为我们提供了解一个地方层面的、更能代表普通士人阶层的渠道。

陈虬生于温州瑞安,祖籍温州乐清,字志三,号蛰庐。陈虬一生大多数时间生活在瑞安,其主要的事业也在瑞安。在晚清,瑞安是温州经济发展较好、文化底蕴比较深厚的县城,但离省城杭州、通商口岸上海都比较远,因此在晚清并不算是得风气之先的地方。在这样一个相对闭塞的地方,作为一个没能走通"学而优则仕"的"正途"的知识分子,陈虬的生存依靠的是自学的中医技能;他同时对新学(西学)有着相当浓厚的兴趣,并竭力把新学(西学)与旧学(中学)整合到一起,这突出体现在他在医学方面的思考和实践中。

陈虬的主要著述,集中在胡珠生编的《陈虬集》与《东瓯三先生集补编》中①,还有部分文字则留存在他创办的《利济学堂报》中。学界关于陈虬的研究,多把他置于早期维新思想家的序列中,与同时代其他维新人物一并论述,专门研究则以周文宣《陈虬与利济医学堂》②、郘淑波《陈虬维新思想研究》③为代表。在现有研究中,大多比较强调其维新思想家的身份,重点关注他如何理解和设想晚清的政治改革,因此比较注重他的《治平三议》;有的研究也比较注重其经济思想、教育思想、军事思想等。笔者的问题意识是近代的知识转型,因此更关心的则是陈虬的知识结构是如何发生变动的,所以本文更为关心的则是西学如何融入、挑战其固有的知识结构。基于这样的问题意识和分析思路,本文试图去分析其知识结构中的中学和西学,并考察其关系。为了避免重复既有研究,本项研究将侧重自然科学知识方面的考察和分析。

---

① 胡珠生编:《陈虬集》,北京:中华书局,2015年;胡珠生编:《东瓯三先生集补编》,上海:上海社会科学院出版社,2004年。

② 周文宣:《陈虬与利济医学堂》,杭州:浙江大学出版社,2011年。

③ 郘淑波:《陈虬维新思想研究》,北京:中国社会科学出版社,2020年。

一、陈虬的中学

陈虬少时跟随其兄长陈仲舫学习，其兄"尝治《易》象数学，兼达禅理"，据称他并不特别喜欢这些学说①，但又说他"好说部，兼涉历、相、星命诸学"②。这些信息表明，早在少年时期陈虬就已经接触到阴阳、五行、术数等传统知识。实际上，这些知识在前现代时期的读书人那里，是很常见、很容易接触到的知识。即便是顶尖的儒家文化精英张之洞，也曾在1879年上书清廷，用阴阳五行来解释地震，并劝诫统治者修省道德、励精图治。③

1870年，时年20岁的陈虬大病一场，"始有志于医"，经过六七年的自学，到1876年"始敢出议方药，每临一症，究其阴阳、向背、虚实、来去之至数"④。1885年，陈虬在瑞安创立利济医院，一边行医，一边授徒，1897年初开始出版《利济学堂报》。他为门下的医学生设想了一个中西兼备的知识内容。陈虬声称，有学生在别处就学已达六七年之久，"竟未能粗解文义"，"叩以中外近事，更懵无所知"。有鉴于学生"性灵受蔽"，陈虬在授徒时"医经之外兼收杂家"，不仅教医药的知识技能，"举凡古今中西学业规制以及世间一切人事，皆标举指要"⑤。为此，他模仿传统蒙学教材《三字经》的体例，编出《利济教经》36章，一千余字。胡珠生称之为"百科式的蒙学课本"⑥。要在短短千余字的篇幅里涵盖"古今中西学业规制以及世间一切人事"，注定是极为肤浅的，却一定是作者认为对其学生来说最为基础、最为重要的知识。

在陈虬所著的《利济教经》及配套的辅导读物《教经答问》中，中学和西学是并存的，但中学占有大部分。陈虬坚持"阴五脏，阳六腑"，"气与血，两大纲"⑦。所谓五脏，指的是心、肺、肝、脾、肾；所谓六腑，指的是小肠、大肠、

---

① 陈谧：《陈蛰虬先生传》，胡珠生编：《陈虬集》，第484页。
② 池志澂：《陈蛰庐先生五十寿序》，胡珠生编：《陈虬集》，第479页。
③ 苑书义、孙华峰、李秉新主编：《张之洞全集》(第1册)，石家庄：河北人民出版社，1998年，第23页。
④ 胡珠生：《陈虬年谱》，胡珠生编：《陈虬集》，第577、578页。
⑤ 陈虬：《〈利济教经〉序》，胡珠生编：《陈虬集》，第118页。
⑥ 胡珠生：《按》，胡珠生编：《陈虬集》，第118页。
⑦ 陈虬：《利济教经》，胡珠生编：《陈虬集》，第120页。

胃、胆、膀胱、三焦。[①] 如果说其他器官尚能对应为现代解剖学中的人体器官的话，“三焦”则几乎没法落实。陈虬认为医学是“通阴阳，原生死”之学，这与“阴五脏，阳六腑”是互为印证的。在《利济教经》中，他所理解的“医学”主要还是以《神农本草经》《黄帝内经》、张仲景的《伤寒论》和《金匮要略》、孙思邈的《千金方》为代表的中国医学传统。[②] 这与其学医过程的知识来源是互相印证的，陈虬自称“初习医，日从事于《灵》《素》《难经》《伤寒》《金匮》《甲乙》诸书”[③]。《灵》即《灵枢》，《素》即《素问》，均为《黄帝内经》中的核心篇章。《难经》为《黄帝八十一难经》的简称，该书把《黄帝内经》中的主要内容归纳为 81 个问题，进行释疑解难，可以理解为是《黄帝内经》的辅导读本，一般认为成书于西汉末期至东汉之间。《伤寒》《金匮》指汉代张仲景的《伤寒论》和《金匮要略》。而《甲乙》则指《黄帝三部针灸甲乙经》，一般认为成书于三国时期，顾名思义可知是讲解经脉分布、脉象诊断、针灸治理等知识的。在陈虬看来，孙思邈的《千金方》是中国医学的集大成者，原因在于“此书所论习医次序与治病方法、采药时地，无一不备，而又旁通一切方术之学，如今星相、选择、堪舆、壬遁、算数、体操与五行家言”[④]。传统中医医理正是建立在阴阳五行学说的基础之上的，所以似可推断，陈虬高度评价《千金方》，不仅因其医疗技术、药物知识方面的价值，还因为它包含了阴阳五行的传统医理。陈虬对基于阴阳五行学说之上的传统医理是认可的、是坚持的。

陈虬的医学仍然是以阴阳五行学说为理论基础，这突出表现在 1902 年的《瘟疫霍乱答问》一文中。在解释为什么当年霍乱流行时，他说“此当推五运六气知之”[⑤]。五运指“木、火、土、金、水五行五方之气的运动”，六气则指“风、寒、暑、湿、燥、火六种气候变化要素”。五运六气说“以五行、六气、三阴三阳等理论为基础，运用天干、地支等作为演绎工具符号，来推论气候变化、生物的生化和疾病流行规律”[⑥]。具体而言，陈虬指出：“本年壬寅，丁壬化

① 陈虬：《利济教经》，胡珠生编：《陈虬集》，第 134 页。
② 同上书，第 120 页。
③ 胡珠生：《陈虬年谱》，胡珠生编：《陈虬集》，第 578 页。
④ 陈虬：《教经答问》，胡珠生编：《陈虬集》，第 133—134 页。
⑤ 陈虬：《瘟疫霍乱答问》，胡珠生编：《陈虬集》，第 226 页。
⑥ 王庆其、陈晓主编：《实用内经词句辞典(修订版)》，上海：上海科学技术出版社，2017 年，第 66 页。

木，是谓太角木运。少阳相火司天，厥阴风木在泉，又谓之同天符。天符为执法，《内经》言中执法者病速而危。五运：主客二三，皆属徵宫，徵宫为火土。六气，则夏秋之间三之气均属少阳，四之气皆主阴客阳明。一派皆系木、火相煽，土、木相忤，故病发于此时，木邪克土，乃成霍乱。”[①]这是一套源于中医经典《内经・素问》的解释。1902 年在干支纪年法中对应壬寅年，天干为壬，地支为寅。天干十、地支十二，分别对应五运、六气。“丁壬化木”指凡逢天干之丁、壬即为木运。中医经典《内经・素问》有言：“丁壬之岁，木运统之。”[②]“角”即指木运，“太角”即指木运太过[③]，“太角木运”意同。“少阳”即指六气中之“相火”，凡逢地支为“寅”“申”的年份就是“少阳相火”。而“少阳司天”则指“相火的气候、物候和疾病流行情况”，其特点是“火气偏胜”，“上半年气候偏热”，“多见心肺热病和肺脾失调等疾病”[④]。“厥阴”指六气中的“风气”，五行属木，是谓“厥阴风木”，凡地支逢“寅”“申”的年份均属“厥阴风木”。“厥阴在泉”则指“下半年由风木之气主事时的气候、物候等情况”，其特点是“下半年多风，偏热”[⑤]。简言之，从五运看，1902 年木气胜；从六气看，1902 年火气胜、木气胜。“同天符”则指“太过之年中运与在泉五行属相相同”，在每个甲子(60 年)中有 6 年属于同天符之年，即甲辰、甲戌、壬寅、壬申、庚子、庚午年。[⑥] 运与气的同类化合，“没有克制胜复的关系，气令有可能形成单一的气令偏胜，而致‘亢则害’的严重后果”[⑦]。壬寅年(1902)五运和六气都属木，则该年木气极胜，则可能打破天地之气的平衡，造成灾害。“天符为执法”引自《内经・素问》，“天符”指岁运之气与司天之气五行相符，“执法”即司法官，比喻天符(运气同类化合之一类，与“同天符”并列)给人造成的疾病是“速而危”的。大体而言，陈虬引这段话是为了说明壬寅年的运气同类化和，木气太过，会给天地之间的生物(含人类)造成疾病等灾难。“主客”则为术数中的太乙术的术语，“太乙数须求主客之算，以察胜负

---

① 陈虬：《瘟疫霍乱答问》，胡珠生编：《陈虬集》，第 226 页。
② 高希言、朱平生、田力主编：《中医大辞典》，太原：山西科学技术出版社，2017 年，第 29 页。
③ 王庆其、陈晓主编：《实用内经词句辞典(修订版)》，第 87 页。
④ 同上书，第 89 页。
⑤ 同上书，第 370、371 页。
⑥ 邹勇：《五运六气百问百答》，北京：中国中医药出版社，2018 年，第 71 页。
⑦ 同上书，第 69 页。

之机"[①]。陈虬根据太乙术的推算，认为壬寅年"木邪克土"，即过强的木气压倒土气，"本年发者疫病也"，"霍乱不过疫之见证"[②]。换言之，根据五运六气说以及太乙术等方术规则推算，壬寅年是流行病高发的一年，霍乱只是其中一种表现而已。正是在这个意义上，陈虬才说医家"不可不读《内经》诸书，预详本年运气应发何病，则临证方有把握"[③]。针对当年流行的霍乱，陈虬提供了多种治疗方法，大多也是基于阴阳五行学说的。其中最为典型的是用铜钱入药。他的解释是，"金能平木也，本年此证悉木邪过盛，故能愈也"[④]。换言之，既然壬寅年木气太过而致霍乱流行，那么治疗之方就是以金气来克制木气。再如，陈虬曾为霍乱开列了 18 个药方，均从《伤寒论》《千金方》"脱化而出"，他说这些药方不仅可以治霍乱，若减轻剂量，"并可治十年以内木火之时邪，非止瘟疫霍乱也"[⑤]。可见这批药方仍然是以五运六气学说为基础，以五行生克的方法来治疗木气、火气过盛所致之疾病，正因如此，它们所针对的疾病是批量化的，并非仅限于霍乱，也不仅限于传染病。

陈虬甚至认为"五行家言均出于吾医运气"[⑥]，也就是说五行学说源于医学的五运六气之说。在《利济教经》中他专设一章谈五行："天地气，判五行。水木火，土与金。百物中，寓生克。五方位，从此别。"[⑦]他认为五行学说"用处甚大"，"天地万物俱不出此理，若能随时理会，于格致之学思过半矣"[⑧]。他还设专章谈方术："正学外，参方术。卜筮法，古所尊。若星相，亦可观。兵家言，重壬遁。太乙数，九宫布。堪舆书，河洛图。五行家，术入神。古微言，往而存。"[⑨]所谓"正学"，指的是经学、史学、子学等传统经邦治国之学，而所谓"术数"其实均为"五行家言"。陈虬认为"术数亦正学之支流，精其术者可补正学之未备"。他相信，"六壬堪舆逆知敌情，遁甲堪舆埋伏队伍"，"太乙数能知天道、地道、人道，故有理天、理地、理人之局。荀精斯

---

① 古健青等编：《中国方术辞典》，广州：中山大学出版社，1991 年，第 306 页。
② 陈虬：《瘟疫霍乱答问》，胡珠生编：《陈虬集》，第 225 页。
③ 同上书，第 227 页。
④ 同上书，第 231 页。
⑤ 同上书，第 232 页。
⑥ 同上书，第 226 页。
⑦ 陈虬：《利济教经》，胡珠生编：《陈虬集》，北京：中华书局，2015 年，第 122 页。
⑧ 陈虬：《教经答问》，胡珠生编：《陈虬集》，第 146 页。
⑨ 陈虬：《利济教经》，胡珠生编：《陈虬集》，第 126 页。

术，则豫知战事之胜负，君基、臣基、民基之吉凶”[①]。

陈虬还回应了对五运六气说的两种常见疑问，一个是“运气之说或多不验，故自来医流多不甚言。何先生持之甚坚?”另一个是“运气普天皆同，何以四方发病有轻重之异?”陈虬的答案是“当旁参他术方验”，如利用周易学说来推算空间、方位的“九宫紫白之法”及“畴星紫白法”，他推算的结论是“本年五月……本方位杀气方，故偏东如沪、闽等处独甚”，而“六月六白入中宫，二黑到坎，下克本方，则壬子癸为死气方，故京都独盛”[②]。

综上可见，陈虬对医学的认识是以阴阳五行学说为基础的，兼及《周易》八卦等方术，把时间、空间等“环境”因素分成若干类型，再叠合到一个复杂的系统中进行演绎推算，从而解释不同时间、不同地点乃至不同人群之间在疾疫流行时的差异。背后的预设当然是时间、空间等“环境”因素与人体之间存在着密切的关系。换言之，传统医学对人的身体的理解是镶嵌在阴阳五行的宇宙观中的。正因如此，陈虬坚持的不仅有传统医理，还有传统的宇宙观念。在利济医学院的教学活动中也包含了一些天文星占的内容。他有感于天文星占的衰弱，于是让医学院学生“日课一星，张之壁上，一月后咸能默绘星等。后示以《中星表》，令查今日是何气候、昏旦是何时刻。再检《天球圆图》，则识一星，而星之前后左右、连缀移徙者举得其概。苟熟其术，则宫垣度数既明，恒星随时随在可得，不必拘拘于昏旦方中之一星。千年坠学，五尺能明，非快事欤!”[③]所谓中星，即恒星，“观象之学首重中星”[④]。陈虬要求学生掌握星图，主要目的恐非后人所理解的要掌握自然科学知识，而是为了掌握天文星占之学，并以此来理解人事，也包含疾病在内，因此他曾编制医药专业用的医历。[⑤] 举《中星图略》中的大角星为例：“大角，一星，仰视亢宿，在摄提间，乃天王帝庭，为天子栋梁，正天下纲纪，主正月新政。近增星一，黄道在辰宫，赤道在卯宫，去极五十九度三分，入角宿二十三分。”[⑥]《史记・天官书》中有言：“大角者，天王帝廷。其两旁各有三星，鼎足句之，

---

① 陈虬：《教经答问》，胡珠生编：《陈虬集》，第188、186、187页。
② 陈虬：《瘟疫霍乱答问》，胡珠生编：《陈虬集》，第226页。
③ 陈虬：《〈中星图略〉弁言》，胡珠生编：《陈虬集》，第394页。
④ 同上。
⑤ 胡珠生：《按》，胡珠生编：《陈虬集》，第395页。
⑥ 陈虬：《中星图略》，《利济学堂报》1897年第4期，无页码。

曰摄提。”[①]对比来看，陈虬对大角星的理解，很显然延续本土天文星占学的传统，认为此星的星象与人间的政治构成对应关系。而所谓《天球圆图》，则有待查证。

总之，对阴阳五行学说的全盘接受和高度评价，对天文星占学的坚持和教学，反映出陈虬的宇宙观和世界观仍然是传统的，是中式的。基于我们对陈虬的教育背景、社会地位、时代语境而言，这在同时代的读书人中可能是具有相当代表性的，这是对中国本土文化传统尚未丧失自信心的晚清读书人的典型表现。但是对于当时对西学了解更多、对中学指责更甚的梁启超、谭嗣同这样一些人来说，陈虬的思想观念无疑是落伍的、顽固的。1897 年，谭嗣同在写给汪康年的信中谈起陈虬的《利济学堂报》："实虑此报为害不浅。其阴阳、五行、风水、壬遁、星命诸说，本为中学致亡之道，吾辈辞而辟之犹恐不及；若更张其焰，则守旧党益将有词，且适以贻笑于外国，不可不察也。"[②]

二、陈虬的西学

不过，陈虬的时代毕竟已经是一个西潮袭来、新陈代谢的时代。瑞安是一个相对闭塞的县城，但毕竟仍在东南沿海，离上海这样的通商口岸不算太远，轮船招商局于 1877 年底便开通了上海经宁波至温州的客货运输海上航线，上海出版的书报也能通过种种渠道销售到温州和瑞安等地。[③] 总之，陈虬有渠道接触到西学。同时，他也有兴趣了解西学。他在《利济教经》中说："中外通，来西学。算为体，化为用。热、光、声、汽、水、电、矿、地、重，格致门。诸新学，由此推。"[④]可见他对西学的关注，重心在格致（自然科学）方面；在写给学生的基础教材中教授西学，表明他希望学生掌握相当程度的西

---

① 司马迁：《史记》，北京：中华书局，1959 年，第 1297 页。

② 谭嗣同：《致汪康年》（六月廿四日），蔡尚思、方行编：《谭嗣同全集》，北京：中华书局，1981 年，第 506 页。据胡珠生考证，该信写于 1897 年 8 月 11 日，参见胡珠生编：《陈虬集》，北京：中华书局，2015 年，第 520 页。

③ 戴鞍钢：《轮船招商局与晚清沪瓯海上交通》，《国家航海》（第 19 辑）2017 年第 2 期，第 109 页。

④ 陈虬：《利济教经》，胡珠生编：《陈虬集》，第 125 页。

学知识。之所以认为数学最为重要，是因为“泰西算法始于几何，万物之理无所不包，故各学皆出于算”[①]。而“万物各有原质，必明化学之理始能配合分数化成万物”[②]。他对化学元素有所了解：“中土学，崇五行。西学兴，化合分。分原质，六十四……世间物，皆各质，合而成。”[③]在《教经答问》中，他花了很大篇幅逐一介绍 64 种元素，可见他对化学新知确曾下了不少功夫，并可见其知识来源确来源于“译出化学诸书”[④]。

对西方现代制造业的优越之处，陈虬的理解是比较全面的：“泰西通，制造工。量天尺，察天筒，显微镜，寒暑表，风雨通。自来水，电气灯，陆电线，水火轮。铁路开，自西东。轻气球，行半空。蜡人院，医家用。传语言，德律风。石印法，照相同。余杂物，以类从。”[⑤]他还对学生介绍西洋人带来的新式武器：“近武备，恃火攻。开花弹，西洋炮，棉花药，铁炮台。铁甲船，风铳穿。旱水雷，电气开。”[⑥]望远镜、显微镜、温度计、自来水、电灯、电线、轮船、铁路、氢气球、蜡像馆、电话、石印技术、照相机、炮弹等，是晚清新式报刊上常见报道和介绍的西洋事物，其中大多数实物还由西方人带来中国，许多中国人得以亲见西洋事物的精巧和便利。陈虬购买过西学图书，订购过新学刊物，并曾数次前往上海，他曾在《利济教经》中介绍通商口岸的租界[⑦]，因而他对西学的了解，书面了解和亲身体会恐兼而有之。

作为一名医生，尽管其医学知识主要来自中国本土的医学传统，但他对西方的医学知识也有相当的兴趣。他在《教经答问》中介绍说“近日西医盛行”，读“《儒门医学》《全体新论》《西药大成》”“可得其概”[⑧]。《全体新论》系英国来华传教士合信（Benjamin Hobson）出版的解剖学著作，译者为陈修堂，1851 年在广州首次出版，该书以 39 章近百页的篇幅逐一介绍了人体的各个器官组织，图文并茂。该书很快在晚清读书人中产生广泛影响，在初版

---

① 陈虬：《利济教经》，胡珠生编：《陈虬集》，第 125 页。
② 同上书，第 185 页。
③ 同上书，第 122 页。
④ 陈虬：《教经答问》，胡珠生编：《陈虬集》，第 147—155 页。
⑤ 同上书，第 128 页。
⑥ 同上书，第 128 页。
⑦ 同上书，第 128 页。
⑧ 同上书，第 134 页。

问世后两年半内出现了三种未经授权的翻刻本，1853 年作者推出第二版。[1] 正如有学者所说，该书“是近代第一部把西人哈维（William Harvey）以后的解剖生理学系统地介绍来中国的医理书，风行达大半个世纪，影响深远”。[2]《儒门医学》署名英国海得兰著，傅兰雅（John Fryer）口译，赵元益笔述，徐华封校对，1876 年出版。《西药大成》署英国来拉、海得兰著，傅兰雅口译，赵元益笔述，孙鸣凤校对，1887 年出版。后两者均是上海江南制造局广方言馆的西学中译项目的成果。[3] 1896 年梁启超编《西学书目表》、1901 年赵惟熙编《西学书目问答》、1902 年徐维则编《增版东西学书录》，上述三书均列入其中，足见是晚清士人了解西方生理卫生和医学知识的重要读本。[4] 陈虬显然也是这些医学新知的接受者和传播者。可以猜测，陈虬作为一位医生，对这些医学新知的关注和了解，要超过其他读者。

在《瘟疫霍乱答问》中，陈虬还注意到了西医对霍乱的解释。“问：近日西医盛行，其论此病，系毒虫为患，或由天风，或由流水，或由衣服食物，均能传染。一入肠胃，多使肠胃津液立变为色白如乳之物，将吸管闭塞，不能收摄精华，以致阴阳失和，血气顿滞，险证迭呈。然否？”“答：理亦不谬。”陈虬还谈道：“西历一千八百八十四年香港大疫，日本派医生吉打苏滔前去考求，用显微镜验出核内之脓有虫，始知传此证时系疫虫侵入人身之故。是年四月，吉医生曾为《疫虫书》。同时法医雅仙、德医美谷，亦著有论说，辨明各种疫症原委，如黑疫、核疫之类，由是其说始盛。”陈虬还声称疫虫从人体取出之后仍存活，在水中能活五日，在干燥处能活四日，在温度较高的环境则会快速死亡。[5] 现代医学史认为，1883 年德国医学家科赫（Robert Koch）在印度证实了霍乱弧菌是霍乱的罪魁祸首。基于这样的发现，现代医学认为霍乱是由霍乱弧菌引起的急性肠道传染病，主要的传播途径为饮食污染，主要

---

① 苏精：《西医来华十记》，北京：中华书局，2020 年，第 146—150 页。

② 陈万成：《〈全体新论〉的撰译与早期版本》，《中国典籍与文化论丛》2011 年卷，第 200 页。

③ 裘陈江、杨奕望：《“输入泰西医学之一大关键”——赵元益及其江南制造局翻译馆的译书事业》，《中国出版史研究》2020 年第 3 期，第 15 页。

④ 梁启超：《西学书目表》，梁启超著，汤志钧、汤仁泽编：《梁启超全集》，北京：中国人民大学出版社，2018 年，第 1 集，第 140、141、142 页；赵惟熙：《西学书目问答》、徐维则：《增版东西学书录》，见熊月之主编：《晚清新学书目提要》，上海：上海书店出版社，2007 年，597、598、123、129、133 页。

⑤ 陈虬：《瘟疫霍乱答问》，胡珠生编：《陈虬集》，第 228 页。

症状是呕吐、腹泻，严重者可致脱水、肌肉痉挛、休克、死亡。比对以上知识可以推断，陈虬把病菌理解为“毒虫”“疫虫”，而且知道西医认为“人身有无数微生虫，皆能致病”，可见他对细菌学说有一定程度的了解。只是直到1902年，陈虬对科赫的贡献仍然并不了解，他提及的吉打苏滔、雅仙、美谷，笔者暂未能查证出为何许人氏。

从《利济教经》可以看到，他对地球的初步知识有所了解：“地球上，判东西，分五洲。东半球，亚细亚，欧罗巴，三阿洲，非利加；西半球，亚美利，分南北。合五洲。五洲中，分五洋，东太平，西大西；印度洋，地居中；外冰洋，有南北。”[①]他甚至认为关于地球的西学知识印证了先秦邹衍的说法，“从前中土不知有五大洲，周人邹衍始言中国居天下八十一分之一，九州外又有九州，有大瀛海环之。当时尚疑其说漫衍，而今始知非谬”[②]。

再以天文学为例，他注意到西学与中学之间存在不同：“星虽繁，约二种：曰行星，曰恒星。金、木、火，水与土，名五星；益日、月，即七政。近西学，言八星；五星外，加地球，外天王，与海王，较地球，大而光。黄、赤道，寒、暑分。”[③]他也懂得“行星各有轨道，环日球而行；恒星本体虽或自为旋转，在人望之，宛似常列一处，端然不动”[④]。而在晚清的诸多新学刊物中，星球运转自有轨道，就意味着它与人事作为并无关系，也就不能据以占卜人事吉凶祸福，但陈虬似乎并未接受这样的观点，因此仍然坚持星占传统。把存在着分歧和冲突的天文学知识并列放置到一起，却未加评判，反映出来的可能是其缺乏做出专业判断的能力。

政治亦然。早在1893年他就指出，中国有史以来的四千年间，“时局三变，治术递更，曰封建，曰郡县，曰通商”，把近代中国卷入世界格局与从封建到郡县的变革相提并论，可见陈虬对近代变局的重视程度。“时局治变之术，约俱二千年而大转”之说，与李鸿章“三千年未有之大变局”一样，表现出他对其身处的时代变局有着相当敏锐的感知。他认为西方各国“讲富强，工制造，虽形下而颇进乎道。且各国皆设议院，尚深得古人议事以制之旨。通

① 陈虬：《利济教经》，胡珠生编：《陈虬集》，第123页。
② 陈虬：《教经答问》，胡珠生编：《陈虬集》，第164页。
③ 陈虬：《利济教经》，胡珠生编：《陈虬集》，第123页。
④ 陈虬：《教经答问》，胡珠生编：《陈虬集》，第158页。

商启而议院开，局遂大变，则时为之也。时变矣，而犹欲袭先业，守旧数，恭己无为，坐致太平，是犹持方枘而周圆凿，其不得适也必矣”①。陈虬宣称政治治理的方法需要依时局变化而变化，我们不应把陈虬当作抱残守缺、深闭固拒的腐儒。从这个表述中，可以很清晰地看到陈虬对开议院的重视程度，他认为这是西方国家富强的秘密，因此当作清政府自强自保的重要方法。他在1890年写给山东巡抚张曜的信中陈述自己的经世救国之策，第一条就是“创设议院以通下情”。他认为洋务运动以来仿照西方开办的“矿务、铁路、电线、制造诸法以及广方言馆、水师、武备等学堂”还不是最重要的，“泰西富强之道在有议院以通上下之情，而他皆所末”②。不过，陈虬对议院的看法显然带有强烈的中国色彩，他说，尽管开设议院是中国闻所未闻之事，但“其法则固吾中国法也”。他说：“考之传记，黄帝有明堂之议，实则今议院之权舆。《管子·大匡篇》：‘凡庶人欲通，乡吏不通，七日囚。’子产不毁乡校，其知此义矣。盖古圣铎鞀之设，輶轩之使，皆诱之使言，凡以求通下情而已。”③揆诸议院在欧洲的历史，一般认为最主要的还是代表公民的意志、利益和权利，并且实现对权力的制约。但陈虬把议院的功能仅仅理解为“通上下之情”，实则是把议院看作克服官僚欺上瞒下之弊、实现统治者与被统治者之间信息畅通的一个信息通道而已，现代民主政治的根本旨归——公民的意志和权利反倒被忽视了。这种主体的错位、重心的偏移，表现出来的正是跨文化交流中常见的成见影响对他者的理解的现象。

三、中“道”与西“艺”

从以上的分析可以看到，陈虬的知识结构是以中学为主体的，同时他也并不排斥且积极获取和接受西学知识，但其中学与西学之间的关系则值得进一步追问。

首先，陈虬不懂外语，也未受过系统的新式教育，他获取西学新知的渠道仅限于中文著作或汉译作品，以晚清汉译作品的渠道和数量来说，他很难

① 陈虬：《〈治平通议〉序》，胡珠生编：《陈虬集》，第297—298页。
② 陈虬：《上东抚张宫保书》，胡珠生编：《陈虬集》，第419页。
③ 同上。

获得系统化、多元化的西学知识，这决定了他对西学知识的了解是泛泛的、不系统的，很难进入到西学的学理层面，很多方面甚至是只知其然而不知其所以然的，他对西学的根基性的底层理论掌握得并不充分。换言之，他对西学知识的掌握是碎片化的，而非系统性的。反之，他对中学的掌握是以传统阴阳五行的宇宙观作为底层理论的，是系统化的。他说："中土五行，皋牢坤乾，炎汉魁儒，多通大义。欧洲斯业，虽获奥颐，然析剖原质，六十有四。分合离复，生生罔穷。探其机缄，大致讵越。中趋于道，西入于艺，形上形下，均有只长。洒源挹流，似落末象。"[①]他认为中学长于"形上"之"道"，西学则长于"形下"之"艺"。正因如此，他可以把西学的"艺"嫁接到中学的"道"上来，"主乎中道，辅以西艺：《论》《孟》《官》《礼》《左氏》《国策》、五经、群史之文与事，道德之渊源也……格致机矿、化电声光、热汽重算之籍与图，艺学之薮泽也"[②]。前文曾论及，他一方面接受星体的运行自有轨道，另一方面却仍然坚持天文占星，把"自有轨道"的星体与人事作为关联在一起，就是一个典型的例子。

其次，陈虬对中学的信心仍然相当强，这致使他在接受西学的时候，总是倾向于用西学来印证中学的正确性，而很少用西学来推翻和驳斥中学。换言之，他有意无意地看到西学与中学之间的一致性，而忽视甚至有意无视二者的歧异和冲突。他说"圣儒学，中西通"[③]，就应从这个意义上来理解。1897 年，陈虬谈道："今之言变法者，动辄步武泰西，一若中法举无可采。然试问俄、法、英、德、花旗、日本各雄国植民之政，其教养生聚有能出吾唐虞六府、《洪范》八政、《周官》三百六十属之外者乎？机器制造，术诚巧矣，然溯其源流，皆仅得吾周秦诸子之绪余。是则亚洲之不振也，岂真中学之不逮泰西耶？抑亦吾学不修，久久而失其传耳。"[④]这可能不算严格意义上的西学中源论，但与西学中源论有异曲同工之妙。同样是在 1897 年的一篇文章中，他坚信西学无论是人文教化还是格致之学，都并无真正超越孔教之处："以言乎教：若犹太，若罗马，若希腊，若天方，若印度，若波斯，若耶稣各教，有

---

① 陈虬：《〈格致卮言〉叙》，胡珠生编：《陈虬集》，第 359 页。
② 陈虬：《经世宜开讲堂说》，胡珠生编：《陈虬集》，第 361 页。
③ 陈虬：《利济教经》，胡珠生编：《陈虬集》，第 120 页。
④ 陈虬：《〈经世报〉序》，胡珠生编：《陈虬集》，第 347 页。

得五伦之正、远出孔教者乎？以言乎学：为化，为电，为光，为声，为汽，为热，为重，为矿，为动植身体诸学，有出六艺之处、不根中学者乎？而且极学之新义、新理、新法、新机，有越格致、絜矩之道者乎？故吾教之在天地也，如四时之有春，万物默孕而孳新，如四德之有元，万象大含而梔玄。则吾圣人之教之当尊，犹待后世而论定乎？”[①]另一个非常极端的例子，则是他把西医的“细菌”(微生物)理解为“虫”，并引经据典，竭力证明中国古人早已知晓。他说：“西医不独言疫有虫，其论人身有无数微生虫，皆能致病。其实中国古籍皆已引而不发，无论蛔厥蛊胀、狐惑蛟蛔，明言虫病。即《天行温病方》中所用如桃叶、荇叶、石榴皮、马齿苋、川椒、苦参、小蓝、穿山甲、獭肉、地龙、屋尘、水银、雄黄等味，无一不兼取其杀虫。至范汪麝香丸疗天行热毒，明言当下细虫，如布丝缕大，或长四五寸，黑头锐尾；唐王焘《外台秘要》卷三《天行䘌疮方》录至八首之多；但中医束书不观耳。余尝解五积肥气，谓‘肥’系‘蜰’之假借，亦详证其有虫。《内经》为轩黄教医之书，特言风为百病之长，而其臣仓史造字，‘風’字从虫，实已微露其旨。”[②]把微生物理解为像蛔虫一样的虫，抹煞了二者的差异，本身已充满了误解；从传统典籍里搜罗诸多治疗虫病的药方来佐证，离题更远；把仓颉造字的传说用来证明《黄帝内经》中已经包含了微虫致病的道理，更是牵强附会。当然，史家的职责不是要去指责前人，而是要去理解和解释这样的牵强附会如何形成，从而去理解在中学(旧学)中成长起来的近代知识分子以怎样的思维方式去接受和涵纳西学(新知)。

陈虬对于中学与西学的关系的理解和设想，一言以蔽之，即“中道西艺”。换言之，中学和西学是体与用的关系。究其根源，是他对于西学的了解并不系统，也不深入，他对西学的了解主要还是“制造”“技术”，对西方哲学、伦理学、科学原理、宇宙观等所谓“形上之道”了解甚少。这样的知识结构使得他认为西方并不长于“形上之道”。像严复那样受过新式教育、懂外语、曾留学英伦，并对西方现代哲学有系统了解的“西学圣人”，则很清楚地看到“中学有中学之体用，西学有西学之体用”。[③] 但在晚清的语境中，像严

① 陈虬：《论尊孔教以一学术》，胡珠生编：《陈虬集》，第358页。
② 陈虬：《瘟疫霍乱答问》，胡珠生编：《陈虬集》，第229页。
③ 严复：《与〈外交报〉主人书》，王栻编：《严复集》，北京：中华书局，1986年，第559页。

复这样的人可谓凤毛麟角，不具代表性；反倒是像陈虬这样的，代表性可能更强。

此外，学界往往指责以张之洞的中体西用论是保守的、顽固的，这当然是指责其政治立场。其实，张之洞的知识结构与陈虬并无本质区别，他也是从中学中成长起来的，对中学的信心仍然坚定，不懂外语，对西学的了解也主要限于“形下之艺”层面且存在诸多误解，而对西学的“形上之道”缺乏了解。基于这样的知识结构，他坚持“中体西用”是顺理成章的。设身处地地考虑其知识结构，还可以帮助我们解释薛福成、郑观应等一批坚持中体西用论的晚清大家的思想。

张洪彬，上海师范大学历史系副教授，华东师范大学历史系博士，复旦大学宗教学系博士后

陈虬的维新报业

光绪乙未至戊戌(1895—1898)年间的维新时期,中土读书人自办报刊开始成为普遍现象。但目前对此现象的关注常见两个问题:一是聚焦中心城市的情况,而其他各地也有报刊蔚起,却多仅被当作对于上海等中心城市的"响应",由此形成一种"众星拱月"的叙述套路;二是着重讲述在后人看来代表着媒介近代转型方向的"成功者"的故事,在此同样首推上海《时务报》,其余《知新报》《湘学报》等亦常为人所道及。显然,据此构建的时代面貌并不完整,在"转型"中并非只有高歌猛进,且有各地、各方多元的互动与博弈。因此我们还应关注寥寥几个中心点以外,那些在今天看来不那么"成功"的"预流"者的故事。身处温瑞地区的陈虬的办报经历,便是从另外的角度窥视这一转型初始期之风貌的一扇窗口。

陈虬,原名陈国珍,字志三,号蛰庐,原籍浙省温州府乐清县,但其家族已久居同府之瑞安县。19 世纪 60 年代父叔辈因军功起家,至陈虬一辈已有偃武修文之势。1893 年 12 月,陈虬结集刊行《治平通议》,收入 19 世纪 80 年代以来所作《治平三议》《经世博议》《救时要议》《东游条议》《蛰庐文略》等谋求"经世"的著作。基于这部著作(其他有《报国录》等),他在现今的思想史表述中,往往被视为近代"早期维新思想"的代表之一。

除却著书立说,陈虬也有过一些关乎"经世"诉求的地方实践。19 世纪 70 年代,他与瑞安人许启畴等筹办"心兰书社",1893 年又拟改"心兰书院",在瑞城西北择址储藏图书以作众用。1882 年,又与友人筹办"求志社",表达过一些桃花源式的社会规划。而因遭逢大病,陈虬开始习医,1885 年,他与陈黻宸、池志澂等人在瑞安县城设立了"利济医院"。"医院"之名当时尚称新颖，但院中主授者仍为传统医学。可以说，这所“医院”是陈虬在地方上的事业心的集中体现，维新时期的温州《利济学堂报》馆，便是自此延伸而来。

1895年，陈虬与同人在温州府城设立利济分院，并另设医学堂。丙申年十一月十一日(1896年12月15日)出版的第14册《时务报》所登派报处所中，即出现了“温州道署西辕门外利济医院”这一派报点[①]，另《农学报》《实学报》《新学报》《集成报》等也列明利济医院为派报点。而在购阅报刊之外，陈氏复有“办报”之举。《利济学堂报》创刊于1897年初，似是维新时期浙省内最早一份由地方士人主办的刊物。创办原因，与身为主事者的陈虬的认识是分不开的，如在其编撰的《利济教经》中曾称：“兴亚洲，入手方：设报馆，开学堂。”[②]而《学堂报》与利济医学堂的联系甚为紧密，这也多少造成了该报异于当时其他士人所办报刊的某些特征。

《利济学堂报例》中称：“本报原出利济医院学堂，故医学独详……(利济医院)医籍之外兼课以古今中西一切学术，实欲借学堂为造就人材之地……本报即从积岁会讲语录编辑成帙，因取古人报最、报政之义，列为《学堂报》。”[③]表明该报自撰文字主要并非新作，而是学堂历年教材讲义。又称：“本报遵医历二十四节气日出报，每月两册，每册约五十页。报始今岁大寒日，以明年十二月小寒日为一纪。盖五运六气皆始于大寒也。年共二十四册。”《学堂报》属半月刊，但又明示之所以半月出一期，是为遵从传统“医历”。报例还称：“本医院学堂朔望二课，医论外兼及时务、术数等学，届节气日，主讲率诸生候气祝圣，录取前列文课，传示同院，本年即行选刻入报以作报论。”[④]学堂及其主事者的医学背景对报刊影响之深，于此可觇。

由此，便形成了《学堂报》以中医为基底，收纳其他中西知识信息的体

---

① 《近代中国史料丛刊三编·时务报》，台北：文海出版社，1987年，第960页。

② 陈虬：《利济教经》，《温州文史资料第8辑·陈虬集》，杭州：浙江人民出版社，1992年，第131页。

③ 陈虬：《利济学堂报例》，胡珠生编：《陈虬集》，北京：中华书局，第234—236页；原刊《利济学堂报》第1册，1897年1月20日(光绪丙申大寒)；收入《中国近代中医药期刊汇编》第1辑第1册，上海：上海辞书出版社，2011年，第5页。

④ 参见陈虬(周观代作)：《祷医圣文》，《利济学堂报》第2册，1897年2月3日(光绪丁酉立春)；收入《中国近代中医药期刊汇编》第1辑第1册，第111—112页。

例。《报例》中即明言："本报院课外，兼采各报。凡学派、农学、工政、商务以及体操、堪舆、壬遁、星平、风鉴、中西算术、语言文字暨师范、蒙学等类，区为十二门：一、利济讲义；二、近政备考；三、时事鉴要；四、洋务掇闻；五、学蔀新录；六、农学琐言；七、艺事稗乘；八、商务丛谈；九、格致卮言；十、见闻近录；十一、利济外乘；十二、经世文传。"又称："本报所列医籍、算术、数学、音韵、体操各书，以及一切文课，均出在院诸生商订分撰。意在开示后学，多设问答，故文理概从质实，其姓氏即行附报刊列。"报后所列办事人员姓氏，即按春、夏、秋、冬四季分列，分院董、院长、监院、总理、协理、教习、襄订、纂修、撰述、总校、分校等"工种"，规模甚大，似囊括了医院、学堂、报馆的来自温属各县的全体员工。

《学堂报》定价为"全年每分大银圆四元"，又表示"此次创办院报，本郡报资照售码永减二成，以答诸公襄助盛惠"。为提高销量，《报例》中还规定："无论本郡外省，如蒙交好，代售本报至十分以上者，按照二成另送本报若干分；二十分以上，并将姓氏、爵里列报。"此外，"凡阖郡文武、大小衙署例应送报一分……其有大力官绅共开风气、鼎力佽助者，除将姓氏、爵里随时登报外，院中重行勒石，续出各书另议酌谢"。报中特地列出瑞安利济医院开办十年来的助资诸君姓氏，其中包括永嘉吕渭英、瑞安黄绍第（以上各十元）、瑞安王岳崧（六元）等地方大绅名士，只是又提及乙未、丙申年郡城分院所得捐资，较知名者仅领衔的温处道宗源翰（捐银二百元），而不再有地方大绅。[①] 据瑞安名儒，其时已与同邑黄家一道与陈虬交恶的孙诒让称，《利济学堂报》馆还曾"颇引贱名以募资"，使得乡里舆论大哗，孙不得已在《申报》刊登告白，谓："温州利济医院新开报馆，本宅毫不与闻，刻外间忽传本宅捐有洋五百元，实属不敢受此虚誉，理合声明，以免招摇。"力图澄清此事。[②]

丁酉年（1897）七月，《经世报》创刊于浙江省会杭州，陈虬、宋恕、章太炎受聘为撰述（其中宋恕称"摄著论"）。借此便利，陈氏在《经世报》馆（杭州上

① 后孙诒让在致汪康年的信中称，宗源瀚在温为陈虬"所给，后大悔之，然无及矣"，可能即指、或包括捐款之事，见孙诒让致汪康年书第五通，上海图书馆编：《汪康年师友书札》第 2 册，上海：上海古籍出版社，1986 年，第 1476 页。

② 孙诒让致汪康年书第一通，上海图书馆编：《汪康年师友书札》第 2 册，第 1471 页；《申报》，1897 年 1 月 30 日，第 6 版。

扇子巷)外又设立杭州《利济学堂报》分馆(下城贡院西桥)[①],由是杭州成为陈的又一个重要据点,在浙南浙北形成遥相呼应之局。在集体拟定的《〈经世报〉叙例》中,“上海之《时务》,澳门之《知新》,湖南之《湘学》,温州之《利济》”四报并列[②],这既是一种恭维,也是一种宣传策略。[③] 此外,陈虬也不忘在其他一些重要报刊上做广告,如丁酉年五月十九日,他就给汪康年写信,提道:“敝报(指《利济学堂报》——引者注)改刻已出四册,敬奉寄三十分。宗旨虽出于医,而推广义类,针起聋瞽之意,猥与贵报变法、论学相与经纬。敢援《湘报》之例,附骥贵报,希借畅销,亦群义之一端也。”[④]六月十一日(1897 年 7 月 10 日)出版的第 32 册《时务报》中即登出告白:“温州利济学堂新出一报,首言医学,次设问答,次录近事,末附文编,皆极详备。半月一报,年价四元。”[⑤]价格与《时务报》相等,但之后在代售价目中列出的数字则为“四元六角”(在其他刊物,如《农学报》《实学报》上也一样),似是把邮资或改刻费用也一并算上了。总的来看,《学堂报》所设与计划设置的派报处遍及温郡各县、浙中各府,以及京、津、沪、苏、鄂、赣、闽、粤、皖等地,还部分利用了《时务报》等大报的销售网络,在自己的刊物里代售《时务报》《知新报》《农学报》《集成报》等报刊,并在以上各报中代售《利济学堂报》,其志向在将自身的影响呈涟漪状扩大到全国范围,应无疑义。

唯须指出,相对康、梁阵营,《利济学堂报》与《经世报》有着更明确的遏新潮之“横流”的企愿。尤其是《经世报》,陈虬于首册“本馆论说”栏的《论报馆足翊政教》一文中,曾明示中土士人办报势必胜于西报的信念:“然则以西报之不文而可以行远,苟吾报之与为驰骤,宜无善教善政之不周,环球万国以升平!”[⑥]另文强调,在阐扬中土士人的主体性之余,“若乃鱼兔未得,筌蹄先忘,狂泉一饮,本性迷惑,但见末利,不顾本害,且加厉焉,于是伊川之祭被

---

① 参见池志澂:《武林杂记》,转引自胡珠生编:《陈虬集》,第 475 页。《经世报》后又在杭增设崇文书院、联桥陆宅、上兴忠巷宝裕成纸栈、满城贵公馆德公馆等派报处所。

② 《〈经世报〉叙例》,《经世报》第 1 册,1897 年 8 月(光绪丁酉七月上)。

③ 另宋恕在《记应〈经世报〉馆撮著论之聘缘始》一文中,复将四报并举,见《经世报》第 1 册。

④ 陈虬致汪康年书第四通,上海图书馆编:《汪康年师友书札》第 2 册,第 2001 页。就内容来看,此信不应排在所有陈、汪通信的最末。

⑤ 《近代中国史料丛刊三编·时务报》,第 2202 页。

⑥ 陈虬:《论报馆足翊政教》,《经世报》第 1 册。

发，楚宫之好细腰，弃夏可惧，阳秋其谁”①。若趋新流于以夷变夏，士林中的有识者便当适时制造舆论，以遏横流。再如陈虬独作的报叙中所言：“夫立国之道，曰政、曰教，然其原皆出于学。”孔子之学坏于汉宋儒者，“盖孔教之亡，已二千余年矣……昌明中学，在此时乎？今之言变法者，动欲步武泰西，一若中法举无可采”，其实列强的“植民之政”，未能出乎《尚书》及三礼之外，机器制造“溯其源流，亦皆仅得吾周秦诸子之绪余”。“是则亚洲之不振也，岂真中学之不逮泰西耶？抑亦吾学不修，久久而失其传耳。”总之，“今中国不求自修其古大学格致之学，反役役于形下之西氏，如取火于燧，昧火之原，辄谓火热于日，其去扣盘扪钥之见亦厘矣”。今作报文，为的正是“存四千年神圣旧学”②。

这里应存在策略性的考虑。如在陈虬《治平通议》、宋恕《六字课斋卑议》等著作中，对西学已多有认知与引介，此处陈、宋等所论反更凸显向“古”一面，或是其有所针对（或针对“西报”，或针对“康学”）所致。办报的缘由在他们看来，并非外报本身值得称道，而是可以将报文置入本土的学术脉络，使之“渊源有自”。

问题在于，同样是在空间的意义上，温州《利济学堂报》、杭州《经世报》在其时全国士人纷纷办报的形势下，应当如何自我定位。宋恕所撰《〈经世报〉叙》中曾声言，创办《经世报》，“以表四科一学，以表儒嫡在浙，以表斯馆乃基学会，斯报非逐市利；以告我浙人及非浙人，以告我赤县人及非赤县人：继自今其勿复敢轻浙人！其勿复敢轻赤县人！”③由地域推及全国，同时含有为“浙学”争“正统”的意味。但因浙省与上海相邻，不少浙籍士人都前往上海办报，如《时务报》经理汪康年即是浙人，浙人章太炎从《时务报》馆出走后，参与创办《实学报》《经世报》《译书公会报》，而《实学报》《译书公会报》均办在上海，至于办在杭州的《经世报》，他仅在前四册刊发过文章，此后该报主笔便只剩下陈、宋两名温州人。除却办报者，在读者一面，上海报刊的辐射范围亦包括至少大半个浙省，那么在杭、在温办报，又如何划定自己的读者群或彰显异于上海报刊的特点，也便成了一个费思量的问题。

---

① 陈虬：《〈经世报〉叙》，《经世报》第1册。
② 同上。
③ 同上。

据笔者所见，除却转载他报刊所登的知识信息，温州《利济学堂报》中的文章，多是将医学堂所教、生徒所撰课业分期呈现给地方以外的读者阅看，故而这同样是一种分享地方维新经验的尝试，且经验的介绍当较一般奏稿、条陈、章程之类的刊文更为全面、详赡。关键在于外地读者如何看待这种细致到具体教学内容的"地方经验"。早先，陈虬曾在致汪康年的信中称："敝学堂报已出四册，近郡都甚风行。"[①]浙江绍兴人徐维则也注意到《利济学堂报》之刊行，认为这是《时务报》引发各地响应的一种表现。[②] 可不久后即有不利的情况出现，当年六月廿四日，湖南人谭嗣同即在致汪康年的信中称：

> 《利济学堂报》乃缘《时务报》已登告白，故买阅之，今寄到。不意中多荒谬迂陋之谈，直欲自创一教，不关于学术。彼既刊本，自可拆购。(若不许拆购，是否可全退?)现寄到四本，即请自此截然而止，四本共价若干，请于前奉之四元内划出，余以订购《算学报》，《算学报》则诚佳矣，乞常寄为叩。至于承寄下之利济医院收条，仍以缴还注销为叩，非嗣同敢为反覆，致劳清神，实虑此报为害不浅，其阴阳五行风水壬遁星命诸说，本为中学致亡之道，吾辈辞而辟之，犹恐不及，若更张其焰，则守旧党益将有词，且适以贻笑于外国，不可不察也。彼欲为教主之私意犹其小焉者也，伏望我公谨之远之，千虑一得，思补高深，惟察是幸。[③]

按陈虬在利济医院与学堂施行的，是一种以院长为核心的等级制，《利济医院习医章程》中称："院中设有'道济群生，泽衍万世，津梁广启，执圣之权'十六字世次，均就本师递衍以绍医统。"[④]但这只是中医在规模化教学之时采取的一项组织化措施，不一定关乎"传教"。谭嗣同这里所反感的，可能还是报刊文字所制造的近于宣扬"怪力乱神"的氛围。

实际上，阴阳五行、风水堪舆之类不仅与传统算学有交集，与传统医学的结合更是常见现象。问题出在陈虬和他的医院同人意图把糅合了星相堪舆之学的传统医学，作为接受新知新潮的起点。早在 1891 年，陈即在一次

① 陈虬致汪康年书第一通，上海图书馆编：《汪康年师友书札》第 2 册，第 1999 页。
② 徐维则致汪康年书第一通，上海图书馆编：《汪康年师友书札》第 2 册，第 1518 页。
③ 谭嗣同致汪康年书第二十通，上海图书馆编：《汪康年师友书札》第 4 册，第 3258 页。
④ 陈虬：《利济医院习医章程》，《利济学堂报》第 2 册；收入《中国近代中医药期刊汇编》第 1 辑第 1 册，第 126 页。

与平阳人刘绍宽的谈话中向刘提点糅合了泰西自然科学的“中医”之学，谓：“物之坏皆由炭气，即瓜果之熟，亦炭气为之。所以生摘瓜果，置诸筐篋，亦自能熟。若置之空器中，引出炭气，便经久不坏也。又谓俗于五月五日午时合药灵验，盖时天罡星正塞鬼户故也。又谓七月七日寅初鸡未鸣时，取水可经年不坏，已经试验。又谓人之记性藏于脑，有如照相之回光镜，能映物缩之入内也。”[①]维新时期，他甚至更进一步，要将传统医学作为统合一切学术以救亡图存的基点。如他曾说：“惟吾医名一艺，而实无不以学探神圣之心源，融中西之政俗，广吾徒之师法……此虬自儒书经术外，举凡诸子百家、九流方技之籍，涉猎餍饫，博观约取，欲一一纬之于医也。”[②]他援引时兴的种族话语，宣称：“夫医也者，不独其能卫生、疗疾、延年也，人类之蕃，道昌而运隆，罔不基此！故当吾世而诚欲保吾种也，舍医无由！”[③]“医人”与“医国”、“治病”与“济世”本有逻辑上的递进关系，陈虬此期的这些言论，均可被视作是之前读书人使用此类传统话语之习惯的一种延伸。[④] 而世变孔亟，传统儒者对“怪力乱神”的摒斥与自外传入的科学主义倾向相结合，却又使得这类言说变得更为“刺耳”，相关的知识内容，乃至径被某些读者视为“中学致亡之道”。

至于《经世报》，陈虬应只是主笔，不负责经营，所撰文字也与利济医学堂的教学基本无涉。[⑤] 但该报口碑也不甚理想。创办此报的胡道南（浙江山阴人）、童学琦（浙江新昌人）曾称：“销数尚难约计，每期可发者不过八九百分。”这或与章太炎在该报所登的《兴浙会序》中有较露骨的反满言论有

---

① 刘绍宽：《厚庄日记》，光绪辛卯四月初八日，温州市图书馆藏。

② 陈虬：《〈利济丛书〉总序》，《利济学堂报》第3册（1897年2月18日，光绪丁酉雨水）；收入《中国近代中医药期刊汇编》第1辑第1册，第209页。

③ 陈虬：《保种首当习医论》，《利济学堂报》第4册（1897年3月5日，光绪丁酉惊蛰）；收入《中国近代中医药期刊汇编》第1辑第1册，第298页。

④ 另利济医学堂中似曾教习拳术，在戊戌年，陈虬且曾以中土拳法比附西洋“体操”以至“力学”，并将之上升到借以“自强”的高度；而对“怪力乱神”中有“力”，陈则以为孔子“不语”是担心后人“强之不得其道，则亦世道忧”，见陈虬：《卫生经序》，胡珠生编：《东瓯三先生集补编》，上海：上海社会科学院出版社，2005年，第80—81页。

⑤ 另与陈虬、宋恕交好的泰顺士人周素（即周焕枢），在《经世报》第13、15、16册登有《上前温处道宗湘文观察瓯海防事务条陈》《上宗观察第二书论温郡切近利病》二文；瑞安人何炯为利济医院协理，在《经世报》第16册登有《论广树艺以宏地利》一文。

关，但宋恕的报叙与陈虬的叙，据“都友来书”反映称“阅者亦有微词”。[1] 此外，陈也不免将其在早年著作与《学堂报》的某些论说习惯带入论议，如其报叙中论证西国政学根本上不及中国时，便曾露骨地援用了象数星命之说。[2] 另在《经世报》的《迁都——救时十二策之一》一文中，陈虬大谈历代国号与王朝气运的关联[3]；在《分镇——救时十二策之二》一文中，他复称意欲“自强”，不可光靠“人事”，而应虑及“天文、地理”，然而尤关注“水运”，表明此处所谓天文地理，仍与星相堪舆之类密切相关[4]。亦儒亦医的陈虬，在此也未尝不是将某些边缘性的“古学”纳入经世语境，进而与新近之西学融通；只是儒学正统对怪力乱神向来的摒斥，同样与外来的科学主义有所结合，使得此类融通反因报刊的宣传变得更为刺眼，成为某些读者摈斥的“新异端”。谭嗣同曾撰《报章文体说》，称报章可以“甄九流、综百家”，包罗万象[5]，但当作为读者，他仍不免流露出明确的阅读偏好。后张元济在致梁启超的信中提及，《经世报》与王仁俊等主持的《实学报》，都有“显与《时务报》为敌之意”，但《经世报》“言多粗鲁，姑勿论”，相对《实学报》，连与汪、梁一争的资格都没有。[6] 作为主笔之一(且陈、宋、章三人中，陈的刊文最多)，陈虬也应在张的批评对象之内。而陈的同乡孙诒让，亦曾作信向汪康年控诉陈虬“所论绝浅陋”[7]，这种看法或也不尽是此前地方矛盾衍生的成见所致。

除却言论本身，尚有经济问题。与当时多数士人报刊一样，因邮路时有不畅，以及读者自身拖欠，温州《利济学堂报》刊行后，一直难以回收报资。加上陈虬及其同人虽在地方寻求官绅支持，应者毕竟不多，孙诒让等趋新望族士绅乃至或明或暗地抵制；虽有“创教”嫌疑，门下却又没有像梁启超那样富于宣传才能的弟子，陈氏自身言论的受欢迎度也有限。于是高调的对外

---

① 章炳麟：《兴浙会序》，《经世报》第2、3册，1897年8月(光绪丁酉七月中、七月下)；《童亦韩、胡钟生来书》，胡珠生编：《宋恕集》，北京：中华书局，1993年，第586—587页。

② 陈虬：《〈经世报〉叙》，《经世报》第1册。

③ 陈虬：《迁都——救时十二策之一》，《经世报》第5册，光绪丁酉八月中(1897年9月)。

④ 陈虬：《分镇——救时十二策之二》，《经世报》第6册，光绪丁酉八月下(1897年9月)；第8册，光绪丁酉九月中(1897年10月)；第9册，光绪丁酉九月下(1897年10月)。

⑤ 谭嗣同：《报章文体说》，《时务报》第30册，光绪丁酉五月廿一日(1897年6月20日)，沈云龙主编：《近代中国史料丛刊三编第33辑·时务报》，第2051页。

⑥ 张元济致汪康年书第廿四通，上海图书馆编：《汪康年师友书札》第2册，第1713页。

⑦ 孙诒让致汪康年书第五通，上海图书馆编：《汪康年师友书札》第2册，第1476页。

经营方式便成了一种铺张，终致局面不可收拾，血本无归。在后来给汪康年的信中陈虬承认："敝《学堂报》分售有二千分之多，实销仅减半，而收数竟不及四成，并寄售各报亦在内，利源有限，挹注太多。敝院去岁亏折竟至数千金，想贵报外无一报不折本也。"[①]"二千分"的规模应不算特大，除《时务报》外"无一报不折本"，恐怕也是当时实情[②]，只是对财力与宣传能力有限的陈虬及其同人而言，这场由办报诱发的危机，已足以将其毕生的事业赔垫进去。

《时务报》第60册（光绪戊戌闰三月廿一日，1898年5月11日）中有本馆附告称，《利济学堂报》系因主事者晋京会试而停办[③]，而笔者未见该报在戊戌年尚有出刊的证据。杭州《经世报》，似也未办到旧历第二年。[④] 但之后陈虬仍未放弃对外经营的雄心，戊戌年他和康门师徒走得很近，非但与瑞安士人章献猷一并加入保国会[⑤]，还积极参与筹建"保浙会"，代拟条陈，以期与保国会相呼应[⑥]。然而当年夏，瑞安发生文童闹考事件，陈虬随友人陈黻宸卷入其中，与孙、黄、项等地方望族的矛盾再度升级。戊戌政变爆发，陈虬虽未遭明令通缉，但黄体芳等却借题发挥，欲将陈打成"康党"。所幸孙诒让无意深文周纳，又有陈葆善等医院同人出面调解，风波才被平息下去。[⑦]可利济医院学堂经受这一连串的打击，元气已难恢复，人称当时"云散二百

① 陈虬致汪康年书第三通，上海图书馆编：《汪康年师友书札》第3册，第2001页。

② 关于《时务报》的具体经营状况，参见廖梅：《汪康年：从民权论到文化保守主义》，上海：上海古籍出版社，2001年，第58—66页。

③ 《近代中国史料丛刊三编·时务报》，第4097页。

④ 今所见《利济学堂报》共17册，第17册出版时间为光绪丁酉秋分（1897年9月22日），但《中国近代中医药期刊汇编》第1辑第3册复有《利济学堂报》补遗，尾列"冬季办事姓氏"（第701—702页），表明该报可能办到了丁酉年冬。所见《经世报》共16册，最后一册出版时间为丁酉十二月（1898年1月）。按蔡元培因与胡道南同乡，曾代销《经世报》，日记中称，丁酉年七月廿九由胡处寄来首期百册，但至十月十五日，第7—9期已各只寄50册，十二月五日、十日，第11—13期各只寄25册。（《蔡元培日记》上册，北京：北京大学出版社，2010年，第71、78、80—81页）这或是因蔡的代销热情下降，但更可能是《经世报》本身印数不断下降。

⑤ 《京城保国会题名记》，中国史学会主编：《中国近代史资料丛刊·戊戌变法》第4册，上海：神州国光社，1953年，第403—405页；原载《国闻报》，1898年5月14日（光绪戊戌闰三月廿四日）。

⑥ 参见《浙江孝廉陈虬等呈请总署代奏折稿》，《知新报》第55册，1898年6月9日（光绪戊戌四月廿一日）；《知新报》（一），澳门、上海：澳门基金会、上海社会科学院出版社，1996年，第720—721页。该文曾转载于《湘报》第106号，1898年7月8日（光绪戊戌五月二十日），《中国近代期刊汇刊第2辑·湘报》下册，北京：中华书局，2006年，第984—987页。

⑦ 参见孙诒让：《致黄漱兰书》第二通，徐和雍、周立人辑校：《孙诒让全集·籀庼遗文》，北京：中华书局，2013年，第275页；《陈黻宸年谱》，陈德溥编：《陈黻宸集》，北京：中华书局，1995年，第1172—1175页。

徒，累败八千金”①，通盘筹算，“微特院董垫款五千余元无归，即报馆各股除已付外，尚二千余元，郡院亦无款可抵”②。利济医院学堂实际已处于破产边缘。

在1898—1899年间，陈虬曾到杭州联络浙江仁和人高尔伊，欲包揽温府矿务，孙诒让作信指控其系“途穷走杭”，“意在攫数万金，饱即飏去”，提醒汪康年与高尔伊等勿为所欺。③ 1899年初，陈又托人联系温州同知戈石麟，希望通过刊卖旧著《治平通议》及《利济丛书汇编》，缓解经济困难。④ 而其医院学堂同人则决定，要做一次大的收缩，“化大为小，招新辅旧”，即恢复到以瑞安利济医院为主的状态，报馆自然停办，温州分院则归陈虬独办，“启闭听便，与瑞院无涉”⑤。整顿之后，陈虬还曾在温院中设新字瓯文学堂，只是已无向温州以外地区发展经营的能力。1902年末，经宋恕调解，陈、孙的关系也得到缓和⑥，但“利济”品牌已风光不再，居乡的陈虬也于1904年初在志不得伸的孤愤中辞世。

如陈虬这样的一位在维新时期之前已开始探求西学新知的思想者，在维新时期的探索却遭遇到了大的挫折。事实上，就知识思想的一般物质载体——“书”而言，陈虬《治平通议》之类的著作，固然刊布在维新变法时期之前，可是此书传播至更大的地域范围，也多少受益于甲午战后变化中的大环境。如陈虬自己说，甲午战前他“首倡变法之议，挟书走京师，为时诟病，不幸多言而中，颇蒙当途荛采”⑦。1895年，他借进京会试之机，将《治平通议》印本赠予京津地区官场中人。⑧ 据称张之洞见到该书，即“大悦，渴欲接谈”，表明战败激发的“国耻”意识，亦有利于其著作的广泛传播。⑨ 维新时

① 池志澂：《陈蛰庐先生五十寿序》，胡珠生编：《陈虬集》，第392页。

② 《瑞安利济医院股份票》，胡珠生编：《陈虬集》，第430页。

③ 孙诒让致汪康年书第五通，上海图书馆编：《汪康年师友书札》第2册，第1476页。

④ 陈虬：《致杨伯畴书》第二、三通，胡珠生编：《陈虬集》，第352页。

⑤ 《瑞安利济医院股份票》，胡珠生编：《陈虬集》，第430页。

⑥ 宋恕：《壬寅日记》，胡珠生编：《宋恕集》，第960页。如林骏《颇宜茨室日记》（温州市图书馆藏）癸卯年正月十五日载，瑞安演说会第三次会主讲者为孙诒让、陈虬、陈黻宸、萧亦陶，孙与二陈同场演说，可见彼此间已无大芥蒂。

⑦ 陈虬：《〈经世报〉叙》，《经世报》第1册。

⑧ 《宋恕亲友函札·王修植》，第2通，光绪乙未三月二十日（1895年4月14日），胡珠生编：《东瓯三先生集补编》，第158页。

⑨ 宋恕：《致陈志三书》，光绪乙未八月十五日（1895年10月3日），胡珠生编：《宋恕集》，第537—538页。

期，陈虬《报国录·治平通议》且曾与宋恕的《六字课斋卑议》一同被收入广为流传的梁启超《西学书目表》。[①] 而其“办报”实践却遭受重挫，究其缘由，或关系到此期知识生产与传播的方式转变问题。

概言之，这涉及传播机制的差异：19世纪以降，论议经世之学或早期改良思想的“书籍”，最初多通过“进呈”或“寄赠”等方式传布，其传播模式是渐进的点对点式，以此保证最初的读者在作者看来较亲近或较有地位、学识。而到维新时期，尽管士人办报借助官场等非市场的力量依旧普遍，但“报刊”中经营与撰作的分离已趋显豁，士人文字甫一面世，即要点对面接触地位、学识无法预期的读者。[②] 知识观念流通变得更为高效，传播地域范围更广，可“嘤其鸣矣”却更不一定能求得“友声”，在谋求“救亡”的众声杂沓中对于各种知识观念的筛选淘汰，已相应变得更为频繁与剧烈。另有“工夫在诗外”的一面，“办报”对于读书人的考验是全方位的，除却行文，在人脉运用、经营能力等方面亦有新的具体要求。许多中土读书人投身兴办“维新”报刊的浪潮，系出于一腔报国热忱(同时当然也有提升自身地位的渴望)，但对于相应的考验究竟包含哪些方面，多数人似未有充足的心理准备。所以此期(尤其是1897年)“维新”报刊虽然一度花开遍地，可真能避免昙花一现之命运者却寥寥无几，也就无足称怪了。

当然，这也绝不是说在“转型时代”初期，已经有一种对于关乎报刊之“现代性”的标准化理解。在此不新不旧、亦新亦旧的读编互动与各报之间的互动博弈中，才逐渐形成了某些关于“近代报刊应该怎样”的意见与观念。换言之，不能说陈虬这些人未走“正确”的路，而是本没有现成的路，路是在从未走过的众人开始走的时候才生成的。无论在后人看来是相对成功还是失败，他们都是在“走”，在上下求索，也就都为“路”的出现与延展贡献了一份深可宝贵的力量。

徐佳贵，浙江瑞安人，现为上海社会科学院历史研究所副研究员

---

① 梁启超：《西学书目表》，夏晓虹辑：《饮冰室合集集外文》下册，北京：北京大学出版社，2005年，第1158页。其中《报国录·治平通议》下注“总名《蛰庐丛书》”；《六字课斋卑议》表中误作“中议”，下注“未刻”。

② 当然书的传播也更多地利用了报刊平台，其受众亦更形“陌生”。

瑞安学计馆和中国现代数学

一、瑞安学计馆创办渊源

瑞安学计馆，初名瑞安算学书院。清光绪二十二年(1896)三月由孙诒让等人创办于浙江瑞安城内。馆舍仿西方近代学校。当时聘请馆长、教习、助教三人，在那个时期，人才难觅，在上海也只有龙门书院、格致书院、中西书院、徐汇公学、南洋公学这样的新式学校在教数学，在地方上是很不容易的。但是人们已经懂得，数学要从小孩子学起，年龄渐长学不进去，所以招生学生要求年在13—20岁，中文有一定基础，并有志于算学者，经考核合格方可入学。学计馆首次招生30名，分甲、乙两班，轮流到校听课。

学计馆课程，除笔算数学、代数备旨、三角数理外，还包括理化及国内外时事。学校的办学目的，是以"甄综术艺，以应时需"，可见钻研数学的主要目的，还是为了从事洋务运动，当然在基层还有开发民智、增进民生的意义。1901年，学计馆与瑞安方言馆合并为官立瑞安普通学堂，设算学、中文、西文三班，学额各30名。这样的新式学校，当时除了上海，在江南各地并不多见。上海金山，原属松江府，也是近代的数学之乡，研究和传习徐光启、利玛窦留下来的《几何原本》很早。早在道光年间，已经有顾观光、张文虎、李善兰在"守山阁"校勘和研究"利徐之学"。但是，举办新式学堂，传习现代数学则没有瑞安早。瑞安的数学人才，除了一些人汇入上海的洋务事业外，还有一部分人选择到"东洋"深造，这是比较特别的。1904年底，因为有不少瑞安学生在打下学业基础之后，自费赴日本留学，学计馆遂停办。

地处海隅的温州，为什么能在近代中国产生多位早期维新思想家？这与瑞安晚清著名学者孙衣言创办诒善祠塾有关。它是一个家族内部的学校，是为培养宗族子弟设立的学校。这样的学校，还不是上海已经举办的几所面向社会招生，由各方面筹款建立的"公学"。但是，这个祠塾已经具有开放意识，他们开始意识到要教授"西学"，而不单单是"四书学"。所以说，诒善祠塾可以说是瑞安和温州地区近代文明的启动点。诒善祠塾虽然是旧式学校，但它为瑞安的新式教育打下基础，其作用表现在几个方面：一是以诒善祠塾为基地，通过复活永嘉事功学说，培植了中国早期现代化思想；二是造就了一批致力于变法图强的经世之才；三是客观上建立了一种人才培养机制。

孙衣言是曾国藩的门生，道光三十年(1850)进士。孙衣言的胞弟孙锵鸣则是李鸿章的恩师，兄弟二人与太平天国以后的"洋务"活动大有关系，因此是东南沿海地区最早认识到"西学"重要性的士绅人物之一。孙衣言先在清廷任职，编书，教授惠亲王诸子读书。战乱开始后，他进入曾国藩的幕府，曾担任安徽安庆知府，主讲于杭州紫阳书院，兼任浙江官书局总办。曾国藩很看重孙衣言，上奏的推荐书中说他"敦尚节概，学识俱正"，又说他"学问淹雅，器识闳通"。后来，孙衣言还先后担任江宁布政使、江宁盐巡道、安徽按察使、湖北布政使。孙衣言从曾国藩那里接受洋务思想，是连接曾国藩、张之洞与家乡瑞安互动的轴心人物，他把偏远的温州同中国早期现代化的热点地区与关键人物联系、沟通了起来。

1875 年，孙衣言辟诒善祠为塾，延请塾师，请经师、蒙师各一人，教房族子弟，而兼收族外人之志愿就学者，"招郡邑高材，讲学其中"。他订立《诒善祠塾课约》八则，《塾规》十二则。塾中所授课目，分经学、史学、诸子、舆地、掌故、历算、词章、制艺、习书，共九门。诒善祠塾在 1875 年就设立历算课目，当时在全国范围内是领先的。虽然早在乾隆五十三年(1788)钱大昕主掌苏州紫阳书院(校址今为苏州中学)后，带出了一批如李锐、孙星衍等懂得历算的学生，但那并不是系统教授现代数学的机构。中国近代最早系统教授数学的学校，应该是 1851 年建立的上海徐汇公学，法国耶稣会士在学校中移入了一些"西学"课程，其中包括了西法算术，复旦大学创办人马相伯和他更有名的弟弟马建忠就是该校的早期学生。1874 年，傅兰雅、伟烈亚力、唐景星、徐寿等人创办上海格致书院，院名"格致"(自然科学)，按徐寿《为上海设格致书院上李鸿章禀并条陈》的规划，就是“轮流讲论格致一切，如天文、算法、制造、舆图、化学、地质等”。和格致书院相比，诒善祠塾仅晚了一年就开始教授数学，虽然办学规模和系统性不能和上海学校相比，但算是全国最早的一批数学教育萌芽学校了。孙衣言还特地购书五六千册，置于塾中，以备师生翻阅，其中或许是有金山守山阁丛书所刻的几种数学、舆地书籍，更应该备置和守山阁相关的伟烈亚力、李善兰合译，由松江举人韩应陛出资印行的《几何原本》后九卷。孙衣言手题楹联，并刻石“务求知古如君举，尤喜能文似水心”，彰显他复兴数学传统，重振永嘉学派之心志。

光绪五年(1879)，农历七月十八日，朝廷任命孙衣言为太仆寺卿。他却请假回了瑞安老家，不再赴任，称病致仕，一心想着正学术，育人才，以美风俗。当时瑞安县城已经成为区域文化高地，把瑞安文化和教育迁移到平阳和苍南的文化教育人是孙衣言的学生杨镜澄和金鸣昌，他们将诒善祠塾学风传到了平阳苍南一带。金鸣昌是瑞安林垟人，诒善祠塾学生，他是将诒善祠塾学风传到平阳的主要人物。

孙衣言对学生杨镜澄期望很高，认为他有“有吏能，可纳资得为良州县”，甚至他称杨镜澄有“翰苑”之才，前途不可限量。令人惋惜的是，杨镜澄虽有才名，但几次参加省试都落选，无情的现实粉碎了他的科举之梦，杨镜澄悲愤地说：“我不得志，那是命啊！就让我回去，为家乡扶持后进，这难道不比人世浮荣来得好吗?”回家后，杨镜澄与哥哥杨纯约一起在江南宜山的杨公祠内创办“亲仁社学”，自此杨氏兄弟绝意仕途，毕生致力传道解惑之业。创办中国第一份数学杂志《算学报》的数学家黄庆澄(1863—1904)就出自孙衣言和杨镜澄门下。而一代学宗姜立夫则是受到黄庆澄的影响。《算学报》作为数学专业杂志，梁启超编的《中国名报存佚表》在“丛报”栏下列有《算学报》，杜石然编的《中国科学史稿》(下册)称之为“我国科技刊物之肇始”。

孙衣言培养的经世人才中包括他的儿子孙诒让。孙诒让八岁时，父亲孙衣言就以《周礼》教导他。1861年，孙衣言瑞安老屋被金钱会党烧毁，第二年他的长子被太平军打死。一家老少30多人，浪迹福建。1863年2月5日，经曾国藩推荐，孙衣言入幕府，办理营务，后转入秘书处。而海宁人李善兰和南汇人张文虎也入幕府，但属编书局，主要任务是刊刻名籍。前已叙及，李善兰、张文虎都是金山守山阁钱氏聘请的校书、刻书、教书先生，一直在金山县张堰镇治学、讲学。孙衣言和李善兰、张文虎不仅是同事，更是知友，因此关系金山人接续的历算之学，与瑞安人复兴的永嘉之学交汇在一起，这与十几年后在上海租界内外兴起的洋务运动"格致之学"也有着渊源关系。孙衣言的儿子孙诒让，也在安庆时期认识了李善兰和张文虎。张文虎除了算学之外，还擅长经学，喜欢钻研惠栋、江声、戴震、钱大昕等乾嘉大师学问，尤其擅长校勘古籍。13 岁就开始研治"校雠之学"的孙诒让，在安庆曾国藩幕府内生活期间，就已开始请教张文虎。1868 年，孙衣言到南京任职，又把孙诒让带在身边，让他更加密切地结交了当时的一批著名学者，如张文虎和李善兰。孙诒让随父亲走出偏于海隅的瑞安，遍结天下名士，广交海内鸿儒，走入了晚清同治、光绪时期的学术核心圈，这使他大开眼界。

尽管孙诒让按照父亲的要求，也致力编纂《温州经籍志》，也力助戴咸弼编辑《东瓯金石志》，但他并没有局限于在瑞安从事文献整理工作。1901 年，受盛宣怀之托，孙诒让撰《变法条议》，提出革新吏治、裁汰冗官、设立议院、立商部、废科举、兴学堂等一系列变法建议和改革思路。孙诒让治学，既有家学渊源，他在经学研究方面，撰有《契文举例》《古籀拾遗》《名原》等著作，以《周礼正义》为最。但是，孙诒让也有"经世之志"，他的"经世学"就是一种"经世致用"，把数学这样的科学知识应用到洋务运动中去。在这方面，他应该是受张文虎、李善兰等前辈人物的影响。孙诒让本人没有像张、李那样在经学之外，还花很多的功夫钻研数学，可能就是一个人在瑞安研究"格致之学"太难了。但孙诒让和他父亲一样，提倡天文学、算学。他的"经学"走了一条当时学者都主张的道路，就是用"五经"中的要义，来构建"变法"理论。他的《周礼正义》《墨子间诂》，就是晚清"经世学"中的变法思想集大成之作。

1894 年，中国在中日甲午战争中战败。1895 年，清政府与日本签订了丧权辱国的《马关条约》。消息传开，举国哗然。从此，与全国一样，温州地区的有识之士群起寻求强国之道，改变科举制下儒家士大夫形成的旧知识体系，学习新的实用知识是先进读书人的共识。在现代科学传人和维新思潮的推动下，广大有志青年普遍渴望学习西方的先进科学技术，特别是作为科技基础的数学。在这一时代背景下，瑞安的朴学大家孙诒让，怀着"自强之愿，莫于兴学"的信念挺身而出，从"矻石乞治经生之业"的一代经师，转变成为以努力开拓“储才兴学”为己任的教育家。他多次辞绝清廷诏召，全力投入地方教育事业。

1896年阴历正月，算学书院筹备就绪。孙诒让以瑞安的明代名臣卓敬公祠为算学书院院址，以寓纪念前哲、启迪后学之意。后因孙诒让认为，学校的设施和将开设的学习内容都与旧式书院大不相同，而与京师同文馆的天文算学馆和广州的实用学馆比较，虽规模有所差距，学科有繁简之别，但性质与法规相差无几，已经是一所新式学堂。于是，孙诒让召集瑞安绅商开会复议，决定不称“书院”，易名为“瑞安学计馆”。孙诒让托瑞安京官黄绍箕，转请张之洞题写馆名。当时张之洞“清流党”系统的官员也出来举办新式学堂，如瑞安籍的江苏学政黄体芳在江阴创办南菁书院。南菁书院聘请的山长，就是一位懂得数学的老先生、金山守山阁等丛书的主持人，也是孙诒让在曾国藩幕府前辈的张文虎。

1896年阴历三月初一，瑞安学计馆在瑞安城卓公祠开学。聘算学家林调梅任总教习(即馆长)。林氏是当地前辈算学家陈润之的得意门生。他上宗梅文鼎之学，旁通当代西方数理之义，是“精通格致”的算学家。在该馆，林氏以讲授算学课为主，“课外复讲声光电化诸学，听者讶为奇矣”。严格来讲，林调梅的算学仍然属于乾嘉之学，还不是上海等地已经开始的新式数学，但是这毕竟开创了“西学”风气，鼓励瑞安的年轻学子从事数学钻研。另外，学计馆还聘有助教习两位，首届招生30名，分甲、乙两班学习。课程除算学和理化诸门正课外，还开设有时事课等。瑞安学计馆订阅上海强学会的《时务旬刊》，编写《泰西史约》等书，并把馆中所藏书报供学生借阅，遇到疑难，由教习给予解答。

二、学计馆六年培育一批数学人才

瑞安学计馆成立一周年，孙诒让撰楹联刻木悬于会堂，盛赞总教习林调梅：

> 乡里有导师，亮节孤忠，历算专精祇余事。
> 洞渊昌邃学，通理博艺，艰难宏济仗奇才。

后林氏因积劳成疾，不克始终其事。1900 年起，瑞安学计馆由陈范代理总教习。1898 年，因瑞安学计馆非实业性质，续募基金时应者寥寥。馆中原有基金生息不敷应付，以致动用基金过半，经费趋于拮据。为此，孙诒让一面托黄绍箕兄弟，以私人名义致函浙江布政使恽祖翼转陈浙江巡抚。从温郡盐局增解的盐款中提拨四千两，补助学计馆开支，后允拨两千两。另外，亲自致函上海、杭州和宁波等处热心教育人士赞助或托他们代募捐款，结果共计获得约四千两，存典生息，使日常开支得以解决。学计馆总教习的待遇，每月致送银元十元，助教习每人每月致送四元。而学生中如有应科试而入邑庠者，则对总教习及助教习各有贽敬之送。

瑞安学计馆共办了六年，先后培育了约二百名学生。毕业生的精确数字现已无史料可考，就今有据可查者，认定的学生有：金选簧、岑晴溪、陈宪、项宿仙、黄端卿、刘法道、王冰素、王伯舒、许介轩、黄养素、管幼竹、方瀛仙、宋干卿、郭啸吾等。

在开办瑞安学计馆的六年中，他们培养了一批具数学基础并懂现代科学知识的学生。他们都在学计馆修业三年，已具基本的理论知识，同时也有一定应用这些专业知识于实际工作的能力。例如，时值《瑞安县志》准备重修，全县的地图需要重新测绘。这个当务之急的重担，便落在这批对三角测量已有门径的学计馆学生的身上。经县志局的选聘，部分优秀学生在总教习的指导下，花了一年多时间，首次按新法规的标准完成了全县 55 个都的测绘任务。因学计馆的毕业生多精于算学，后来他们纷纷被聘为中小学教师和家庭教师，对受教者影响很大。也有部分人精于设计计算，后来在当地创办的实业中发挥不小作用。

瑞安学计馆创办的第二年即 1897 年，瑞安名流项崧与其兄项湘藻出巨资仿上海等地的做法，筹办了"瑞安方言馆"，并于二月十六日在瑞安城范大桥项氏宗祠开学。高薪聘请专任教师，讲肄外国语文等科。分西文和东文两个班，学生各 25 人，兼修外国史地。1902 年，按照清政府诏定学制，于正月二十日，将瑞安学计馆与瑞安方言馆合并为"瑞安普通学堂"，瑞安第一所官办的普通中学从此诞生。1906 年，学校改名瑞安公立中学堂。1912 年，改称瑞安县立中学校（现瑞安中学前身）。

三、学计馆学生洪彦远培养苏步青等数学家

洪彦远，字岷初，早期瑞安学计馆毕业，居瑞安县城林宅巷。出身于书香门第，仕宦之家，幼承庭训，资质聪颖，好学强记，清末以文童入泮补县学廪生。因受康梁变法维新思想影响，“凡百新政，教育为本”，弃科举仕途，学新学文化，走“科学救国”的道路。光绪三十年(1904)，他携妻室儿子，东渡日本入东京高等师范学校数理科，苦读七年毕业回国，宣统三年(1911)，洪彦远参加归国留学生廷试，授师范科举人。

辛亥革命胜利，洪彦远先在河北保定师范大学、浙江两级师范学校任教数学，与沈钧儒、许寿裳、鲁迅等同事，丰子恺、陈建功等皆出之门下。后洪彦远调浙江省教育厅任秘书长，沈钧儒为教育厅长。1915 年至 1917 年 11 月，洪彦远任温州府中学堂校长，为适应时需，他鼎力革新，躬亲力行，知人善任，聘请名师，培育人才，还亲自兼授数学，编写讲义，领导有方，学校管理日趋完善。他资助苏步皋、苏步青兄弟留学日本，一时传为佳话。1918 年初，洪彦远奉令调任教育部视学，再度与沈钧儒、鲁迅同事。他严于律己，工作敬业，为人正直，廉洁奉公。

洪氏家教有方，对子女从严要求，据洪瑞棻、洪瑞槎《缅怀先父彦远洪岷初校长》一文说，其父常以“忠宣绵州泽，孝友绍家风”教诲后辈，谆谆告诫，“做人要忠厚老实”“持家克勤克俭，服人以德，待人忠厚”。并教育子女“要酷爱自然科学，尊重科学精神，从小要学好数理化”。他四个儿子均就读于瑞安中学。长子瑞棻毕业于日本京都帝国大学，任国际部兵工署少将科长、驻日代表委员，后对研究开发石油做出贡献，获石油部奖章。次子瑞涛国立交通大学毕业，先后任大连招商局长、西南运输处长、上海航政局长，对交通运输业有贡献。三子瑞楫国立中央大学毕业，专攻机电电子工业。四子瑞槎浙江大学毕业，大学教授，研究化学工业。孙辈十几人，新人辈出。

洪彦远毕生从事教育事业，爱才育人，特别重视发现与培养数学尖子。他常说：“数学是一切自然科学的基础，只有培养了大批数学人才，科学才能发达，国家才能富强。”他培育了不少英才，桃李满天下，其中有陈建功、苏步青，王国松、叶溯中、郭心崧、萧铮等都是他的高足。科学院院士苏步青《怀

念我的老师》一文，怀念昔日几位老师，特别缅怀洪岷初校长对他的培育之恩。1915 年，苏步青考入温州中学，勤奋学习，学冠全班，洪校长兼教平面几何，常给予鼓励和关注。洪彦远调到教育部工作，慨然解囊，从北京寄来银圆二佰大洋，资助他去日本留学。1919 年秋，他又寄来临别赠言：“天下兴亡，匹夫有责，要为中华富强而奋发读书。”苏步青铭记在心，正是洪彦远在数学方面引导他走上成才之路，这正是他一生事业的转折点。1982 年，时任复旦大学校长的苏步青祝贺母校温中建校八十周年大庆的贺诗云：

> 穷乡僻壤旧家贫，五柳池边勤读身。
> 岷老怜余如幼子，叔师训我作畴人。
> 学诗无计追苏白，筹算犹期继祖秦。
> 饮水思源同八十，小词遥祝鹿城春。

饮水思源，苏步青深切感谢母校对他的教育和情爱如父的洪校长对他的栽培，肺腑之言，感人至深。

洪彦远素有“国家兴亡，匹夫有责”的抱负，有关政局大事，必伸张正义。袁世凯称帝复辟，他表示极大的愤慨，独自署名向全国通电反对，显示出一片赤诚的爱国心。北洋政府垮台，军阀混战，他薪水被拖欠累积数万元，一家生活无法维持，愤然离京回乡，但仍然关心国家大事。1931 年“九一八”事变爆发，他热情支持学生爱国抗战。为营救“一二·九”运动被捕青年学生，他披沥陈辞，奔走呼号，联络温州各界名士联名保释、救援不少进步青年。当日军侵占温州时，他不畏强暴，严词拒绝日伪多次威胁利诱，和家人避居乡间。日军撤退，他不顾年老体弱，出任瑞安抗敌后援会副主任委员，不辞辛劳。家中经济虽然穷困，但是他还是带头捐款数百元，支援前线抗敌，克尽厥职。1945 年 4 月，他闻悉留日好友、著名爱国志士黄群为抗日奔波于港、桂、渝之间，操劳过度，不幸病逝重庆，撰挽联哀悼。

抗日战争胜利后，教育家洪彦远晚年息居家园，不再过问世事。1958 年，卒于家，终年八十岁。

四、温州数学家群体现象及瑞安源流

瑞安是温州和浙江地区现代数学的发源地，本地士绅兴办的学计馆就是浙江数学家人才辈出的摇篮。浙江数学在20世纪50年代达到全盛。1948年，当时中央研究院评出五名数学院士，其中四名来自浙江，这是偶然，还是必然？在浙江数学界出现这个盛况的时候，我们可以追溯一下它的渊源，这对理解中国数学发展历史很有帮助，我们也会发现浙江数学与江苏数学发展存在相当密切的关系。戊戌变法前夕，孙氏、项氏在瑞安开办学计馆，教授的数学固然是19世纪新教传教士传入以后的近代数学。但是，举办学计馆的孙诒让等人，都提到"利徐之学""梅江之学"，即明末清初传入中国，由耶稣会士和天主教徒翻译的早期数学，如《几何原本》。也就是说，瑞安现代数学一方面与当代世界的先进数学相联系，另一方面它也与已经具有近300年历史的、由江南"乾嘉学派"继承的历算之学相联系。

理清瑞安及温州数学与明清"西学"的渊源，对于了解清末学术的传承相当重要。我们已经粗略地知道，1795年，浙江学政阮元在杭州省城的诂经精舍教学，重视算学研究和人才培养，聘请数学家李锐参与编辑《畴人传》。1830年，李锐弟子黎应南任平阳县令，在温州布下算学思想的种子，并开始传习数学知识。1875年，孙衣言创办"诒善祠塾"，开设舆地、历算、制艺等科技课程，已经具有数学教学内容，这在温州是划时代的创举，其教授时间之早，仅次于上海的龙门书院等机构。1896年，孙诒让牵头举办学计馆，为培养数学人才定规打基，这是温州数学家涌现的制度创新。本文正是鉴于这样一种渊源关系的探讨，查考瑞安数学文化及学计馆制度的创设经过，来探明温州及浙江近代数学家涌出现象的源头活水。

如果我们说利玛窦、徐光启翻译《几何原本》前六卷，开创了明末"利徐之学"的话，那么近代中国数学鼻祖李善兰与伟烈亚力合作翻译《几何原本》后九卷则是接续"利徐"，开创了现代数学教学事业。李善兰先在松江府金山县张堰镇与顾观光、张文虎等人一起研习数学，后在上海租界英国伦敦会墨海书馆翻译《几何原本》后九卷，奠定了中国近代数学的基础。瑞安和温州的数学直接源头，应该是在这一脉。李善兰一生以翻译西方数学著作为己任，他翻译了西方数学经典著作《几何原本》《谈天》《代数学》《代微积级》《自然哲学的数学原理》等。

李善兰主持京师同文馆算学馆，张文虎主持江阴南菁书院，孙诒让创办瑞安学计馆，他们是中国近代学者独立从事数学教学的第一代。正是在这第一代的数学教学中，培养出一大批数学家。上海的数学教学传统丰厚，培养出一批代表人物，如徐汇公学的马相伯、李杕，龙门书院的张焕纶、李平书，南洋公学的胡敦复、胡刚复、胡明复、胡仁源，还有大同大学的一大批数学家。京师同文馆、江阴南菁书院的数学教学成就不是很突出，他们确实没有培养出值得称道的数学家。然而，瑞安学计馆却是非常了不起的，它在偏僻的温州地区，开风气之先。孙诒让、洪彦远等前辈，在瑞安县、温州府，乃至于浙江省范围内培养出了一大批人才，他们到上海、东京、美国和欧洲深造，造就了一大批浙江籍的数学家。

1948 年，民国中央研究院第一届数学院士，共五名，分别是姜立夫、许宝騄、陈省身、华罗庚、苏步青，这些是当时中国最顶尖数学家，除了华罗庚来自江苏外，其余四位均来自浙江，这绝非偶然，其中就有学计馆的开风气之功。我们看浙江籍的三位院士，姜立夫、苏步青、陈省身均和瑞安及学计馆有关。按其学脉，有孙诒让—黄庆澄—姜立夫，孙诒让—洪彦远—苏步青，姜立夫—陈省身这三组师生关系，它们源出瑞安学计馆谱系，可谓师承渊源有自。

1955 年，中华人民共和国首次评选中国科学院学部委员，陈建功、苏步青、江泽函、柯召、许宝騄、华罗庚、李国平、段学复、王湘浩当选数学学部委员。两年后的 1957 年，又增补张宗燧、吴文俊为数学学部委员。这 11 名数学学部委员中，陈建功、苏步青、柯召、许宝騄、张宗燧、吴文俊等六名均来自浙江，江泽函来自安徽，华罗庚来自江苏，李国平来自广东，段学复来自陕西，王湘浩来自河北，所以，浙江数学家占一半以上，“浙江数学家”“温州数学家”的现象，确实值得我们来研究其缘由。

中国当代数学家中，有杰出贡献的佼佼者，是熊庆来、姜立夫、苏步青、陈建功等四人。这四人和华罗庚、陈省身一起，学成回国，开宗立派，是为中国现代数学的六大宗师。这六位数学大师具有共同经历：(1) 海外求学获得国际声誉；(2) 回国创建数学系、所；(3) 教育学生，培养出院士。但是，我们追根溯源，还是会发现他们萌发数学兴趣，接受早期训练，都与当地的数学环境有关系。这六位宗师，都出生于 1900 年前后，与中国知名大学创办时间几乎同时。他们中有四人来自浙江，一人来自江苏，一人来自云南。而中国近代数学鼻祖李善兰也是浙江人，李善兰的前辈和同事顾观光、张文虎则是金山"守山阁"学人。如南开大学数学系创办者姜立夫。姜立夫,浙江平阳人。主要经历为1910年6月考取留美学务处备取生,次年9月入美国加利福尼亚大学学习数学,1915年毕业,获理学学士学位。同年转入哈佛大学作研究生。1919年,获博士学位。1948年,民国政府中央研究院公布了首批81位院士名单,含五名数学家,姜立夫和陈省身、华罗庚在第一轮投票中便当选了。中央研究院随后出版的《国立中央研究院院士录》刊载了第一届院士的著作目录,五位数学院士中,苏步青发表论文最多,有95篇;华罗庚次之,68篇;陈省身再次,发表38篇;许宝騄发表24篇;姜立夫只发表了1篇。根据1995年吴文俊主编的《世界著名数学家传记》一书记载,姜立夫1947年前发表的论文仅此1篇。就是他的哈佛大学博士论文《圆素和球素几何的矩阵理论》,但是这篇论文就奠定了他在数学界的崇高地位。

1920年,姜立夫创办南开大学数学系;1949年,他创办岭南大学数学系。姜立夫人生最精彩的,不是他在哈佛拿下博士学位,也不是他当上中央研究院院士,而是他在南开大学"一人系"的教学生涯,带出了陈省身这样的国际数学大师。在南开大学数学系建系之初的四年中,只有他一位教师。据他学生回忆,姜立夫的黑板讲授很独特。教室光线来自左方,除了在黑板上书写公式或作图外,他总是站在教室左前方,让开黑板,面向学生讲解,便于学生耳目并用,手脑并用。他在黑板上书写或作图时,从不中断解说,连每个数学记号都边写边念,从不出现哑场。他十分注意节约黑板空间,只写公式及少数名词、人名和绘图,板书及绘图整洁简练。擦黑板时总要保留尚须参考的公式。他作图时,一般是徒手,只有图形必须十分准确,如射影几何中的复杂图形时,才用直尺,而且总是使有关交点落在黑板范围内。他使用颜色粉笔,系统而不滥,用不同颜色代表不同对象。他讲课有时有教材,没有教材时,常常只在一张废日历纸上记下简略的提纲。但他永远是离开教材或提纲讲解,教材、提纲只起备忘作用。

姜立夫这种课堂讲授方式,需要讲者透彻驾驭讲授内容,精神高度集中,有坚实的逻辑推理能力;其优点是能带动学生也聚精会神,随着教师的思路进行同步的逻辑思维运作,取得最佳教学效果。在姜立夫言传身教中,他们能得到逻辑思维和表达能力的严格训练,尤其是解决问题的训练。姜立夫的辛勤耕耘，结出了丰硕的成果。仅在他早年的学生中就出现了刘晋年、江泽涵、申又枨、吴大任、陈省身、孙本旺等优秀数学家。此外，他对苏步青大力推荐，还促成华罗庚出访苏联、美国。

还有复旦大学数学系创立者——苏步青。苏步青，浙江温州平阳人。主要成就：(1) 创办陈苏学派。1931 年，苏步青在日本东北帝国大学学成归来，他和陈建功先生在浙江大学开创数学讨论班。在抗日战争期间，学校西迁贵州，其被迫在山洞里还为学生举办讨论班。带出的学生都在国际上很有影响的杂志上发表论文，为浙江大学数学系在国际几何学界赢得崇高的声誉，以苏步青为首的浙江大学微分几何学派已开始形成。(2) 创办复旦大学数学系。1952 年，全国高校院系调研，浙江大学数学系划归入复旦大学，苏步青任复旦大学数学系主任。1978 年，任复旦大学校长、数学研究所所长。(3) 带出八名数学院士。苏步青从事微分几何、计算几何的研究和教学 70 余载，自 1931 年到 1952 年间，苏步青培养了近 100 名学生，在国内十多所著名高校中任正副系主任的就有 25 位，有五人被选为中国科学院院士，连同新中国成立后培养的三名院士，共有八名院士学生。

这六位大宗师，个个都有独门“绝活”。熊庆来培养出了华罗庚，熊庆来其他的弟子在 1952 年随清华集体转入北大，北大数学现在是中国高校的“老大”。姜立夫培养出了陈省身，陈省身海外一枝，带出了丘成桐，代表中国数学在国际数学界的最高水平。陈省身还回国帮助南开大学成立了数学研究所。陈建功和苏步青，创立“陈苏学派”，从浙江大学转入复旦大学，建立了复旦数学系的传统。“文革”后，苏步青、谷超豪先后担任复旦大学校长、副校长，为国家培养出众多的栋梁之材。这六位宗师，共同奠定了中国数学百年大格局。

蒋志明，华东理工大学数学系教授，上海市金山区
前教育局局长，前金山中学校长，数学高级教师

关于温州“大学校长现象”(附录)*

记者:在中国近现代百年发展史上,温州人在北京、上海、杭州等温州以外的城市,担任或担任过至少30所知名大学的校长,为什么温州会出现“大学校长现象”?

李天纲:近代以来,温州籍学子游学大江南北非常普遍,不少温籍杰出人士出任大学校长的现象确实存在。此现象最明显的便是20世纪七八十年代的校长苏步青、副校长谷超豪都是温州籍,他们都是数学家。苏步青平阳人,谷超豪温州人。我的本科毕业文凭是苏步青校长的签名,谷超豪先是我们的研究生院长,后来当副校长,不久调去中国科技大学当校长了。苏、谷两位温州人当校长看似有偶然性,其实不奇怪,因为温州人学数学渊源很深。早在1896年孙诒让、黄绍箕、项氏兄弟合办学计馆(后瑞安中学),开始数学教学,当时大部分儒生还在读四书五经呢!那几年复旦在数学界太强了,不但校长由他们担任,全国重点大学的数学系主任也一半是他们的门生。温州数学名人馆资料显示,全国主要大学数学系曾有三分之一的系主任是温州籍。当时“数理化”吃香,数学家容易被推举为校领导,自然会多出几位温州籍校长。

从长远的历史背景来看,“大学校长现象”则与温州在清末民初的教育改革事业中走在江南和全国的前列有关。温州的新式教育起步早,就比别的地方更早一些时间出现了一批新学者。一招领先,招招领先,后来的办学

---

* 本文为复旦大学哲学学院宗教学系教授李天纲应《温州日报》专题采访所作,以《为什么温州会出现“大学校长现象”?》为题,载《温州晚报》,2019年4月4日。

事业中就会不断任用温州人，进而学界温州人中间就有了“无温不成学”的说法。比如瑞安孙诒让，父亲孙衣言，叔父孙锵鸣在曾国藩、李鸿章的幕府里知道要“变法”，便在家乡举办新学。洋务派干将张之洞也曾数次邀请孙诒让出任京师同文馆算学馆教习，相当于最高学府的数学系主任，他却两度婉拒，留在家乡治学办学，带出了第一批新式人才。同文馆总教习(校长)是美国人丁韪良，唯一的中国人系主任就是算学馆教习李善兰，海宁人，从上海到北京去的。

洋务运动以后，上海率先进入现代化，旧学废，新学起，新式教育最早都是外国传教士和周围华人提倡起来的。上海附近的苏州、常州、无锡、松江、湖州、嘉兴靠得比较近，得风气之先，也跟得紧，出学者很多。但是，温州离上海较远，学者和校长出得并不少，这比较特别。温州处浙南海隅，地不当要冲，田赋不及苏南、浙北，也没有重要的大学，但近代学风蔚起，人才辈出，原因在哪里？我要说，就是孙氏、项氏的开风气之先，努力办学的结果。温州的基础教育现代化启动早、办得好，如瑞安中学、温州中学，以及各县的书院转化而来的县中学，都培养出一大批少年俊才。这些人或留学西洋、东洋，或求职上海、北京，结果一大批人才在各地成长起来。而一批在外获得全球视野的温州海归回到温中、瑞中教学，又培养出新的少年人才。

记者：大学校长是一个国家、一个城市创新主体的领军人才，温州人凭什么能当校长？

李天纲：当校长首先要有学问，一百多年来，新学、旧学交替，温州的基础教育在新旧结合方面做得比较好。单讲旧学，温州在江浙一带并不突出；要讲新学，上海当然是做得更好。但是，在新旧学结合，用旧学问讲新道理，靠新知识去改造旧体制，温州人做得真不错。还是举孙诒让的例子，孙是清末浙江三大经学家之一，年龄在俞樾之后，章太炎之前，在学问的中西、新旧融合方面非常突出。要讲旧学，当时的经学第一，不是夸夸其谈的“今文经学家”康有为，而是江浙共推的汉学家孙诒让；要讲新学，孙诒让在光绪初年就接触西洋数学家，后来还邀请上海圣约翰大学教师来教英文。他在甲骨文发现的第四年就写出来《契文举例》。新旧融合得好，中西两面都能应付，这大概就是温州文化人的特长。近代人做学问，只有一面就不行，总有人不服气，需要有人出来折中协调。京师大学堂(后北京大学)史学、经学教习，瑞安人陈黼宸也是一位融通新旧的典型人物。学问其旧，行为其新，参加辛亥革命；表面是旧，内里是新，他用注疏的方法讲老子，讲出时代性。从此角度讲，温州学者在守正创新上做得也不错。

还有，无论是做学问，还是当校长，只会说，不会做也不行。温州人苦干精神强，无论山里，还是海边，都有勤奋砥砺劲头，既知学问，又吃苦肯干，说起来这就是永嘉学派的“知行合一”，我看不用这么学究地讲，其实就是温州人的苦干加巧干！当校长要有领军能力，自己没有苦干精神，谁跟你走？温州文化人还有一个特点，就是“游学”。“游学”和“商贾”相似，读书和做生意也差不多，文化和经济还是同一个现象。因为没有超级大学或科学院，本地的一流人才就会流向上海、杭州、南京、北京、港台，甚至欧美。温州学者在海内外的分布情况，和温商在世界上的分布格局有相似性。资料显示，温州人在欧洲留学的比例高于其他地方，温州人在台湾地区当校长的也多过其他，这和温州人旅居欧洲，靠近台港有关系。历史上的江浙人，包括温州人都是好礼学文，耕读传家，文化网络和经济网络本来就是重叠的，这是有很大好处的，本身就是一个资源。

记者：您曾对温州百年历史中的现代化进程进行研究，“大学校长现象”与温州现代化发展有什么渊源？

李天纲：我们认为20世纪80年代出现的温州发展路子并不是偶然的，不是突如其来的，也不是无缘无故的。“大学校长现象”也表明温州的现代化进程本来就已经开始了，富有底蕴。外人既不能抹杀，自己更不必菲薄。温州经济起飞的根本原因，就是此前有了近一百年的铺垫。温州的现代经济也是有文化、教育做基础的，不是鲁莽，或者碰巧搞出来的。在温州经济、社会和文化发展遇到瓶颈的时候，我们完全没有必要对温州发展失去信心。相反，应该有更强的信心，勇当探路者，续写创新史。

记者：那么，当下如何知古鉴今，推动温州再创高质量发展新辉煌？

李天纲：我理解您的问题意识，是要说温州多大学校长，对温州现代化可以有怎样的推动作用。温州的现代化孕育了一大批优秀知识分子和大学校长。至于如何借助大学校长的力量，振兴温州当代经济，这是当政者的事情。我的看法是这种事情是水到渠成的，顺势而为。大学校长掌握大量人脉，有知识根底，会管理各种机构，视野广阔，当然应该回乡做事。过去的读书人都是地方上的“乡贤”，对乡村社会发展起了重要作用。现代的“乡贤”就是博士、教授、校长，应该多回地方来承担责任，造福乡梓。温州学人在海内外分布情况，和温商在世界上的格局有相似性，同乡籍背景的科教网络和经济网络高度重叠，这是温州突出的优势，本身就是一个资源。我觉得校长们可以起这个作用，凝聚起本籍贯的商人和读书人，一起做各种社会事业，这才是真正考验他们有没有学问，能不能干事的大场合。最近几十年，温州人常常开风气之先，带这个头，重建乡村自治，振兴地方事业，我看很有必要。

永嘉学脉再探

从『永嘉之学』到『瑞安新学』

浙学中坚：论永嘉学派在哲学中的历史地位

重估永嘉学派在浙学中的历史地位，以下两个问题不可回避：永嘉学派在宋代浙学体系中是一个什么样的角色和定位？在元明清三代，浙学主流已变为程朱理学和陆王心学，永嘉学派是否已经永远成为历史的陈迹呢？

本文认为，从浙学的形成历史看，宋代是浙学实现思想自觉的关键时期，而永嘉学派是宋代浙学的主力军，叶适是宋代浙学的最后一位领袖，也是宋代浙学的集大成者。南宋灭亡后，虽然程朱理学和陆王心学相继成为思想主流，但永嘉学派仍保持了生命力，并在近代中国获得了创造性转化和创新性发展。

一、浙学和宋代浙学

宋代，是浙学演进历史上分水岭式的关键时期。这主要是因为，在宋以前没有人使用“浙学”一语。以宋代为界，浙学先后经历了从“自在的浙学”到“自为的浙学”两个阶段。自良渚文化以来，浙江大地上产生的所有文化现象和精神产品，固然可以统称为“浙学”，但此种观念的浙学只是强调了浙江这一地理属性，譬如东汉王充《论衡》这样的巨作虽诞生于浙江，但仍属于中原文化南传的产物，浙江这一地理属性与这些文化现象、精神产品内在的思想逻辑缺乏联系，名之为“自在的浙学”。

进入宋代，尤其是在南宋，理学大师朱熹在历史上第一次使用“浙学”这一术语批评两浙地区所流行的一种思想学术，斥之为“浙学尤更丑陋”“浙学却专是功利”。从朱熹的批评可以发现，这一时期的浙学有两个鲜明的特征：第一，只有到了宋代，浙学才内生出了一种全国性影响的思想学术，浙学之“浙”已不是一个单纯的地理观念，而是一种原创的、独立的学术思想体系，引起了当时思想界的瞩目。第二，“浙学”之“学”的灵魂是儒学，由于儒学是中国传统文化的主流思想学术体系，浙学只有在儒学体系内发展出一整套独立的思想观点，它才真正获得自身稳定的内涵和清晰的边界。在宋以前浙江大地虽然出现了道教魏伯阳、天台宗智者大师等人，但没有人称其为“浙学”。

由此可见只有到了宋代，浙学才迎来了思想自觉的复兴，而永嘉学派作为一个区域性的原创的儒学思想体系，成为浙学从“自在”走向“自为”的主力军。为了说明这一点，有必要先回顾一下宋代浙学崛起的历史背景和问题意识。

首先是在北宋中期，新儒学运动影响迅速扩大，全国各地“学统四起”，一些地域特色鲜明的思想学术传统和学者群体次第崛起。仁宗庆历二年(1042)，新儒学运动的重要人物胡瑗(993—1059)受邀来到湖州讲学，将这股清新的变革之风吹到了两浙地区。全祖望说：“庆历之际，学统四起。齐、鲁则有士建中、剑颜夹辅泰山而兴。浙东则有明州杨、杜五子，永嘉之儒志、经行二子，浙西则有杭之吴存仁，皆与安定湖学相应。”[①]此时的浙学尚处于萌芽期，北宋哲宗朝所流行的几种区域思想学术主要是二程兄弟洛学、三苏兄弟蜀学、司马光朔学、王安石新学，竞相角逐，最终在徽宗朝以王安石新学胜出、垄断“道统”为结局。

北宋灭亡，宋室南渡，王安石的荆公新学在与洛学(此时已经成为“程学”)竞争中节节败退，程学获得了朝野上下广泛的认可。进入孝宗朝，朱熹、张栻、吕祖谦勠力同心，在隆兴至淳熙初年掀起了开展传播、研究程学的高潮。但是，随着程学复振运动的深入，在程学内部出现了自我改革的呼声，对于如何进一步加强程学的思想批评力量的问题上，吕祖谦与朱熹出现了微妙的分歧。吕祖谦更加重视北宋、南宋过渡之际程学缺乏“经世应务”能力的缺陷，并试图加以弥补；朱熹则更加强调在“内圣”的方向上完善程学

---

① 周梦江：《叶适与永嘉学派》，杭州：浙江古籍出版社，1992年，第17页。

的术语体系、逻辑体系。正是这一思想矛盾的萌芽和充分展开，导致朱熹形成了“浙学却专是功利”的价值判断，从而宣告了“自为的浙学”诞生。

二、永嘉学派是宋代浙学的中坚力量

（一）永嘉学派推动了吕祖谦为“宗主”的宋代浙学之定型

当吕祖谦思考程学不能经世致用时，他发现了永嘉学派的奠基人薛季宣（1134—1174）正在实践改革二程理学的工作。吕氏在为薛季宣所撰写的《墓志铭》中，高度肯定他治学“于经无不合，于事无不可行”。既有别于王安石一类的功利刑名之学，又避免了单纯内倾化所导致的“不足以涉事耦变”的弊端。同时，“公之学既有所授”，薛季宣是程颐再传；薛季宣早年在武昌为官的实践经验支撑了其学术研究至关重要，他的地理之学不仅是为了解经训说，更是为南宋当代军事斗争服务的兵要地志之学。薛氏对本朝制度律法极为娴熟，以致同僚和下属不敢相信“其为儒者”，从而暗示南宋“儒者”普遍不擅长制度之学。吕祖谦还指出，薛季宣并不认为佛教是理学面临的大敌，理学在南宋社会面临的真正的危机，是如何从“道揆”走向“法守”、从“成己”走向“成物”。薛季宣的实践和主张，都给吕祖谦很大的启发，鼓舞他继续为改造二程理学而努力。薛季宣卒于孝宗乾道八年（1174），此说浙学尚在酝酿阶段，可以说薛季宣对吕祖谦的启发推动了浙学的最终成熟。

（二）永嘉学派用学理论证、经典阐释的方式，明晰了浙学的基本立场和核心要旨

认识到北宋新儒学不能经世致用，只是提出了问题和任务，最困难的工作是如何通过学术研究的实践去解决这个问题。吕祖谦去世后，浙学与程朱理学的矛盾公开化，而程朱理学又构建了以《四书》学为核心的新经典体系并对经典进行全新阐释，表达自己的思想。因此，浙学与理学对话论辩时，必须将永嘉学派的思想观点、学术实践、政治实践，以三位一体的完整体系来进行论证。哲学是抽象的，后二者则是具体的，双方相互支撑，骨肉相连。而陈亮与朱熹虽然展开了精彩的“王霸义利之辩”，但他对经典阐释的路径兴趣淡薄，因此没有能将浙学的基本思想用学术研究、经典阐释的形式加以展开论证，也没有能够将浙学的基本立场在学术辩论中固定下来。这

一伟大的工作，是由永嘉学派，尤其是叶适完成的。

从薛季宣开始，永嘉学派就高度重视通过经典阐释传播、论证自己的思想主张。薛季宣对《尚书》《论语》《春秋》《礼记·中庸》等经典都有训释，并在《中庸解》中旗帜鲜明地强调学习客观知识的“自明诚”，否定了“自诚明”的直观顿悟的认识方式；陈傅良更是通过《周礼说》系统阐明了浙学改造南宋各种制度所要实现的“三代”制度典范，还通过《左传》研究提出了自己的史学思想。叶适的《习学记言序目》更是一部涵盖经史子集四部的百科全书式的学术专著，他通过对儒家经典、历史要籍、诸子百家的评点，提出了批评程朱理学心性思想、解构理学道统论的一系列全新观点。这些观点不仅在理论锐气和原创性方面与陈亮不相上下，而在学理阐释和经典引证方面更胜陈亮一筹。

清代学者全祖望认为，“浙学”自吕祖谦以后就分化成永嘉、陈亮、吕祖俭三支，相互之间没有思想上的共通性。在这三支中，功利倾向最严重的自然是陈亮：“永嘉以经制言事功，皆推原以为得统于程氏。永康则专言事功而无所承，其学更粗莽，抡魁晚节尤有惭德。”[①]所谓陈亮“更粗莽”就是批评他没有学理化地论证自己的观点。全祖望认为是叶适做出了专业的学术贡献：

> 水心较止斋又稍晚出，其学始同而终异。永嘉功利之说，至水心始一洗之。然水心天资高，放言砭古人多过情，其自曾子、子思而下皆不免，不仅如象山之诋伊川也。要亦有卓然不经人道者，未可以方隅之见弃之。乾淳诸老既殁，学术之会，总为朱、陆两派，而水心龂龂其间，遂称鼎足。[②]

叶适通过经典阐释的论证方式，将浙学发展过程产生的“功利”思想进行合理的阐释，使之符合儒家经典的规范，只有这样，叶适才有资格与朱熹、陆九渊鼎足而三，成为南宋思想学术界的第三极。

（三）永嘉学派代表了浙学思想的原创性和革命性的一面

吕祖谦虽然是“浙学宗主”，但他的总体思想背景仍然是理学。他一方

---

① 黄宗羲：《宋元学案》卷五十六《龙川学案》，杭州：浙江古籍出版社，1986年，第214页。

② 黄宗羲：《宋元学案》卷五十四，第106页。

面致力在理学内部改造理学、提升理学的思想；另一方面又与朱熹通力合作，弘扬推广理学。理学的改造者与弘扬者的双重身份决定了他的思想创新具有很强的局限性和保守性。

永嘉学派，尤其叶适，经过长达三十年的探索，最终意识到其与朱熹在理论上难以调和（朱熹也是这样认为的），浙学的历史使命不是从理学内部发掘经世致用的因素，也不是补齐理学所缺失的经世致用的本领，而是要在理论预设层面上驳正理学，即理学思想体系中最核心的心性论思想。

永嘉学派早在薛季宣那里就注意批驳理学的核心思想——心性论思想。薛季宣撰写了论文《知性辨示君举》，提出了“性不可知论”，反对将“天命之谓性”作为儒学的功夫对象（认识对象）；陈傅良（字君举）在继承“性不可知论”的基础上，提出“道法不相离”，并批评理学视为圭臬的《尚书·大禹谟》“十六字箴”受到了老庄思想的影响，其误在于否定以制度建设改造客观世界是“道”的主要实践形式。

叶适在《习学记言序目·总述讲学大旨》中否定了理学“心包万理”的预设，指出“心”并不先天具有真理，而只是一种认识真理、探索真理的能力；叶适批评理学以《太极图说》为中心所构建的宇宙论体系，是一个超出人的感官经验、违背常识、超越历史时空的形而上学的体系，在某种程度上已经被佛教思想所“污染”；他断然否认了理学道统论谱系中曾子的传道者地位。这些批判和反思都直击理学思想体系的核心和要害，引起了理学派的不满。程朱理学的重要学者真德秀就批评叶适《习学记言序目》属于“放言”，这恰反映了永嘉学派探索真理的勇气。元代学者黄溍（1277—1357）认为陈傅良、陈亮、叶适虽受益于吕祖谦，但吕氏去世之后，“人自为书，角立竞起”，而叶适之学“无一合于吕氏”，就反映了这一点。①

叶适虽曾多次向吕祖谦问学，特别是孝宗淳熙五年，他为了备考省试而在临安逗留了半年之久，其间向同在临安任官的吕祖谦问学，吕氏向他传授了关于《皇朝文鉴》的构思和逻辑，指出应该通过研究宋代的本朝史，揭示儒家的“治道”。淳熙八年吕祖谦去世时，陈亮和一批吕祖谦门人恳请叶适继承吕学，被他拒绝。其原因一方面是叶适顾虑吕祖谦门人群体内部人际关

① 黄溍：《文献集》卷五《送曹顺甫序》，《黄溍全集》，天津：天津古籍出版社，2008年，第237页。

系的复杂性，更重要的原因则是叶适感觉到吕祖谦对程学的反思和批判还不够彻底。

（四）叶适是宋代浙学最后一位领袖和集大成者

吕祖谦开创浙学之后，永嘉学派、陈亮在他的指引下丰富和壮大了浙学。朱熹指出："其学（指吕祖谦）合陈君举、陈同父二人之学问而一之。永嘉之学理会制度，偏考究其小小者。惟君举为有所长，若正则则涣无统纪。同父则谈论古今，说王说霸。伯恭则兼君举、同父之所长。"①陈傅良（君举）、叶适（正则）和陈亮（同父）都是吕祖谦学术的继承者，但各自从不同方向发展了"浙学"，陈傅良主要研究制度，开创了"制度新学"；陈亮则在历史哲学领域与朱熹开展了"王霸义利之辩"；叶适被朱熹贬低为"涣无统纪"，乃是因为朱熹去世之前，叶适尚未完成对浙学的思想总结。

但是，吕祖谦于淳熙八年（1181）去世后，陈亮、陈傅良成为浙学的代表人物；绍熙五年（1194）陈亮去世，浙学的代表人物已经变为陈傅良、叶适；嘉泰四年（1203）陈傅良去世，此后二十年间，叶适成为浙学当之无愧的领袖。他利用晚年闲居的机会，系统总结了浙学的理论思考，进行了学理化的论证，整理了《水心外稿》《后总》，撰写了《习学记言序目》，同时继续讲学收徒，获得了广泛的思想影响。正是看到了叶适的这一巨大影响力，南宋末期著名学者黄震（1213—1281）在他的《日抄》中对《水心文集》进行了逐篇点评。他认为朱熹、陆九渊、陈亮、陈傅良确为南宋思想学术的四大家，而叶适"混然于四者之间"，遂为第五大家：

> 愚按乾淳间，正国家一昌明之会，诸儒彬彬辈出，而说各不同。晦翁本大学致知格物以极于治国平天下，工夫细密。而象山斥其支离，直谓即心是道。陈同甫修皇帝王霸之学，欲前承后续，力拄乾坤，成事业而不问纯驳。至陈傅良则又精史学，欲专修汉唐制度吏治之功。其余亦各纷纷，而大要不出此四者，不归朱则归陆，不陆则又二陈之归，虽精粗高下，难一律齐，而皆能自白其说，皆足以使人易知。独水心混然四者之间，总言统绪，病学者之言心而不及性，则似不满于陆；又以功利之

① 李幼武：《宋名臣言行录外集》卷十三《吕祖谦·东莱先生成公》引"晦翁（朱熹）语"，影印文渊阁四库全书本。

说为卑，则似不满于二陈；至于朱则忘言焉。水心岂欲集诸儒之大成者乎？然未尝明言统绪果为何物，令人晓然易知如诸儒者。①

黄震明确指出，所谓“独水心混然四者之间”，是说叶适虽然是永嘉学派的集大成者，其思想却与朱熹、陆九渊有着不同程度的交集，这是因为他对南宋思想学术所有重要的命题都进行了深入的思考，对朱子学、象山心学、浙东学派都进行了批判性的吸收和重构。

三、元明清浙学充分吸收了永嘉学派思想和学术

叶适去世(1223)后，程朱理学成为官学，逐渐统治了整个思想文化领域，永嘉学派乃至朱熹所批评的“专是功利”的浙学也在师徒授受的系统中逐渐失去了传承，元、明、清时期浙学的主流已经成为程朱理学和陆王心学，永嘉学派给人一种戛然而止的印象。这就产生了一个问题，如果永嘉学派被永远定格于南宋，那么它对元明清浙学乃至近现代浙江，岂非毫无影响？

实际上，只要我们仔细考察元、明、清浙学的发展历史，就会发现永嘉学派的思想观点、学术方法已经融入了浙学之中，获得了另外一种形式的传承。这一点可以从以下几个方面加以考察。

（一）程朱理学对永嘉学派进行了批判性的吸收和借鉴

永嘉学派以“制度新学”“事求成，功求可”为号召，但是程朱理学并不完全排斥制度研究和对“事功”的追求。黄榦就曾说：“君举陈丈(陈傅良)，于大经大本固难责以尽合，然闻其于制度考证亦颇有过人处，善取人者，亦资其长以益己而已。”②“大经大本”是朱子学理论的核心——心性学，但永嘉学派的“制度考证”也是值得朱子学借鉴汲取、丰富自我的有益成分。作为朱子学在宁宗、理宗朝的代表人物，魏了翁早年与叶适有一定的交往，全祖望推测：“嘉定而后，私淑朱、张之学者，曰鹤山魏文靖公。兼有永嘉经制之粹，而去其驳。”③所谓“兼有永嘉经制之粹，而去其驳”，反映了魏了翁在早

① 黄震：《黄氏日抄》卷六十八《读叶水心文集·敬亭后记》，影印文渊阁四库全书本。
② 黄榦：《黄勉斋先生文集》卷八《与胡伯履西园书》(榦贱迹如旧)，丛书集成初编本。
③ 黄宗羲：《宋元学案》卷八十《鹤山学案·序录》，第124页。

年对“道学”的接受，是在一个宽泛的意义上来进行的。① 如传承陆学的“甬上四先生”之一的袁燮(1144—1224)也曾问学陈傅良：“永嘉陈公傅良，明旧章，达世变，公与从容考订，细大靡遗，其志以扶持世道为己责。然自始学，于义利取舍之辨甚严。”②所谓“然自始学，于义利取舍之辨甚严”，指袁燮学问虽然从陈傅良那里吸收了“制度新学”的营养，但对“义利”关系的认识与之大异其趣。朱熹的弟子滕璘(1154—1233)也曾问学于陈傅良：“公既从子朱子，得为学大方，异时至永嘉，又从故中书舍人陈公傅良，问《左氏》要义，陈公告语甚悉，大略谓：‘左氏本依经为传，纵横上下，旁行溢出，皆所以解驳经义，非自为书。’且告以六经之义，兢业为本，公佩服焉。”③魏了翁、袁燮、滕璘虽然最终都归本于朱子学或象山心学，但陈傅良的“制度新学”也成为他们吸收的思想养分。以上事实证明朱子学与永嘉学派具有一定的互补性。

南宋末年福建朱子学者林希逸(1193—1271)说：“自薛常州、陈止斋以周官六典参之诸史，讲求古今，损益异同之故。又考本朝文献相承所以垂世立国者，欲正体统，联上下，使内朝外廷必别，大纲小纪必严，与夫取民、制兵、足国、厚下之法，随事条理，期为长久，以今准昔，而不为好古之迂。本末明究，要皆可行。”④

林氏指出薛季宣、陈傅良不但善于考证三代名物、舆地、制度，且注意总结吸取北宋立国以来的制度变迁的得失；这些研究不仅是为了复原历史的原貌(“好古之迂”)，而是要在复原历史原貌的基础上，整理出足以解决南宋当代财政、政治、军事、社会危机的制度安排，实现国家的长治久安。元代朱子学者程端礼(1271—1345)曾这样评价薛季宣：

> 余谓士之谈诗书而略事功，其来已久，遂使俗吏嗤儒为不足用……余少读薛常州《行述》，窃欣慕之，盖其学本濂洛，其自得之实，于经无不

---

① 何俊：《南宋儒学建构》，上海：上海人民出版社，2013年，第352页。

② 真德秀：《西山文集》卷四十七《显谟阁学士致仕赠龙图阁学士开府袁公行状》，影印文渊阁四库全书本。“甬上四先生”与永嘉学派的学术交流情况，详见周梦江：《叶适与永嘉学派》，杭州：浙江古籍出版社，2005年，第132—139页。

③ 真德秀：《西山文集》卷四十六《朝奉大夫赐紫金鱼袋致仕滕公墓志铭》，影印文渊阁四库全书本。

④ 林希逸：《竹溪鬳斋十一稿续集》卷二十二《秘阁提刑侍讲正言陈公墓志铭》，影印文渊阁四库全书本。

合，于事无不可行，莅官文武，应机处变，政无巨细，靡不曲当。①

程端礼批评从南宋后期开始，读书人中流行的"谈诗书而略事功"的偏向，削弱了朱子学改革客观世界、经世致用的功能；而他注意到薛季宣"学本濂洛"，担任过多个军政职务，政绩卓著，同时又是一个出色的学者，可以纠正朱子学末流蹈空好高之弊。

一些明代学者虽然承认"浙学"是与朱、陆鼎足而三的，但认为三者之间具有明显的"互补"特征。如浙江学者章懋(1436—1521)说：

> 为学之道，居敬、穷理不可偏废。浙中多是事功，如陈同父、陈君举、薛士龙辈，只去理会天下国家事，有末而无本；江西之学多主静，如陆象山兄弟专务存心，不务讲学，有本而无末。惟朱子之学知行本末兼尽，至正而无弊也。②

章懋将浙学和陆学整合到了朱子学体系之中，即朱子学是全面的、自洽的，而前二者是片面的、不自洽的，但浙学、陆学之片面并非他者，而是朱子学的多面性中的一面，因此朱子学的丰富性和普遍适用性，也需要浙学和陆学彰显。

由上可知，叶适去世后漫长的六百年间，永嘉学派虽然已经停止了发展，也不再产生新的领袖人物，但它的思想观点和学术成就仍然受到了程朱理学的重视，虽然这种重视是以批判为前提的，我们仍不得不承认，永嘉学派已经融入了元、明、清时期浙学的发展进程之中，由此得到了部分的传承。

（二）永嘉学派通过近代复兴实现了创造性转化和创新性发展

永嘉学派主张"事求可，功求成"，反对空谈心性，主张将儒学的价值观运用实践于现实生活，实实在在地增进人民福祉，改革社会弊端，起到了纠正程朱理学、陆王心学末流空疏清谈的积极作用，在民族危机深重的近代中国，永嘉学派的独特价值引起了思想学术界的重视。在孙衣言、孙诒让父子为代表的一批晚清知识群体的努力下，在晚清掀起了复兴永嘉学派的高潮，由于这次近代复兴，永嘉学派的文化基因被人为地激活了，实现了在近现代

---

① 程端礼《畏斋集》卷三《送薛学正归永嘉序》，四明丛书本。
② 章懋：《枫山语录·学术》，丛书集成初编本。

中国的创造性转化和创新性发展。

这种创造性和创新性表现为：晚清温州知识群体大量刊刻传播永嘉学派文献，为研究永嘉学派提供了可靠的资料，并大力宣传永嘉学派的历史地位和贡献；更重要的是，他们秉承永嘉学派经世致用的宗旨，积极发展近代实业，创办新式学校，设立各种新式社会事业，对温州乃至浙江走向近代化，起到了重要的推动作用。由于孙诒让等学术大师的倡导和呼吁，永嘉学派得到了全国学术界的重视和瞩目，在某种程度上恢复了南宋中期的辉煌。更重要的是，这次近代复兴直接促成了改革开放以来当代温州人精神的孕育和定型，是赓续永嘉学脉的中继线和里程碑，应该得到高度肯定。2019年7月，时任浙江省省长袁家军同志来温考察调研期间，肯定了永嘉学派的历史地位和现实价值，明确指出应加强永嘉学派研究。

四、结语

今天我们重估永嘉学派在浙学中的历史地位，绝非出于乡梓情深的羁绊，为古代乡贤争地位、抢功劳，而是力图通过严谨的学术研究和学理论证，恢复永嘉学派在浙学发展历史上应有的地位。事实证明，永嘉学派是宋代浙学的中坚力量，叶适是宋代浙学当之无愧的集大成者。明确了这两个关键的历史地位，才能正本清源地研究浙学历史，追溯当代温州人精神的源头活水，从而为建设新时代文化温州注入精神动力。

王宇，浙江省社会科学院文化研究所研究员、副所长，浙学研究中心首席专家、秘书长，浙江省儒学学会副会长

叶适事功学的自我疏证：《习学记言序目》札记

永嘉学派的集大成者叶适在最后退隐家乡温州水心村的16年间，完成了代表作五十卷《习学记言序目》(以下简称《序目》)。这部札记体著作广涉叶适所处时代的整个知识系统，以及北宋文献，以其迥异于朱、陆的思想，与之鼎足而三。由于此书是基于文献研读所作笔记后的深思札记，不同于宋儒广泛采用的注经、经说、文集、语录等文体，故晚宋博学如黄震，在《黄氏日抄》中也只涉《水心文集》与《外集》，而未涉及《序目》。真正彰显此书而重视叶适学术思想的是《宋元学案》。[①] 今人受其影响，虽关注此书，但受限于现代学术的学科分类与论述文体，都只是取其一鳞半爪，[②]既不能全面深入理解其学术思想，也不能真切体会其风格气象。今试脱出时文程式，依《序目》而札论之，冀得见叶适事功学的自我疏证。

一、根柢《六经》以明尧舜之道

叶适论学，根柢《六经》。《序目》说经十四卷：《易》四卷，《尚书》《毛诗》各一卷，《周礼》《仪礼》合一卷，《礼记》一卷，《春秋》一卷，《左传》二卷，《国

① 《宋元学案》不仅为叶适立《水心学案》上下两卷，与朱熹的学案作等量齐观，且照录《习学记言序目》卷四十九《皇朝文览三》中的"总述讲学大指"，置于《水心学案》所辑资料首条，独具只眼。

② 最具代表性的便是牟宗三的《心体与性体》专辟一章"衡定"叶适的"总述讲学大指"。其他论著中引用"大指"，以及杂引《习学记言序目》者不一而足，但既未见其淹博，亦难得其总贯。

语》一卷，《论语》《孟子》各一卷，其中《国语》以为《左传》参较。[①] 叶适"虽以《诗》《书》《春秋》《易》《周官》《左氏》为正文，推见孔氏之学，而患无书可以互考"[②]，故于十四卷后，续以《老子》《孔子家语》《孔丛子》各一卷，以作参考。不过，叶适以为，《六经》载道，孔子述道，而孔子的弟子们及孟子未必真知孔子之意，《论语》《孟子》与《六经》终有根本区别。故本文将《六经》与《论语》及其后，分而论之。

卷三《周易三》"上下经总论"条：

《易》推天道以明人事，在传统知识系统中它居群经之首，在知识内涵上又被认为是所有知识的源头，宋代儒学对它高度重视，叶适也是如此。《序目》论经共九卷，首四卷都是关于《易》，不仅对于六十四卦一一作为讨论，而且在此基础上，专门写了这则"上下经总论"，阐明自己的总看法。

解《易》的维度因人而异，大致有四：辞、象、占、变。叶适主张取象是解《易》的正道，每一卦象代表了人类实践的一种典型经验，以及隐含于这一经验中的道理。他摘录《象传》对每卦的解释，指出这些解释都是"因是象，用是德，修身应事，致治消患之正条目也"，其内涵与《论语》所记载孔子问答弟子们的内容相吻合。

传统认为整个《易传》是孔子所撰，但叶适质疑这一看法，他以为只有《彖传》《象传》可能是孔子写的，而《象传》尤其反映了孔子的精神。《象传》不仅在思想上如上所讲，与《论语》的内容相吻合，而且言语风格也相一致。孔子以后，《象传》与《论语》这种简明亲切、明确易行的道理与风格渐趋消失，所谓的义理看似千端万绪，其实只是繁杂空洞。

与《象传》重视因象明理相区别，《彖传》重在揭明卦义理。叶适指出，卦所隐含的义理，有些很明白，有些则需要通过解释才能说明，而且当时的卦义在后代也未必适用，因此，对卦义不必太拘执，全部卦义无不在后来的仁义礼智信中。总之，叶适解易，由卦象而明德，由卦名以通义。

卷四《周易四》"系辞"条：

叶适在四卷关于《易》的札记中，前三卷是逐一解卦，第四卷专论《系辞

---

① 叶适：《习学记言序目》，北京：中华书局，1977 年，第 173 页。下文各条札记间引文句，不再出注。

② 同上书，第 229 页。

传》与《序卦传》。由于程朱理学的理论架构与核心概念主要来自《系辞传》，因此叶适专论《系辞传》主要是针对着程朱理学，持批判与否定的。

在这条札记中，叶适首先指出历来众多的解《易》者，淫诬怪幻者居多。孔子自称述而不作，但于《易》却有专论，这就是叶适主张的《彖》《象》为孔子所作。孔子不语怪力乱神，因此与历来解《易》的淫诬怪幻有根本的区别，而且叶适以为孔子所作《彖》《象》，就是对解《易》淫诬怪幻的忧患。然而学者往往推崇《系辞传》以下的诸篇，未得孔子解《易》的根本精神。叶适以为，《系辞传》的根本问题是"依于神以夸其表，耀于文以逞其流"，虽已相当摆脱了淫诬怪幻，但终究与《彖》《象》所呈现的朴实相悖。

叶适最后讲到，据《周官》，原本有《三易》：《连山》《归藏》《周易》。只是前二者失传了，仅《周易》流传了下来，但因此对其进行神化，则是不应该的。

"系辞上"条：

叶适对《系辞上》的攻驳较详，所论散布，难以列举，这里仅举几例，以为管见。

第一，主张崇阳。解《易》在阴阳关系上，有崇阳、崇阴、阴阳并重三种立场。《系辞传》取阴阳并重，所谓"一阴一阳之谓道"。程朱理学也主要取此立论。叶适批评这一主张看似精妙，"以为微言之极"，其实"至难明也"；落在践行上，则往往"综统之机难执"，"归全之本易离"。只有坚持崇阳，才真正能继善成性，仁者不忧，智者不惑。

第二，否定《易》有成序。程朱理学强调事物背后都有特定的理据，程颐的《周易程氏传》尤其重视《序卦传》，但叶适否定这种卦象背后秩序的存在，他强调六十四卦就是独立的人类经验，经验之间并无内在的逻辑，人们研修《易》，就是从具体的经验中获得启示。

第三，否定揲蓍成卦。《系辞上》"大衍之数五十"一节，后人据此解释成卦的方法，朱熹即是。叶适以为《易》的成卦就是三爻而成八卦，八卦重叠而成六十四卦，所谓的用四十九，经过挂、归、扐，只是筮人后来浅薄了的仪式化，如果执此而解卦，那就成了本末倒置。

第四，否定太极概念。"易有太极"是程朱理学重要的理论，即叶适所谓"近世学者以为宗旨秘义"。叶适以为，《易》象只有八物，各具其义，八物之义不足，则进而有六十四卦，但唯独没有所谓"太极"。"太极"其实源自庄子、列子的概念，这是《系辞传》引道家以释《易》的表征。

“系辞下”条：

在这条札记中，叶适所论要简略许多，且以一二段为例。在第一段，叶适针对《系辞下》第二章中举六十四卦中的十三卦以推测古人因卦象而立礼法、制器用，批评这样的比附过于牵强，研习《易》不应沉迷于这种附会，而应该由卦象而明义，以此经世济民，律身成德。

在第二段，叶适针对《系辞下》讲的“天下同归而殊涂，一致而百虑”，指出这样的说法实为虚浮的夸大之辞，“以为不足思，不足虑也”。叶适这样的批评，旨在针对宋代理学的发展过程中所出现的援禅入儒，强调知识的增长与德性的培植，都有赖于对前人言行的艰苦学习，不存在着轻松的殊途同归，百虑一致。

“序卦”条：

叶适对《易传》中的《序卦传》最具负面看法，一是以为《易》的六十四卦本来以卦象取之，文辞甚少，而且有些也不清楚讲什么，彼此之间并无内在的逻辑关系，只是零散的经验案例的汇集，《序卦传》试图揭明六十四卦背后的逻辑，这在叶适看来是强为之说。再则是因为叶适的易学思想主要针对程颐的《周易程氏传》，程颐的易学思想重在建构理的观念，他的《易传》依据《序卦传》，着力阐发卦的内在逻辑，以彰显事物表象背后的理据，叶适强调事物本身，其思想与程颐理学正相反。

卷五《尚书》“书序　孔安国序”条：

传统认为《六经》都是孔子删修，其中包括《尚书》及其《书序》。叶适以为这一说法出自班固，班固出自司马迁，而司马迁是根据孔安国的说法。孔安国是孔子的十世孙，汉武帝时，孔府旧宅破壁，发现了《尚书》《礼记》《论语》等，其书写的文字是汉代人已不认识的古文字，孔安国用汉代人书写的文字进行了整理，但孔安国认为《尚书》及其《书序》为孔子作，在叶适看来是无依据的。在思想上，由后文论及的“总言讲学大指”可知，叶适以为，道由尧、舜起，孔子只是道丧以后的传承，因此孔子整理了《尚书》是可能的，但不能认为《尚书》是孔子所作。这一札记是叶适关于道统思想在《尚书》上的反映。

“总论”条：

此札仍然是强调，道应当从尧、舜讲起。近世之学，即宋代儒学，虽然都尊经，但泛泛而言，未经梳理，因此杂乱无统，以至尊崇舜与文王，却忽略了尧、禹，强调曾子、子思的思想，而无视皋陶、伊尹的贡献。叶适以为，道的源起要从《尚书》加以求证。

卷六《毛诗》“诗序”条：

诗用形象的语言勾勒出的是诗的意象，在诗的意象中是否隐含着诗义，或者究竟寄托了怎样的诗义，这是《诗经》学上的重要问题。叶适以为诗的意象中应该是隐含着诗义的，否则就没必要创作诗了。

在《诗经》学上，《诗序》因其对诗义的阐释而具有重要的地位。但是，宋儒疑传疑经的风气兴起，对经典的注释乃至经典都提出了许多质疑，对《诗经》也是如此。朱熹是宋代对《诗序》提出质疑乃至否定的重要代表，叶适虽然没有朱熹那么强烈与系统，但同样持质疑态度，以为用《诗经》来进行印证，可以发现《诗序》的论断是有失条理的。比如讨论诗风的正变是《诗经》学的一个重要内容，《诗序》虽然多有见解，但并不都尽然。

此外，关于孔子“删《诗》为三百篇”，“《雅》为朝廷礼乐政事而作”等传统观点，叶适也提出质疑。最后，叶适试图说明唯独周代的诗得以流传是因为周人行诗教的缘故。

“总论”条：

叶适根据《诗》的成篇年代，参证《左传》中的逸诗，推断《诗经》的编集目的主要取治乱兴亡以及中兴，从而对君王进行美刺，以行诗教。而且诗教的传统起于周，由朝廷而下及诸侯。因此，《诗经》成书应在西周之后，东周之时，断非孔子删定为三百篇。不仅《诗经》如此，《六经》大义，皆源深流远，后世全归于孔子，虽出于尊崇孔子之意，但并不符合历史事实。叶适的根本宗旨，就在阐明儒家的道就是华夏民族的文明，而此文明是尧、舜以来的创造演化。孔子的贡献是在于他生当礼崩乐坏之时，以自己的努力纠正当时的偏离背悖。叶适这一核心思想的关键，在于强调人的现实生活中的实践的重要性与先在性，这也是永嘉事功学在叶适这里得以集大成的根本精神。

在此札最后，叶适由《诗》《书》而论及《易》。他的看法是，《诗》《书》原已有之，《易》是卜筮的工具，占卜者各自立说，结果象数之学胜，易的义理茫昧难明。孔子撰《彖》《象》，从而使易的义理得以彰显，与文王、周公的精神相一致，因此，孔子系《易》的性质与删《诗》《书》是有所不同的。

卷七《周礼》条：

此札是叶适关于《周礼》的一个总评论。永嘉学派以经制言学，所谓经，是根柢六经，以六经为思想基础；所谓制，是重视周制，以周礼为历史基础。这个特点在宋代永嘉学派即已形成，至晚清民初永嘉学重振时依然继承。

《周礼》又称《周官》，是周代政治制度的记载与说明，但晚出于秦汉之际，故真伪一直难定。叶适既不认为是周公所作，也不认同完全是刘歆伪造。他总体上认为此经是由类似周公这样的人物所设想的政治理想，即所谓"周、召之徒，因天下已定，集成其书，章明一代之典法"。叶适在对此书的论证与阐释时，参用《诗》《书》，证诸历史，这是叶适治学的重要特征。参用《诗》《书》，这是以经证经的方法；证诸历史，则是以史证经的方法。

由于《周官》是基于一定政治实践的政治理想，因此后世怀抱政治野心与政治追求者，多有死搬硬套《周官》来进行政治改革，前者如汉之王莽，后者如宋之王安石，这在叶适看来，都是极成问题的，因为历史已发生变化，不可能让基于历史中的经验而设想的政治制度来施治于变化了的后世。但是，叶适对《周官》的基本精神还是充分肯定的，他指出"《舜典》以人任官，而《周官》以官任人尔"，以官任人，才能以职责设岗任人，从而"知官有职业，则道可行；知人有职业，则材可成"。

"天官冢宰"条：

《周官》设天、地、春、夏、秋、冬六卿，其中冬官司空已失，仅存《考工记》一篇。叶适对其余五官都有评论，是他的政治思想的重要表达。天官冢宰，又称太宰，是主财务与王家宫内事务的官，周武王死时，成王年少，周公曾以此官行摄政，可知这其实是六卿之首。财政是国家的根本，它以赋税的形式取之于民，用之于政。赋税究竟收多少合理，这是关涉人民能否安康、社会能否持续发展、国家能否长久治安的重要问题，为历代政治家与思想家所重视。叶适批评汉代经学大师郑玄对赋的解释只重文字表面之义，而失政治大意。叶适以为，"尧、舜三代之治法，任民以地而不责其身，故用民之力，丰年无过三日，其爱惜如此"，强调赋税的核定依据在地，即实际收入，而不是以人口，要减轻赋税。其次，国家财政应该用于教养人民，使人民起居饮食有足，吉凶生死和谐，至于具体的定税标准应该以此为准，而不是死扣十取一与否。如果真正用于人民，则不止十取一亦无妨；如果不真正用于人民，哪怕三十取一也是多了。

财政用于人民的教养，能使人民起居饮食有足，吉凶生死和谐，这就是“儒以道得民”。叶适进而指出，《周官》“言道则兼艺”，即养之外，重教化，这便是“至德以为道本”。对道的这一精神，叶适以为孔子讲得尤为著明，但没有对道作直接的界定；老子则相反，离开具体的事物本身，大讲特讲道，近于隐士所言。《易传》以及子思、孟子开始界定道为何物，至宋儒进一步援引佛老加以阐扬，结果愈详说愈乖离。因此，叶适强调，“儒以道得民”与“至德以为道本”最为关键。这其实也是叶适事功哲学在政治思想上的呈现。

“地官司徒”条：

地官掌管田地耕作与劳役。此札考证分封的领地大小事，旨在说明分封领地的大小与其可食者并无必然关系，从而表示田地耕作与劳役的政策应当据实而定。此外，由于市场既是人员混杂的场所，也是利益交集的地方，故管理应该特别加强，即“司市为之治教禁令甚详”。

“春官宗伯”条：

春官宗伯掌管邦礼。叶适以治道为儒家的精神内涵，故他以功能主义的视角来说明礼乐的作用。人的行为言语是经过理性支配的，属于“魂知”，可以“匿情”，亦可称之“伪”，归于阴；人的感官情绪是“体魄”的自然反映，无所隐藏，归于阳。礼的功能是规范人的行为言语，乐的功能是调和人的感官情绪，礼乐兼用从而使人“性正而身安”，“中和兼得”。中和是宋代儒学非常关注的哲学主题，但所论偏重于人的内在精神，“教人抑情以徇伪”，叶适由《周官》作了不同的解释，立足于人的活动，使人的生命感性存在与社会的文明规范达成某种和谐。由此，叶适对古代的原始歌舞与原始宗教也作了相应的解释，强调以人为中心的文明建构。

此札最后一段又论及三易之法，沿用一贯的以经证经的方法，引《诗》《书》证伪有关《易》“人更三圣，世历三古而后成书”的观点，阐明孔子系《易》的根本精神是抉发易学的中正理性精神，剔除祸福利害的卜筮虚妄。

“夏官司马”条：

夏官司马掌军。叶适引《周官》军事设施的用心安排，说明南宋与金的边界无险固可守。叶适一直主张抗金北伐，但开禧北伐时，他已深知南宋的困境，主张改北伐为备边。《序目》是开禧北伐失败，叶适致仕后隐居水心村写成，此札首段由古论今，亦是有感而发。此札第二段讨论周的疆域。以为周的实际统治领域狭小，但战略所及却广大，表明周公、召公之政，并非赖以武力，而主要仰赖德政。

“秋官司寇”条：

秋官司寇掌刑狱。刑狱是治国不可或缺的工具，但如何认识与使用，则是政治思想的一个重要内容。《周官》有“刑新国用轻典”“刑平国用中典”“刑乱国用重典”的“三典”之说。但叶适以为，“周、召之用刑，罪有余而法不足；孔子之论刑，杀有穷而生无穷”，刑不可无，但不得已而用之，并不恃刑滥用。而且，周重礼制，也并不在仪式本身，而在人心的感召。周朝礼崩乐坏以后，对刑狱真正有所认识与实践的，只有管仲的德礼之治。只是由于孔子对管仲有“小器”的批评，加之孟子对刑狱问题缺乏真正的认识，“欲以建三典，纠万民”，使得后世对刑狱问题的认识蔽塞甚多，管仲的贡献也一并被忽略。

《仪礼》条：

《礼》有三礼之称，包括《周礼》《仪礼》《礼记》。《仪礼》记载周朝冠、婚、丧、祭等种种仪式，“当时举一礼必有仪，仪不胜记”，虽《仪礼》已难全。叶适以为，仪式本身只是一种形式，它的真正价值在于形式中所隐含的意义。因此，研究《仪礼》，根本是要把握其隐含的意义，弄清楚其精神，而不是就形式而形式。但与此同时，仪式虽有隐含的意义，又并不意味着任何仪式都有明确的指义，而且仪式本身也在时时变化中。因此，学者应该从儒家之道的根本出发，把握仪式的真精神，而不宜拘执于破碎的仪式复原。

卷八《礼记》“曲礼”条：

《礼记》原是《仪礼》的附属，是战国秦汉时期儒家有关礼的论述，至东汉郑玄选辑作注而定编，收有四十九篇论述，从而由附属而独立，逐渐成为经典，其思想的丰富与影响的深远要超胜于《仪礼》与《周礼》。叶适《序目》论《礼》三卷，也以《礼记》的讨论最多。

《曲礼》是《礼记》中的一篇，在这篇札记中，叶适对《曲礼》上下篇给予高度评价，以为所记的三百余条礼，“人情物理，的然不违”，不仅“使初学者由之而入”，而且“固当终身守而不畔”。叶适以为，孔子教人为仁，克己复礼是根本路径，“必欲此身常行于度数折旋之中”。然而，曾子将广泛的生活实践压缩为“动容貌、出辞气、正颜色”三件事，使克己复礼严重窄化。后世对于传统的各种礼规已难以知晓，在这样的背景下，曾子三事固然也可以遵用，但必须在生活实践中做进一步的展开，“有致于中，有格于外”，才能真正把握与践行儒家之道。此札不仅反映了叶适内外交相成的思想，而且也重在否定程朱确认的曾子对孔子思想的垄断性继承。

“王制”条：

《王制》是《礼记》中的一篇，反映了儒家关于国家法律制度的思想，内容涉及封建、职官、爵禄、祭祀、刑罚，以及建邑、选官、学校等。叶适以为此文是出于施政的实际需要，由博士诸生考论而撰成的，因此不同于一般的见闻记录，所述比较系统。但是，叶适指出，历史是向前不断演化的，孔子的时代已不同于唐虞三代，孟子又身处不同于孔子的时代，秦汉郡县制以后更是大不同于宗周封建礼制，因此对国家法律制度的梳理考论，应该体会制度背后的精神，即“古人之意”，而绝不是复原陈迹，妄想以虚文致用于当下。

“月令”条：

月令原是古代的一种文体，主要按月将人事活动纳入，以为准则。《礼记》中的《月令》是这种文体现存的一篇，主要反映了汉代的思想。叶适认为月令这种思想，根本上是对自然世界的功能与作用作一种僵化而呆滞的认识，如果以此进而来决定支配人的活动，更是荒诞不经。《礼记》所存的《月令》把汉代的五行观念附于四季，看似精致，实则更成问题，后来的谶纬种种附会之说，都由此滋生。《月令》的作者与《礼记》中其他篇章的作者一样，都难以确考，叶适推测《月令》是来自吕不韦的杂家思想。当然，叶适并不完全否定自然有其规律，但他反对对自然规律作简单化的处理，以免陷于虚妄，而更重视自然规律的丰富性与复杂性，强调具体现象世界中的经验习得。

“曾子问”条：

婚与丧是人的生命中重要的环节，其相关的仪式在儒家礼仪中也成为重要的部分。《曾子问》是《礼记》中以孔子与曾子答问的形式，讨论丧制与丧服主题的一篇文章。叶适在这则札记中着意指出，曾子所问反映出他对礼仪的关注更偏向内心，而不注重仪式本身，与《论语》中所记录曾子所讲的“笾豆之事则有司存”是相吻合的。叶适批评曾子的这种内心化的偏向，认为礼仪背后是存有意义的，不习礼，实际上将难以体会仪式中的义；孔子的持守与所教在克己复礼，虽颠沛流离而犹不忘，曾子的偏向与孔子的言行是有所偏离的。这实际上也是叶适否定程朱以曾子为孔子正统继承者的重要依据，同时也是叶适对儒家精神的理解不同于程朱理学的重要内容。

“礼运”条：

《礼运》是《礼记》中以孔子与言偃答问的形式而论述礼的演变和运用的一篇文章。叶适此札，首先否定《礼运》是孔子的思想。他认为，孔子的言语都非常简单明了，直面当下事情，解决当下问题，根本没有道行与道隐、大同与小康这些浮辞泛说，后世对儒者的诟病皆因这些浮辞泛说而起。其次是分析了孔门弟子对孔子精神的偏离及其后果。叶适指出，知识性质的“义数”可以通过书本传承，价值性质的“义理”可以存于人心而不泯灭，因此孔门弟子中，颜回与曾子求于心，子贡、子游、子夏等则求于书，结果使孔子承担当下之事的精神被分散而不可复合，礼亦因此坏而不行，即便勉强行之，又因失其传承而不能。

“乐记”条：

《乐记》是《礼记》中关于乐论的文章，不仅论述了乐的产生，乐与礼的关系，以及乐对人类社会的作用等，而且论及人性与认知及其价值偏向等。由于《六经》中的《乐》失传了，因此《乐记》便在相当程度上成为替代《乐》的经典。

叶适把儒学的根本界定为文明的建构与演进，即所谓治道，因此他对一切知识，包括礼乐都在治道的功能上做阐释。在此札中，叶适以为治道初以礼乐，后转进为政刑，这在孔子以前就已如此。后人礼乐刑政并称，看似融通，其实肤浅，最终落到“礼乐不用而以刑政为极功”。

《乐记》中论及人性及其与外物的关系，以为人的天性是静的，感应于外物而生发出的是人的欲望，叶适否定“以性为静，以物为欲，尊性而贱欲”的观念。此外，《乐记》中还讨论到人的认知与外物的关系，以为认知因外物而生，进而衍生出情感上的好恶，好恶的情感不受节制，致使天理灭矣。叶适对此显然也不认同，因为这把知与物都界定为不善，如此人类文明的发展便无从谈起。叶适在讨论《乐记》的知与物时，援引了《大学》“致知在格物”的观念，以为对照，表征他对《大学》观点的认同。

“祭义”条：

《礼记》中的《祭义》专论祭祀的相关问题。叶适摘录了其中孔子与弟子宰我关于鬼神魂魄的答问，就此发表了自己的观点。叶适先引《论语》中孔子不谈论死与鬼神的材料，强调《祭义》中孔子与宰我的答问是不可信的。进而引《周官》说明，祭祀本是政治文明的组成部分，其功能在于建立族群的共同认同，不是个人性质的行为，这是《论语》中孔子不回答这类问题的原因。然后叶适杂引季札、子产，以及《礼运》《易传》的相关论述，综而论定孔子在鬼神问题上的思想，是强调"人道立而鬼神可安，人职尽而生死为一"，中心在人道的确立。

"经解"条：

《礼记》中的《经解》篇引孔子关于《六经》得失的话，做进一步阐发。叶适据此而论"当时读书之人，其陋已如此"。叶适强调周公、召公之后，儒家的大道已离析，只有孔子还能加以统合，予以传承，至子思、孟子已有所缺憾了。叶适自视甚高，他的志向就是要根柢《六经》，折衷诸子，从而继承孔子，这也是《序目》的宗旨。

"仲尼燕居"条：

《仲尼燕居》记述孔子与弟子子张、子贡、子游漫谈礼的问题。针对该文首段所载孔子对子张（师）、子夏（商）与子产的评论，叶适以为只是贬抑子产而已，而叶适对子产是高度肯定的。同时又针对接此评论而提的问题，指出"愈疏阔矣"。

接着，叶适就礼乐问题作了自己的阐述。叶适以为，礼乐固然有其内在的意义，但玉帛钟鼓所表征的仪式是不可或缺的。后儒不明此义，将仪式停留于言语，以为只要讲述清楚，便足以体认到仪式中所隐含的意义，从而落实于践行，其结果，"不惟礼乐无所据，而言行先失其统"，"天下遂无复礼乐矣"。

"中庸"条：

《中庸》是从《礼记》中被抽离出来，与《论语》《大学》《孟子》合为《四书》的篇章。《四书》是宋代理学发展中确立起来的新经典系统，被视作通往传统经典《五经》的阶梯。叶适显然不认同这个新经典系统，所以他强调自己根柢《六经》。关于《中庸》的作者，汉代学者认为是子思，但叶适在小注中怀疑"不专出子思"。

由于《中庸》为宋代理学高度重视，所以叶适此札也辨析甚详，对《中庸》

的主要论断几乎都做了考论，提出了自己的论述。如对“为近世言性命之总会”的首章“天命之谓性，率性之谓道，修道之谓教”，叶适不以为然，他运用一贯的论学方法，援引《六经》，此处主要是引《书》及《论语》，予以辩驳。与此相反，叶适对“故君子戒慎乎其所不睹，恐惧乎其所不闻，莫见乎隐，莫显乎微，故君子慎其独也”一章给予高度肯定，以为“《礼记》中与圣人不抵牾如此类者甚少”。总体而言，叶适强调，“古人教德必先立义，教成则德成矣”；“教立于此，而德成于彼，非以义理为空言也”。

“大学”条：

《大学》与《中庸》一样，属于《四书》新经典系统之一；而且，《六经》中的文字，“往往因事该理，多前后断绝，或彼此不相顾。而《大学》自心意及身，发明功用至于国家天下，贯穿通彻，本末全具，故程氏指为学者趋诣简捷之地，近世（指朱熹）讲习尤详”。但叶适并不完全认同《大学》的论述，而是以为“其间极有当论者”。

叶适认同大学以致知为始的观点，但认为不必再添一“物”字，将致知与格物并提，因为格物的内涵是不明确的。如果“以为物欲而害道，宜格而绝之”；如果“以为物备而助道，宜格而通之”，但是“物之是非固未可定”，关键仍在致知，所以不必在致知之上，再画蛇添足，提格物。叶适进而指出，程颐说“格物者，穷理也”，更是有问题。叶适强调，《大学》的正心、诚意、致知，都是“入德之门”，并未能达到穷理的层面。如果物理获得了穷尽，自然已是达到了正心、诚意、致知；如果为了穷尽物理，那么没有达到正心、诚意、致知，又如何可能去穷理。因此，程颐将格物界定为穷理，是有疑问的；而程颐的问题，正是由《大学》将致知与格物并举而造成的。此外，叶适还对诚意章提出了辨析。

叶适对《大学》总体的认识是，大学异于小学，其根本就在于强调“以其学而大成”，“处可以修身齐家，出可以治国平天下”，但《大学》硬是将此根本思想“开截笺解”，结果“彼此不相顾，而贯穿通彻之义终以不明”。《大学》本身有此弊病，而“学者又逐逐焉章分句析，随文为说，名为习大学，而实未离于小学”，这又是针对着朱熹的。

卷九《春秋》条：

《春秋》为《六经》之一，自孟子起，认为是孔子所作的鲁国历史，内含褒贬，“以代天子诛赏”。叶适认为，“古者载事之史，皆名《春秋》”，只是“史有书法而未至于道，书法有是非而不尽于义，故孔子修而正之，所以示法戒，垂统纪，存旧章，录世变也”。尤其是，叶适强调，对历史事实作价值评判，并不是帝王的权力，而是每个人都拥有的权力。

《春秋》难读，后世有《公羊传》《谷梁传》《左传》予以解释。叶适以为，三传之中，只有《左传》为理解《春秋》提供了可靠的史实，《公羊传》与《谷梁传》是“末世口说流行之学”，“空张虚义”，“《春秋》必欲因事明义，故其浮妄尤甚，害义实大”。叶适对三传的评定与取舍，充分表征了他对史学的重视。但是，叶适指出，虽然“读《春秋》者，不可以无《左氏》”，但并不等于“《春秋》非《左氏》不成书”，作为经的《春秋》与作为史的《左传》，互为印证，这正是叶适集大成的永嘉事功学经史并重的思想特征与方法。

此外，叶适指出，《春秋》的大旨是对世治道行与否的记录，而以管仲为代表的王霸功业，即所谓齐桓、晋文之事，则是《春秋》之桢干。“至于凡例条章，或常或变，区区乎众人之所争者，乃史家之常，《春秋》之细尔”，是史学者应该有所了解的。

卷十一《左传二》“总论”条：

叶适关于《春秋》的这则《总论》，核心是为《左传》作辩护，细述《左传》与《春秋》的关系，他指出《左传》的重要性是在于“以其足以质传闻之谬，订转易之讹，循本以知末，因事以明意”。叶适重视史事，因为他强调道理存于事实之中，离开了事实的道理只是虚理，这正是永嘉事功学的根本思想。但是，历史是向前的，为什么记录过往史事及其隐含的价值的《六经》对后人仍然具有永久性的意义呢？如何对待孔子的工作呢？叶适在此则札记最后指出，华夏文明的发生与创化，如果没有孔子的工作，都湮灭了，孔子使得文明与文化得以传承，这是孔子的贡献。但是，“若夫托孔、孟以驾浮说，倚圣经以售私义，穷思致虑而无当于道，使孔氏之所以教者犹郁而未伸”，则是令人“甚惧”的。

卷十二《国语》“总论”条：

《左传》与《国语》同是记载春秋史事的重要著作，但汉、魏相传二书的作者是一人，叶适对此提出了自己的分析。

二、推见孔子之学以明一贯之道

叶适虽然根柢《六经》，但他对《论语》的整个评价并不低，他讲："余尝疑集《论语》何人，而义精词严，视《诗》《书》有加焉。孔子而无是书，其道或几乎隐矣。"[①]同样，叶适对孟子思想虽有许多不以为然，但也以为对尧舜之道的传承具有重要作用。他讲："尧舜，君道也，孔子难言之；其推以与天下共而以行之疾徐先后喻之，明非不可为者，自孟子始也。"由于依靠《六经》来推见孔子之学受限于文献，故叶适于《论语》《孟子》后，取《老子》《子华子》《孔子家语》《孔丛子》以参见。颇有意味的是，叶适对这些书的真伪都持有怀疑，但他显然更看重它们的思想是否有助于对孔子之学的阐明。这一思想取向，从下文首条论《论语集解》"何晏序"，高度肯定"破经生专门之陋"，就看得很清楚。

卷十三《论语》"何晏序"条：

《论语》共二十卷，叶适的札记只涉其中十四卷，这正是《序目》笔记体的特征，有感而发。何晏是魏晋玄学的代表，他的《论语集解》推翻了汉儒的注疏，开宋学先风，即所谓"后世诣理之学，以晏及王弼为祖，始破经生专门之陋"。但东晋经学家范宁对何晏、王弼非常不满，而叶适对此说则不以为然。

"学而"条：

《学而》共十六章，叶适只札记了五章，此下各卷亦随感而杞论之。今亦仿之。比如，对《学而》首章的三句话，叶适给予高度肯定，"若孔子成圣之功，在此三语而已，盖终其身而不息也"，表明叶适将此三句话视为人整个生命的存在形态。叶适将自己的代表著作命名为《序目》，亦足以表征他对《学而》首章的认同。针对《学而》第二章有子所言，叶适指出："有子虽不为放言，而卑弱如此，孔氏之传失矣。"有子的地位在孔门中很高，孔子逝后，曾一度为接班人，但不被众人服。叶适此评点出了有子的优长与短处，有子之优长在规规矩矩，短处在卑弱，可知有子守成有余、开拓不足，不能真正继承与光大孔子儒学。

---

① 叶适：《习学记言序目》，第 231 页。

"为政"条：

叶适是同时代中非常具有独立思考与批判意识的思想家，同时他的批判意识也不是凭空而发，通常都依据文献对比，或者经验推论来断。比如，此札中对于孔子六十耳顺、七十从心所欲的质疑，便是例子。又如，关于学而不思，思而不学，叶适以为在孔子，这是具体语境中有所针对的讲话，但在后世读书人，则表现为另外的两种病症：学而不思，表现为"祖习训故，浅陋相承"；思而不学，表现为"穿穴性命，空虚自喜"。

"八佾"条：

叶适以治道为儒学的根本内容，故他对孔子思想的阐扬也着重在这一方面。《八佾》共二十六章，但叶适仅由首章"孔子谓季氏章"而发论。叶适由三家之僭礼，论及治道的败坏，再联系到管仲的功业，以及孔子对管仲的评价，强调孔子的志向是在现实政治秩序的建立，"将率天下以复周、召之功"。孔门弟子误解孔子对管仲的评价，孟子则把现实治理看得易如反掌，"以齐王犹反手"，在叶适看来，都是偏离了孔子思想的根本。

"里仁"条：

孔子思想以仁为核心概念，至宋儒都强调在心性上用功夫，而叶适依据《里仁》所记诸条，强调"要须有用力处"。其中，"克己复礼"与"为仁由己"是具体内涵，"出门如宾，使民如祭"是操作形式，"己欲立而立人，己欲达而达人"则为更细碎的工夫。

此札对《子曰参乎章》作了长段论述，因为这涉及叶适思想的关键。宋儒复兴儒学，从韩愈那里接过了道统的观念，以构建自己思想传承的正统性。这一具有正统性的道统自孔子而下，曾子是关键。曾子对孔子"吾道一以贯之"解释为忠恕，叶适认为文本并不支持这一解释，只是曾子的自以为是，故"疑此语未经孔子是正，恐亦不可便以为准也"。至于"一以贯之"的道究竟是什么？叶适以为，从功能上讲，道应该是"行之于身，必待施之于人，措之于治"，但要给予界定，则"道者，自古以为微渺难见；学者，自古以为纤悉难统"。因此，叶适要根柢《六经》，折衷诸子，证于历史，见于文章，予以阐明，《序目》的宗旨，也就在于此。

"公冶长"条：

此札论及《公冶长》中的五章，这里略讲其中两章。《伯夷叔齐章》讲伯夷、叔齐不念旧恶，很少抱怨。这个怨，可以有己怨与人怨二解。己怨，指伯夷与叔齐兄弟之间不念旧恶，彼此很少怨恨；人怨，指他俩对别人不念旧恶，故别人很少怨恨他俩。人有过错，虽圣人不免；有过错，招人厌恶，也是正常，但能恶其事，不恶其人，便是难得。伯夷、叔齐能够做到，故孔子在此章给予肯定。叶适于此札，对比孔子与孟子，微讽孟子过于高标。这其实也是叶适对孟子有所不满的地方。

《颜渊季路侍章》是一则很有画面感的场景记录，讲孔子与颜渊、子路各言其志。子路的志向是与朋友分享自己的车马与衣裘，虽坏无憾。颜回的志向更精神面一些，不夸耀自己的善德，不吹嘘自己的劳苦。孔子的志向似乎很平淡，给前辈安宁，给同辈信任，给晚辈关怀，但其实是一个很高的境界。只是，宋代儒学对孔子的这一志向又做了无限的抽象拔高，"与天地同量"，叶适对这样的赞颂不以为然，因为这样反而遮蔽了孔子"安老而怀少"的世俗情怀。

"雍也"条：

《哀公问弟子章》叶适作了颇有意味的评述。此章记录哀公问孔子门下弟子谁最好学，孔子告知是颜回，而给出的理据是"不迁怒，不贰过"。孔子弟子三千，通六艺者七十二，孔子独誉颜回好学，因此颜回所好何学，便成为一个令人感兴趣的问题。"不迁怒，不贰过"的说明，表征孔子对颜回的好学显然不在知识，而在践履。颜回早逝，他的知识也许还没有达到博通的程度，但他的践履却进入相当境界，因为怒与过，人所难免，颜回能够不迁、不贰，很难得。不迁怒，说明他克己工夫很强；不贰过，反映他用力工夫很正。但是，叶适以为，仅作此解，还不足以体会孔子称誉颜回的根本。他强调，"盖置身于喜怒是非之外者，始可以言好学，而一世之人，常区区乎求免于喜怒是非之内而不获，如搰泥而扬其波也"。换言之，孔子标举颜回好学而欲垂教于世的，乃是对知识的追求，应当超越个人喜怒的情感与是非的价值判断，不人云亦云。叶适此札中其余多条也涉及人物评品。

"述而"条：

《述而》篇中，叶适札记较多，此举前三章《述而不作章》《默而识之章》《德之不修章》而言之。叶适以为"三章相属联，似若有意次第者。盖初言功用，中言所以用功，末言功之所以不得成而废；虽未必一时之言，而其言正相发明，学者不待他求也”。故叶适论此三章，从发明孔学根本、知晓孔子如何用功，到揭示孔子的警示，构成了一个完整的闭环。

《述而不作章》中，孔子自比于商朝贤大夫老彭，“述而不作，信而好古”，自谦没有创作什么新东西，只是整理编纂了旧材料。这看似保守，但其实在旧材料的整理中不仅确立起知识系统，而且蕴涵着对人类价值的确认。叶适所谓“初言功用”，即在此意。在叶适关于儒家思想的确认中，他始终以治道，即人类文明的形成与展开，作为儒家精神的根本。因此，尧、舜、周、孔之道贯通一体，而又分为两段。“自尧、舜至于周公，有作矣，而未有述也”；孔子虽述而不作，但传承了文明，形塑确立了知识与价值系统，使得后世有所依据。叶适反复强调，只有明确这一点，才能既充分认识到孔子的地位与意义，又能得孔子儒学之精神，如此才算得上是真正信奉孔子。否则，无论怎么尊崇孔子，也只是“不述乎孔子而述其所述，不信乎孔子而信其所信，则尧、舜、周、孔之道终以不明”。

在接着的《默而识之章》，孔子讲自己“默而识之，学而不厌，诲人不倦”，叶适以为承接上章，这是讲如何用功。孔子这三条，看起来似乎寻常，但作为学者，真正做到，绝非易事，常人更难做到。学不见道，虽久也难默识；学非所乐，很难日久不厌；事不关己，哪来不倦的热情与耐心？故叶适称誉孔子是“自陈尽力处以告后人，如火燎暗冥，舟济不通，可谓至切至近，无微妙不可知之秘”。

《德之不修章》孔子讲了自己所忧的四件事：“德之不修，学之不讲，闻义不能徙，不善不能改。”这四件事，叶适以为正是“功之所以不得成而废”的原因。修德是目的与手段的合一；德是目的，修是手段；德是道理见之于心，心随事而发，其状态如何，只有自己知道，故需要时时体会调适，这便是修。修德据于明理，故不能不学，而学问是必须讨论讲习的。明白了道理，践行又是一大考验。有些事，方向虽然正确，但有许多不合理处，一旦认识了，就要调整；有些事，压根就错了，那就要下决心改。每个人遇到的问题有所不同，但这四件事可以作为重要的抓手，引导自己前行。

“泰伯”条：

“曾子有疾孟敬子问之章”是涉及宋代儒学思想正统性辩论的重要文本，这一正统性的背后涉及的则是对孔子儒学精神的确认问题。“曾子有疾孟敬子问之章”记载曾子临终前的答问。曾子以为君子最在乎的道主要是三个方面:“动容貌,正颜色,出辞气”,而表征礼制与一切政务的笾豆之事,则属于官员职守,非道之所重。这样的遗训将孔子的儒学精神内卷为个人的修身,呈现在诸如体貌、神色、言辞等。由于宋代儒学的主流认同孔子、曾子、子思、孟子的思想传衍代表了正统,因此曾子对孔子儒学的内卷化便获得了思想正确性。叶适对此是持坚决否定态度的。叶适的否定从两方面讲,一是质疑曾子对孔子的垄断性继承。孔子弟子众多,叶适以为,这些弟子“所受各不同。以为虽不同而皆受之于孔子则可,以为尧、舜、禹、汤、文、武、周公、孔子之所以一者,而曾子独受而传之人,大不可也”。二是质疑曾子对孔子思想的理解。叶适指出,曾子的话并没有得到孔子的认定,因此,“以为曾子自传其所得之道则可,以为得孔子之道而传之,不可也”。叶适进而阐明,孔子告知颜回“一日克己复礼,天下归仁焉”,这表明“己不必是,人不必非,克己以尽物可也”。如仅以曾子所强调的体貌、神色、言辞而言,“则专以己为是,以人为非,而克与未克,归与未归,皆不可知,但以己形物而已”;曾子以修身为贵,视政务为官员的职守,实是“尊其所贵,忽其所贱,又与一贯之指不合,故曰‘非得孔子之道而传之’也”。概言之,叶适所认为的孔子儒家之道是内外交相成之道,必是成己成物之道,而不只是内卷于一己之身的修养。

“子罕”条:

孔子倡言复礼,尝被识为极端的保守者,《麻冕礼也章》很能表征孔子的真精神。在这章中,孔子举了两个例子,一个是选用什么质料的冠冕,一个是如何行拜礼。在他的时代,这些服饰与仪式都是变化之中,孔子深明这种变化的必然性,但他却有自己的取舍。在选用冠冕的事上,他缘俗而化,接受改变,因为改变的背后是更为俭省。在行拜礼的事上,孔子不承接受改变,固执传统,因为礼仪改变的背后是对人的尊重的丧失。叶适对孔子的真精神具有高度的理解与认同,指出“孔子言古今异同,有所损益从违于其间,一本乎理而已。若记礼及他书之言,不能判其是非而但以变古为贬者,非也”。孔子并不是一个保守主义者,他的复礼,他对传统的取舍损益,依据的是合理性。

“先进”条:

《先进》篇凡二十五章,叶适札记仅四章,出处进退是其中一个主要论点。在《从我于陈蔡章》中，叶适指出，那些早年追随孔子周游列国、受困蒙难的弟子，都是远离了父母兄弟妻子，周旋于天下而不得安宁，其困顿的境遇有时“欲自比于寻常怀土力田之人而不可得”，但正是这样的坚持，才“卓然成材，没世而名立也”，“此圣贤出处之要也”。

叶适年轻起就怀抱经世济民之志，故他并不欣赏消极的人生观，但是他的进取与否绝不是在于个人的利益，而在能否有功于国家与社会，他在开禧北伐上的态度、担当与退隐，就是最显著的表征。《子路曾皙冉有公西华侍坐章》因孔子有“吾与点也”的评断，令后人对孔子精神做飘然洒脱的解释。叶适在此章的札记中指出，“孔子之所以为天下后世师者，道进而心退”，他对曾点的肯定，是在于“其心庶几焉”，即曾点的“浴沂风雩，咏歌而归”的心志比较接近于“道进而心退”的境界。如果仅就“浴沂风雩，咏歌而归”而言，“通国皆然”，又有什么值得肯定的？故叶适一生抱持着积极的人生观，并不以自己的个人利益而进取或消沉，唯如此，在他晚年退出政坛，息影于家乡以后，能够勤勉于学，著成极有思想针对性，充满现实关怀的《序目》。

“颜渊”条：

叶适对孔子答颜回的“克己复礼为仁”非常看重，反复强调这是孔子仁学的精神。在此札中，他更揭明这是“举全体以告颜渊”；这一“全体”又“因目而后明”。所谓的目，就是视听言动，即生活的具体展开。叶适否定曾子以忠恕为孔子精神，就在于曾子将孔子之仁从生活的全体大用内卷为修身。

“子路”条：

孔子的弟子冉有担任鲁国季氏的家宰，《子路》篇中的《冉子退朝章》记录某日冉有退朝颇晚，孔子问原因，冉有答“有政”，孔子便回应了“其事也。如有政，虽不吾以，吾其与闻之”这句极富深义的话。叶适指出，这个深义是在于揭明废兴，为后世法。为什么呢？因为季氏专权，冉有与季氏讨论的只是季氏的家事，并非国家的政务，否则孔子虽已不见用，但他尝为大夫，按制度，他对政务是应当有所听闻，不会全然不知。孔子着意于政务与家事的区分，亦即公与私的分别，便揭明了废兴所在。

“季氏”条：

现在通行的《论语》共二十篇，但如仔细看，前十篇似乎构成了一个较完整的单位。这十篇中，前九篇记录了孔子应答学生与时人的话，以及学生相互记录的孔子教诲，或个别弟子的话，总之是语录，这正是《论语》的基本风格；第十篇《乡党》记录的不是语录，而主要是孔子日常生活中的行为。言与行，似已呈现了孔子的完整形象。《论语》后十篇好像是前十篇的续编，不仅略有重复，而且编到第十九篇时似乎已基本完成了，最后的第二十篇只有三章，仿佛是凑数。总之，《论语》后十篇与前十篇是存在一定差异的。这也就是程朱以为存有“错简”的原因。但是，叶适否定这样的怀疑。他强调：“《先进》以后诸篇，言厉而义峻，皆成德以上之事，当时门人不能尽识，谓之错简，非也。”叶适的思想根柢《六经》，同时他对《论语》非常重视，认为后者是对前者的发明。

“微子”条：

在《微子》篇的《逸民章》，记录了七位隐逸者，孔子按持志、身份认同、言行取舍，将七人分成三类，予以评价，从而说明虽同为隐逸，但立心与造行大不同。只是，只要是隐逸者，即便是率性放言，舍弃自己，也大抵是坚守大道之权变的。换言之，虽为隐逸者，也不至于全然放倒。孔子自认为自己与此七人有根本的不同，即表现在“无可无不可”。叶适对“可”与“不可”做了解释，但同时强调，孔子之“无可无不可”只是表示“不为”，并非“以无可、无不可为圣人也”。无可无不可，在孔子并不是失其持守，而是孔子“从心所欲不逾矩”，正如尧、舜、文王，无所谓可与不可。

卷十四《孟子》“梁惠王”条：

《孟子》一书自唐代起逐渐受到士人重视，至宋代叶适之时，已与《论语》《大学》《中庸》一起合为《四书》，构成儒学的新经典系统。叶适对曾子、子思、孟子的传统不认同，以为这一传统将孔子所传述的尧舜三代之道内卷为狭隘的心性之说，故他对《孟子》的评论多围绕此而发。《孟子》共七篇，叶适的札记涉及六篇，最后的《尽心》篇没有涉论，恐亦与他对孟子的格心之功不以为然有关。

在《梁惠王》的札记中，叶适先摘引梁惠王与孟子的问答，然后指出，孟子以为“格君心之非”乃国家治理的关键，因为“君仁莫不仁，君义莫不义，君正莫不正，一正君而国定”；而心术之公私的判明，又可以在切近的事情中一二语指出，这便将国家治理的复杂艰难看得易如反掌，太轻巧了。叶适强调，“舜禹克艰，伊尹一德，周公无逸，圣贤常道，怵惕兢畏，不若是之易言也”。况且，孟子的时代，“去孔子殁虽才百余年，然齐韩赵魏皆已改物，鲁卫旧俗沦坏不反，天下尽变，不啻如夷狄”，单凭梁惠王因为孟子的显示与警发，“岂能破长夜之幽昏”？结果，叶适最后指出，“自孟子一新机栝，后之儒者无不益加讨论，而格心之功既终不验，反手之治亦复难兴，可为永叹矣！”

“公孙丑”条：

此札议论孟子大致在三点。其一是引孟子的“四十不动心”，以批评“近世之学”，即程朱为代表的理学。叶适以为，孟子“四十不动心”，能够“乐其道而忘人之势，不以壮老易其守”的原因，是在于“集义所生，非义袭而取之”。他进一步引孔子“君子有三戒”之语，强调人的生命自始至终基于血气，无血气则无生命，“集义所生”就是“化血气从义理”，“义理本要调和一身，使蹶趋者能为浩然，耘锄者不为助长”。如“近世之学”，则反其道而行之，“揠义理就血气”，“以不动心、养气为圣贤之难事，孟子之极功，诘论往反，析理精粗”，结果到老也未能有成，更谈不上“四十不动心”，一遇到出处进退等具体事情，离古人远甚。

其二是分析孟子的以不忍人之心行不忍人之政。叶适指出，孟子的这个观点是针对“战国之人失其本心，无能不忍人者，故著此论”；至于现实的政治治理，则“先王之政，则不止为不忍人而发”。叶适强调，“舜、禹未尝不勤心苦力以奉其民，非为民赐也，惧失职耳”。后世因孟子之语，作偏狭之论，将儒家之道内卷为格心之功，这正是叶适所反复争辩的问题。

其三主要是比较孔子与孟子面临出处进退时的果断与迟缓，微讽孟子。

“滕文公”条：

叶适对孟子思想难得有肯定的议论，此札中有两点肯定。一是论“孟子道性善，言必称尧、舜”，肯定孟子对政治的自觉担当。叶适讲：“尧、舜，君道也，孔子难言之；其推以与天下共而以行之疾徐先后喻之，明非不可为者，自孟子始也。”宋代士人有与君共治天下的高度自觉，叶适年轻起就以天下为己任，雅意经济自负，他把士人的这种政治自觉归于孟子，无疑是对孟子的一个极大肯定。二是以为孟子“与梁、齐、滕文公论治，最孟子要切处”。叶适以为，孟子的时代，“大抵民不能皆有田而尽力于农，学校废缺而上无教，乃当时之大患，故谆谆言之”；同时，赋税问题是国家治理的根本，故孟子亦多论之。这说明，孟子对于国家治理的认识并非全是在格心之功，经世济民的举措同样是认真考量的。叶适指出，诸如田地、学校、赋税这些现实问题，需要根据具体时代而论，后人因为孟子有所议论，或“争论不已”，或“违避弗称”，结果对于现实问题，“乃茫然无以救此”，无益于治道。

“离娄”条：

此篇的数则札记，都是针对《孟子》书中的一些议论而发。叶适重批判意识，好做质疑性评论。有些颇多启发，也自有依据，有些则近乎硬挑毛病。见仁见智，不必一概而论。

“万章”条：

叶适论学，经史并重，经为理义，史为事实，而理义须见诸事实。《六经》在叶适看来，不完全是空言义理，其本身即是古史的记录。“六经皆史”的正式提出虽然晚至清代章学诚，但其思想意识实早已有之，叶适大致也持这样的思想。对于孟子，叶适讲：“孟子之论理义至矣，以其无史而空言，或有史不及见而遽言，故其论虽至，而亦人之所未安也。”即孟子所议论，在叶适看来，常常缺乏历史依据，而孔子不是这样的。

“告子”条

性善是孟子的核子思想，叶适对此是唯唯否否。一方面是肯定提出性善的意义。他认为孟子的时代，政治已极度败坏，人们以为人性本是如此，或如告子所讲，可以进行纠正。孟子提出人性本善，其不善是因为政治的败坏，“牧民者之罪，民非有罪也”。因此，孟子的主张直指现实政治问题，“以此接尧、舜、禹、汤之统”。另一方面是质疑性善论的不准确。叶适引汤、伊尹、孔子之言性，以为“乃言性之正，非止善字所能弘通”。

孟子在《告子》篇中提出的另一个重要思想，就是将心与耳目对立起来，强调心的功能，认为心是“天之所以与我者，先立乎其大者则小者弗能夺也，此为大人而已矣”。叶适对此很不以为然。他引《洪范》而强调，耳目感官与心之思不可偏废，而须相得益彰，唯有如此，才可能“内外交相成”。内外交相成是叶适最重要与最基本的思想，他认为人的一切知识与能力都由此而成，并进而发展与完善，“古人未有不内外交相成而至于圣贤”。孟子独标心的重要，“舍四从一，是谓不知天之所与”。对此，叶适的批评是非常严厉的，他讲：“盖以心为官，出孔子之后，以性为善，自孟子始；然后学者尽废古人入德之条目，而专以心性为宗主，致虚意多，实力少，测知广，凝聚狭，而尧、舜以来内外交相成之道废矣。”

卷十五《老子》条：

叶适对于司马迁《史记》中关于老子的史述，以及庄子所述，皆持怀疑态度，以为“二说皆涂引巷授，非有明据”；所谓孔子学礼于老子，叹其犹龙，则是“黄老学者借孔子以重其师之辞也”。至于老子的思想，叶适的基本看法是：“盖老子之学，乃昔人之常，至其能尽去谬悠不根之谈，而精于事物之情伪，执其机要以御时变，则他人之为书固莫能及也。”

“一章”条：

《老子》八十一章，叶适的札记或论单章，或合几章而论之，但也并非各章皆论。在首章杞记中，叶适以为，老子虽被后世奉为虚无之宗，但所言都是可以加以验证的道理，所论范围从事物的有无之变，到人间的好恶之情，启示人把握其中的机理，从而应对之。如果将老子的思想理解为虚幻不定的东西，那么对老子的思想宗旨就不能把握，只能以浮言澜漫于世。换言之，叶适秉持他对知识的经验主义精神，对老子思想持理性的认识。

“四章”条：

叶适以为四章所言是老子论道而示人最亲切处，其要义是在冲而不盈。人的所为，都会因舒泰而过分，结果引发事物与自己关系的变化，而道的要义在于冲而不盈，故人应该知道谦退。

“五至七章”条：

叶适对老子思想放置于经验的层面上作理解，反对作超经验的论说；如果是作超经验的论说，其实只是一己的主观臆断，无法获得自然的验证。此札开门见山就点明这一点，即“余固谓老子之言有定理可验，至于私其道以自喜，而于言天地则多失之”。此下，叶适杂引《老子》五至七章中所论天地言语，指出“古人言天地之道，莫详于《易》”，而“老子徒以孤意妄为窥测，而其说辄屡变不同”。最后，叶适断言，“从古圣贤者畏天敬天；而从老氏者疑天慢天，妄窥而屡变，玩狎而不忌，其不可也必矣。”

“五十三章”条：

最后这则札记对老子论道作总的论断。叶适指出，老子之论道，“以盈为冲，以有为无，以柔为刚，以弱为强而已”，这些智慧与修养尧、舜三代之圣不可能不知晓，或不具备。但是，尧、舜三代文明的历史发展过程所表征的儒家之道要远比老子的道丰富而艰难。因此,《老子》的作者绝不可能是周代史官的老聃,而只可能是王道衰阙之际的处士山人;《老子》所言,实是"妄作而不可述,奇言而无所考,学者放而绝之可也"。

卷十六《子华子》"总论"条:

《子华子》旧题周朝程本撰。程本之名见于《孔子家语》,子华子则见于《列子》。程本与子华子是否是同一个人,并不清楚。《子华子》一书汉代已亡,南宋始流布,但被疑为伪托。叶适似乎并不在乎《子华子》的真伪,而更在乎程本以及此书的论述,即所谓"盖程子与孔子同时,相从一倾盖之间,所敬惟夫子,其书甚古,而文与今人相近"。事实上,《子华子》也多被认为是颇具理致文采的子书,故叶适颇多采录而论之,反映了叶适对于知识的理性态度。

卷十七《孔子家语》"总论"条:

《孔子家语》是一部记录孔子及其门弟子思想言行的著作,汉代曾失传,至东汉末王肃自称得之于孔子后人并为之作注后,此书得以广泛流传,但唐代起始疑为伪书,清代以后更成为定论。晚近的考古出土文献表明《孔子家语》并不能简单视为伪书。

叶适对《孔子家语》比较重视。虽然"终不能明其于孔子之言为正伪",但他仍作了较多的摘录并作了札记,《总论》可以看到叶适的基本观点。他认为,《家语》虽然比不上《论语》的"问对之极",不如《论语》的"正实"与"切事",但"孔子周旋当世五六十年,所从之众,问对之多,宜不特《论语》一书而止,则其别为记集以辅世教,如《家语》之类几是也"。这里,叶适还提出了一个重要的思想方法问题,即他表示,他也怀疑《论语》《左传》之外所记录的孔子言行,但并不持简单粗暴的排斥态度;相反,孟子自视甚高,推倒众人,"以孔子为生民所未有而愿学之者,然其于《论语》《左氏》及《家语》之正伪亦未能有别也"。

《孔丛子》"独治"条:

《孔丛子》二十一篇,内容近似于孔子家学案,记述了从战国到东汉中期十几位孔子后代子孙的言语行事,旧题孔子八世孙孔鲋(子鱼)撰。书末另附孔藏写的赋和书,故又别称《连丛》。《孔丛子》的编纂与成书年代,一直就有争论,至今没有定论。

叶适针对此书中的《嘉言》《居卫》《独治》《连丛书》撰有四条札记，从中可以看到，叶适对此书评价不高，认为不仅对于孔子的思想认识有偏差，而且对孔子后代的岁月记载也不可考。但是，叶适并不完全否认此书的学术价值，在《独治》的札记中，他以子鱼与叔孙通的师生关系，试以说明秦汉之际的儒学传承。

三、剖析秦汉讫于五季以明治乱通变之原

《序目》论史，诸家目录多以为二十五卷，这是从卷十九《史记》到卷四十三《唐书六 五代史》，但按这样的划分，卷十八《战国策》便无从安顿。叶适以为，战国史缺乏史书，而"《战国策》本(司马)迁所凭依，粗有诸国事，读者以岁月验其先后，因之以知得失，或庶几焉"①。故《温州经籍志提要》将论《战国策》归入读史部分。② 叶适剖析历史，充分表征了叶适事功学"欲废后儒之浮论"③的学术风格。后人尝以为"水心之才之识，最长于论史事"，"是书史学二十五卷，往往得水心经济所在"；④四库馆臣亦云："论唐史诸条，往往为宋事而发，于治乱通变之原，言之最悉，其识尤未易及。"⑤由于史事繁杂，难以细述，故于所涉各史略取数则而偏于思想，以冀得窥斑之效。

卷十八《战国策》"刘向序"条：

《战国策》三十三篇，作者不详，名称原亦多种，西汉末年刘向对它进行校订、整理，取名《战国策》。《战国策》体例与《国语》相同，按国编排，但内容主要是战国时游说之士的策谋和言论的汇编。因此，此书既不能完全作为史书看，可以作为战国纵横家的材料。但它反映的时代是《春秋》之后，始东周定王十六年(前 453)韩、赵、魏三家灭智氏，终秦二世元年(前 209)，故又的确是战国的重要史书。叶适《序目》研读史书部分，由此书始。

叶适对刘向序文中关于战国史的论述，以为"大意虽不差，尚浅而未究"。他认为，时势的变化是一个过程，"道德、礼义、学校，自有天地圣人以

---

① 叶适：《习学记言序目》，第 249 页。
② 叶适：《附录·温州经籍志提要》，《习学记言序目》，第 769 页。
③ 叶适：《附录·宋元学案水心学案语》，《习学记言序目》，第 770 页。
④ 叶适：《附录·黄体芳序》，《习学记言序目》，第 761—762 页。
⑤ 叶适：《附录·清四库全书总目提要》，《习学记言序目》，第 768 页。

来共之，非文、武之所独为也，及圣人不作，积以废坏，极于亡秦，而诈伪之弊遂不可复反”，战国之行诈作伪不完全是战国本身的问题。

“总论”条：

在《总论》中，叶适根据“《战国策》国别必列苏、张从横，且载代、厉始末”，推测“其宗苏（秦）氏学者所次辑也”。此外，叶适提出“论世有三道，皆以人心为本”的论断，而人心由止于道德仁义，渐失而最终背心离性，则是一个世变的过程。人类的知识追求应当是“复于人心之所止”，但从历史中需要把握的根本是要认识其世变，而不是流于表象；如果津津乐道于《战国策》中的策谋，则更不应该，当为学之大禁。

卷十九《史记一》“《五帝本纪》”条：

司马迁《史记》作为第一部纪传体通史，在史著中具有崇高地位。叶适对《史记》自然也很重视，分别摘录本纪、表、书、世家、列传等，最后是太史公自序，进行评论。只是叶适从史法到史识，重在批评，提出问题，而不是表彰。

在《五帝本纪》条中，叶适批评司马迁“不择义而务广意”。虽然叶适颇具史识，对古史断自尧、舜，认为是取以文明开化为标准，即所谓“简弃鸿荒”，而不是因为孔子讲的，但他对司马迁“未造古人之深旨，特于百家杂乱之中取其雅驯者而著之”的批评则不免苛责。上古史料缺乏，司马迁穷其可能而述之，其实正是他的贡献。

“《项羽本纪》”条：

叶适指出“古书之于圣贤，皆因事以著其人，未尝以人载事”，而项羽是“盗夺”，《史记》却为他立本纪。由于《项羽本纪》详细记载了他的成学经历，足以让后人了解“古人之材与后世之材何以教，何以成就”，但叶适以为，“上世教法尽废，而亡命草野之人出为雄强。（司马）迁欲以此接周、孔之统纪，恐未可也”，则多少反映出他的历史观的偏颇。

“《高祖本纪》”条：

“述高祖神怪相术，太烦而妄”，叶适极不以为然，认为是“史笔之未精也”。传统史籍中的帝皇传记，乃至重要人物的传记，大多有诸如此类的神异化记载，叶适强调，“若舍其德而以异震愚俗，则民之受患者众矣”，他的批评显然是理性而光辉的。

“表”条：

叶适高度重视历史经验的习得，但他并不简单地在古今之间作取舍。他以为，历史中的所有举措，都是据于当时的时势所做出的，后人研习历史，重在由中知其是非得失，了解变化的由来。他讲：“明于道者，有是非而无今古。至学之则不然，不深于古，无以见后；不监于后，无以明前；古今并策，道可复兴，圣人之志也。”但他同时指出，对此，“言之易者行之难”。

卷二十《史记二》“自序”条：

《太史公自序》是司马迁自述撰写《史记》的理论依据的重要文章，但叶适以为司马迁依据董仲舒的《公羊》春秋学，存有许多问题，故此札详疏而论之，反映了叶适对汉代儒学的评断。其大意强调，《春秋》只是《六经》之一，不可舍它经而专奉《春秋》，而且《六经》是一整体，不可自为分别，否则对儒家之道就缺乏系统整体的把握。“学者必学乎孔孟，孔子之言约而尽其义，孟子之言详而义不遗”；董仲舒的《公羊》春秋学，“前后章义俱不尽，杂然漫载；迁之言亦然”。

卷二十一《汉书一》条：

叶适指出，自司马迁《史记》起，上古时期的历史记载方式发生了根本性的改变，班固《汉书》以下不得不别自为法，这便是包举一代的断代史体例。叶适对《汉书》《后汉书》都比较重视，分别有三卷札记。在这则《汉书》的开篇札记中，叶适承认了班固的“别自为法”，并为“汉以来为准点”，但又指出因此而使得“唐、虞三代姑泛焉而已”。叶适比较了作为史书的《六经》与后世的史书，指出：“古人以德为言，以义为事，言与事至简，而犹不胜德义之多，此《诗》《书》诸经所以虽约而能该贯二千年也。”换言之，班固以下的史书详于言与事，即所谓“世次日月，地名年号，文字工拙，本末纤悉，皆古人所略，而为后世所详”，至于德与义，则反而淹没了。对人类的历史而言，真正的意义在于“德与义”所表征的人类价值系统的确立与发展，“言与事”只不过是历史的陈迹而已。

《汉书》的编纂体例，大体根据《史记》而小有改变，其中最突显的是改“书”为“志”。《汉书》的“志”不仅比《史记》的“书”更为系统，而且内容也远为扩大，有些完全是独创，如食货、刑法、地理、艺文等志。此为叶适所重视。

卷二十三《汉书三》"列传·董仲舒"条:

"正其谊不谋其利,明其道不计其功。"这是董仲舒的著名论述。此语强调人的行为动机与理据,而不以行为的结果为虑,此属义务论的立场。但人的行为完全脱了行为的结果而论,则所谓动机与理据终亦难以成立。叶适是事功学的集大成者,他自然不认同董仲舒的论断,以为"此语初看极好,细看全疏阔"。他强调,"古人以利与人而不自居其功,故道义光明",行为的结果是行为的重要依据,只是人不完全以此结果为一己所有,此为根本。事实上,董仲舒此语,思想也近于此,他所谓的利与功,也是针对一己而言,只是话一旦成为一种标签,便往往被滥用而失其本义。

卷二十五《后汉书二》"列传·郑玄"条:

宋儒推倒汉唐经学,这是大势,其背后的理据便是以为训义解说不足以把握尧、舜三代之道。只是,训义解说虽然可能构成一种认识上的间隔,但人终究难以摆脱语言本身,就此而言,叶适也不得不承认孔子言教的必要性与必然性。但在叶适的思想中,孔子之言教,仍是面向生活世界本身的,而郑玄的训义解说,"不过能折衷众俗儒之是非尔,何曾望见圣贤藩墙耶!"

"列传·崔骃"条:

叶适在政治上主张宽政,故对崔寔欲以威刑整肃治理的政论颇为不满。他认为,崔寔所论,针对末世而发,其祸犹小,但这样的政论一旦成立,对后世而言,其祸甚大。

卷二十六《后汉书三》"列传·黄宪"条:

叶适认同对黄宪的肯定,但他着意指出,"观孔子所以许颜子者,皆言其学,不专以质",即他对学的肯定,以为这是"德"的由来。如果只是以质为道,那么就会使老庄之说与孔颜并行。

"总论"条:

《后汉书》是纪传体东汉史,南朝宋范晔撰。司马迁、班固撰《史记》与《汉书》时,虽无史官,但作者与时代相接,采撰有所便利。范晔距东汉亡国已有二百多年,因此见闻传说难以获得,但却有前人所撰史书可以采录。尤其是后汉开始有史官,有官修史书《东观汉记》,加之其他各种私人所撰《后汉书》,为范晔撰《后汉书》提供了极大的便利。对此书,叶适的总体论断是"类次齐整,用律精深,但见识有限,体致局弱";此外,范晔在《后汉书》各卷中，多数有论或序，颇多议论，反映了宋、齐以来的文字风格。

卷二十七《魏志》“彭城王据”条：

叶适非常主张人的成长，即德性的培养，是依靠学习，而学习是一个过程。学习的根本是除去那些拖累德性成长的积习，以及对蒙蔽之心的持续启悟，以求通透，即“常虑所以累德而去之，开心所以为塞而通之”。

“和洽”条：

义与利的关系是论学者的重要议题之一，好虚名者容易高标义，以至“以义抑利”。作为事功学的思想家，叶适取“以利和义”的主张，即义与利相协和，离开了利的义只是空言，“勉而行之，必有疲悴”。

“杨阜”条：

论治道，制度与人才是两个要素，而说到底，制度由人制订，人是根本。一世自有一世的人才，而主事者往往以为没有人才，究其实，多是制度设计成为障碍。结果，进入体制内的，因循守旧，“皆愚儒也”；未能进入体制内的，又为不逞之徒。叶适以为，只有能够做到“度内而非愚，度外而非不逞”，才足以真正谈得上人尽其才。

卷二十八《吴志》“吴主权”条：

此札引孙权论魏明帝事，比较魏明帝与孙权的治理，对孙权的统治予以彻底的否定，由中可知叶适的政治思想。叶适指出“（孙）权有地数千里，立国数十年，以力战为强，以独任为能，残民以逞，终无毫发爱利之意，身死而其后不复振”，吴国败亡正缘于孙权的统治。

“总论”条：

《三国志》六十五卷，包括《魏志》三十卷，《蜀志》十五卷，《吴志》二十卷，晋陈寿撰，南朝宋裴松之注。《三国志》有纪、传，无志、表，素以文笔精简而记事详实著称。叶适对《三国志》评价甚高，以为“笔高处逼司马迁”，“终胜（班）固”。此札中，叶适指出了一件很有意味的事，即由裴《注》可知，陈寿著书时，有许多史料“已尽取而为书矣，《注》之所载，皆寿书之弃余也”。正史修纂都经过了史料的取舍，后人偶见正史中没有记录的史料，即以为是新发现，实际上，这些史料往往是“书之弃余也”。

卷二十九《晋书一》“志·天文”条：

天人感应论在传统中国是一直存在的，只是呈现出渐为淡化的趋势。

此则札记，叶适引《左传》，试图说明“先王旧学，天不胜人”，表达了即便是有所应验，人道仍应为重的思想。

“志·职官”条：

传统政治中，君相关系曾有复杂的变化；同时在制度设计中，权力如何分配才能有效，也是极为重要的问题。叶适此则札记便是围绕上述问题而做出的史论，总体而言，权力的分配似应该总是处于调整之中，不然，久则弊病滋生。

卷三十《晋书二》“列传·陶璜”条：

兵是国家重器，销兵在国家是出于让百姓获得休息，但如因此而放松战备，以致祸患，则反让百姓受害。故在叶适看来，如何认识与把握才是其中关键。

“总论”条：

《晋书》共一百三十卷，唐太宗贞观年间修成。自修《晋书》以后，历代正史皆由官修，《晋书》是中国史学史上由私人修史到官府修史的转折。官修正史，署名者主要是领导者，如《晋书》署名是房乔（房玄龄），实际上房玄龄只是以宰相领导修书，真正参与修撰的，主要是令狐德棻等十余人。《晋书》在史学史上被认为保存了许多有重要价值的史料，编纂体例也甚有可取之处，令狐德棻等撰者也被认为是老于文学。叶适对《晋书》的取舍，秉承自己一贯的经世济民之志，对历史的成败得失更为重视，而于文字则轻之，故对韩愈“记事者必提其要，纂言者必钩其玄”的读书法仍具微言。

卷三十一《宋书》“帝纪·顺帝”条：

此则札记，叶适由刘宋讲起，下及整个南朝，分析国祚短促的原因，在于“君臣上下自富贵娱乐一身之外更无他说”，予以批评；并且又穿插讨论古人治理天下的常道，在于“肇修人纪以至于有万邦”，指出周、秦以下，此一常道被逐渐破坏的过程。整个议论涉及历朝重要人物，不仅对于理解所涉史事人物有启示，而且也有助于认识叶适的政治思想。

“总论”条：

《宋书》一百卷，南朝梁沈约撰，记刘宋六十年史事，有纪、传、志而无表，保存史料较多，八志的内容上溯三代秦汉，魏晋部分尤为详细，但《宋书》叙事多所忌讳，所以叶适说它“事多义少，其后遂为会要矣”；并以为这样的体例能“备一代之故”。

卷三十二《南齐书》“列传・王僧虔”条：

南朝梁萧子显所撰《南齐书》，今存五十九卷，记南齐二十四年史事。萧子显是齐高帝萧道成的孙子，齐明帝萧鸾杀萧道成子孙殆尽，萧子显时八岁，幸免于难。齐亡入梁，萧子显官至吏部尚书，奉敕撰修南齐史。以前朝帝王子孙修前朝史书，在二十四史中《南齐书》是唯一的。由于萧子显是宫廷政治的亲历者，撰记的与自己关系非常密切的史事，因此一方面保留了原始史料，另一方面不免夹杂着恩怨。《南齐书》以叙事简洁著称。此则札记综述当时玄学的情况及其兴衰。叶适指出，学术思潮一旦形成，便有自己的兴衰周期，其兴衰既决定于学术思潮的内容，又决定于参与其中的学者的水平。

“列传・张融”条：

叶适的学术思想具有高度的独立批判意识，这则札记便充分表征了他的观念。叶适强调：“人具一性，性具一源，求尽人职，必以圣人为师，师圣人必知其所自得，以见己之所当得者。”

卷三十三《梁书二》“列传・王褒”条：

南朝中的《梁书》《陈书》都是唐初姚思廉在其父姚察的基础上撰成的。《梁书》记梁朝五十六年史事，《陈书》记陈朝三十三年史事。姚察与梁、陈二朝都有密切关系，经历了梁、陈二朝的亡国，入隋后奉诏撰梁、陈之史。姚思廉初唐任职，受诏与魏征同撰梁、陈二史，但魏征实是监修，姚思廉完成了父亲的未竟之业。二史是现存记载两朝比较原始的史书，其中《梁书》内容更丰富、文笔也更生动。本条札记述论梁朝士大夫三教兼举的情况。宋儒追求儒学复兴，故叶适有此评论，从中亦可知宋人对韩愈肯定的原因。

“列传・诸夷海南诸国”条：

此札反映了叶适对佛教的认识。叶适曾经专门研读大量佛教著作，他的总体认识是佛教属于夷学，与中国的学术思想迥异，但因各随自己的国情而起，因此对佛教“无足深贬”。叶适曾指出，周敦颐、张载、二程的思想，表面上是兴儒斥佛，实质上只是袭用《易传》中的一些概念，结合了佛教的思想，因此只是“变其道而从夷，而又以其道贬之”，“颠倒流转”“不复自知”。

卷三十四《魏书》“帝纪”条：

《魏书》是北齐魏收撰，记北魏道武帝拓跋珪到东、西魏相继灭亡的史事，共一百七十余年。叶适此札讨论政治治理，极有自己的识见。在叶适看来，“华夷地势不同，习俗亦异，统御不一，彼此不安，亦其势然也”。因此，要有效治理，必须各有针对。他举道武帝与孝文帝为例，指出道武帝“纯用胡法控勒诸夏，故最为长久。孝文慨慕华风，力变夷俗，始迁洛邑，根本既虚，随即崩溃”的历史事实，强调“用夏变夷者，圣人之道也；以夷制夏者，夷狄之利也；失其利则衰，反其常则灭”，表现了叶适政治思想中理想而又现实的特性。

“列传·高道穆”条：

永嘉学派重事功，对经济多有心得，此札所论钱币问题就是一例。

“列传·徐遵明”条：

叶适言学极重独立精神与自由意志，故此有“古者师无误，师即心也，心即师也；非师无心，非心无师”的论断。但他“师即心也”并不是弃学，而是相反，他强调习学，只是在习学中须持心的自觉。

卷三十五《北齐书》“列传·陆法和”条：

《北齐书》五十卷，唐李百药撰，记载公元534年前后北魏分裂，东魏建立，中经550年北齐代东魏到577年北齐亡的四十余年史事。在这则札记中，叶适批评“世人舍仁义忠信常道而趋于神怪”。无论个体，还是社群，都存在着难以预料的事件，即所谓无常。如何处身于无常，趋利避害，几乎是所有人追求的，其根本的常道只能是仁义忠信。但世人往往以为仁义忠信不足以为常道，因而趋于神怪，“然神怪终坐视成败存亡，而不能加一毫智巧于其间”。上古时期，人类的生活中充满了怪力乱神，而孔子儒学则敬鬼神而远之，“子不语怪力乱神”。叶适不仅秉承这一理性传统，而且在他的思想中占有重要比重。

《周书》“列传·苏绰”条：

《周书》五十卷，唐令狐德棻撰，记载北周二十余年史事。当时的北方，高欢据中原，为北齐；宇文泰据关陇，为北周。双方力量相当，但高欢自以为正统，宇文泰门望不如高欢，文化不如江南，故着意改革。主持这一改革的是苏绰，改革的特点是复古，尤其在官制与文字上，《周书》卷二十三《苏绰传》是有关北周政治史的重要文献。叶适此札高度肯定了苏绰，以为“由晋以后，南北判离，弃华从戎”，因苏绰改革，“至是自北而南，变夷为夏”。

卷三十六《隋书一》“志·律历”条：

《隋书》八十五卷，其中本纪列传五十五卷，唐魏征等撰，记载隋代三十七年史事；《五代史志》三十卷，唐长孙无忌等撰，记载梁、陈、周、齐、隋五代的典章制度。隋代虽只有三十七年，但隋结束了从东晋南北朝以来的长期分裂，实现了国家统一，为后来唐代的发展奠定了基础。对于宋代而言，隋唐五代便是近代史，隋的短暂、唐的长久、五代的混乱，对宋代具有直接的历史意义，因此叶适研读史籍的札记，以隋唐五代为重。此札因《隋书·律历志》所涉阴阳自然观而论，表征了叶适对于如何认识自然现象，以及人事与自然之间关系的认识。

卷三十七《隋书二》“经籍志·因《隋史》叙谶纬事”条：

此札可以视为叶适对“谶纬”的基本认识。谶是秦汉间兴起的预示吉凶的隐语，附会在自然现象上，后来衍生为民间社会的求神问卜；纬是汉代附会儒家经义的解释。谶纬之学在传统政治中常被用来干预政治，叶适对此明确斥之，他指出，“古圣人所以为治道者，必能知天人之常理而顺行之”；进而又以鲧治水的失误，分析政治能否依顺自然与人事的常理而施行是“三代”与“汉唐”的根本区分，对谶纬之说做出“起于畏天而成于诬天”的判定。

“列传·儒林”条：

东晋以降，因南北分治，遂有南学与北学的差异，但叶适此札所论颇具只眼。他以为，前人对南北之学的认识，只是表象，而非根本。在他看来，学术的根本在于对道的认知，进而正确表达这样的认知。至于章句注疏，只是形式。也许正是因为叶适秉持这一有关知识的观念，故他的学术思想呈以《序目》的形式，基本上是以问题为导向，通过对经典史籍的研读，阐明自己的思想。

卷三十八《唐书一》“帝纪”条：

叶适读唐五代史札记从卷三十八至四十三，达六卷，所议论者往往从宋代的治理出发，具有很强的现实针对性，这其实也正是叶适治学的重要特征。《唐书》有《新唐书》与《旧唐书》。《旧唐书》是后晋刘昫等撰，修成后未及百年，宋人不满意而重修，由欧阳修、宋祁等撰。自《新唐书》行世，《旧唐书》读者日少，得书亦不易，直到明代才有翻刻宋本流行。但叶适的札记是新旧《唐书》都涉及的。关于新旧《唐书》的比较，一直有不同的判识。在此条札记中，叶适以《书》《左传》为准，强调史书当以载事为重，载事必具本末。批评《公羊传》"空言主断"，《史记》纪传体又变史法，因人以著其事。指出欧阳修《新唐书》杂用三者，结果做得都不好。这条札记对于理解叶适的论史法很有益。

"帝纪·高祖"条：

叶适是永嘉事功学的集大成者，但什么是"功"，却是首先需要弄清楚的。陈亮与朱熹曾就汉唐帝王的王霸义利作有争论，陈亮基本的观点是以效果论英雄。这则札记表明，叶适显然不认同陈亮的观点。叶适讲："如汉高祖、唐太宗，与群盗争攘竞杀，胜者得之，皆为己富贵，何尝有志于民！以人之命相乘除而我收其利，若此者犹可以为功乎？"表明在叶适看来，"功"的内涵应该是有志于民，绝不是单纯以成败论之。

卷三十九《唐书二》"表·宰相世系"条：

唐宋转型的一个重要标志，就是世系望族被散户细民取代，故叶适对于《唐书》所称颂的那些"各修其家法，务以门族相高，其材子贤孙，不殒其世德，或父子相继居相位，或累数世而屡显，或终唐之世不绝"的望族，提出了与时代相适应的看法。他先引孟子的观点，强调所谓的世臣，"必常与其国其民之命相关，治乱兴衰之所从出也"，而不只是顾了自家门户的兴盛。他指出，"若夫志不必虑国，行不必及民，但自修饰进取为门户计，子孙相接，世有显宠"，只能算是叔孙豹所讲的"谓之世禄，非不朽也"。

卷四十三《唐书六》"列传·李德裕"条：

叶适对佛、老持坚决的否定态度，所据立场主要是在治道的层面。在他看来，佛、老各自有一套自圆其说的理论，但与以治道为本的儒家思想风马牛不相及。因此，对于宋儒念念不忘辟佛斥老，叶适以为完全是多余的事；甚至表面上在辟佛斥老，实质上是援佛、老以乱儒。

"列传·南蛮"条：

叶适以治道为儒家学术思想的中心，其内涵是宽民致利、迁善远罪的社会繁荣，即"古人勤心苦力为民除患致利，迁之善而远其罪，所以成民也，尧、舜、文、武所传以为治也"。如果社会治理只是追求简单粗暴的整齐划一，则虽不难达到，但对于人民而言却不过是桎梏而已。叶适强调，战国至秦，儒家的治道遭到败坏，后世杂霸王而用之，以至往往把申不害、商鞅的法家之术视为有效的治道，这是对儒家治道的错误认识。

《五代史》“梁本纪”条：

《五代史》也有新旧之分。《旧五代史》是北宋薛居正等撰，后散佚，今本是清人所辑。《新五代史》是北宋欧阳修所撰。欧阳修奉命修《唐书》，《新唐书》属于官修；《新五代史》原名《五代史记》，是欧阳修私人所修，为二十四史中自唐朝以后唯一的私修史书。

此条札记虽然是讲梁太祖朱温，但针对的却是宋代的事情。李纲与宗泽都是两宋之际著名的抗金名将，黄潜善则是南宋初年主和的宰相，叶适强调，即便有李纲与宗泽，但如遇黄潜善这样的权相，仍然是无所作为的。

四、折衷诸子通《文鉴》总述讲学大指

现存《序目》据叶适弟子孙之弘序，是由叶适儿子叶寀“以先志编次”，汪纲锓板刊印的。[①] 另据汪纲跋，知叶适另一弟子林德叟另有一个两帙本：“一自《书》《诗》《春秋》三经历代史记讫《五代史》，大抵备史法之醇疵，集时政之得失，所关于世道者甚大；一自《易》《礼》《论》《孟》《五经》诸子讫吕氏《文鉴》，大抵究物理之显微，著文理之盛衰，所关于世教者尤切。”[②]叶适论学，“根柢《六经》，折衷诸子”，对诸子熟读深研，但以为《庄》《列》无益治道，加之晚年精力不济，故《序目》著力于荀、扬、管子与《武经七书》。吕祖谦婺学有“中原文献之传”的称誉，承诏所编《皇朝文鉴》实北宋文化之总汇，时人以为叶适之学足以嗣之，叶适《序目》以此殿后，“总述讲学大指”。

卷四十四《荀子》“劝学”条：

荀子作为战国末期的著名思想家，儒家学派的代表人物，对先秦时代的诸子思想有集大成的贡献。荀子提出性恶论，主张隆礼明法，以及制天命而用之的一系列重要观点。荀子的著作在汉代流传较多，但有许多是重复的，

---

① 叶适：《附录·孙之弘序》，《习学记言序目》，第 759 页。
② 同上书，第 762 页。

经过汉代的整理，定著三十二篇传世。后世儒者论孔孟以后，常常将荀子与汉代扬雄并举，故叶适折衷诸子，首先是对荀、扬二人的著作做了认真的研读与评论。

关于荀子，这里只就这条札记与最后一则"总论"略加讨论。荀子的论述富有逻辑，析理精细，《劝学》是荀子的名篇，但叶适不以为然。叶适认为"道无内外，学则内外交相明"，在别处又称作"内外交相成"，而不是区分知与行，然后以知论学。叶适以为，荀子虽然"比物引类，条端数十，为辞甚苦，然终不能使人知学是何物，但杂举泛称，从此则彼背，外得则内失"。叶适又进而指出，扬雄亦是如此。总之，内外相隔，知行区分，在叶适看来，正是学之不明的根源。

"总论"条：

在这则关于荀子的总论中，叶适作了一个总结性的批评，即"于陋儒专门立见识，隆礼而贬《诗》《书》，为人道之害，又专辨析诸子，无体道之弘心"。这一批评主要包含了两点，一是"隆礼而贬《诗》《书》"，其实质在认为荀子舍弃《六经》所承载的治道，追求表层的制度设计，而依据的理论是性恶论，故"为人道之害"。叶适进一步举例说明，正是由于这样的认识偏差，所以不仅"先王大道，至此散薄，无复淳完"，而且还把孔子"诛少正卯，戮俳优"，视为"孔子之极功"；二是"专辨析诸子"，指荀子论理明晰，在理论上对诸子进行批判，这似乎是有益于对儒家思想的辩明与认识，但在叶适看来，其实是流于言语，不能真正去践行孔子的精神。孔子的精神是"未尝以辞明道，内之所安则为仁，外之所明则为学"，故荀子热衷的"辨析诸子"，其实是"无体道之弘心"。叶适还进一步对于"以辞明道"作了追溯性的认识，指出是由子思所开始，中经孟子，推极于荀子。

《太玄》条：

扬雄(公元前53—18)是汉代著名的文学家与思想家。早年以辞赋著称，后来以为这是雕虫之事，转而研究哲学，仿《论语》而作《法言》，仿《易经》作《太玄》。叶适以为《太玄》一书，"首名以节气起止，赞义以五行胜克，最为此书要会"。但是，此书最终归结为吉凶祸福死生，教人以避就趋舍。同时，叶适强调《易传》中只有《彖》《象》可能是孔子所撰，《十翼》的其他诸篇都不是孔子的，而扬雄与汉代人都笃信《十翼》是孔子作品，加以模仿，并融入汉代的五行、四时、二十四节等知识，结果在思想上远不如《十翼》。

《法言·吾子》条：

扬雄仿《论语》作《法言》，共十三卷，每卷约语录三十条左右，最后有自序，述说每篇大意，以及概述自己的思想。《法言》的内容很泛，举凡政治、经济、伦理、文学、艺术、科学、历史人物与事件等，均有涉及。扬雄被后世儒家所肯定，与他强调孟子思想，自觉捍卫儒学有关。叶适将荀子与扬雄并重，虽然多有批评，但显然是高度重视的。这里择取二条为例。

《吾子》是《法言》第二卷，扬雄主要讲了两层意思：一是表达了对赋的看法。作为一个著名的赋文学家，扬雄对赋的创作进行了否定；二是尊崇儒家经典。强调要排除诸子的影响，像孟子一样，维护孔子的思想。叶适在这则札记中，肯定了扬雄对赋的批评，认为尧、舜、三代之文自屈原始变，至扬雄"方知以上更有事"，此"乃雄回转关捩处"。但扬雄欲自拟《法言》为《经》，叶适指出："虽更有孔子，其书亦不得为经也，而况《太玄》《法言》乎！"最后一段就孔子的博与约展开讨论，以为只有颜回有正确的理解，孟子已"渐失孔子之意"，"至雄析见为卓，而失之愈甚矣"。

《法言·问道》条：

道是以形象的路而表达具有普遍合理性的概念，是先秦哲学中最重要的核心概念。《问道》篇是《法言》的第四卷，叶适先引扬雄关于道的回答，然后就道的解释进行辩驳。叶适强调，道是唯一的，因此，"以道为止"。这意味着，道与人的生活不可分离。如果以道为始，叶适认为这是子思、孟子的观点；或如果以道为通，这是扬雄的观点，那么道就可能与人的生活是分离的，其结果便引导人于生活之外别求所谓的道；这样，对道的追求，开始尚只是小小的差异，但久之便有南辕北辙的结局，即所谓"其初不毫忽，而其流有越南、燕北之远矣"。

卷四十五《管子》条：

《管子》是托名于春秋齐国政治家、思想家管仲的著作，原有八十六篇，今本存七十六篇。由于管仲是杰出的政治家，因此《管子》一书也被后来的人视为先秦时期政治家治国平天下的经典。但叶适讲："《管子》非一人之笔，亦非一时之书，莫知谁所为；以其言毛嫱、西施、吴王好剑推之，当是春秋末年。"总览《管子》全书，内容庞杂，几乎包括了先秦各家的思想，而以道家与法家为重。叶适对管仲评价甚高，但对《管子》一书多有批评，他在摘录《管子》诸篇的各条札记中，基于他的摘录，凡近于儒家思想的，则予以肯定，批评处多属道家与法家的观点。叶适指出，由于此书托名于管仲，故后世论治道者，基于此书发挥引申，极大地损害了儒家治道的正确理解，使法家思想得以张目，更使百姓蒙受祸害，即所谓“山林处士，妄意窥测，借以自名，王术始变，而后世信之转相疏剔，幽蹊曲径遂与道绝；而此书方为申、韩之先驱，鞅、斯之初觉，民罹其祸而不蒙其福也”。

卷四十六《孙子》条：

《序目》卷四十六是关于《武经七书》的札记。《武经七书》是北宋时朝廷颁行的兵法丛书，由《孙子兵法》《吴子兵法》《司马法》《六韬》《三略》《尉缭子》《唐太宗李卫公问对》七部著作汇编而成，基本包括了北宋以前主要的军事著作，属于兵家。叶适根抵《六经》，折衷诸子，他本人对抗金北伐始终关心，故《武经七书》也自然属于他研读的组成部分。

《孙子兵法》十三篇是最早也是最著名的兵家著作。孙武是春秋末期齐国人，由齐流亡到吴国，辅助吴王治军。《孙子兵法》是孙武晋见吴王阖闾时已完成的著作，在吴国的经验进一步使之补充完善。汉初，《孙子兵法》十三篇是独立而完整的，但后来又有了八十二篇的记载。恢复十三篇是东汉末年曹操完成的工作，其余八十余篇在唐以后失传。叶适此条札记对于孙武与《孙子兵法》都表示怀疑，他推定《孙子兵法》只是“春秋末、战国初山林处士所为，其言得用于吴者，其徒夸大之说也”。因此，他对《孙子兵法》总体上是评价不高的，在具体的札记中，主要也是持批评意见。在《孙子》札记的最后，叶适讲：“司马迁谓世所称师旅多道《孙子》十三篇。始管子、申、韩之学行于战国、秦、汉，而是书独为言兵之宗。及董仲舒、刘向修明孔氏，其说皆已黜，而是书犹杰然尊奉逮今，又将传之至于无穷，此文武所以卒为二涂也。悲夫甚哉！”可以说是叶适对《孙子兵法》的论定。

《吴子·图国》条：

《吴子》，即《吴子兵法》，相传是战国初期吴起所著，战国末年已流传。吴起是卫国人，一生历仕鲁、魏、楚三国，在内政与军事上都有很高的成就，他的兵家思想融合了儒家与法家，主张内修文德，外治武备。《吴子兵法》汉代称四十八篇，但唐代都记载为一卷，今本分上下两卷，共《图国》《料敌》《治兵》《论将》《应变》《励志》六篇。

叶适的札记涉及《图国》《治兵》《论将》，三则札记都是摘录原文，然后简单下一评语。在《图国》札记中，叶适的摘录反映了他对吴起的分类法显然是肯定的，这其实也是吴起兵法强调“以治为胜”的重要基础，但叶适最后的评语“屠城、决围非是”，非常明确而清楚地表明，他对吴起兵家的肯定只是在战术与技术的层面，而在思想与价值的层面是否定的。从下面《治兵》的评语“按孙子言将事太深远，不若此之切近”，以及《论将》的评语“按《孙子》《军形》《兵势》《虚实》《军争》《九变》诸篇，微妙入神。然起此语简直明白，无智愚高下皆可用，用而必验，则过之矣”，同样可以看到叶适是在战术与技术层面对《吴子兵法》作肯定，而且在这个意义上，叶适对《吴子兵法》的评价要高于《孙子兵法》。

《司马法》条：

《司马法》大约成书于战国初期。据《史记·司马穰苴列传》，齐威王使大夫追论古者司马兵法而附穰苴于其中，故称《司马穰苴兵法》。另外，司马迁在《太史公自序》中还讲到，《司马法》一直为人所尊崇。《司马法》并非一人所撰，而是在夏、商历代掌兵的司马编纂的基础上，最后由周朝的首任司马姜太公初编成书，又经后人增补完成的。在《汉书·艺文志》中，《司马法》共一百五十五篇，至《隋书·经籍志》时仅存三卷五篇，即今本原型。司马迁对《司马法》评价很高，即叶适所引述的“司马兵法闳廓深远，虽三代征伐未能竟其义”，但叶适对此深表怀疑，在这则札记中，他摘引了二三句，以为“不成语”或“尤不成语”。总体上，叶适以为后世儒生学士从根本上没有领会儒家之道，因而也不能积学以成德，只是借名于兵，结果“漫漶弛靡无所归宿”。

《六韬》条：

《六韬》，又称《太公六韬》《太公兵法》。《汉书·艺文志》曾有著录“《太公》237篇，其中《谋》81篇，《言》71篇，《兵》85篇”；《隋书·经籍志》收录此书，题“周文王师姜望撰”。姜望即姜太公吕望。全书以太公与文王、武王对话形式编成，分文韬、武韬、龙韬、虎韬、豹韬、犬韬六卷。南宋始，此书被疑为伪书。1972年山东临沂银雀山汉墓出土与《六韬》有关的竹简，证明此书至少在西汉已流传。现一般认为此书成于战国时代。

叶适相信文王遇太公望之史事，但可惜记载阙略，只有《诗》与《左传》有一些零星记载。至于《六韬》，叶适认为是"兵家窃借以为书"，内容"阴谲狭陋"。所撰两条札记，一条综论《龙韬》至《犬韬》，说明是对孙子、吴起，包括先秦诸子有关思想的混合；另一条专论《虎韬》中的《军用》篇，对其内容提出质疑。

《三略·上略》条：

《三略》，又称《黄石公三略》，相传作者是汉初隐士黄石公，《史记·留侯世家》中记载的张良遇见黄石公授兵书，就是讲此事。实际上，《三略》不早于西汉中期，它是后人在吸收先秦兵家思想的基础上，总结秦与汉初的政治与军事，假托前人名义编纂而成的。《三略》分上略、中略、下略三部分，主要讲战略，尤侧重政略。叶适的札记仅涉上略与中略。

此札从"将礼"二字切入，指出"礼"的本义在"有所别异"，而兵家所讲的军礼在求同，实是兵家自创，与《周官》讲的"军礼"不吻合。但叶适同时说明，兵家提出"将礼"，"亦不可谓不得古人之意"。只是"后世及今，讹谬相传，为将者不言礼而皆言威"；"其有能吊死哀伤，同士卒甘苦，则又以为恩而不复言礼"。结果，使得原本是"将之本"的礼，与"将之末"的威，本末倒置，恩则成为威之余；士兵对于长官，"惟威是必，无敢希恩"，更谈不上"将礼"。

《三略·中略》条：

"使智使勇，使贪使愚"是《三略·中略》引述古书《军势》中的话，以阐述《中略》所关注的用人问题，核心是强调权变，用人所长，志在取胜，即叶适所谓"师必以功，无不可使，惟其胜而已"。叶适对《武经七书》的评价总体上都不高，原因不在于战术或技术，而在于兵家没有正义的观念，"惟其胜而已"。叶适以为，如果兵家"惟其胜而已"的价值观成立，那么其后患便不可止。

《尉缭子·制谈》条：

《尉缭子》传世本共五卷二十四篇，此书的作者、成书年代，以及属于兵家或杂家，一直都存有争议。宋代将它收入《武经七书》，表明在宋人看来，它主要属于兵家。《隋书·经籍志》注称作者是梁惠王时的尉缭，但也有学者以为是秦始皇时人。1972 年山东临沂银雀山汉墓出土了《尉缭子》残篇，表明此书在西汉已流传，故一般现认为成书于战国时期。叶适的札记只涉及二十四篇中的《制谈》与《武议》篇。

在《武经七书》中，叶适最认可的是吴起，认为吴起的军事思想切近而简直明白。此则因《尉缭子·制谈》而引述吴起语:“要在强兵,破游说之言纵横者。”叶适以为,兵家著作喜欢在谋略上动脑筋,但“世固自有常势,士已无特出之智,所恃者以前代成败自考质,或能警省尔”。如果不能从历史中吸取经验教训,认清世之常势,那么历史只是徒增眩惑;至于专谈权谋计略的兵书,“则腐陋不足采听尤甚矣”。

《尉缭子·武议》条:

《孙子》是兵家的代表,但叶适并不以为然,而是批评甚多。此札引尉缭子之语,批评《孙子》强调“计虏掠之多少”。进而指出,天下名为禁暴除患者,其实往往不过盗贼自居。这也是叶适对喜谈兵法的兵家之不以为然的原因。

《唐太宗李卫公问对》条:

李卫公是李靖。《唐太宗李靖问对》,简称《唐李问对》,共三卷,因以李世民与李靖一问一答的形式写成而得名。此书的真伪一直存有争议,但所涉军政问题则是有意义的。卷上主要论述军事理论中的奇正问题,以及其他阵法、兵法、军队编制等;卷中主要论述戍边、训练军队等问题;卷下主要论述重刑峻法与胜负关系、御将、阴阳术数等问题。叶适择取自己关心的议题,结合史事,进行了讨论。

“孙之弘附记”条:

叶适讨论诸子的札记是他的事功学思想的重要组成部分。孙之弘这则附记说明了叶适讨论诸子没有涉及《庄》《列》《文中子》的原因。从孙之弘所引叶适信中所言,大抵可以看到,《庄子》《列子》是道家名著,叶适虽熟读,但没有专门讨论,一则是所涉甚广,难以简单处理,晚年精力恐亦不济,再则也是觉得不值得去处理,即所谓“因思向前有多少聪明豪杰之士,向渠蘁瓮里淹杀,可邻!可邻!”可邻,便是可怜之意。至于《文中子》,这是隋唐之际的儒家王通的著作,颇受宋人重视,但叶适没有太关注。

卷四十七《皇朝文鉴一》“周必大序”条:

《皇朝文鉴》又称《宋文鉴》,共一百五十卷,南宋吕祖谦奉宋孝宗之命编选的文集,共收北宋文集达八百家。古人所称的“文学”,内涵要比今天的文学宽泛许多,属于孔门德行、言语、政事、文学四教之一。《皇朝文鉴》所收文章,从赋、诗、骚等比较单纯的文学,到诏、敕、册、诰、奏疏等纯政书类文书,涵盖了当时所有的文体,内容则政治、经济、文化、军事、技艺等无所不包,正如札记所讲，“以道为治，而文出于其中”。一代的文章总汇足以表征一代的兴衰存亡，而选文的宗旨则如孝宗所谕，“专取有益治道者”，故取名《文鉴》，如《资治通鉴》一样，“以文为鉴”，可以“资治”。

吕祖谦(1137—1181)，字伯恭，浙江金华人，学者称东莱先生。吕祖谦在南宋初中期的学术思想史上与朱熹、张栻并称。朱熹认为吕学合永嘉陈傅良与永康陈亮二人学术于一，是浙学的代表人物；吕祖谦去世后，浙学中人认为叶适足以传承吕学。《序目》以《皇朝文鉴》殿后，表明叶适有继承吕学之意。周必大是南宋重要的政治家与文学家，承诏为序，但叶适以为，周序对北宋一代的文章梳理简单地套以年代，“均年析号各擅其美”，并不成立，而对王安石改革、二程倡言道学的危害也没有指出，整个序文“无一词不谄”，不足以论。

卷四十九《皇朝文鉴三》“序·因范育序《正蒙》，遂总述讲学大指”条：

这则札记，叶适自称“总述讲学大指”，足以说明它是叶适思想的大纲，非常重要，前注已言及，牟宗三于《心体与性体》中专辟一章讨论。这个“讲学大指”分几层：

第一层是从尧讲到周公。主要是对儒家之道作了“唐虞三代之道”的概括与描述，也就是对儒家的基本内容与根本精神作了历史性的阐述。通过这一历史性阐述，叶适说明儒家之道就是华夏文明形成与演化的历程，这一文明涵盖了从物质生活到制度安排，从社会伦常到精神世界的全部，它是在历史中逐渐演化而完善的。

第二层是讲孔子。这层文字虽然很少，但却是叶适思想中的关键。叶适以为，在孔子的时代，发展到周公的华夏文明遭到了毁灭性的破坏，孔子删修《六经》，使华夏文明得以传承下来。叶适的这一阐述，表彰了孔子有传道的贡献，但对于孔子思想的创造性贡献轻易地遮蔽了。即便如此，叶适对于孔子删修《六经》，也依然持有质疑；同时，他对于孔子思想本身，也指出了文献中的问题。

第三层是从孔子殁讲到孟子。叶适围绕着宋儒所认同的孔子传曾子、曾子传子思、子思传孟子的思想脉络，辩驳这一传承脉络在事实与思想两方面的不可靠性。在事实方面，主要是质疑曾子对孔子的传承，从而切断这一脉络；在思想方面，主要是指出曾子、子思、孟子的思想虽然自有创发，但在精神宗旨上是与孔子思想有根本分歧的，从而否定这一脉络。

第四层是其余部分。叶适着重指出入宋以后,儒者依托《易传》,重构儒学,以此来攻驳佛教,但实质上是援佛入儒,既不足以真正攻倒佛教,也未能真正阐扬儒家之道。为了阐明这点,叶适对于孔子是《易传》作者的真实可靠性提出了质疑,予以否定。最后则对佛教本身阐发了自己的认识,指出佛教与儒家的根本区别。

从"总述讲学大指",既可以看到叶适关于儒家之道的基本认识,也可以看到叶适《序目》具有非常强烈的针对性。《序目》并不是单纯的读书札记,而是叶适思想的系统表达,他的表达是针对着宋代儒学的主流,即程朱理学与陆九渊心学而展开的。叶适以为,陆九渊心学以心通性达为学,虽自以为接续孟子,但其实近乎废弃知识学问,其不足取而不足以论;程朱理学强调格物穷理,对于知识学问高度重视,故叶适的批判主要针对程朱理学。在叶适看来,程朱理学虽重学,但将学自限于从曾子、子思、孟子的脉络,依托《易传》来展开,其实质是引佛入儒,不仅背离了孔子思想的精神,而且更把儒家之道的丰富性遮蔽了,使得呈现广阔的整个生活世界的儒家之道抽象成虚幻的形而上学,并内卷为狭窄的心性之学。整个《序目》就是要通过已往全部知识的重新学习,彰显儒家之道的丰富性与广阔性。

卷五十《皇朝文鉴四》"总论"条:

叶适在此《总论》中,先说明《皇朝文览》足以表征北宋一朝的治道,即所谓"盖一代之统纪略具焉",同时以为由此可以理解吕祖谦的学术思想,即"欲明吕氏之学者,宜于此求之矣"。然后借陈亮祭文,对孔子儒学的后世传承做评判,推尊吕祖谦。北宋学术思想大略可分二程性理、三苏文章、荆公新学,吕祖谦的学术思想有合北宋三派于一体的气象,只可惜年未满五十而逝。当时浙学中人以为叶适之学足以嗣吕学,叶适因札记《皇朝文鉴》而追记此故事。以《序目》而论,可以断言,叶适的学术思想呈现于从《六经》至《皇朝文鉴》的整个经史子集研读札记中,其视野气象已溢出吕祖谦《皇朝文鉴》所涵盖的北宋一代之学术思想,其识见论断也足以表征晚年叶适的卓绝独特已自成系统而超越吕氏婺学了。

何俊,前杭州师范大学副校长、复旦大学哲学学院教授

叶适道统论再研究*

道统是宋明时期学者普遍认同的儒家精神传承系统。人们依据各自对儒家精神内涵和历史事实的理解,构建出了多个版本的道统谱系。唐宋八大家之一的韩愈首先揭櫫道统之说:"所谓道也……尧以是传之舜,舜以是传之禹,禹以是传之汤,汤以是传之文、武、周公,文、武、周公传之孔子,孔子传之孟轲。轲之死,不得其传焉。"①在儒家第一份道统名单中,孟子是其中殿军人物,含而未露的意思,是韩愈把自己作为孟子之后的道统继承人。后来学者在自续道统时,也多以上接孟子的儒家精神担当者自任,如程颐在《明道先生墓表》中说:"孟轲死,圣人之学不传,学不传,千载无真儒,先生生于千四百年之后,得不传之学于遗经,志将以斯道觉斯民……圣人之道得先生而后明。"②在程颐的道统观中,程颢越过韩愈成为直续孟子"不传之统"的担当者。南宋时期,朱熹重新排列道统名单,把周敦颐、二程、张载和自己都列入道统,成为孟子道统传人,"道之正统,待人而后传……由孟子而后,周、程、张子继其绝,至熹而始著"③。这些道统谱系的共同之处在于,以心性之学为儒家精神内涵,以孟子为上承尧舜禹汤、下启唐宋诸儒的道统中坚。

叶适也是道统论的拥趸,他排列的道统谱系是"道始于尧,次舜,次禹,

---

* 本文属于浙江文化研究工程重点项目"性理·制度·工夫:永嘉学经学研究"(21WH70083-5Z),温州市社科规划项目"叶适道统论再研究"(20wsk423)的阶段性成果。

① 韩愈著,刘真伦校注,岳珍校注:《韩愈文集汇校笺注》第一册,北京:中华书局,2010年,第4页。

② 程颢、程颐著,王孝鱼点校:《二程集》,北京:中华书局1981年,第640页。

③ 脱脱等撰:《宋史·朱熹传》,北京:中华书局,1985年,12770页。

次皋陶，次汤，次伊尹，次文王，次周公，次孔子……自是而往，争言千载绝学矣”①。这个道统不同于其他道统之处在于，其中没有孟子的地位，道统始于尧舜，止于孔子，往后就湮没无传了。叶适阐述孔子之后道统遮蔽原因说道：“呜呼！道果止于孟子而遂绝耶？其果至是而复传耶？孔子曰‘学而时习之’，然则不习而已矣。”②由尧舜至于周孔的道统内涵是“学而时习之”的工夫实践精神，孟子及以后的学者，都没有传习“学而时习之”的道统精神，导致孔子之后道统断绝。

叶适以是否坚守“学而时习之”的道统精神，作为儒家圣贤入选道统名单的依据，重构了由尧舜经周孔直至唐宋的儒家历史，那么，他体认的“习学”是一种怎样的道统精神呢？

一、一贯之道

叶适认为儒家历史上存在着两个“一以贯之”的传统，一个是“一贯之道”的精神传统，一个是“一贯之学”的工夫传统。叶适说道：

> 《书》称“若稽古”四人，孔子言：“大哉尧之为君也”，“舜有天下而不与焉”，“禹吾无间然矣”。子夏曰：“舜举皋陶，不仁者远矣。”故考德者必先四人，其次汤伊尹，又次文武周公，世有差降，德有出入，时有难易，道有屈伸，孔氏以是为学之统绪。③

《尚书》前四篇依次是“尧典”“舜典”“大禹谟”和“皋陶谟”，且都是以“曰若稽古”为开头展开经文，意思是说尧、舜、禹、皋陶等四人能“顺考古道而行之”，是上古文化的继承者、实践者。巧合的是《论语》也提到了这四位圣人，孔子、子夏对他们赞赏有加，而且除了这四位之外，《论语》没有提及其他人上古圣人。叶适认为两部经典都提到这四个人，这不是纯粹的偶然，《书》经把与尧、舜、禹、皋陶等四人相关的文献放在前四篇的位置，以显示他们在儒家道统中的特殊地位，让后人永志不忘他们开创儒家之道的功绩，“凡天下

① 叶适：《习学记言序目》，北京：中华书局，1977年，第735—739页。
② 同上书，第741页。
③ 同上书，第60页。

义理，始于尧、舜、禹、皋陶，使其见义不明，析理不精，安得致唐虞三代之治？孔孟犹是祖述之尔”[①]，他们对儒家义理有深切的理解，并把义理运用到治理天下的实践之中，实现了三代之治，是孔子、孟子遵循的对象，从而形成了儒家一贯之道，“尧舜禹汤文武周公至于孔子，一道也”[②]，道始于尧舜，至于孔子，一以贯之。

儒家道统的内涵，学者一般根据“曾子曰：‘夫子之道，忠恕而已矣’”，解释为忠恕之道。如何晏注、刑昺疏的《论语注疏》说：“夫子之道，唯以忠恕一理，以统天下万事之理。”[③]朱熹《四书章句集注》说：“尽己之谓忠，推己之谓恕……夫子之道一理浑然而泛应曲当。”[④]意思是说，孔子以忠恕之理贯穿思想言行，身心修养意义的忠恕之道是儒家思想的核心，相应地，儒家思想也应该侧重于伦理道德层面的建构。叶适却对此提出了批评，他说：

> 自尧舜禹汤文武周公孔子，所传皆一道，孔子以教其徒，而所受各不同。以为虽不同而皆受之于孔子则可，以为尧舜禹汤文武周公孔子之所以一者，而曾子独受而传之人，大不可也。孔子尝告曾子“吾道一以贯之”，曾子既唯之而自以为忠恕……传之有无，道之大事也。世以曾子为能传而余以为不能。[⑤]

叶适认为，曾子把一贯之道解释为“忠恕”，是在孔子走出去之后，曾子对别的弟子说的话，这一解释没有得到过孔子的认可，因此不可以作为标准答案，“忠以尽己，恕以及人，虽曰内外合一，而自古圣人经纬天地之妙用固不止于是，疑此语未经孔子是正，恐亦不可便以为准也”[⑥]。曾子的解释只是曾子体会的孔子之道，是他个人心目中的道的内涵，而非上接尧舜的儒家传统之道，“以为曾子自传其所得之道则可，以为得孔子之道而传之，不可也”[⑦]，不可以以此为根据把一贯之道的内涵确定为“忠恕”。

---

① 叶适：《习学记言序目》，第420页。
② 同上书，第245页。
③ 《论语注疏》，李学勤主编十三经注疏标点本，北京：北京大学出版社，1999年，第51页。
④ 朱熹：《四书章句集注》，北京：中华书局，1983年，第72页。
⑤ 叶适：《习学记言序目》，第188—189页。
⑥ 同上书，第178页。
⑦ 同上书，第188页。

叶适认为，儒家“尧舜禹汤文武周公孔子所以一者受而传之”的道侧重的是“经纬天地”的外王事业，曾子的忠恕之道强调的是“君子所贵乎道者三”，讲究的是“动容貌而远暴慢，正颜色而近信，出辞气而远鄙倍”，关注的是个人的身心修养，至于儒家一向重视的政治活动领域，则认为“笾豆之事则有司存”，被曾子主动放弃了。概言之，曾子把“一贯之道”解释为“忠恕”，只体现了道所包含的内圣工夫，而遗落了道的内涵中本来具有的外王事业，因此不能反映儒家之道的传统，只能算是曾子个人的“意见”，是曾子“不本诸古人之源流，而以浅心狭志自为窥测”[①]的结果。所以叶适明确说“世以曾子为能传而余以为不能”，认为曾子不传孔子。曾子之后的子思、孟子对儒家之道的理解，自然就偏离了孔子的本意，“轲喜于自异而乐称之，岂孔子之所敢安哉？不敢安，则所学者皆意之而非其，而孔子之道远矣”[②]。曾子之学得自孔子，但是曾子所学之于孔子所教，为一变；孟子之学得自曾子弟子子思，孟子又“喜于自异”，孟子所学之于曾子所传，又为一变。至于孟子之后的儒家对孔子之道的理解，更是愈去愈远。

叶适援引孔子对颜子说的话，进一步证明儒家一贯之道的内涵不是忠恕，而是“克己复礼为仁”的习学工夫，他说：

> “克己复礼为仁”，举全体以告颜渊也。孔子固未尝以全体示人，非吝之也，未有能受之者也。颜子曷为能受之？得全体而能问其目故也。全体因目而后明，凡孔子之言仁，凡弟子之问仁，未有的切明白广大周遍如此者。世谓孔子语曾子一贯，曾子唯之，不复重问，以为心悟神领，不在口耳。呜呼，岂有是哉，一贯之指，因子贡而粗明，因曾子而大迷。[③]

孔子多处言仁而各不相同，是因为孔子因材施教，针对不同资质的弟子因人设施，那些关于仁的具体说法都是随机应答，阐述了仁的某一方面内容。唯有颜渊资质过人，所以孔子告之以“克己复礼为仁”，这是体现了孔子思想的“全体”。“克己复礼为仁”是有体有目，体是“为仁”的工夫实践，目是

① 叶适：《习学记言序目》，第 189 页。
② 同上书，第 245 页。
③ 同上书，第 192—193 页。

视、听、言、动不逾礼的具体行动，这才是孔子一贯之道的全部内涵，“体孔子之言，要须有用力处。克己复礼，为仁由己，其具体也；出门如宾，使民如祭，其操术也；己欲立而立人，己欲达而达人，又术之降杀者。常由此用力，而一息一食无不在仁，庶几可以言知矣”①。开展“克己复礼”“为仁由己”“出门如宾，使民如祭”“己欲立而立人，己欲达而达人”的工夫，并要“常由此用力”，把工夫实践作为儒家之道的内涵，才算是真正知道了“一贯之道”，“庶几可以言知矣”。

二、一贯之学

叶适认为，儒家历史上不仅有以克己复礼为内涵的一以贯之的“道统”，还有一个一以贯之的“学统”。《论语·卫灵公》篇孔子与子贡有一段对话：“子曰：‘赐也，汝以予为多学而识之者欤？’子贡曰：‘然。非与？’曰：‘非也，予一以贯之’。”历代注家都注意到了此章与“里仁”篇“一以贯之”章之间的关系，以为两个“一以贯之”说的是同样的意思，讲的内容都是“忠恕一贯”。如《论语注疏》注此章曰“用一理以贯通之，以其善有元，事有会，知其元则众善举矣”②，与“里仁”篇“一以贯之”章的解释基本没有差别，都是说以忠恕之道贯穿、统领万事之理，就能开展各种善事。朱熹注此章时则直接说：“说见第四篇，彼以行言，而此以知言”③，两句“一以贯之”说的是一回事，讨论的都是忠恕之道，只不过“里仁”篇说的是忠恕之行，这里说的是忠恕之知，讨论问题的侧重点不同罢了。

对此，叶适又提出了不同的见解。叶适认为，此章所言的“一以贯之”所指的内容与“里仁”篇曾子阐述的“忠恕一贯”大不相同，这里的“一以贯之”指的是“一以为学”，他说：

> 子曰：“赐，汝以予为多学而识之者欤？”子贡曰：“然。非与？”曰：“非也，予一以贯之。”一以为学，古圣人未之及也，而独见于孔子，曾子

---

① 叶适：《习学记言序目》，第178页。
② 《论语注疏》，李学勤主编十三经注疏标点本，第208页。
③ 朱熹：《四书章句集注》，第161页。

徒唯而子贡疑之。[①]

叶适在解释一贯之道的内涵不是忠恕，而是克己复礼的习学工夫的时候，曾提到“一贯之指，因子贡而粗明”，因为子贡的发问，孔子才把一贯之道明确为“一以为学”，这是古圣前贤没有阐述过的观点，孔子发前人之所未发，子贡也与有荣焉。而孔子的孤明独发恰恰概括了儒家一以贯之的传统，叶适说道：“参乎，吾道一以贯之。”“赐也，汝以予为多学而识之者欤？”曰：“然，非欤？”曰：“非也。予一以贯之。”夫斯文兴丧之异，由于一贯迷悟之殊，或者统纪之学几在是耶？[②] 儒家的“统纪”就在“多学而识之”的习学工夫之中，许多孔门高第都没能认识到这一点。孔子因人设施，因为子贡曾说：“夫子之文章，可得而闻也；夫子之言性与天道，不可得而闻也”（《论语·公冶长》），没有认识到学习文章是达到性与天道的阶梯，“分截文章、性命，自绝于其大者而不敢近”，所以孔子才“丁宁告晓，使决知此道未尝离学”[③]，告诉子贡通过学习、理解文章中的价值意涵，可以把握到性与天道。以习学工夫实现天道，是儒家一以贯之的传统。

叶适认为，曾子把一贯之道理解为忠恕，纯粹是一个误会，这个误会没有得到孔子的纠正，人们还相信了这就是孔子之道的内涵。不仅如此，人们又再次误会了孔子对子贡所阐述的“一以为学”的“一贯之指”，以为两个“一以贯之”都是之忠恕，终于导致“一贯之学”隐晦不显，“忠恕之指”谬种流传，而且愈演愈烈，“近世之学，但夸大曾子一贯之说，而子贡所闻者殆置而不言，此又余所不能测也”[④]。对此，叶适呼吁：“人有不知学，学有不闻道，皆弃材也。”[⑤]人要知学，学要闻道，人们应该回到通过“一以为学”体会儒家之道的正确道路上来。

叶适认为儒家“一贯之学”的历史源远流长，可以上溯至《诗》《书》时代。他说，“学如不及，犹恐失之”，傅说“终始典于学”，《颂》“学有辑熙于光明”，言学之功用大矣，然未有如此其急；如此其急自孔子始也。时习，节也；如不

---

① 叶适：《习学记言序目》，第658页。
② 同上书，第245—246页。
③ 同上书，第178页。
④ 同上书，第179页。
⑤ 叶适：《叶适集》，北京：中华书局，1961年，第382页。

及，节之峻疾者也；非如不及不足以得之也。[①]

《尚书·说命下》中的“终始典于学”之学、《诗经·敬之》中说的“学有缉熙于光明”之学，《论语·泰伯》“学如不及，犹恐失之”之学，思想一脉相承，形成了一个学统，前两部经典讨论了“学”的重要性，孔子则用“一以贯之”的方式把“学”的思想系统化。叶适因此告诫学者，道学“以学致道……有志于古人，当以《诗》《书》为正”[②]，有志于道的学者必须以经典为依据，认可这个“一以贯之”的学统。

叶适阐述道，虽然一贯之道和一贯之学作为儒家传统一直存在于历史之中，但是由于道统不明，学统隐晦，所以彼此独立，互不相涉。经过孔子对道统和学统的阐述，尤其是把“一以为学”明确为儒家传统之后，结束了两个传统的隔绝状态，两个“一以贯之”结合为一个整体，形成道统和学统二而一，一而二的关系。他说：

> 至孔子，于道及学始皆言一以贯之……道者，自古以为微眇难见；学者，自古以为纤细难统。今得其所谓一，贯通上下，应变逢原，故不必其人之可化，不必其治之有立，虽极乱大坏绝灭蠹朽之余，而道固常存，学固常明，不以身没而遂隐也。[③]

孔子之前，此道“微眇难见”，此学“纤细难统”，经过孔子的阐扬，一贯之道与一贯之学才得以“常存”、“常明”，并“得其所谓一，贯通上下”，统一成为以学为内涵的整体之道，“此道虽未尝离学，而不在于学，其所以识之者，一以贯之而已”[④]，学是工夫，道是价值，是有区别的；同时工夫实现价值，价值就在工夫之中，二者又是统一的。道与学以“一以贯之”的方式统一于以习学工夫为内涵的儒家道统之中。

三、学统内涵

叶适代表作《习学记言序目》中的“习学”二字出自《论语》首章“学而时

---

① 叶适：《习学记言序目》，第189页。
② 叶适：《叶适集》，第554页。
③ 叶适：《习学记言序目》，第178页。
④ 同上书，第179页。

习之”一句。“习学”二字的含义为实践和学习，是儒家工夫论范畴的概念，“学之为言效也”，“习，鸟数飞也”①，把学习的内容落实到实践中，并对其产生喜悦、爱好之情，涵泳其中逐步提高修养境界，“既学而又时时习之，则所学者熟，中心喜说，其进自不能已矣”②。

叶适从儒家经典中拈出“习学”二字来命名其著作，是深有用意的，他用这种方式强调儒家道统的内涵就是学习和实践的工夫。“学而时习之，不亦说乎！有朋自远方来，不亦乐乎！人不知而不愠，不亦君子乎！前乎孔子，圣贤之所以自修者无所登载，故莫知其止泊处；若孔子成圣之功，在此三语而已，盖终其身而不息也。”③叶适认为，孔子之前的圣人如何成圣，文献阙如，人们不能妄加揣测，但是孔子成圣功夫是很明确的，就是《论语》首章三句话所揭示的习学工夫。因此《论语》首章的意义，不应只做初学入德之门看，这是孔门开宗明义展示儒家精神要义的章节，《论语》通过把“学而时习之”五个字放置在卷首的方式，表明“学之功用大矣”④，儒家道统的内涵就是习学工夫，儒家之道就是习学之道。

叶适的习学工夫有着明确内涵，学是学习六经，习是实践礼乐。叶适认为，六经都有鲜明的主题。《周易》的中心是乾道，这是工夫的本体依据；《尚书》的着眼点是以物质手段“建极”，实现社会和谐；《诗经》的关键是发挥诗的教化作用，实现人的情性中和，达到社会风俗淳美；三礼之学的重点是践行礼乐，借助礼乐制度和典章器物实现治道；《春秋》体现了“理在事中”的哲学观点，抽象之理必须与具体事物相联系。

叶适通过诠释经典主题，确认“六经”既是历代儒家圣人的言传身教记录，又是孔子以“述而不作”的方式保存的上古经典文献，体现了儒家之道的一贯性。“夫尧舜禹汤文武周公孔子之所以一者，非特以身传也；存之于书所以考其德，得之于言所以知其心”⑤，“‘述而不作，信而好古’，孔子之道所以载于后世者在此”⑥，六经中蕴含的儒家之道，使古圣相传的道统精神得

① 《朱子全书》第六册，上海：上海古籍出版社，2002年，第67页。
② 同上书，第67页。
③ 叶适：《习学记言序目》，第175页。
④ 同上书，第189页。
⑤ 同上书，第188页。
⑥ 同上书，第152页。

以存续。学习六经是考知圣人德行心意，实现道统精神体认与传承的途径。因此，叶适明确要求通过学习六经把握儒家之道，他说：

孔氏未尝以辞明道，内之所安则为仁，外之所明则为学，学则《六经》……至于内外不得而异称者，于道其庶几矣。①

以仁的修养境界为内在目标，以学习六经为外在途径，内外协同，目标与途径一致，可以实现儒家价值理想。他解释《论语·述而》篇“若圣与仁，则吾岂敢，抑为之不厌，诲人不倦，则可谓云尔已矣”章说：

所谓‘为之’者，学而已。自学不厌，又以此诲人不倦，岂固以圣仁之名为在己哉？然而即夫世之所名者，则圣仁不外是矣。②

孔子就是在经典学习中成就圣与仁的修养境界的，这是一条“如火燎暗冥，舟济不通，可谓至切至近，无微妙不可知之秘”③的坦途，是具有普遍意义的工夫方法。学习六经、体认儒家精神不能停留在个体价值自觉、人格自我完善的地步，还必须推而广之，使价值自觉走出个体性的局限，把儒家之道落实到“周旋于天下”“以道易天下”的外王实践中，表现为“治道”，实现儒家的社会理想。叶适认为，这是儒家经世精神的内在要求，因此，习学工夫还应该包括“克己复礼”的礼乐实践。

永嘉学派有重视礼学的传统，前辈学者郑伯熊就以“经制治法”的礼学成就闻名士林，“永嘉郑伯熊、薛季宣皆以学行闻，而郑伯熊于古人经制治法，讨论尤精”④。叶适的老师陈傅良更是以礼学名家，认为《周礼》一书蕴含“理财居半之说”“售富强之术”，还有“开基立国之道”⑤。他通过礼学研究，抽象出了一个“器便是道”的哲学本体论命题，“形而上者谓之道，形而下者谓之器。器便有道，不是两样，须是识礼乐法度皆是道理。”⑥器便是道，道也便是器，形上之理与形下世界打成一片，礼乐法度之器与价值抽象之道不是两样，“事事理会”就是把握事中之道。

---

① 叶适：《习学记言序目》，第654页。
② 同上书，第187页。
③ 同上书，第183页。
④ 脱脱等撰：《宋史·陈傅良传》，第12866页。
⑤ 陈傅良：《陈傅良先生文集》，杭州：浙江大学出版社，1999年，第505页。
⑥ 黎靖德编：《朱子语类》，北京：中华书局，1986年，第2896页。

叶适继承永嘉前辈的观点，同样对三礼之学青睐有加，认为“其书章明一代之法典，殆尧舜禹汤所无有；而古今事理之粹精特聚见于此”[①]。其中记载的法典制度，内容无所不备，详略繁简得当，是尧舜禹汤以来历代典章制度的总汇，概括了古今事物之理，表达了“道与事等”的道理，很有可能就是孔子主张接受的周代制度。因此，其中规定的礼仪制度既是人们初学入道的门户，也是终身遵守的行为准则，礼仪规范中包含了义理规模，是价值依附的对象，维护礼就是保存道。

因为“数所以出义”[②]，典章度数之中包含了儒家之道的价值内容，所以“数度制而德行可议……议德而后能进德”[③]。通过研究典礼制度中的价值内容，可以明确人之为人的德行要求，讨论德行要求则可以促进德性提高。叶适希望按照《周礼》要求开展礼仪实践，以外王性质的礼仪实践，促进内圣品格的修养提升。他说：“乐兼防而中和兼得，则性正而身安，此古人之微言笃论也。”[④]实践《周官》经中的五礼、六乐、中礼、和乐，可以调和身心、陶冶情操，以实现性情中和，“合性情之正而为言者，闻道也；即性情之安而为言者，近道也”[⑤]，修养至于性情中和，合于法则，就是闻道、近道，接近于实现儒家内圣目的。

儒家外王理想同样可以通过实践礼乐去实现。叶适发挥乃师陈傅良“器便是道”的主张，要求在礼乐实践中，落实儒家经史致用的外王追求。他说：“《周官》言道则兼艺……其言‘儒以道得民’‘至德以为道本’，最为要切，而未尝言其所以为道者……今且当以‘儒以道得民’‘至德以为道本’二言为证，庶学者无畔援之患而不失古人之统也。”[⑥]

《周官》经“言道则兼艺”，价值本体之道存在于技艺性质的礼乐形式之中，实践礼乐，就是学习儒道；相应地，人有内在的中和之德，也必然遵循儒家之道，表现为符合礼仪规范之行。叶适以为，通过“儒以道得民”“至德以为道本”的礼乐实践，可以引导人们按照道的要求进行生活，从而实现天下

---

① 叶适：《习学记言序目》，第 83 页。
② 同上书，第 102 页。
③ 同上书，第 32 页。
④ 同上书，第 87—88 页。
⑤ 叶适：《叶适集》，第 602 页。
⑥ 叶适：《习学记言序目》，第 86 页。

大治。“经纪天下，精神会聚于此……其得之未尝以智力，其守之未尝不以礼义”[①]，实践礼乐既可以得天下，也可以守天下。叶适总结道：“必欲此身常行于度数折旋之中……必有致于中，有格于外，使人情物理不相逾越，而后其道庶几可存。”[②]儒家内圣外王之道理想，都可以通过实践礼乐得到实现。道统内涵也包含了儒家价值理想。

四、道学就是学道

叶适把“学以致道”，以习学工夫实现儒家价值理想，作为士大夫唯一的人生使命。他说：“士在天地间，无他职业，一徇于道，一由于学而已。道有伸有屈，生死之也。学无仕无已，始终之也。集义而行，道之序也；致命而止，学之成也。”[③]

士大夫生于天地之间就是要以习学的方式求道不已，学而不求道，或求道不由学，都不是学者应有的态度。叶适以孔门弟子为例，说道：“余尝考次洙泗之门，不学而任材者，求也；遗学而求道者，参也；学而近于名者，商；学而近于利者，师也。呜呼！余无以命之矣。”[④]《论语》中孔子曾评价他的几个弟子，说“求也艺”，“参也鲁”，“师也过”，“商也不及”，冉求、曾参、子夏、子张等人都有各自的不足。叶适以为，孔子批评他们的原因是这几个人没有能够把习学工夫与求道目标结合起来，“孔氏之所称，颜回而已”，只有颜回做到“克己复礼为仁”的实践，视听言动都能遵循礼仪，所以得到孔子的赞许。

习学工夫也是士大夫唯一能够“得道”的方式。叶适以车行道路做比喻，说道：“行者以不得乎道也，故陷于迷；学者以不得乎道也，故趋于谬；是则道者限也，非有不通而非无不通也。道一而已，无正也，无他也，自行而言，车航混混，不舍昼夜，虽不得其道犹至也；自学而言，车航混混，不舍昼

---

① 叶适：《习学记言序目》，第 90 页。
② 同上书，第 95 页。
③ 叶适：《叶适集》，第 193 页。
④ 同上书，第 491 页。

夜，苟不得其道皆迷也。”①行车没有正确的道路会迷路，学道没有正确的工夫方法会迷道，只有习学工夫才是学道的正确方式。

由此，叶适对“道学”之名做出了新的解释。淳熙十五年(1118)因为兵部侍郎林栗弹劾朱熹，叶适上《辩兵部郎官朱元晦状》，为朱熹辩护，其中提到时人对“道学”的认识是“见士大夫有稍慕洁修，粗能操守，辄以道学之名归之”②，人们认为道学就是追求品格高尚、行有操守。但是这样不免落人口实，以为道学就是专务虚名的“伪学”。叶适也以“道学自名”，但是他理解的道学是“学以致道”，坚持以习学工夫追求道的人：“仁义礼乐，是为道；问辨讲习，是为学；人有不知学，学有不闻道，皆弃材也。古人同天下而为善，故得谓之道学，名之至美者也”③，道学就是学道，以学闻道，通过习学的方式追求道。叶适重新解释了当时已经被污名化了的道学，试图为百余年的道学发展史正名。

至于心性学者念兹在兹的持敬工夫，叶适并不否认其在个体价值自觉的修养工夫中的意义。但是他认为持敬要服从“习学”根本工夫，先开展“克己复礼为仁”的习学工夫，然后才有可能进行“敬以直内，义以方外”的持敬修养。叶适说道：“学有本始，如物始生，无不懋长焉，不可强立也……复礼者，学之始也……敬者，德之成也。学必始于复礼，故治其非者而后能复，礼复而后能敬。”④他解释学习工夫比持敬工夫更具有根本性的原因，说道：“未能复礼而遽责以敬，内则不悦于己，外则不悦于人，诚行之则近愚，明行之则近伪；愚与伪杂，则礼散而事益繁，安得谓无！此教之失，非孔氏本旨也。”⑤

没有克己复礼的习学工夫，缺乏对礼乐精神的价值认同，行为举止不能合乎礼仪规范，内不能悦己，外不能悦人，勉强教人开展持敬工夫，要么不明所以近于愚，要么装模作样近于伪，都有失成圣成贤的工夫本旨。先习学而后持敬的工夫逻辑却非常明确，叶适说：“非礼则不以视听言动，而耳目百体

① 叶适：《习学记言序目》，第659页。
② 叶适：《叶适集》，第19页。
③ 同上书，第382页。
④ 同上书，第163页。
⑤ 同上书，第164页。

瞿瞿然择其不合乎礼者期去之。昼去之,夜去之,旦忘之,夕忘之,诚使非礼之豪发皆尽,则所存虽丘山焉,殆无往而不中礼也,是之谓礼复。礼复而敬立矣,非强之也。”①

在克己复礼为仁的长期工夫实践中,逐步去除不合乎礼节的行为,言行举止“无往而不中礼”,自觉遵守礼仪规范,谨慎约束个体行为,“敬”就自然地确立起来了。叶适说的“敬”是以“礼”为对象的“敬礼”工夫,具有外在对象的指向性,而非心性学者所谓“敬所谓一者,无适之谓一”的内在心理状态。

五、习学道统的意义

儒家道统之说其来有自,孔子在《论语·泰伯》末尾赞叹尧、舜、禹三位上古圣人,被认为是儒家道统最初雏形。孟子根据“五百年必有王者兴”的观点,在《孟子·尽心下》最后一章中,提出了一个从尧、舜至于孔子的人物谱系,并以当今之世,舍我其谁的气概,自续这个人物谱。成熟的道统思想,是韩愈在佛教禅宗“法统”和“传灯”思想影响下构建出来的,后来学者提出的道统谱系,基本都以韩愈道统为蓝本发展而来。根据道统论思想,儒家有一个核心的精神价值,也就是道,通过圣贤相续的方式进行传承,传承道统的人物既有尧、舜、禹、汤、文、武、周公等“圣君”,也有孔子、孟子等学者。

宋明学者纷争道统,从形式看是道统人物谱系之争,实质则是各自理解的儒家精神,也就是道的内涵之争。叶适把孟子排除在道统之外,其实是对宋代新儒学心性化发展方向提出了质疑。心性儒学以心、性等先验道德根据为工夫对象,以格致诚正或存心养心的工夫方式,追求个体完善,具有内向探索的特点,对儒家社会责任有所忽略。叶适通过对儒学发展史的批判性反思,要求严守儒家实践传统,反对儒学的内向化、形而上学化发展,把工夫对象向外拓展,把学习儒家经典、实践礼乐作为工夫对象内涵,形成了以习学工夫实践为特色异彩的儒学新理论。叶适认为儒家之道就是习学之道,内圣外王的价值追求统一于习学工夫之中,成就儒家道德理想的基础不

① 叶适:《叶适集》,第164页。

是内在的先验心性本体，而是现实的习学实践活动，从事外王经济事功就是追求内圣理想人格。叶适的道统论紧紧扭住工夫实践这一关键环节来理解儒家之道，体现了他对儒家价值追求的独特理解与细致把握，对儒家哲学的实践性质做了突出的发挥。

儒家习学工夫之道经历了孔子的阐扬、曾子以后的晦暗，再到叶适的重新发现，是一个肯定、否定、否定之否定的辩证发展过程，因此叶适于儒林功莫大焉。他的学生孙之弘认为乃师是孔子之后的儒家第一人，“独先生之书能稽合乎孔氏之本统者也”[①]，依据就是叶适发现并弘扬了这个“学必待习而后成，因所习而记焉”[②]的习学工夫道统。至于“始于尧，次舜，次禹，次皋陶，次汤，次伊尹，次文王，次周公，次孔子”的儒家历史，则与孔孟道统观支配下建构出来的历史一样，都不是历史中的真实，而是叶适体认的“习学”精神统领下构画出来的历史，其意义是作为论证“习学”工夫道统合理性的历史材料。

蒋伟胜，浙江工商大学马克思主义学院副教授

① 叶适：《习学记言序目》，第759页。
② 同上书，第759页。

宋代温州书院学塾与永嘉学术

本文记叙宋代温州民间兴办书院早于苏州、多于杭州的情况。薛季宣、陈傅良、叶适、陈埴、王与之等人将教学活动与学术研究相结合，他们既是有声望的教师，也是知名的学者，由此，作者认为，读书风气的形成、民间书院学塾的兴办及其自由讲学之风，是永嘉学派在温州创立并发展的社会基础与文化支持力之一。这种重视读书、尊崇教育的风气，从此在温州地区延续了下来，成为区域文化其中坚实的一部分。

一、宋代温州兴办书院学塾的背景

宋代，从960年宋太祖称帝之后，历经168年，称北宋；1127年宋高宗赵构继位以来，宋室南迁，历经152年，为南宋。钱穆先生在《宋明理学概述》的开篇指出："唐末五代结束了中世，宋开创了近代。"原来的由贵族的、宗教的因素为主导的文化，变成为以平民的、世俗的因素为主导的文化。宋太祖即位后重视文臣，抑制武事，以文治国，重视人才，提倡读书，任用大批文臣执政。两宋时期，举国上下尊崇教育，全力以赴兴办学校。宋代统治者欲与士大夫共治天下，倡导与引领科举考试。宋代科举明显出现平民化的倾向，至仁宗朝，13榜进士中，竟有12榜进士第一名出自平民布衣之家。科举程式的变化，愈加有利于寒俊布衣之士。录取名额也逐渐增多，也极大地鼓励了读书人。

北宋，历经三次兴学，发展官学。温州地区历来重视兴学育才，依《浙江省教育志》[1]的记载，在浙江省内，官方创建的县学，最早的是平阳县学宫，时间在西晋太康年间(280—289)；最早的郡学，则是永嘉郡学，创建时间在东晋太宁年间(323—326)，比会稽郡(绍兴)早了半个多世纪。北宋天禧三年(1019)，温州郡学迁至九星宫故地(赴学巷，曾为工人文化宫)。庆历四年(1044)，诏令各路、州、军、监立学，学者二百人以上的，准许更置县学。当时温州四县，立学或增扩学舍，达到一定的规模。永嘉县学，北宋元祐三年(1088)建，在华盖山麓(今城区县学前)；乐清县学，唐时建在望莱桥东，北宋治平年间(1044—1067)增扩堂庑学舍，崇宁三年(1104)迁桥西；瑞安县学，北宋初建于县治东，崇宁元年(1102)迁至江滨，政和六年(1166)迁回故址(在今瑞安实验小学)，增建经史阁；平阳县学，晋太康年间建学宫，北宋元祐间迁至县治东南三里凤凰山下。

与此同时，书院、学塾在各地蓬勃发展。书院不同于官学，是民间办学，公认是私学。书院，出现于唐代，兴起于北宋，繁盛于南宋。有宋一代，官学与私学并存。私学崛起、书院学塾兴盛，是宋代温州文化教育的一大特点。弘治《温州府志》卷二描述当时的情景："吾瓯自宋以来，有书院，有义塾，学业炽盛"，"延师训子遍匝四境，挟册呻吟无间富贫"。南宋时期，民间创办书院迅速发展，这是中国教育史上书院制度最为盛行的时期。书院学塾的兴办，助推了民间社会的读书风气。传为宋真宗赵恒所做的《劝学诗》甚至这样写："富家不用买良田，书中自有千种粟。安房不用架高梁，书中自有黄金屋。娶妻莫恨无良媒，书中有女颜如玉。出门莫愁无随人，书中车马多如簇。男儿欲遂平生志，六经勤向窗前读。"[2]平阳陈经邦未考中进士之前，曾在南雁荡山建筑会文阁，读书于此，他说到自己的读书的情形"孜孜矻矻，废食忘寝，殆若狂然"[3]。

两宋时期，移民来温州的人口大量增加，新增加的居民也急需进入学校教育子弟参加科举，于是，比官学多得多的书院学塾这些各种形式的私学就发挥了教育职能。按《宋史》卷八八《地理志四·两浙》记载：北宋崇宁年

① 余起声主编，《浙江省教育志》编纂委员会编：《浙江省教育志》，杭州：浙江大学出版社，2004年。

② 《绘图解人颐》卷一。

③ 陈经邦：《会文阁记》，张声和编：《温州名胜游记》，上海：上海书画出版社。

间，温州户数为 119 640，至淳熙年间，户增至 170 035，口 910 657，户均 5.36 人。崇宁年间温州人口，因原记载的是承担赋役的男性丁口数，如将户也简单地换算为每户 5.36 人，人口数约 64 万，从北宋到南宋的这七八十年间，温州人口从 64 万增加 91 万，差不多增加三分之一①。各地移民陆续迁徙进入温州的，大批的，先是北方移民。宋高宗避难温州，温州一度成为北方移民较多的区域，后是福建移民，尤其是乾道二年(1166)海溢以后，移民补籍，吴松弟估算宋代移入温州的总数为 22 万人。陈丽霞在《历史视野下的温州人地关系研究》(960—1840)一书②中，列表统计平阳县(含今苍南、龙港，当含今泰顺的一部分)历代分时段移入平阳的 212 个外来家族，其中有 202 个家族来自福建，占总数的 95%。南宋政府为安顿移民，给以包括教育、科举方面的优惠政策。绍兴十一年(1141)与金人签订和议之后，南宋政府就开始对定居下来的北方移民实行入籍工作，入籍工作相继完成后，绍兴二十六年(1156)起，在移入地住满七年后，流寓人与当地士人一样参加本地的考试录取③。

随着宋代文化的不断发展，书院逐渐成为学者探讨学术和传播新儒学的基地，成为切磋学艺和培养人才的重要场所。宋代文化复兴与新儒学崛起的原因之一，是随着科举制度与考试内容的变革民间书院自由讲学之风的兴起。

二、温州民间创办的书院与学塾

北宋皇祐年间的温州，出现了三位先生：林石不求仕进，以《春秋》教授乡里，后其子榕孙、门人沈琪、韩汝翼皆相继设教；丁昌期在郡城东郊，建醉经堂聚徒讲学，后有经行塾，其子宽夫、廉夫、志夫继续之；王开祖讲学于东山，从学者数百人，被认为是温州有书院之始。陈谦撰《儒志先生学业传》，尊为温州学术开山祖。

后来，又有周行己、刘安节、刘安上、沈躬行、许景衡、戴述、赵霄、张煇、

① 宋代户口一般是主客户的合计数，按吴松弟的意见，还需将户口统计之外的那部分人约占7%加入。

② 陈丽霞著：《历史视野下的温州人地关系研究》(960—1840)，杭州：浙江大学出版社，2011年，第 53 页。

③ 参阅沈冬梅、范立舟著：《浙江通史 · 宋代卷》，杭州：浙江人民出版社，2005 年，第 226 页。

蒋元中等九人，先后赴京师（开封）或（西京）洛阳，到太学就读，史称元丰永嘉九先生。周行己考中进士后，于崇宁三年（1104）在温州任教，大观三年（1109）则在城区建浮沚书院，讲学授徒，沈躬行、戴明仲也曾任教，张辉则在草堂塾任教。刘安上弟安礼则是塾师。从程门受业的还有鲍若雨、谢用休、潘旻、平阳陈经邦、经郛、经德等。据《浙江通史》宋代卷记载，在陈氏兄弟读书处，南宋孝宗朝时，创办有会文书院。清光绪年间，陈少文牵头，集资二十家，重建会文书院，“甲申春成”，光绪十年（1884）落成。宋恕撰《重建会文书院序》，又撰《重建会文书院记》。前者指出“吾邑宋时文学称盛，陈先生兄弟受业河洛之门，归筑书院雁山中，大昌厥学，和者纷起，而科名亦振，有一科至二十余进士之多者，何其盛也”①。

王十朋在45岁中状元之前，至少有十多年在家乡开馆讲学授徒经历。《宋史》卷三八七王十朋传记载：“及长，有文行，聚徒梅溪，受业者以百数。”《梅溪王忠文公年谱》：“绍兴十四年甲子，公三十三岁，学成行尊，授徒梅溪，远近从游者，率知名士。”此外，他还先后就馆于嵊县渊源堂义塾和周汝士家塾。绍兴十八年（1148），周汝士“延十朋居家塾，宾师其弟子”，“后周氏登科相望，大都出十朋之门”②。王十朋曾为周汝士祖父周瑜撰写行状，文见《梅溪前集》卷二〇。

宋代温州的学塾更多。学塾是私学，聘请塾师设教于家中的居多，义塾往往是地方上出钱聘请教师，教育本族及乡里子弟。考中进士的，原先大多就读于学塾。担任塾师的，大多是未入仕或无意进取仕途的读书人，陈鹏飞、陈傅良、叶适、陈埴等后来成为知名学者的原也是塾师。

郑伯熊在郡城设立城西学塾，他的弟弟郑伯海继续办学，立义塾，延师教授生徒五百余人，郑伯英借口母老，不愿当官，晚年在家讲学近20年，至明弘治年间，人们还称呼此地为“学堂前”。宋隆兴二年（1164），薛季宣居家，教授生徒，潜心著述，四五年时间。毛密在温州城南茶院寺东设立南湖学塾，聘陈傅良主讲，叶适也是其中的学生，薛季宣曾来与陈傅良研讨学术，后来蔡幼学、叶适、陈埴继续在这里讲学施教。王自中年18岁，即被

① 胡珠生编：《宋恕集》，北京：中华书局，1993年，第171页。
② 康熙《嵊县志》卷九。

聘为塾师。钱文子致仕后在乐清教授于白石书院，瑞安曹豳少年时即师从钱文子。

乐清汤建，少为陈傅良所知，天文地理，考核精详，洞达本末。弃举子业，笃意竞省，深造理窟。以其学授徒，名儒达宦多受业焉。尊其为"艺堂先生"。著有《诗衍义》《论语解》《道德经解》。陈傅良命名其学塾为"艺堂书院"。咸淳五年(1269)，县令郑滁孙改建，内有朱熹祠，名曰"宗晦书院"，请胡子实主讲，胡"力学不殆，于《四书》所得尤深"，"讲说详明，深契宗旨，多士翕然归之"①。乐清翁敏之字功甫，叶适妻高氏从子，叶适勉令就学，师从陈埴、朱平叔，乾道二年海溢后，在乡校旁边，辟学舍，请陈埴主讲，匾额为"图南书院"，聚族里而教之，不数年，获荐者十余人。史志记载，宋淳祐年间有中村书院、侯林书院，均在今泰顺境内，《续文献通考》记为吴子良建。宋代平阳的书院，《浙江通史》宋代卷记载有"平阳书院"，以《浙江省教育志》的记载，还有鹅峰书院、毓秀书院、聚英书院、聚奎书院、朝阳书院。朝阳书院，在缪程、缪元德读书处，黄震撰有《缪存斋朝阳书院记》。

瑞安曹绛字思厚，号石室居士，瑞安人，曹叔远从兄，著《家训四戒》，以示子孙，筑乡校于凤冈，岁延名儒为师，以教乡族，成就者甚众，子为长兴丞，孙登淳祐进士第。遇岁歉，率族众定谷价以安乡里。时称长者。年八十七卒。事见《岐海琐谈》卷四，弘治《温州府志》卷一二有传。吴表臣曾孙吴溁在城郊吹台乡设立吹台塾，开学后，受到郡守杨简礼遇，改名慈湖塾。吴溁，字子量，淳祐元年(1241)登第前为教师，"六经诸子淹贯融液"，"嘉定间(1208—1224)，乡塾鼎峙，陈埴以性理之学著，朱平叔以传记之学显，溁兼有之，故从游之士独盛，若潘凯、方来，皆出其门"②。戴溪与王柟讲学在岷冈，"尽通诸经，声名日起，江浙之士从游者数百人。"戴溪考中进士后曾任石鼓书院山长。

弘治《温州府志》记载宋代温州学塾，有雅俗塾、儒志塾、东山塾、经行塾、城西塾、草堂塾、南湖塾、菰田塾、茗屿书塾、塘岙塾、万桥塾、鹿岩塾等12所。此外，德新塾，在郡城，朱合甫立，合甫号獻畝子，隐于江北合山，

---

① 弘治《温州府志》卷一〇《胡子实传》。
② 弘治《温州府志》卷一〇《吴溁传》。

每以《周易》《老子》《庄子》书自随，有《合山游》数千言。合甫延乡儒蒋惠设教，至嘉定年间，裔孙朱平叔继续办学，朱平叔以传记之学而著名。小南塾，在五马坊，由名师陈鹏飞设立，以经术教学生，常数百人。孝廉塾，仰忻倡导，仰忻著有《训童规鉴》十二卷。其子三人皆中进士，兄弟五人教授乡里，弟子常百余人。位于瑞安仙岩的梅潭塾，原由陈傅良、木砺共同设教，四方景从。木砺子木天骏得其余绪，登嘉熙进士第。龙坞塾，宋刘掞立，请同族刘良贵设教，后来同等淳祐进士第，乡之进士多出其门。南山塾，郑士华好学尚义，建学堂，请塾师，训子孙。白石塾，钱尧卿至钱文子，世代为乡先生，县令常来咨访，乃立学于白石，叶适年轻时也曾在此任教，四方从游者众多。

温州民间兴办书院、学塾的数量较多，学生可以自由择师，来去自由，自由拜师求学的风气逐渐形成，书院、学塾讲学也颇为开放，讲学的教师不限于本院、本地，书院、学塾实行自由讨论学术的教学方式，办学风格较为开放，气氛活跃。温州的教师大多传承二程“学以致用”的学风，考察宋代永嘉之学的诸位学者，书院、学塾是学人日常生活交流的空间，他们几乎都是教学活动与学术研究相结合，潘翼“贯穿诸子百家之书，凡礼乐制度与夫传注笺疏杂说靡不淹通”。撰《星图》，著《九域赋》，补注《玉篇》《广韵》，工古文，“邑之闻人登科者，多出于其门”，王十朋少年时曾师从之。最典型的是乐清塾师王与之，今传世有他的著作《东岩周礼订义》八十卷。当时的郡守称他“皓首著书，真经明行修之士”。胡一桂“家塾教授，首宗《四书》”，德祐元年(1275)上丞相书几万言，撰成《补正古周礼》一百卷，林千之作序。周行己、郑伯熊、郑伯英、陈鹏飞、戴溪、陈傅良、钱文子、叶适、陈埴等既是有声望的教师，也是知名的学者。他们能将多种学派思想观点兼收并蓄，为务实创新的学风助力。这样，有的书院、学塾也就有高于一般官学的教学水平。民间办学塾，首先是有利于本家子弟的科举考试，可以带动家族子弟的读书积极性。如乐清有“石船三刘”，平阳胡芳“积书数万卷，课子自娱”。同时，遍布乡村闾巷的塾师，也以讲学授徒为谋生之计。大量未能通过科举考试到外地做官的读书人留在了温州，他们通过私学找到了生活出路。这也是私学得以持续发展的重要原因之一。

三、讲学中作为教师的陈傅良与叶适

陈傅良之父陈彬与叶适之父叶光祖，都是乡村教师。陈、叶都很早开始教师生涯，以此来支持自己的学业，他们在考中进士之前，在地方上任教已获声望。同时，他们也对书院、学塾的自由讲学之风起到推动作用。

传说陈傅良 20 岁左右就在瑞安县城林元章家中授徒。27 岁起，在温州城南讲学，据传有《城南集》，为研习科举的程式文。至乾道五年(1169)，陈傅良还受邀到新昌，设馆讲学于黄度家，培养了不少绍兴籍人才，如新昌吕、石两族子弟，多从学之，其中吕大亨和从弟吕冲之等，后来均有一定名声①。楼钥来温州任州学教授，与陈傅良“为布衣交，义兼师友”。乾道八年(1172)，陈傅良考中进士，并未赴任就职，仍居家教书，达四五年时间。任命为湖南桂阳知军后，在家候缺，又在仙岩办书院讲学，“授徒仙岩，四方景从”，还把书院迁到自己住宅旁边。绍熙元年(1190)，他在长沙任转运判官，公馀，在岳麓书院讲学，朱熹说陈傅良“君举胸中有一部《周礼》”，“陈君举到湘中一收，收尽南轩(张栻)门人”②。庆元党禁后的第二年，陈傅良又在家乡创办书院，培养了不少经世之才。

叶适 16 岁开始教师生涯，在乐清白石学塾任教四年，27 岁又任教于雁荡山，黄岩丁希亮、戴许、蔡仍、王汶等来受学。叶适又曾任教于东阳的石洞书院。29 岁考中进士，其中在苏州当官三年，带学生三年，来从学者有十多人。他晚年定居在温州城郊水心村，61 岁起讲学授徒，时人记其受欢迎的程度：“叶水心在永嘉，户外之履常满”③，“名重当世，四方学者仰之如山斗，咸称水心先生”。他还完成了代表作《习学记言序目》五十卷，直至 74 岁逝世。乾道元年(1165)，吕祖谦在婺州创设丽泽书堂(嘉定元年 1208 年，修为丽泽书院)，讲学会友，常邀薛季宣、陈傅良、叶适讲学与研讨经世之学。

青年陈傅良讲学时所撰的《待遇集》，是考试用书，考生争相传阅。《宋史》卷四三四说陈傅良：“为文章，自成一家，人争传诵，从者云合。”他还创立

---

① 李永鑫主编：《绍兴通史》，杭州：浙江人民出版社，2012 年，第 452 页。

② 黎靖德编：《朱子语类》，北京：中华书局，1986 年，第 2961 页。

③ 刘宰《漫塘集》卷一九。

了乾淳"太学体",又称作"永嘉文体"。知名学者祝尚书在《论乾淳"太学体"》[①]一文中记叙陈傅良事迹说:"自隆兴历乾道、淳熙的二十余年内,生活大都与讲学、场屋及太学相关,其文章影响了整整一代人,尤以'太学诸生'为著。""当时士子'人争诵之',并引发'追星'式的轰动效应。"由此而被誉为"止斋之论,论之祖也"[②]。他有《蛟峰批点止斋论祖》传世,四库馆臣认为"盖即为应举之作"。陈傅良还撰有《历代兵制》,既是学术著作,也是武科考进士必备之书。更有流传至今的、作者题为陈傅良的《永嘉先生八面锋》,书商经营,所收策论文,力图让学生沉浸在一种思考模式之中,鼓励学生参与政策讨论。祝尚书教授分析《止斋论祖》与《论学绳尺》所选的陈傅良各篇论之文,认为其艺术成就,一是立论新警,自成一家;二是辨析精微,深得论体;三是造语圆活,行文简洁;四是文采斐然,读之有味。但难免"科场习气"。叶适之文也有被广泛应用于举业的《进卷》,并流传至今,这是应试人似乎必备的入门之书。私人书商把他们的策论结集出版,广泛流传的论文与书院学塾的自由讲学之风一起,促成了后来独树一帜的永嘉学派。

正因为宋代温州人在兴学育才的突出业绩,比利时汉学家魏希德所著《义旨之争:南宋科举规范之折冲》[③],全书七章,有第三、第四两章专门论述永嘉教师与永嘉课程,也就不奇怪了。

四、温州书院早于苏州,多于杭州

宋代温州创办书院,比苏州的早了一百多年,考中进士的人数比苏州、杭州、绍兴、宁波都多。"苏州最早的书院是南宋端平年间(1234—1236)所创和靖书院。""宋理宗端平元年,由提举曹豳创建和靖书院于虎丘山云岩寺西,为苏州最早的书院。"[④]它由瑞安人曹豳在苏州任提举时创办。温州的书院,如以王开祖皇祐年间(1049—1054)讲学东山算起,约早 180 年,如从

① 载祝尚书著:《宋代科举与文学考论》,郑州:大象出版社,2006 年。
② 《论学绳尺》卷六。
③ [比]魏希德:《义旨之争:南宋科举规范之折冲》,杭州:浙江大学出版社,2015 年。
④ 王国平著:《苏州史纲》,苏州:古吴轩出版社,2009 年,第 155 页、第 728 页;李天石、潘清主编:《江苏通史·宋元卷》,南京:凤凰出版社,2012 年,第 360 页。

大观三年(1109)周行己在温州郡城建浮沚书院算起,比苏州书院早120多年。

《苏州史纲》记载,两宋时期,苏州考中进士707人,其中状元4人(黄由,长洲人;卫泾,昆山人;魏汝贤,吴江人;阮登炳,长洲人),另有武状元3人。有宋一代,绍兴所属8县,除萧山、余姚外,先后登进士第者合计618人(《浙江省教育志》记为613人),武科进士12人(《浙江省教育志》记为8人)。两宋时期,杭州考中进士683人,武科进士112人;明州(宁波)考中进士计918人,武科进士10人。

而温州考中进士1 187人,其中状元5人(王十朋、木待问、赵建大、周坦、徐俨夫),另有武科进士292人,其中武状元13人。考中进士人数仍以《浙江省教育志》为依据,该志书是从雍正《浙江通志》辑出,其中缺载绍定五年与端平二年的温州籍进士,原因是明代温州府志缺载,仅有武科进士。此二科,乾隆《温州府志》据县志补入,明确的计19人,另有多名待考。《宋代登科总录》仅据永乐《乐清县志》补入2人。2021年1月出版的《温州通史》宋元卷,也将这两科进士排除而不计,且未能提及2014年出版的《宋代登科总录》,也没能分析武科进士。楼钥说到乾道八年(1172)陈傅良登进士第,温州共有17人考中,"皆乡郡人,非公之友,则其徒也,尤为一时盛事"。实际上,南宋后期考中进士的人数更多。当时给温州的进士名额少,录取的人数少。韩国历史学博士裴淑姬在《论宋代科举解额的实施与地区分配》中[①]指出,宋代发解试解额分配存在着极大的不平衡性,发解比例最小的是温州,8 000名终场者中只有17名解额,录取的比例是470∶1。这样,大量未能考中进士的读书人,则留在了温州民间,相当部分人成为教师,反倒提高了温州社会的知识化水平。就此也可见证温州书院、学塾的教育水平也是比较高的。

宋代温州创办的书院,比杭州多出近四倍。据《浙江省教育志》[②]记载,宋代,杭州书院共有5个,嘉兴3个,湖州8个,绍兴16个,而温州则有19个,著名的书院有如东山书院、浮沚书院、会文书院、永嘉书院、仙岩书院、宗

---

① [韩]裴淑姬:《论宋代科举解额的实施与地区分配》,《浙江学刊》2000年第3期,第121—127页。

② 余起声主编,《浙江省教育志》编纂委员会编:《浙江省教育志》,第150—152页。

晦书院、白石书院等。温州书院的规模也不小。弘治《温州府志》记载永嘉书院，在郡城西南渊源坊，王致远、陈南一在淳祐十二年(1252)建立，每月请乡先生主讲，请求以官田养士子。并立祠塑像，东边屋祀伊洛诸先生，西边间祀周行己、刘安节、刘安上、许景衡、鲍若雨，后来又增叶味道、陈埴等。

在外任职的温州人还积极在外地创办书院。除曹豳苏州创办和靖书院外，淳熙六年(1179)，蔡节在湖州扩建安定书院，礼聘朱熹弟子蔡沈讲学。乐清人刘黻，咸淳七年(1271)任沿海制置使，在绍兴创建了高节书院，地址在余姚客星山，有院田八百亩，规制颇为完备，可容生徒二百余人学习①；又上奏建慈湖书院，在慈溪县城东北，以祭祀杨简。杨简是慈溪人，称慈湖先生，嘉定四年(1211)曾任温州郡守。另外，考中进士后的温州人，在外担任州学教授得相当多。

另有一种现象值得注意，宋代温州的武进士考中人数为 292 人(《宋代登科总录》第 13 册补 17 人)，比浙江省其他州郡的总和 206 人，还要多出 86 人。并不是武科考试比较容易，首先，武科取士人数大大少于文科，也是三年一试，通常全国录取在 20 至 40 人之间。另外，武科考试，必须先通过策问关，再以武艺定高下，要求武进士文武双全。温州的武进士中还有林拱辰、应节严等，他们是由武科转文科的。宋哲宗朝以后，解试、省试、殿试均考策问，策问内容，或为对兵书理论的理解与运用。或稽古之兵法、为将之道及历史上兵制，或就当时边防时务的治理陈述兵机之策。温州考中武举进士如此之多，不得不首先归因为温州各地较多的书院、学塾与较高的教育水平。

五、书院学塾的自由讲学之风带来了什么？

综上所述，两宋温州地方兴办书院学塾，民间读书风气之盛，当为事实。弘治《温州府志》卷一《风俗》转引陈谦的话，所谓“自昔文风为两浙最”，然后说是“皆实录也”。弘治府志又引楼钥的话“中兴以来，言性理之学者宗永嘉”，“温居瀛堧，儒学之渊”。元、明、清时期，温州民间办学势头未减，以乡村所倡兴的社学为例，50 家为一社，每社设立学校一所，称社学。据雍正

① 李永鑫主编：《绍兴通史》第三卷，第 445 页。

《浙江通志》记载，浙江全省有社学 410 所，其中温州府 5 县社学有 175 所，占全省的 43%。晚清温州教育继续发展。1896 年，黄绍箕、孙诒让等人发起创办瑞安学计馆，项崧等则创办了方言馆，此为浙江省最早的外国语学校。1902 年，学计馆与方言馆合并为瑞安普通学堂，也即后来的瑞安中学。1899 年，孙诒让与杨镜澄、吴箴、金晦等人集资千金，在温州城创办了瑞平化学学堂，这是我国最早创办的化学专门学堂。1904 年，刘绍宽到日本考察学务，瑞安籍留日学生许燊在座谈会上提议温州处州两府当会办学务。1905 年，温州、处州两府合设温处学务分处。温处两府自 1896 年至 1905 年办学共 85 所，而 1906 年至 1908 年三年中办学达 224 所，处于浙江省前列。晚清温州创办新式学校，民间办学的积极性高于省内其他地区，平阳县至 1908 年上半年有学堂 50 所，其中官立学堂仅 1 所。瑞安陈钧因捐资 1 178 元资助南岸镇立第一两等小学，获得金质三等褒彰。据 1911 年《浙江教育官报》第 64 期记载，以 1910 年浙江各县设立简易识字学塾情况看，当时要求大县办 10 所，中县办 8 所，小县办 6 所，全省各县应设立 620 所，实际设立数达 1 057 所，多设 70%，其中温州所属永嘉、瑞安、乐清、平阳、泰顺最为先进，应设 44 所，实际设立 126 所，多出 186%。① 温州地区兴办新式学校，走在了整个浙江省的前列。

宋代温州书院、学塾的兴办及其自由讲学之风，是永嘉学派在温州创立并发展的社会基础与文化支持力之一。宋代永嘉学术的繁荣，前提是兴学育才，是书院学塾的创办与书院学塾自由讲学之风的兴起，又建立在温州众多读书人包括大量的未仕之士作为社会铺垫与文化支撑之上。永嘉学术的发展，又促进了民间办学，促进了私学的进一步发展。当时的温州，人才辈出。《宋史》为温州人立传 38 人，因《宋史》详于北宋而略于南宋，于是有陆心源编纂的《宋史翼》，《宋史翼》再为温州人立传(包括附传)36 人。未考中进士的读书人，坚持进行学术研究，至今仍有著作流传的，如张淳撰《仪礼识误》三卷，黄仲炎撰《春秋通说》十三卷，王与之撰《东岩周礼订义》八十卷，徐霆为《黑鞑事略》作疏证，薛据辑《孔子集语》二卷，朱黼撰《三国六朝纪年宗辨》二十八卷，朱元昇撰《三易备遗》十卷(由其子补辑完书)。

---

① 参阅张彬主编：《浙江教育史》，杭州：浙江教育出版社，2006 年，第 374—375 页。

钱穆在《中国文化史导论》中认为:“书院教育的超政治而独立的自由讲学之风格,是始终保持的。”[①]在书院讲学上,诸位学者力求弘扬先秦哲人的原创精神,发掘“元典”的义理,在经学研究方面,敢于遍疑群经,直接从经文中寻求义理,通过对元典的重新阐释,抒发自己对社会、对人生、对学术的见解,回答现实的各种问题,并将这种自由精神体现于、贯彻于社会、人生各个方面。

由讲学自由,而扩及议论自由、学术自由,并贯彻到社会文化的各个层面,平民精神来自民间,并由范仲淹、欧阳修、陈傅良、叶适等人带到朝廷。就有了陈植锷在《北宋文化史述论》中所指出的宋学精神的六个方面:议论精神、怀疑精神、创造精神、开拓精神、实用精神、内求精神,就有了缪钺所说的“宋代文化的特点是自由的思想与怀疑创新的开拓精神”[②]。

考察温州文化发展史,可以看到宋代这种重视读书、尊崇教育的风气,在温州地区延续了下来。经元、明、清时期温州民间社会对读书的重视,乡村兴办学校的热情与业绩,并没有减少与退步。宋代书院学塾的持续不断发展,带来自由的思想与自由的讲学之风,书院学塾教学活动与学术研讨相结合渐成风气,留在温州民间社会中的未仕之士上书朝廷、著书立说并积极进行各种公益活动,讲学自由、议论自由、学术自由,逐渐演变成为这个区域的精神文化之一。

以此,我在《温州文化史图说》书中认为温州文化品格是在宋代得以初步生成的。宋代的永嘉学派后来逐渐边缘化,到了清代经世思潮融入,但民间办学、自由讲学的传统,布衣精神、务实创新的学风,著书立说、学术自由的精神,与南戏等民俗文化、结社合群的运作方式,与永嘉学派那种强调探讨制度变革以求改善民生的精神一起,却在温州地区延续了下来,成为温州文化血脉的一部分,有利于近代温州在开埠时与现代性的对接与生长。

洪振宁,教授,前温州市社会科学界联合会副主席

① 钱穆:《中国文化史导论》(修订版),北京:商务印书馆,1994年,第189页。
② 缪钺:《宋代文化浅议》,《缪钺全集·第一卷·读史存稿》(修订本)》,石家庄:河北教育出版社,2004年,第525—535页。

浙江大学图书馆藏瑞安孙氏批校本永嘉学派著述版本浅释

孙氏玉海楼以富藏乡邦文献而著名，为孙衣言、孙诒让精心搜访求购积累所得。清同治八年(1869)夏孙诒让开始起草《温州经籍志》[①]，历时九年，至光绪三年(1877)成书[②]，又手撰《征访温州遗书约》，刊告郡邑，传布海内，云其所藏先哲遗书将二百种，续愿以购买、借抄等方式增补家藏并前《志》之未备与《永嘉丛书》所刻之未及[③]。及其身后，哲嗣孙延钊先生于民国二十四年(1935)编《瑞安孙氏玉海楼藏温州乡先哲遗书目录》(以下简称《乡先哲目》)，"以先辈所蓄为限，比岁自置之乡先生遗著尚不收"，凡四百六十二种[④]，可窥玉海楼两世所聚地方文献之概况。及至民国二十五年(1936)浙江省举办文献展览会时，孙氏玉海楼又送陈二百种文献文物资料，居浙江郡邑之首[⑤]，有孙延钊撰《瑞安孙氏玉海楼出品答问》(以下简称《出品答问》)稿藏浙江图书馆，记录其展品。此中宋儒文集，特别是永嘉学派诸先生著述，多有孙衣言、孙诒让批校者，《孙逊学公年谱》《孙征君籀庼公年谱》[⑥]中已略有所记。其后，在孙诒让先生百年诞辰之际，孙延钊赠玉海楼书入浙大

① 孙延钊撰，徐和雍、周立人整理：《孙衣言孙诒让父子年谱》，上海：上海社会科学院出版社，2003年，第90页。

② 同上书，第153页。

③ 同上书，第159—162页。

④ 孙延钊编：《瑞安孙氏玉海楼藏温州乡先哲遗书目录》，《浙江省立图书馆馆刊》1953年第四卷第2期，第606—633页。

⑤ 孙延钊撰，曹海花点校：《瑞安孙氏玉海楼出品答问》，《温州历史文献集刊》第3辑，南京：南京大学出版社，2013年，第246—273页。以及陈训慈等编，刘文龙整理：《浙江省文献展览会文献叙录》，南京：凤凰出版社，2020年，前言第3页。

⑥ 已整理而成《孙衣言孙诒让父子年谱》。

传为一时盛事[1]，而世人即知玉海楼善本与孙氏稿本在浙大，有《浙江大学文学院收藏瑞安孙氏玉海楼寄存图书文物简目》[2]（以下称《简目》）为当时点交之清单。新中国成立后，经院系调整等原因，这批古籍入杭州大学，图书馆又于20世纪60年代以原《简目》为底，约删通常可见之本，又校正版本若干处而成《杭州大学图书馆善本书目附编之一：玉海楼专目》[3]（以下简称《杭大目》）。在浙江大学"四校合并"后，于古籍普查成果的基础上出版的《浙江大学图书馆古籍普查登记目录》《浙江大学图书馆古籍善本书目》（以下简称《浙大善目》）虽亦收录孙氏玉海楼藏书，并点明其批校之本，但散见于四部各类之下，而《杭大目》仍为迄今可见之浙江大学藏玉海楼书之唯一专门目录。

今比对上述书目著录，再核对馆藏实际情况，可知浙大图书馆存孙氏所赠温州乡先哲遗书共57部（目录见文后附录1）。其中，永嘉学派宋儒如周行己、许景衡、刘安节、刘安上、陈傅良、叶适等人所撰著述13部。有的为同一版本的不同批校本，如清乾隆刻本叶适《水心文集》有三部为孙衣言、孙诒让、孙锵鸣等批校。周行己、许景衡与"二刘"刘安节、刘安上同称"元丰九先生"，传关洛之学于温州，为永嘉学派形成奠定基础；而陈傅良为南宋时永嘉学派前期承前启后之重要人物；叶适则为与朱熹"理学"、陆九渊"心学"所鼎足相抗的永嘉事功学派之集大成者。此皆孙氏家族复兴乡学所宗。今简述浙大馆藏诸书版本与批校题跋情形，并作按语略释一二，以启更多学者进行深入研究。

《浮沚集》九卷，宋周行己撰，清乾隆福建刻武英殿聚珍版书本，清孙衣言批校并跋，清孙诒让批校，三册

是书版框高19.6厘米，宽12.8厘米，半叶九行二十一字双行小字同，白口四周双边单黑鱼尾。卷一卷端钤"经微室"朱印。正文九卷依次为奏议、表一卷，经解一卷，策、策问一卷，序、记一卷，书、启一卷，杂著一卷，祭文、志

---

① 张宪文：《泽被上庠，惠及乡里——记玉海楼捐书浙大和籀园图书馆事》，《仰云楼文录》，香港：天马图书有限公司，2000年，第199—201页。

② 此目为抄本，存温州图书馆善本部。

③ 杨渭生：《孙诒让与玉海楼藏书》，转引自黄建国，高跃新主编：《中国古代藏书楼研究》，北京：中华书局，1999年，第239、244—245页。

铭一卷,诗二卷。前后无御制诗、提要、序跋、目录等。

周行己,字恭叔,北宋后期温州瑞安县(今浙江省瑞安市)人,因曾在温州城内筑浮沚书院讲业授徒,故称浮沚先生。元祐六年(1091)进士。徽宗时为太学博士,曾任温州、齐州州学教授,乐清、原武县令,秘书省正字等职,约于宣和七年卒于郓州,归葬瑞安。[①] 明清温州府县志与《宋史翼》有传。其学受业于关洛,师从程颐,与许景衡、刘安节、刘安上等同称"元丰九先生"。《四库提要》《宋元学案》皆称其开永嘉学派之先。陈振孙《直斋书录解题》卷一七载《浮沚先生集》十六卷《后集》三卷,《文献通考》卷二三七、《宋史·艺文志》皆同。又有万历《温州府志》称行己集三十卷,不详。原本久佚,今存《四库全书》本自《永乐大典》中辑出,武英殿聚珍本及各翻刻本皆据此。

此书有同治七年(戊辰)(1868年)三月间孙衣言以朱笔、孙诒让以墨笔于天头或行间据永乐本《历代名臣奏议》等补正文字及按语若干处。卷三末有朱笔题识"同治戊辰三月得之厂肆 初十日读毕此册 衣言记";卷六末又题"三月十八日读毕此卷",卷七末题"三月二十四日读毕此卷",卷八末题"廿四夜半读终此卷";卷九末(即书尾)有孙衣言跋云:

> 予初官京师时,求得《浮沚集》,已而毁于火。丙寅在杭州,求得残本,缺前二卷。今年重至京师,于琉璃厂书贾处复得此卷,盖闽聚珍版本也。以杭本校正二字。恭叔铭墓之文,平实雅正,极似永叔,诗则有意于杜老,盖不独开永嘉学派之先,其文章亦卓然陈、叶先声矣。读毕记,三月晦日。[②]

《乡先哲目》作"闽重刊武英殿本";《简目》称"聚珍本";《杭大目》为"清乾嘉年间武英殿聚珍版本";《浙大善目》录为"清乾隆四十四年(1779)武英殿聚珍版书本"。

按:此书版心下镌"缪晋校""徐秉文校""丁履谦校""王元照校""石养源校""费振勳校","宁""淳"不讳,有断版处字亦断、字体连属情况。[③] 据《中国

---

① (宋)周行己撰,周梦巍笺校:《周行己集》,上海:上海社会科学院出版社,2002年,前言第1页。

② 孙延钊撰,徐和雍、周立人整理:《孙衣言孙诒让父子年谱》(第77页)亦录此跋。

③ 断版亦断字,如卷七叶一版框和"周"字连断,此种情况,不仅一处。字体连属,如卷六末之"沚"与"集"相连。

丛书综录》，武英殿聚珍版书及翻刻本有殿本、福建本与广东本。从以上特征可知，浙大馆藏此书非活字本，即非“殿本”。与浙大馆藏广东本（即广雅书局刻本）比对亦不同版。

与浙大藏福建本[①]比对，则发现：（1）从字体、版式风格等情况的比对结果看，两书是用相同书版印刷的叶数共为42叶[②]；（2）避讳：此本卷二叶九“其孚颙若而无他物”中“颙”在馆藏福建本中缺末两笔避嘉庆帝讳；另外，卷六叶二之《劝学文》最后一句“將相寧有種”之“寧”不讳，而馆藏福建本与此同版，仅将此字挖去下半部分作“寍”讳；（3）墨丁补字：此本卷六叶七《论晏平仲》中“以君子□晏子者也”中“君子”后为墨丁，而在馆藏福建本中已填刻“望”字；（4）错字校正：此本有几处孙氏朱笔所校原刻错字，福建重刊本已正：如卷六叶十二“岂敢以不字自处”中之“字”，孙氏朱笔添改为“孝”，而重刊福建本中亦同此字；卷八叶十四“坐緦如坐圈”之“緦”朱笔改为“聰”，在福建重刊本中已改正；（5）重刊条记与校对者姓名：卷六末叶二十二、卷七末叶二十四、卷八末叶十八，福建重刊本与此本同版，而在其中多镌“同治八年重刊”及“宋培初 刘永昭仝校”两列。

由上可知，馆藏此书之版本著录，应依照孙衣言之原跋所示“闽聚珍”之说，以及《乡先哲目》，而为清乾隆福建刻武英殿聚珍版书本。且从上述比对细节可见，现福建本多为同治重刊及光绪补刻本，因有补刻条记而容易辨认；而此乾隆福建本，影刻殿本惟妙惟肖，而常与其混淆，且与重刊本同版之数甚少。但它因为更早刊刻，所刻更精，更近于殿本，且为孙氏批跋之本，而弥足珍贵。

《横塘集》二十卷，宋许景衡撰，清光绪孙诒让述旧斋抄本，清孙衣言校并题记，清孙诒让校，孙延钊校，六册

是书版框高17.5厘米，宽11.4厘米，半叶十行二十四字双行小字二十字，白口四周双边双对黑鱼尾，蓝格，版心下镌“述旧斋写定”。卷端钤“经微室”朱印。书前录《四库全书提要》。各卷内容依次为：五言古诗两卷、五言

---

① 浙大馆藏福建本为同治八年重刻光绪十九年补刻印本，卷三、四、六、七、八、九末皆有“同治八年重刊”条记；卷四叶三等版心下镌“光绪十九年补刊”。

② 具体为：卷一叶十一至十四，卷五叶三至四、叶七至十，卷六叶一至十、叶十三至十四、叶十七至十八、叶二一至二二，卷七叶一至四、叶二十三至二十四，卷八叶三至四、叶十七至十八，卷九叶一至二、叶七至叶八、叶十五至十六。

律诗一卷、七言律诗两卷、五言七言绝句一卷、制一卷、表一卷、劄子三卷、启三卷、书一卷、小简二卷、序一卷、墓志铭二卷。

许景衡(1072—1128),字少伊,温州瑞安人,“元丰九先生”之一。事迹具《宋史》本传。此集宋明时传有三十卷而后佚,后于修《四库》时从《永乐大典》中辑出成二十卷,仍缺佚甚多。孙氏后将此书刻入《永嘉丛书》,孙诒让跋曰:“元丰九先生推忠简独后卒,名德亦最显。厥后永嘉学者,后先辈出,多于忠简为后进,或奉手受业其门。靖康、建炎之际,永嘉之学几坠而复振,于忠简诚有赖哉”,其文“坦白光明,粹然一出于正”,其诗“吐音清拔,不露伉厉之气”。

此书天头有孙诒让朱墨笔补正,又有孙衣言墨笔覆勘其校,另有孙延钊于孙诒让所校处墨笔作注,其所参校者据题跋有“别本”“原本”“闽本”,《劄子》三卷以《历代名臣奏议》与参互读之。卷五末有墨笔题识:

> 丙子九月朔日用闽中抄本重校一过 逊学记。
>
> 《简目》仅著“钞本”,《杭大目》著录为“清四库传钞本”。按:据《年谱》,清光绪乙亥(1875年),孙诒让始名其书房为“述旧斋”,故抄书年以此年为抄书上限;又此本有丙子(1876年)九月初一孙衣言题记,故以此为下限。
>
> 《年谱》著录:八月廿七日至九月十一日,衣言覆勘诒让旧校《横塘集》,以阁本、闽本互订文字之违异,其两非者以意举正之。札子三卷,则别取永乐本《历代名臣奏议》参互读之。经此细校,乃为定本。于阁本五律诗卷之尾云:《东瓯诗集》有《得一堂》《谢公岩》二首,《东瓯续集》有《晓起》一首,皆五律也。阁本七绝,据《东瓯诗集》增入《寸碧亭》。而五律不收此数诗,不详其故。①

《永嘉丛书》本《横塘集》有光绪丙子十二月孙诒让跋云孙衣言以陆心源传抄四库辑出本,而从祥符周氏(即周星贻)得别本相参校而定,于光绪乙亥即谋刊刻。则此书批校中之“原本”即为“阁本”或传抄陆心源四库抄本,而“别本”“闽本”即传抄周星贻本。《乡先哲目》著录两种抄本:“传录归安陆存斋氏藏抄本”有太仆公、征君公校语,“传录祥符周氏藏抄本”则卷首有瑞瓜

---

① 孙延钊撰,徐和雍、周立人整理:《孙衣言孙诒让父子年谱》,第139页。

堂印记，十五卷末有周氏识语，二十卷末有太仆公校记。[①] 查此书卷三末（即五律诗卷尾）、卷十五、卷二十末皆无识语校记。

则浙大馆藏此书为以阁本（陆藏抄本）与闽本（周星贻抄本）参互校正之孙氏述旧斋抄本，是为《永嘉丛书》本《横塘集》所参据之定本。

《刘左史集》四卷，宋刘安节撰，清抄本，清孙衣言校并题跋，清孙诒让校，一册

是书半叶八行二十一字，无栏格，开本大小为高28厘米，宽18.1厘米。卷端钤"经微室"朱印。卷前有清乾隆己丑（1769）鲍廷博（贞复堂）录留元刚序。正文依次为奏议、表、疏状、启共一卷，墓志、祭文共一卷，经义一卷，策、附录共一卷。卷二末有照录四库总校官和校对官姓名。天头朱墨笔校字所据有《历代名臣奏议》《横塘集》《伊洛渊源录》。详为：卷一奏议据《历代名臣奏议》卷七十三、四十四等补正。卷四末附录之刘安节墓志有孙衣言据《伊洛渊源录》补正十多处及按语，又有孙衣言跋，时在同治十年（1871）九月于金陵察院，录文详见《年谱》。[②]

浙大馆藏又有一部抄本（以下简称：乙本，前一种称：甲本），二册，版式与此相同，而开本略微小于此种。卷端钤"瑞安孙仲容珍藏书画文籍印"，清孙诒让批校。卷前有《四库全书提要》并鲍录留序。正文内容同上。孙诒让以朱墨笔校补改字，于书眉处多题有"据吴本改"或"吴本误"者。序卷端有墨笔按语一处，卷四又有四处浮签，为提行与连写之类格式修改注记。朱墨批改甚夥。

按：《乡先哲目》云"传录归安陆氏藏钞本，有征君公墨校，太仆公于卷末墓志有按语数则"，即甲本。《杭大目》著录为"清四库传钞本"。据《年谱》，同治九年（1870），与《刘给谏集》共二册为孙衣言得于陆心源处，为四库传抄本。[③]

另，同治五年（1866）孙衣言在杭州，即传抄丁氏藏文澜阁本永嘉诸儒著述，其中有传抄阁本二刘集，合四册，以为脱误改窜甚多，殊非善本，[④]于同

---

① 孙延钊编：《乡先哲目》，第617页。
② 孙延钊撰，徐和雍、周立人整理：《孙衣言孙诒让父子年谱》，第100页。
③ 同上书，第95页。
④ 同上书，第68页。

治十年(1871)九月校毕,又于同年冬十二月二十七日(农历)从周星贻寄赠吴翌凤校写本之抄本[1],即"吴本"。《出品答问》云周星贻本:"迥胜文澜阁钞本,余家重刻时即据此以刊补阁本,凡得一千数百字,然亦有此本误而宜从阁本者数十处。其两本皆误者,则先征君间以己意订正之。"[2]《年谱》载《永嘉丛书》本《二刘文集》有同治十二年(1873)孙诒让跋云"家大人""命诒让以家本对勘,刊补颇夥"[3]。则乙本即"家本",即清同治五年(1866)传抄丁氏藏文澜阁四库本,孙诒让以周星诒藏"吴本"参校,又有墨笔校注则为以己意订正;而文中又有墨笔圈出并校改者,为誊录甲本之已补正之处,是为《永嘉丛书》底本之一。

《刘给谏文集》五卷,宋刘安上撰,清抄本,清孙衣言批校并题记,一册

是书半叶八行二十一字,无栏格,开本大小为高 29.1 厘米,宽 18.2 厘米。卷端钤"瑞安孙仲容珍藏书画文籍印"。前有留元刚《二刘文集序》、目录。正文依次为五言七言诗、弹事、奏议、劄子一卷,外制一卷,表、启一卷,策问、记、墓铭、颂铭偈、祝文、祭文一卷,经义、附录行状一卷。末录竹垞老人朱彝尊跋语。有孙衣言墨笔批校于行间及天头,所题有"旧抄本""旧藏本""三抄本皆同""新抄本"等语,衬叶为孙衣言署题:《刘给谏左史集》,同治庚午在金陵吴兴陆存斋购。[4]

浙大馆藏又有一部抄本,二册,有孙诒让批校。版式同前,而开本略小。卷端钤"瑞安孙仲容珍藏书画文籍印"。内容同前。孙诒让将格式校语与补录内容墨笔书于黏签上,各卷皆有。而上一部之孙衣言批校在此处也由其过录,且书眉可见有孙诒让题"卢本""家大人以意改""以家大人意改""家大人校改"等校语。

按:孙衣言批校本与前《刘左史集》甲本同为同治十年(1871)得于陆心源处。即《乡先哲目》中之"传录归安陆氏藏抄本"[5]。此书原有三种抄本:

---

① 孙延钊撰,徐和雍、周立人整理:《孙衣言孙诒让父子年谱》,第 100 页。
② 孙延钊撰,曹海花点校:《出品答问》,第 247 页。
③ 孙延钊撰,徐和雍、周立人整理:《孙衣言孙诒让父子年谱》,第 117 页。
④ 此与《孙衣言孙诒让父子年谱》95 所录略有不同,其题为"《刘给谏左史集》,同治庚午吴兴陆存斋购赠。"
⑤ 孙延钊编:《乡先哲目》,第 617 页。

(1) 清同治五年丙寅(1866)孙衣言传抄丁氏藏文澜阁四库本[1],二册;(2) 同治六年丁卯(1867)孙诒让在杭州购得卢氏抱经堂旧藏抄本,四册[2];(3) 同治九年(1870)孙衣言又从丰顺丁日昌处借抄本参校,即此册批校中提及之三种抄本。[3]

另据《永嘉丛书》本之孙诒让跋,则孙诒让批校本即与前《刘左史集》乙本同为清同治五年(1866)传抄丁氏藏文澜阁四库本,并据卢文弨旧藏抄本与孙衣言之校改,为《永嘉丛书》之底本。

《止斋先生文集》二十八卷,宋陈傅良撰,明嘉靖十年(1531)安正堂刻本,清孙衣言批校并题记,十册

是书版框高 18.1 厘米,宽 13 厘米,半叶十三行二十五字,小字双行同,粗黑口,双顺黑鱼尾,四周双边。卷端钤"经微室"朱印。前有王瓒序、目录,正文依次为歌辞、古诗为二卷,律诗二卷,挽诗、内制一卷,外制四卷,奏状劄子、附讲义故事庙议五卷,表、启三卷,手书二卷,记、序一卷,题序、题跋一卷、杂著一卷、祭文一卷,志铭二卷,行状一卷,附录二卷。末有林长繁后序。跋后有牌记镌"辛卯年孟冬月 安正堂新刊行",并朱笔题识云辛卯为嘉靖十年,安正堂为书肆,此即可称为"嘉靖本",安正堂为明嘉靖前后建阳刘氏开设的书肆。

陈傅良(1137—1203),字君举,号止斋,浙江瑞安人,乾道八年(1172)进士,永嘉学派著名学者。此集乃其门人曹叔远(1159—1234)所编,宋嘉定五年(1212)初刻于永嘉郡斋。明弘治十八年(1505),经筵国史官王瓒(1462—1524)将其从秘阁藏书中抄出的《止斋先生文集》送予浙江巡抚张琎(1466—1531),张琎又将它托付给温州同知林长繁(1455—?),由林长繁与其同僚共同捐资刊刻。浙大馆藏有此"正德本",即明正德元年(1506)莆田林长繁刻本,仅存卷一至五,一册。

"嘉靖本"目录"第一卷"下有朱笔小字题识:目此至二十五卷皆据王宗伯本而约之,盖王本五十卷而此本二十五卷也。王宗伯本照阁本之旧,此则为坊本。第二十六卷下题"此即明阁本之五十一卷";第二十七卷下题"此即

① 孙延钊撰,徐和雍、周立人整理:《孙衣言孙诒让父子年谱》,第 68 页。
② 同上书,第 74 页。
③ 同上书,第 94 页。

明阁本之五十二卷,《民论》以下八篇附其后者,盖张琎所缀,而此又分为一卷耳”。卷中朱笔校语有题“正德本”“乾隆本”“陈本”或“陈刻钱校”,即指孙氏所据校雠者为家藏明正德元年林长繁刻本、清乾隆丙寅林上梓重编刊本、道光甲午陈用光重刻本。[①]

另,浙大馆藏有《止斋先生奥论》八卷,为方逢辰批点之明刻本,四册。版框高 19.9 厘米,宽 14.0 厘米,半叶十行二十二字,小字双行同,白口,单黑鱼尾,四周双边。钤“黄文华印”“太冲父”“质吾居士”“辰卿”“文华”“经微室”等印。卷前有明隆庆五年辛未(1571 年)申时行序与目录。正文依次为论六卷,奏一卷,序、记、书、状一卷。文中有孙衣言朱笔据《历代名臣奏议》《止斋先生文集》等补正卷七、卷八之奏议序记者一百多处,并有光绪四年戊寅(1878)孙衣言跋云:此刻错误殊甚,盖明时书肆俗本。其附刻二卷,今据本集略为补正。光绪戊寅逊学叟记,十月二十七日。[②]

按:孙诒让《温州经籍志》有按语述各本之源流关系。[③] 而据《永嘉丛书》本《止斋先生文集》后光绪五年孙诒让跋[④]可知,孙氏所刊即以明正德本为底本,以嘉靖本等其他版本参校。而《民论》《文章论》《守令论》及《收民心论》四篇之评注皆来自方逢辰批点之《奥论》中。馆藏明正德本仅存五卷为残帙,而此嘉靖本则更可窥孙衣言雠刊之貌,与《永嘉丛书》有密切联系。

《水心文集》二十九卷,宋叶适撰,清乾隆二十年(1755)温州府学刻本,清孙衣言、孙诒让批校,十五册。

浙大馆藏三部乾隆刻本《水心文集》,暂以甲、乙、丙本分述各书概况。

甲本

版框高 19.0 厘米,宽 14.5 厘米,半叶十行二十字,白口,单黑鱼尾,左右双边,15 册。钤“经微室”印。卷前有乾隆二十年浙江分巡温处道朱椿序,俞文漪跋,旧序(包括门人赵汝譡序,明正统十三年处州府推官章贡黎谅序、明景泰二年泰和王直序),宋史本传,目录。各卷内容依次为:奏劄一卷,状

---

① 孙诒让编,潘猛补点校:《温州经籍志》(三),《孙诒让全集》,北京:中华书局,2011 年,第 985 页。

② 孙延钊撰,徐和雍、周立人整理:《孙衣言孙诒让父子年谱》,第 167 页。

③ 同上书,第 997—999 页。

④ 此跋录文可见于《孙衣言孙诒让父子年谱》,第 171—173 页。

表一卷，奏议三卷，古诗、五言律诗、七言律诗、七言绝句共三卷，记三卷，序一卷，墓志铭十卷，行状、谥议、铭、青词、疏文共一卷，书一卷，祭文一卷，杂著一卷。有孙衣言、孙诒让朱墨笔批校，且有孙衣言录孙锵鸣校语。[①] 孙衣言朱笔题校阅日期于篇末或卷末[②]，并分日记程[③]：

卷二十末题：二十五日读毕此卷，是日始见朝阳，已而阴，午后乃复出日。舟至太和以北，所见人民村落，宛然燕蓟也。卷二十二叶九《故知广州敷文阁待制薛公墓志铭》末有题：廿六日，是日门人陆子香宗翰、陈兰州豪、董仁甫慎言、王菘溪麟书、张小虞为、高子蓉曾绶，招同谭仲修广文，饯予于湖上，日入始归。卷二十四末题：十三日，桰溪舟中阅毕此卷。予以初七日由兰溪用篮舆行，昨晓登舟，始可复读书矣。卷二十六末有题：正月晦日行抵西华，邑令孙平阶明府永治馆予于试院，饭后读毕此卷。卷二十七《寄王正言书》末有题：二月朔，由西华行七十里，至扶沟，寤邑令杨仲和署中，读至此。卷二十八叶十六《祭黄尚书文》：四月初五日读至此文，予以三月十七日□□出都门，□□齐鲁。初四日□□淮浦登舟，乃得复读《水心集》衣言又记。卷二十一首叶为《朝请大夫直龙图阁致仕沈公墓志铭》，天头有孙衣言“庚辰正月四日”（光绪六年）按语，《年谱》有载，兹不转录。[④]

---

① 卷九叶十四《绩溪县新开塘记》卷端有孙诒让按语，又有孙衣言于其后题“诒让说是”。卷十四叶九天头即有“止叟云……”批语，止叟即孙锵鸣。另有如卷十八叶四天头题“止庵弟云……”，亦同此。

② 卷一《上孝宗皇帝劄子》末有朱笔署“十二”、卷一末署“十五日”、卷三末题“二十日，是日雨，秋意甚凉”、卷五末题“廿五日”、卷八叶十九《赠通川诗僧肇书记》末题“廿一日”、卷八末题“廿九日二鼓”、卷十《留耕堂记》末题“九月初八日”、卷十末题“九月十九日校毕”、卷十一末题“廿三”、卷十三叶十三《周淳中墓志》末有“廿九日”、卷十三末“十月朔 立冬”、卷十四叶十一《忠翊郎蔡君墓志》末题“十月二日”、卷十四末题“初四日”、卷十五末“十月初八辰刻”、卷十六末题“十一日”、卷十七叶十二《陈叔向墓志铭》末题“十二”、卷十八末“二十四日午刻读毕此卷”、卷十九叶十《朝奉郎致仕俞公墓志铭》末题“十月十八日”、卷十九末题“十九日”、卷二十叶十二“廿日”、卷二十一叶十八《林夫人陈氏墓志铭》末署“廿四日”（卷二十一末同）、卷二十二末题“廿七日”、卷二十七叶十八《奏荐滕贤良》末题“二月十三日……校至此篇”。

③ 正文所列之外其他日程，附列于此：卷二十五《母杜氏墓志铭》下题“十四，舟至安溪，读此篇，痛不可忍也”。卷二十六叶二十《李丞相纲谥忠定议》末题“二十九日在周口行馆读至此。”卷二十七《上赵选使》末题“十四日中初，至新乐县，校毕四首”。卷二十七末题“二十日至黄村少住半日读毕此卷”。卷二十八末题“初六日校至此，舟抵宝应”。卷二十九叶十八《题拙斋诗稿》末“初六日，校至此，舟泊汜水，去高邮八十里”。

④ 孙延钊撰，徐和雍、周立人整理：《孙衣言孙诒让父子年谱》，第176—177页。

乙本

版式同前,13册。钤"经微室"印,无序跋目录,缺一卷:卷八。有孙衣言朱墨笔批校、孙锵鸣朱笔批校[①]、孙诒让墨笔小字批校[②]。卷二末有孙诒让墨笔录《景定建康志》三十五载之《定山瓜步石跋三堡坞状》后附五条,卷七末亦有孙诒让墨笔论吴子良《林下偶谈》所举叶适佚诗七联,并有按语,蝇头小字满纸。另有若干卷末亦有孙衣言朱笔题校阅日期。[③] 卷九末墨笔题"同治辛未十月重校毕此卷",又朱笔署"廿九日"。则可知孙衣言在同治十年(1871)批校一过。

丙本

版式同前,10册。钤"经微室"印。卷前序跋、本传、目录及正文皆同甲本。存二十卷:卷一至十二、十六至二十一、二十四至二十五。有孙衣言朱墨笔批校。文末亦记录有校阅日期。[④]

按:《乡先哲目》所著录有三部乾隆本,分别为十四册、十四册与十二册,未云有缺。至《简目》则分别为十五册、十三册与十册,即现有馆藏之甲、乙、丙共三部,仅甲本为完帙,而乙、丙皆有缺。据孙延钊《年谱》,孙衣言平生极爱水心文,而曾四校乾隆本:一同治丙寅丁卯;二同治辛未;三光绪乙亥;四光绪丁丑。[⑤] 所作批注,已有学者从温州市图书馆藏叶琮、张㭎、刘绍宽所录孙氏批注本辑录。[⑥] 馆藏三书中之批注,经与其比对,则尚有其未收者,如乙本之孙锵鸣批注。而书中批注所据之"黎本""丁抄本""大字本",及引用参订之其他诸书,皆可从孙衣言重刊《永嘉丛书》本《叶水心文集》跋知。[⑦]

---

① 卷二十二叶二《厉领卫墓志铭》有朱笔按语于"故步期君"条,末署"止叟",即孙锵鸣。

② 如在卷二《定山瓜步石跋三堡坞状》天头,有"让案"一段。

③ 卷二末有题"十九日辰初刻,北风骤凉"。卷三《资格》《任子》末有朱笔署"十九日",卷四《实谋》末署"廿一日"、卷四叶二十三《财政总论二》"生民之困,未有已也"下署"廿二"、卷五《纪纲四》末署"廿三日大雨"、《终论五》末署"廿四日"、卷七《上滩》末署"八月五日"、卷七末署"八月十四日"。

④ 有朱笔题日期:卷二《蕲州到任谢表》末题"八月初四日"、卷二末题"八月六日"、卷六末题"十月二十日"、卷八末题"仲冬十一日"、卷九末题"十二月初六日校毕此卷"、卷十末题"十二月十七日校毕此卷"、卷十二末题"九月廿八日校毕此卷"、卷十六末"二十二日读毕此卷"、卷十八末"十月十七日"、卷二十末题"廿一日",卷二十四末题"二十八日未出,起读至此,在周家口约三十里所"。

⑤ 孙延钊撰,徐和雍、周立人整理:《孙衣言孙诒让父子年谱》,第190页。

⑥ 潘猛补:《〈水心文集〉孙衣言批注辑录》,《温州历史文献辑刊》(第一辑),南京:南京大学出版社,2010年,第39—97页。

⑦ 另据孙延钊撰,徐和雍、周立人整理:《孙衣言孙诒让父子年谱》,第189—190页,孙延钊小字注有补充所参订之书。

而据此次所录各本孙衣言校阅日期与记程跋语，则可考三种乾隆本之具体批校时间：（1）甲本卷三题“秋意甚凉”、卷十题“九月”、卷十三至二十二皆在“十月”；且孙延钊《年谱》中所录同治五年丙寅（1866）乾隆本《水心集》孙衣言朱笔批注[①]皆在甲本卷三至卷二十四；另日程所记“廿六日”于“湖上”践行诸人皆为孙衣言在杭州紫阳书院时交往者，而由兰溪登舟而行栝溪，与《年谱》中之“十一月初二日，衣言自杭归里，道中仍读《水心集》，所至有记”吻合，故甲本卷二十四前之批校当在同治丙寅；而卷二十六至二十九之记程与孙衣言《丙子瞻天日记》及《出都日记》之相关日期同[②]，则又当为孙氏在光绪丙子间之批校本；（2）乙本据墨笔题记知为同治十年辛未批校本；（3）丙本之日期皆为八至十二月，则为光绪乙亥批校本。

《水心先生别集》十六卷，（宋）叶适撰，清抄本，清孙诒让校，8册

是书半叶九行十八字，小字双行字数不等，无栏格。开本高27厘米，宽18.1厘米。钤“乐意轩吴氏藏书”“瑟学斋收藏图籍”“瑞安孙仲容珍藏书画文籍印”。卷前有目录，正文依次为进卷八卷、廷对一卷、外稿六卷、后总一卷。有孙诒让朱笔校正格式，朱墨笔校字据书眉所题有如“陆本”或“陆钞本”、“龚抄本”、“黎本”或“黎刻本”校正误字多处，以及参考《左传》《史记》《吴越春秋》《文献通考》《五代史》诸文献，如卷十一皆以《文献通考》校字，并言及“陆抄本”之正误。而墨笔为覆校朱笔初校者，如卷十二叶五天头有朱笔校语“据黎本改”，其后又墨笔云“……此余初校误”，卷五叶三十一天头处题“熟字不误 今不改 覆校”等。并有案语以文意校字及考证，如卷四《进卷·兵权上》“崇礼信厚”叶一天头朱笔题：惇。案惇，宋光宗讳，故此改作崇，此可证《进卷》单行本在别集之先。

馆藏又一部，清抄本，四册。版式同上，开本略小。钤“观群书斋藏本”“咏樵过眼”“经微室”印。内容同前。有清许祖溁跋与龚显曾跋言抄书事。

按：《乡先哲目》所录“旧钞本”八册有“乐意轩”印，另有一部为“晋江龚显曾藏景写南安吴氏旧本”，即馆藏此二部书。同治三年（1864），孙诒让于杭州购得乐意轩本，为其收藏善本之始。而同治七年，龚显曾又以家藏抄本

---

① 孙延钊撰，徐和雍、周立人整理：《孙衣言孙诒让父子年谱》，第68—69页。
② 同上书，第441—452页。

寄赠孙衣言。即乐意轩本中所据校改之“龚抄本”。另所据“陆本”或“陆抄本”与前之《二刘先生集》相似，显系陆心源藏之传钞本，而未见文字记载；“黎本”即明正统黎谅刻本，孙衣言于同治六七年间所得者。馆藏龚抄本中无甚批校，而乐意轩本以诸本参校，校正误字有上千处之多，孙衣言即以此为底本，于同治九年刻入《永嘉丛书》。

附：浙江大学图书馆藏瑞安孙氏赠温州乡先哲遗书简目

1　经部/易类　干常侍易注疏证一卷集证一卷　清方成珪撰　清光绪七年(1881)孙氏玉海楼抄本　清孙诒让批校并跋　一册

2　经部/小学类　集韵考正十卷　清方成珪撰　清光绪五年(1879)瑞安孙氏诒善祠塾刻永嘉丛书本　清孙诒让批校　一册　存一卷(九)

3　史部/传记类　明太师张文忠公世家四卷　明李思诚　明姜应麟辑　清道光二十四年(1844)刻本　二册

4　史部/传记类　东嘉先哲录二十卷　明王朝佐撰　清影明抄本　清孙诒让批校　四册

5　史部/政书类　列朝私纪三卷　清周天锡撰　清求益斋抄本　一册

6　史部/地理类　［崇祯］泰顺县志八卷　明涂鼎鼐修　明包大方　明周家俊纂　明崇祯六年(1633)刻本　二册　存五卷(一——五)

7　史部/地理类　［道光］瓯乘拾遗二卷　清洪守一纂　清道光三十年(1850)爱吾堂刻本　一册

8　史部/地理类　雁山志稿二十五卷　清李象坤辑　稿本　四册　存十一卷(一——十一)

9　史部/地理类　江心志十卷首一卷末一卷　清释元奇撰　清康熙四十六年(1707)刻本　五册　缺一卷(末)

10　史部/金石类　东瓯金石志十二卷　清戴咸弼撰　清孙诒让校补

清光绪九年(1883)刻本　清孙诒让校　孙延钊校　四册

11　史部/政书类　补汉兵志一卷　宋钱文子撰　清乾隆三十四年(1769)般阳书院刻柚堂全集本　清孙诒让批校并题记　一册

12　子部/儒家类　潜室陈先生木钟集十一卷　宋陈埴撰　明弘治十四年(1501)高宾、邓淮刻本　四册

13　子部/儒家类　潜室陈先生木钟集十一卷　宋陈埴撰　明刻本　三册　缺一卷(卷一)

14　子部/兵家类　神器谱一卷续一卷或问一卷防虏车铳议一卷车铳图一卷倭情屯田议一卷中国朝鲜日本形势图略一卷　明赵士桢撰　明万历刻本　二册　存二卷(神器谱一卷续一卷)

15　子部/艺术类　望山堂琴学存书二卷　清林鹗撰　清同治十年(1871)孙锵鸣抄本　清孙锵鸣校并跋　一册

16　子部/杂著类　存愚录一卷　明张纯撰　清同治十年(1871)孙诒让影明抄本　清孙诒让校并题记　一册

17　子部/小说家类　岐海瑣谭十六卷　明姜准譔辑　清同治永嘉孙锵鸣抄本　清孙锵鸣校并题记　四册

18　子部/宗教类　禅宗永嘉集二卷　唐释玄觉撰　宋释镇澄注　明万历二十年(1592)释常绅募刻本　清孙诒让校　二册

19　集部/别集类　李诗选注十三卷　唐李白撰　明朱谏辑注　李诗辩疑二卷　明朱谏撰　明隆庆六年(1572)朱守行刻本　九册　缺二卷(李诗选注一——二)

20　集部/别集类　浮沚集九卷　宋周行己撰　清乾隆福建刻武英殿聚珍版书本　清孙衣言批校并跋　清孙诒让批校　三册

21　集部/别集类　横塘集二十卷　宋许景衡撰　清光绪孙氏述旧斋抄本　清孙衣言校并题记　清孙诒让校　孙延钊校　六册

22　集部/别集类　刘左史集四卷　宋刘安节撰　清抄本　清孙衣言批校并跋　清孙诒让批校　一册

23　集部/别集类　刘左史集四卷　宋刘安节撰　清抄本　清孙诒让批校　二册

24　集部/别集类　刘给谏文集五卷　宋刘安上撰　清抄本　清孙衣

言批校　一册

25　集部/别集类　刘给谏文集五卷　宋刘安上撰　清抄本　清孙诒让批校　二册

26　集部/别集类　梅溪先生廷试策一卷奏议四卷文集二十卷后集二十九卷　宋王十朋撰　附录宋龙图阁学士王公[十朋]墓志铭一卷　宋汪应辰撰　明正统五年(1440)刘谦、何瀇刻天顺六年(1462)重修本　清沈周模批并跋、清孙衣言校　十四册　缺一卷(附录一卷)

27　集部/别集类　东坡先生诗集注三十二卷　宋苏轼撰　宋王十朋集注　明万历吴兴茅维刻明末王永积重修本　二十四册

28　集部/别集类　涉斋集十八卷　宋许及之撰　清同治七年(1868)孙氏抄本　清孙衣言校并跋　二册

29　集部/别集类　止斋先生文集五十二卷附录一卷　宋陈傅良撰　明正德元年(1506)莆田林长繁刻本　一册　存五卷(一——五)

30　集部/别集类　止斋先生文集二十八卷　宋陈傅良撰　明嘉靖十年(1531)安正堂刻本　清孙诒让批校并跋、孙衣言批校　十册

31　集部/别集类　止斋先生奥论八卷　宋陈傅良撰　宋方逢辰批点　明刻本　清孙衣言校　四册

32　集部/别集类　水心文集二十九卷　宋叶适撰　清乾隆二十年(1755)温州府学刻本　清孙衣言批校　十五册

33　集部/别集类　水心文集二十九卷　宋叶适撰　清乾隆二十年(1755)温州府学刻本　清孙衣言校　十三册缺一卷(十八)

34　集部/别集类　水心文集二十九卷　宋叶适撰　清乾隆二十年(1755)温州府学刻本　清孙衣言校　十册存二十卷(一——十二、十六——二十一、二十四——二十五)

35　集部/别集类　水心先生别集十六卷　宋叶适撰　清抄本　清孙诒让校　八册

36　集部/别集类　水心先生别集十六卷　宋叶适撰　清龚显曾抄本　清许祖涝、清龚显曾跋　四册

37　集部/别集类　西岩集一卷　宋翁卷撰　清抄本　一册

38　集部/别集类　蒙川先生遗藁四卷　宋刘黻撰　清抄本　清孙诒

让校　二册

39　集部/别集类　蒙川遗稿四卷　宋刘黻撰　清抄本　二册

40　集部/别集类　蒙川遗稿四卷　宋刘黻撰　刘蒙川公[黻]年谱一卷　清林大椿撰　清咸丰七年(1857)刘永沛等木活字印本　清孙衣言批校、清孙诒让校并跋　二册

41　集部/别集类　霁山先生集五卷首一卷拾遗一卷　宋林景熙撰　(元)章祖程注　清孙氏述旧斋抄本　清孙诒让、清孙锵鸣校　二册

42　集部/别集类　李五峰文集不分卷　元李孝光撰　清辨志书塾抄本　清孙衣言、清孙诒让批校　一册

43　集部/别集类　五峯集十卷　元李孝光撰　清同治九年(1870)孙锵鸣抄本　清孙锵鸣批校并跋　一册

44　集部/别集类　云松巢集三卷　元朱希晦撰　清同治五年(1866)孙氏抄本　清孙衣言校并跋　一册

45　集部/别集类　盘谷集五卷　明刘廌撰　清光绪九年(1883)刘凤仪抄本　清刘凤仪跋　一册

46　集部/别集类　畏庵集十卷附录一卷　明周旋撰　明成化十九年(1483)刘逊永嘉刻本　二册

47　集部/别集类　畏庵集十卷附录一卷　明周旋撰　明成化十九年(1483)刘逊永嘉刻本(卷七至十、附录配抄本)　三册

48　集部/别集类　瓯东录十卷　明项乔撰　清孙氏玉海楼抄本　清孙衣言批校并跋　清孙诒让批　十册

49　集部/别集类　瓯东私录六卷　明项乔撰　明嘉靖三十一年(1552)刻本　四册

50　集部/别集类　瓯东私录十卷　明项乔撰　明嘉靖三十年(1551)刻本　五册　存五卷(一——二、五——七)

51　集部/别集类　二谷山人集二十四卷緱山侯氏谱二卷　明侯一元撰　明嘉靖刻本　十册

52　集部/别集类　二谷山人诗集十卷　明侯一元撰　明嘉靖刻本　四册

53　集部/别集类　汲古堂集二十八卷　明何白撰　明万历刻本

八册

54　集部/别集类　汲古堂续集不分卷　明何白撰　清抄本　五册

55　集部/总集类　永嘉四灵诗四卷　宋徐照　宋徐玑撰　清抄本　清孙诒让跋　一册

56　集部/总集类　慎江文征六十一卷　清周天锡辑　清同治八年(1869)孙诒让述旧斋抄本　清孙诒让题记　十二册

57　集部/诗文评类　雁荡诗话二卷　清梁章钜撰　清咸丰二年(1852)文华堂刻本　二册

杜远东，浙江大学图书馆研究馆员

再造永嘉学派

很多地方学派，往往是要经过后人选择、总结、提炼而梳理成一个学派。比如桐城派的谱系在姚鼐《刘海峰先生八十寿序》形成雏形："昔有方侍郎，今有刘先生，天下文章，其出于桐城乎？"至曾国藩《欧阳生文集序》再加上姚鼐："桐城姚姬传先生鼐，善为古文辞，慕效其乡先辈方望溪侍郎之所为，而受法于刘君大櫆及其世父编修君范。三子既通儒硕望，姚先生治其术益精"，这两篇文章就把"桐城"的谱系写定。[①] 永嘉学派也同样是通过各种叙述而为人所认可的。

本文所谓"再造"永嘉学派，自然是因为早已有人建构过永嘉学派的谱系。永嘉学谱的第一次有意的建构，当属南宋叶适（1150—1223）《温州新修学记》一文，文中排定了从周行己、郑伯熊、薛季宣到陈傅良的谱系，并总结了永嘉学术的大纲："故永嘉之学，必兢省以御物欲者，周作于前而郑承于后也"，"必弥纶以通世变者，薛经其始而陈纬其终也"。[②] 永嘉学术的四大重镇以及学术主旨已经勾勒出来了。至宋元之际，刘壎（1240—1319）在其《隐居通议》卷二"永嘉之学"条下，又增补数人，仍以周行己为开山之祖，再传三人为郑伯熊、郑伯英、薛季宣，三传为吕祖谦、陈傅良、蔡幼学、叶适，并画了谱系图附于文后。[③] 其实这是打破了叶适的永嘉学术谱系论，形成了永嘉学术的三代谱系论，并把叶适自己和吕祖谦也纳入这个谱系。当然，叶、刘

---

① 陈平原：《从文人之文到学者之文》，北京：生活·读书·新知三联书店，2004年，第202页。

② 叶适：《水心集》，北京：中华书局，2010年，第178页。

③ 刘壎：《隐居通议》，上海：商务印书馆，1937年，第17页。

的这两种谱系论述，大概在清代以前都流传不广，所以梁章钜(1775—1849)《浪迹续谈》卷二《东瓯学派》评述刘壎的谱系论说："此说隐括源流，叙述赅备，而独为温州府、县志所不采，今之士大夫盖鲜有知之者……今府县所列人物，尚不能如此之有端绪也，故急表而出之"①。

本文的"再造"是指以晚清瑞安学者孙衣言的《永嘉学案》《瓯海轶闻》为开端的对永嘉学术谱系的建构。"永嘉学派"是学术史叙述的建构，而不是学术史史实的自然呈现。孙衣言(1815—1894)，字劭闻，号琴西，晚号逊学老人、遁叟，浙江瑞安人。与其子孙诒让一起收集、校订乡邦文献，为研究永嘉学派提供了文献基础。民国时期，又有一批温州学人，继续孙氏父子未竟的事业。"再造"永嘉学派，大约可分为三个阶段，最初是孙衣言撰《永嘉学案》，以补《宋元学案》对永嘉学派叙述之未备，学案体的体例下，学术对话意图甚为明确。其次是史料汇编《瓯海轶闻》甲集，辑录历代永嘉学人的相关史料，可视为永嘉学派史的史料长编。不过，再造永嘉学派工程怕是永无止息，至民国时期，人们又将晚近的永嘉学人纳入永嘉学派，并试图提炼永嘉学术精神加以贯穿。

一、学案：《永嘉学案》补《宋元学案》之叙述未备

孙衣言再造永嘉学谱，应该是激于《宋元学案》对永嘉学派的"不当"处理。孙衣言在《薛浪语集序》中说："姚江黄氏、甬上全氏修定《宋元两朝学案》，始表章吾乡学术，列为五派，而以先生(薛季宣)及止斋为永嘉诸儒之宗。然先生遗书存于世者，自《书古文训》外，更无梓本，故缀学之士犹不能研索综贯，以探经制之精。"②说薛季宣的书当时只有《书古文训》梓行，言下之意是仅仅凭此而对他作出的定位就不严谨甚至值得怀疑了。更进一步而言，《宋元学案》对永嘉学派的整体看法，孙衣言认为都需要修正。所以姚永朴《孙太仆家传》："公论学宗宋儒，为古文辞守桐城方氏、姚氏绪论，出入马班韩欧间，诗嗜山谷，词嗜苏辛，尤喜考其乡先辈轶事，尝以黄太冲、全谢山

① 梁章钜：《浪迹丛谈、续谈、三谈》，北京：中华书局，1981年，第282页。
② 孙衣言：《孙衣言集》，杭州：浙江古籍出版社，2017年，第842页。

《宋元学案》于永嘉诸儒犹未备，更搜补为《永嘉学案》。”[①]张舜徽也说：“尝以黄宗羲、全祖望《宋元学案》，于永嘉诸儒叙述未备，更搜补为《永嘉学案》。”[②]都指出《宋元学案》于“永嘉诸儒叙述未备”，孙衣言特意以“学案”为题，相同体例，隔代对话的意图就非常明显。当然，这些引文的表述大概都是承自孙衣言的儿子孙诒让，《薛浪语集序》也是孙诒让的代笔，可见父子之间共同的学术旨趣，详后。

《宋元学案》何以值得孙衣言对话、补充、修订，主要是学案这种体例带来的学术史隐喻。据陈祖武的说法，“学案”当为“学术公案”的压缩简化，“公案”本佛门禅宗语，前人解释成“档案、资料”，学案体就是以学者传略、论学资料的辑录为主体的著述体例。明代刘元卿《诸儒学案》和刘宗周《论语学案》都是入案者语录的汇编。[③] 至黄宗羲撰《明儒学案》，又吸收了宋代朱熹《伊洛渊源录》、明代周汝登《圣学宗传》、清初孙奇逢《理学宗传》等强调学术源流、学派历史的做法。王梓材又进一步在《宋元学案》每学案前加上图式化的学案流派表，就更凸显了学术源流和师承传播之关系。[④] 因此，从宽泛的意义上讲，学案相当于以案主为中心、上溯师门、下及传承的一个学派了。

那么，所谓“于永嘉诸儒叙述未备”具体又是如何呢？最主要的一点就是全祖望删去“永嘉学案”的名称。《宋元学案》由黄宗羲(1610—1695)发凡起例，后经全祖望(1705—1755)等人补修，最后由王梓材(1792—1851)、冯云濠(1807—1855)整理，于道光十八年(1838)初版，不过刻版旋毁于战火，至道光二十六年(1846)重版，成为后世通行各版的祖本。《宋元学案》中涉及永嘉学人的内容，黄宗羲和全祖望有不同的取向，透露出清代学人对“永嘉学派”的一般看法及其变化。据王梓材按语可知，黄宗羲的原稿之中，《宋元学案》为宋代永嘉学人立了两个永嘉学案。一是现在通行本第三十二卷《周许诸儒学案》，王梓材注曰：“周、许诸先生，原列入《永嘉学案》之一，谢山

---

① 闵尔昌编：《碑传集补》，台北：文海出版社，1966年，第452页。
② 张舜徽：《清人文集别录》，武汉：华中师范大学出版社，2004年，第459页。
③ 陈祖武：《中国学案史》，上海：东方出版中心，2008年，第259页。
④ 连凡：《学术谱系与宋元儒学史的构建——论〈宋元学案〉视域下的学案表与师承关系》，《历史文献研究》2018年第1期总第41辑。

《序录》始定为《周许诸儒学案》”，该学案包括周行己、许景衡、沈躬行、刘安节、刘安上、戴述、赵霄、张煇、蒋元中等，其主体是所谓永嘉的元丰九先生是也。二是现在通行本《艮斋学案》《止斋学案》和《水心学案》等，黄宗羲原稿中定为“《永嘉学案》之二”，而全祖望将其分为三个学案。① 从这些线索可以看出，黄宗羲原稿中有“永嘉学案”，即认为宋代永嘉学人群体形成了一个学术流派，即由元丰九先生等人为前导，薛季宣、陈傅良、叶适为后继，形成了前后演进的学术谱系。

清代前期学者视永嘉学人为“永嘉学派”的思想，我们还可以找到一个旁证。历来一直有“永嘉学术”“永嘉之学”的说法，而未检得清代以前有“永嘉学派”的名词，较早出现“永嘉学派”一词的正是在清代前期，如殿本《四库全书总目》卷六一史部一七《鹿城书院集》提要中罗列了永嘉学人的名字，并总结说：“永嘉学派，多兼求实用，颇异新安。淮不分门户于其间，则视党同伐异者，其公私相去远矣。”②不但有“永嘉学派”之名，而且还特地指出与新安朱学相异，其特点在于“求实用”。这时正式提出了“永嘉学派”之名，是值得我们深加注意的，这与黄宗羲的“永嘉学案”之设立，有铜山西崩而洛钟东应之效。

但是到了全祖望补修《宋元学案》时，他将两个“永嘉学案”改为《周许诸儒学案》《艮斋学案》《止斋学案》《水心学案》四个学案，而删去“永嘉学案”之名。可能有以下几点原因，第一，永嘉学人之间的关系比较复杂，虽然承认“永嘉诸子，皆在艮斋师友之间，其学从之出”，但又认为各有不同③，尤其是叶适：“水心较止斋又稍晚出，其学始同而终异。永嘉功利之说，至水心始一洗之。……乾、淳诸老既殁，学术之会，总为朱、陆二派，而水心龂龂其间，遂称鼎足。”④第二，永嘉学术的源头不一，《周许诸儒学案序录》曰：

---

① 徐晓军、李圣华主编：《浙学未刊稿丛编》第63—67册收影印《宋元学案不分卷》一种，底稿第六册《永嘉程门学案》，收大刘先生安节、小刘先生安上、忠简许横塘先生景衡、浮沚周先生行己、草堂张先生煇、戴先生述、赵先生霄、石经沈先生躬行、蒋先生元中、敬亭鲍先生若雨、潘先生旻、谢先生天申、陈先生经正、刘安礼等人。第十七册《永嘉学案二》，“永嘉”二字旁添艮斋。而止斋、水心二案则无永嘉学案之名。两学案都署有“后学全祖望续修”，“永嘉学案”所包含的内容与通行本微异，但是，永嘉有前后二学案则是明确的。

② 魏小虎编撰：《四库全书总目汇订》，上海：上海古籍出版社，2012年，第1999页。

③ 黄宗羲、全祖望：《宋元学案》，北京：中华书局，1986年，第1710页。

④ 同上书，第1738页。

世知永嘉诸子之传洛学，不知其兼传关学。考所谓“九先生”者，其六人及程门，其三则私淑也。而周浮沚、沈彬老，又尝从蓝田吕氏游，非横渠之再传乎？鲍敬亭辈七人，其五人及程门。晦翁作《伊洛渊源录》，累书与止斋求事迹，当无遗矣。而许横塘之忠茂，竟不列其人，何也？予故谓为晦翁未成之书，今合为一卷，以志吾浙学之盛，实始于此。而林竹轩者，横塘之高弟也，其学亦颇启象山一派。述《周许诸儒学案》。①

永嘉之学统远矣，其以程门袁氏之传为别派者，自退斋薛文宪公始。艮斋之父学于武夷，而艮斋又自成一家，亦人门之盛也。其学主礼乐制度，以求见之事功。② 到了道光间，王、冯两人刊刻《宋元学案》时自然就接受了全祖望的这一改动。这一改动，其实表明到了乾道之际，学者对于“永嘉之学”的判断发生了重大变化，“永嘉学案”之名不再出现，即永嘉之学有没有形成一个学派。

孙衣言著《永嘉学案》最大的贡献就是重新提出“永嘉学案”之名，以补《宋元学案》中删去“永嘉学案”名称。《永嘉学案》是部未完成稿，温州图书馆藏，经我整理标点后刊于《温州历史文献集刊》(第五辑)。稿本共二十七页，半叶十行，封面题“永嘉学案”，卷首作“永嘉学案卷第一”，因此可以推测作者原计划并非仅此一卷，可能相当庞大。永嘉学案之名的重新提出，接续黄宗羲原稿中的“永嘉学案”之设立，再造之功，于兹为始。

其次，孙衣言勾勒的永嘉学派，与黄宗羲的也不相同，完全是再造一个全新的永嘉学派谱系。此卷收集了儒志先生王开祖、唐奥林先生石、经行丁先生昌期三人的资料，王开祖后附戴士先，林石后附唐奥家学林松孙，丁昌期后附经行家学丁宽夫、丁廉夫、丁志夫、丁康臣。卷前有一小序：

宋时永嘉之学，以乾淳间为极盛，郑文肃公、陈文节公后先讲学，吾乡之士翕然和之几数十百人，遂与东阳、建安鼎足而立，后之论者莫能为轩轾也。然叶文定公尝言之矣：“永嘉之学，必兢省以御物欲者，周作于前，郑承于后也”，“必弥纶以通世变者，薛经其始，陈纬其终也”。景

① 黄宗羲、全祖望：《宋元学案》，第 1131 页。
② 同上书，第 1690 页。

望私淑浮沚，止斋亲受业常州之门，推厥师承，皆自程氏。独儒志王先生当皇祐、庆历之际，其时大臣硕儒仅以文章复古为事，未及言道。塘奥林先生、经行丁先生隐居求志，伊洛之说亦未至于海滨也。而能愤发自立，著书立行，壹以孔孟为依归，群非众讪不为屈挠，斯可谓豪杰之士也矣。夫乾淳之盛，吾乡之学粲若日星，而何以文修、潜室以后，渐趋简陋，元明再嬗，寂无嗣音，而三先生当道术闭塞之时，顾能遐思远绍，蔚为名世宗师，得无立志各视其人乎？君子观于其际，盖感慨系之矣，述《永嘉儒先》。

从这小序可以看出，孙衣言《永嘉学案》提出"永嘉儒先"的概念，视永嘉皇祐三先生为永嘉学派之始，也即重立永嘉学派的源头。一般讨论永嘉学谱，如上文所引叶适和刘壎以周行己为开山之祖，从而上接程门。或如全祖望在《艮斋学案序录》又说："永嘉之学统远矣，其以程门袁氏之传为别派者，自艮斋薛文宪公始。"又推薛季宣为始；同时，《宋元学案》卷六《士刘诸儒学案》补了"安定同调：进士王儒志先生开祖"，认为"王开祖，字景山，永嘉人也。学者称为儒志先生……是时伊洛未出，安定、泰山、徂徕、古灵诸公甫起，而先生之方实遥与相应。永嘉后来问学之盛，盖始基之"。[①] 但又不将他列入永嘉学派之中。所以孙衣言将王开祖等三先生列为永嘉儒先，一方面是有编年史的逻辑基础，另一方面也意在建构永嘉学术的完整谱系，永嘉学术不能只有元丰九先生、艮斋薛季宣、止斋陈傅良、水心叶适诸儒。

再次，更重要的是儒志王开祖等三先生，是与宋初胡瑗、孙复同时代，是伊洛未出之时的学术萌芽，也即不以程朱一系为依归者，那么永嘉学派是一种独立于程朱学之先的学术流派，也因此在学理上就可以救程朱学之流弊。戴望曾致信孙衣言云：

南宋儒者，实推永嘉为最，上不滑于心性之空言，下不杂以永康之功利，非建安、金溪所得而盖之也。项先生傅霖云："永嘉之学，超于宋而不为空谈，方之汉而少其附会。"[②]

孙衣言极为兴奋，他转告俞樾说："子高（戴望）极推重永嘉学人，大可

① 黄宗羲、全祖望：《宋元学案》，第253页。
② 孙延钊：《孙衣言孙诒让父子年谱》，上海：上海社会科学院出版社，2003年，第64页。

感。某欲略考永嘉学派，苦于俭陋，幸属子高为一搜讨，晚宋、元、明以来，有非永嘉人而私淑郑、陈、蔡、薛者，尤可贵也。”①

孙衣言《薛浪语集序》也说“衣言曩在京师，与方闻之士论当时门户之弊，常以为欲综汉宋之长而通其区畛，莫如以永嘉之学”②。永嘉之学之所能救汉宋门户之弊，在孙衣言的学理逻辑中，正是因为永嘉学派出自宋初。

最后，皇祐三先生的生平、学术有很大的精神力量。“其时大臣硕儒仅以文章复古为事，未及言道”的背景下，林石、丁昌期“隐居求志，愤发自立，著书立行，壹以孔孟为依归，群非众讪不为屈挠”，的确有豪杰气象。在《永嘉学案》“唐奥林先生石”部分中，孙衣言还引陈傅良《新归墓表》云：“是时，《三经新义》行，学者非王氏不道，《春秋》且废弗讲。先生（林石）少从管师常学，师常与孙觉莘老为经社者也。先生故不为新学，以其说窃教授乡诸生。”都呈现出一种“虽千万人吾往矣”的为学气象。

当然，《永嘉学案》最大的问题是仅此一卷，是一部未完成的手稿，不能呈现整个永嘉学术的谱系。完成永嘉学术谱系的，在于孙衣言《瓯海轶闻》一书。

二、史料：《瓯海轶闻》甲集辑录史料呈现永嘉学术史

孙衣言《瓯海轶闻》分甲乙丙丁四集，计五十八卷，甲集《永嘉学术》，梳理了永嘉学术源流，上溯皇祐，下逮于清，尤详于宋代永嘉学者，乙集有名臣、宦业、封爵、科第、文苑、氏族诸目，丙集有忠义、孝友、义行、介节、隐逸、官师遗爱、艺术、流寓、列女、方外诸目，丁集有古今图志、山川、风土、物产、建置、寺观、古迹、祠祀、冢墓、杂志诸目。关于甲集《永嘉学术》的体例需要做三点说明。一是孙衣言虽然依时代前后列出永嘉学人，但没有《宋元学案》那样直接标示师承渊源关系；二是孙衣言从墓志、行状、正史和方志的列传、笔记等文献中，辑录永嘉学人的生平资料和历代相关评价，但没有像《宋元学案》中“论学主旨”板块那样辑录入案者自己的论学文字；三是只辑录文

① 孙延钊：《孙衣言孙诒让父子年谱》，第 64 页。
② 孙衣言：《孙衣言集》，杭州：浙江古籍出版社，2017 年，第 842 页。

献，注明出处，偶有文献的校订，但孙衣言没有直接对永嘉学人或相关观点做出评述。总之，以今天的学术标准看，《瓯海轶闻》只是一部史料汇编，而不得称为学案或学术史著。

那么，第一个问题就是《瓯海轶闻》这个史料辑录，何以能再造永嘉学派？首先，孙诒让对《瓯海轶闻》一书性质的引导，使当时学者普遍认为此书即是《永嘉学案》，也即视这部史料集为学术史著。这个引导最初大约是由孙诒让《先考太仆公行状》一文开始的，文中说其父"喜考辑乡先辈遗文轶事，尝以黄梨洲、全谢山《宋元学案》于永嘉诸儒尚未赅备，补辑为《永嘉学案》，以冠所著《瓯海轶闻》之首"①。孙诒让说《永嘉学案》就是《瓯海轶闻》甲集，因为学案体相比于单纯的文献汇编，显然更有学术史著的意味，而且虽然学案体也同样偏重文献辑录，但学术史价值也明显更突出，更主要的是《永嘉学案》与《宋元学案》对话的意图也更明显。当然，《瓯海轶闻》甲集依时代先后辑录永嘉学人，看起来还是相当整饬可观的。孙诒让表而出之，也是可以理解。

其次，孙衣言欲著《永嘉学案》提倡永嘉学派，大约早为学界所知了。光绪三年(1877)，刘寿曾《温州经籍志序》中说：

> 寿曾则谓温州学派莫盛于宋。庆历间，儒志、经行开之，元丰九先生继之；绍兴以后，艮斋、止斋、水心诸公，绪益昌大，天下尊为永嘉之学。其宗旨在躬行实践，由明体以达于用，文章风节，皆卓然有所表见，渊源于伊川、考亭，而立于金华、永康之上者也。元以后之学稍微矣，然芬泽濡染，犹能矢音不衰。吾师尝编《永嘉学案》以见派别之正。又曰："欲救今汉学、宋学之弊者，其永嘉乎？"②

这里的"吾师"即是孙衣言，显然刘寿曾早就了解这一学术信息以及著述意图，而《瓯海轶闻》的成书时间，张如元在点校本《瓯海轶闻》的前言中有详细的说明：其中甲集《永嘉学术》共 21 卷，始编于同治七年(1868)，至光绪十二年(1886)写定，其他三集至光绪三十四年(1908)孙诒让病危之际尚未完成，"卷数未分"，经过后人整理，至 1926 年才将全书刻印完毕。也即刘

① 孙诒让：《籀庼遗文》，北京：中华书局，2013 年，第 401 页。
② 孙诒让：《温州经籍志》，北京：中华书局，2011 年，第 2 页。

寿曾提到《永嘉学案》时，《瓯海轶闻》尚未成书，而孙衣言的《永嘉学案》最后并未完成，仅成一卷，而且主要精力转而编写《瓯海轶闻》。因此，孙诒让就以《瓯海轶闻》甲集为《永嘉学案》，大家也都遵循这个原则，将文献辑录，视为述而不作。比如前引姚永朴《孙太仆家传》、张舜徽都提到孙衣言著《永嘉学案》以补《宋元学案》之叙述未备，事实上他们都不太可能看到《永嘉学案》稿本。

根据上述对《瓯海轶闻》性质的论述，我们的第二个问题是《瓯海轶闻》或《永嘉学案》是如何编纂而成。这就涉及永嘉学派谱系建构的基础问题。永嘉学术谱系虽然已经有叶适、刘埙等的论述，但要形成符合清代学术史论述的要求，还是需要一个史实层面的支撑，即文献上的梳理。首先是孙衣言的工作方式，即先辑录文献资料，如同治五年(1866)编有《温州备志长编》，是孙衣言、锵鸣兄弟鉴于乡邦文献日就湮没，就先计划私事采访遗闻，就所见书籍摘录资料，而成此书，而且书中资料，后经酌采，部分编入《瓯海轶闻》。[①] 其次，为再造永嘉学派，孙衣言一生集中精力收集、校勘、刊行永嘉学人的著述，最终形成了《永嘉丛书》，[②]而且孙诒让的《温州经籍志》也是这一工程的一部分，章太炎《孙太仆年谱序》：

> 宋世永嘉诸贤，与新安、金溪、金华并峙，其后三家皆有传人，讫元明未替，而永嘉黯然不章。近世如亭林、桴亭及北方颜、李诸公，廓除高论，务以修己治人为的，盖往往与永嘉同风，顾弗能尽见其书。太仆父子生七百年后，独相继表章之，专著则有《永嘉丛书》之刻，佚篇则有《永嘉集》之纂，括囊大义，辨秩源流，则拾南雷、谢山之遗，以成《永嘉学案》二十卷。最录凡目，则《温州经籍志》为一郡艺文渊海，自是郑、薛、陈、叶与先后作者之遗绪，斩而复续，呜呼盛矣！[③]

章太炎说《永嘉学案》有二十卷，显然是指《瓯海轶闻》甲集的卷数，而非藏于温州图书馆的一卷本《永嘉学案》稿本。最值得重视的是，章太炎将《永嘉丛书》《永嘉集》作为《永嘉学案》相近性质的工作，“最录凡目”则将孙诒让

---

① 孙延钊：《孙衣言孙诒让父子年谱》，第 70 页。
② 吴佩娟：《孙衣言及其〈永嘉丛书〉研究》，《东吴中文线上学术论文》2008 年第 1 期。
③ 马勇整理：《章太炎全集·太炎文录补编》，上海：上海人民出版社，2017 年，第 872 页。

的《温州经籍志》也附于这项工程之中。显然，当时的学界看来，《永嘉学案》才是最后的成果。而且，永嘉学派的再造工程，文献整理与《永嘉学案》是相表里的两部分，而且文献整理上，后继者更有《永嘉诗人祠堂丛刻》《敬乡楼丛书》以及当代的《温州文献丛书》《温州文献丛刊》等。

再次，孙衣言编《瓯海轶闻》之前先成《永嘉集》，同治六年(1867)就年来搜访所得之温州史料，采辑诗文，成《永嘉集》数十册，分为文内外编和诗内外各编，辑录永嘉学人的相关文章，且有孙诒让于《永嘉集》内外编间附识语于册中。[①] 在这些基础上才始编《瓯海轶闻》。

第三个问题是《瓯海轶闻》甲集最终呈现了怎样的一个永嘉学派谱系呢?《永嘉学术》，共二十一卷。其中第一卷为“学术总略”。第二卷“学术之始”，述宋初王开祖、林石、丁昌期始。第三至第四卷为“洛学之传”，述元丰九先生等人。第五至第十二卷为“经制之学”，述郑伯熊、郑伯英、薛季宣、陈傅良、叶适等人，其中“经制之学”下又分“止斋之传”一卷，举陈谦、陈说、陈武、蔡幼学等人，“经制之学”下还分“水心之传”一卷，举林居安、陈昂、薛仲庚等人。第十三至第十六卷，未标源流，如王十朋等人，既非经制之学又非朱子之学。第十七卷为“朱学之传”，有陈埴、叶味道、林湜等人。第十八至二十一卷，则以朝代为序，述自元至明清的永嘉学人。

这里以王开祖、林石、丁昌期为永嘉学术之始，与《永嘉学案》的“永嘉儒先”具有相同的意义，即表彰永嘉学术不尽出于程朱理学，而自有宋初的独立源头。其次，以薛季宣、陈傅良、叶适三人为永嘉学术的重镇，不惟师弟人数上占多，而且篇幅上也有相应的呈现，还进一步细致地梳理了三人的后继者。再次，永嘉学术历来多指两宋的永嘉之学，而且孙衣言将元明清三朝的学术也纳入永嘉之学的范围，扩大了永嘉学术的源和流。张文虎《孙琴西廉访六十寿序》:“推溯永嘉之学，究极其义理文章，将上追古人，下启来哲，而自成一家著述，仕途之利钝非所计也。”[②]另外，孙衣言还注意到不能纳入经制之学的学人群体，相较对永嘉学术通史的纵向扩张，这里可谓是横向扩张永嘉学术的谱系。最后，据钟孙婷的研究，孙衣言《瓯海轶闻》看似客观的文

---

① 孙延钊:《孙衣言孙诒让父子年谱》，第76页。
② 孙衣言:《孙衣言集》，第923页。

献辑录，其实也有一定程度的取舍与过滤，甚至曲解原文、断章取义，如将朱熹对郑伯熊的负面评价，以“景望文平和纯正”为小标题节录等，尽量遮蔽朱熹对永嘉学人的异议。①

三、补苴：民国时期的永嘉学派再造

孙衣言、孙诒让父子的永嘉学派再造，因为著作并未刊行，最初大约在小范围内传播，如孙氏后人孙孟晋《浙江永嘉学派之源流》未刊稿也认为永嘉学者，溯导沅之功，当推“皇祐三先生”（王开祖、林石、丁昌期），延续至宋神宗元丰间，又出“元丰九先生”，从此，永嘉之学渐盛张。② 但是，一般学者还是依《宋元学案》的论述永嘉学派，如邓实《永嘉学派述》(1905)认为“永嘉学派，实以九先生开其始”③。而且，孙氏父子的永嘉学派谱系中，皇祐三先生与元丰九先生等之间的学术传承关系并没有很好地呈现出来，或者严格地看，整个永嘉学人之间的传承关系都没有有效得呈现。同时，《瓯海轶闻》甲集又不录相关学人自己的论述，无法呈现其学术精神，也即虽然收集了一些史料，但永嘉学术精神仍然没有呈现。给后人留下了继续再造永嘉学派的空间。

民国时期的永嘉学派再造，首先是永嘉学派谱系的扩大，将晚近永嘉学人纳入永嘉学派。孙衣言辞世时，俞樾挽联中有“刻横塘竹轩水心诸家遗集，自任永嘉嫡派”一语，视其为永嘉学派的传人，或更有视孙锵鸣、孙诒让等也是永嘉学派的传人。但是，这种提法不无异议。马叙伦《陈先生墓表》说：“永嘉之学，清道咸间县人孙衣言、锵鸣昆弟，号能继承其风，然衣言昆弟仕宦京师，又多接乾嘉遗献，稍稍倾侧于故训名物之业，衣言子诒让遂以朴学为晚近大师。”④认为孙诒让为朴学大师而不能称继承永嘉之学。宋慈抱《瓯海轶闻续编自序》中对此作了调停，认为永嘉之学，在南宋为经制之学，在清时为考据学，扩大了永嘉之学的范围，因此宋慈抱的《瓯海轶闻续编》将

① 钟孙婷：《晚清时代思潮与地方史料辑录——以孙衣言〈瓯海轶闻〉为例》，吴兆路、甲斐胜二、林俊相主编：《中国学研究》第十五辑，济南：济南出版社，2012年，第129—132页。
② 孙延钊：《孙延钊集》，上海：上海社会科学院出版社，2006年，第396—397页。
③ 邓实：《永嘉学派述》，《国粹学报》1905年第12号，第3页。
④ 《国学丛编》1931年第4期。

著录陈虬、宋衡、陈黻宸、孙诒让、黄绍箕、吴承志等。

一旦放宽视界，永嘉学派的谱系可以扩得更大。林损《史学纪闻目》径称“永嘉之学衰八百年而复兴，而陈先生独集其成”，是从史学的角度，将陈黻宸视为永嘉学派传人。[①] 刘绍宽《亡友陈君别传》也提到：“吾乡自太仆孙氏以永嘉经制之学倡，同时有求志社相与应和，而能成其学派者，惟介石先生。”[②]至于刘绍宽《瓯风社记》更是扩大了永嘉学派的当代传人，几乎将当时瓯风社成员都纳入进来：

> 清季孙琴西太仆、止庵学士暨籀庼师，始力表章之，承学之士，稍稍诵习其书。会值世变，国家多故，有志经世者，起而讲求掌故，务为实学，于是陈介石蛰庐世丈，与一时同志，踵起相应和，世所称求志社是也。洎乎欧学东渐，趋新之士，往往骛知识而轻道德，世道人心日以隳坏，际其会者，益思永嘉之学，体用兼该，本末具备，实为救时良剂，固学人所当急讲也。岁癸酉冬，介石丈从孙穆庵、余友孟冲之哲嗣，亦余及门士也，目击世弊，蠹然与其妹夫林君志甄，创设杂志，号曰瓯风。盖以昌明永嘉故有永嘉学术，欲为之倡，于是求志老辈池卧庐先生、籀庼师之长君孟晋，与余及黄君胥庵、高君储庼、王君志澂、林君公铎、李君雁晴、宋君墨庵、梅君冷生、陈君仲陶、夏君瞿禅、李君孟楚、陈君绳甫、张君宋庼，皆赞成斯举，相与讲论道艺，而风气庶为一变。[③]

可以看出，永嘉学派的关键还是在于对于永嘉学术精神的定义，否则永嘉学派就相当于永嘉学人而已，没有一种独特的学术精神贯穿其中，永嘉学派也将泯然众人。大约民国时期永嘉学人也意识到这一点，所以《瓯风杂志》创刊号(1934)第一篇就是林损的《永嘉学派通论》，此文 1919 年曾在《唯是学报》上发表过，集中批驳“以永嘉诸子为经制之学”之专指“事功而言”之谬，提出事功与心性二者不可有所偏，“永嘉诸子之言事功者(亦)必不能离心性，事功与心性合，而后经制之真乃出”；惟“永嘉诸子……所谓心性者，经制之心性耳”，反复譬说：

---

① 林损：《林损集》，黄山书社，2010 年，第 466 页。
② 《瓯风杂志》1934 年第 8 期。
③ 《瓯风杂志》1935 年第 17、18 期合刊。

永嘉诸子之学，犹众人之学也；众人之学，犹永嘉诸子之学也。众人之言心性者，必不能废事功；永嘉诸子之言事功者，亦必不能离心性。事功与心性合，而后经济之真乃出。使永嘉之学独以经济为名，此固永嘉诸子之幸，而道之裂甚矣。

数家之中，陆象山似偏于心性，然尝剪爪学射，欲以一当女真，象山盖非无意于事功者也。晦庵以永嘉金华为粗疏，而观其上孝宗书，又何其深切著明，了然若运当日之情势于指掌之间欤？陆与朱且然，况若同甫、说斋之好论事功者，更无疑于经济之学矣，而世终以其名归之于永嘉诸子者，其故何哉？

永嘉诸子非不言心性也，其所谓心性者，经济之心性耳；非不习文章也，其所谓文章者，亦经济之文章耳。

心性体也，事功用也，无事功之心性，则为无用之学，无心性之事功，则为无体之事。

林损还有中国大学讲稿《永嘉学派述》(约 1925 年)，明确反对邓实的事功心性之分，"夫邓氏犁事功心性为二途，非也"，为永嘉学术正名。因为，一般观念中贬事功而尚心性，现在林损指出二者不可分，指出永嘉事功之学不能离心性。而时为高中生的夏鼐《论永嘉学派》(1930)一文，同样也指出永嘉学派所主张的功利，是"与义相和融"的功利。[①] 但是，林损《永嘉学派述》重新梳理的永嘉学派，仍是一依《宋元学案》的体例，列出王开祖、林石、许景衡、沈躬行、刘安节等。其实并没有完全解决永嘉学派的关键问题。

值得注意的是，姜琦《永嘉学术史略》(1920)有一个全新的解决思路。姜琦(1885—1951)，字伯韩，温州人，1919 年 8 月永嘉新学会成立，姜琦任干事长，次年出版《新学报》，姜琦执笔发表《发刊辞》，即《永嘉学术史略》。[②] 文章先绍述了永嘉学派的谱系：

北宋时有王景山先生出而提倡理学，著有《儒志》一编，学者翕然从之。是为永嘉有学术之始。当时伊洛诸儒未作，先生首先发明经蕴，不特可谓永嘉学术之创祖，亦且要谓中国理学之导源矣。元丰间，乃有周

① 夏鼐：《夏鼐文集》第 5 册，北京：社会科学文献出版社，2017 年，第 4 页。
② 姜琦：《发刊辞》，《新学报》1920 年第 1 号。

行己、许景衡、蒋元中、沈躬行、刘安节、安上、戴述、赵霄、张煇诸先生起于其乡，一宗伊洛程氏之学，或亲炙焉，或私淑焉，故其教授乡里，学风为之丕振，世称之为元丰九先生。然溯其师法，虽皆出于伊洛，实则王景山先生之支流余裔也。绍兴末，伊洛之学稍息，郑伯熊、薛季宣、陈傅良、叶适诸先生复起而振之，益发挥先哲学术之精华，蔚成一家之说，世称之为“永嘉学派”。[1]

认为永嘉学派影响深远，王守仁、顾炎武、颜元等都以永嘉学派为师法，甚至日本的维新事业，也利用了永嘉学术。因为姜琦认为永嘉之学“通经学古，施于实用”，有“经学学派”之称，但前人“往往诋‘永嘉学派’为一种功利之说而轻视之，此固未悉‘永嘉学派’之精义也”，而姜琦将永嘉学派精义与美国的实用主义联系起来：

夫“永嘉学派”之精义，在于即体即用，坐言可以起行，与近今美国之“实用主义”Pragmatism 若合符节。

大概这一时期作者正着手编撰《西洋教育史大纲》，顺手就将杜威的思想和永嘉学派做比较。不过，他随即分析了两者的相异之处：

惟美国“实用主义”与永嘉“经制学派”，究而按之，微有不同之点。盖彼则注重组织新经验，以为书籍乃一种过去社会之陈物，不适用于今日者也。杜威(Dewey)曰：“经验不是一本老账簿，乃是一个有孕的妇人，乃是现在的里面怀着将来的活动。”又曰：“教育即是社会功课即是生活。”观杜氏之言，实以现代社会为出发点，组织种种新经验，以谋适用于实际生活者也。此则虽不喜空谈玄妙，而重究心实用，然皆以通经学古为前提，采用古昔之礼乐制度，而见之事功，所谓经制之学者，要不外乎周公所谓“三事”“三物”之遗训而已。似仍不免陷于墨守成法之弊而无创造革新之举也。本会同人有鉴于此，以为今日世界思潮日进不已，墨守成法决不能适应于新时代之要求，因采取美国“实用主义”以药我“永嘉学派”之病。特发斯刊，名曰《新学报》。收世界种种新知识，为集思广益之助；其于我永嘉诸先哲有用之学说，益发挥而表彰之，使新

① 姜琦：《发刊辞》，《新学报》1920 年第 1 号。

> 旧学术融化于一炉，铸成一种新学说，以谋适用于今日实际生活也。凡我同人，认定宗旨，取一致论调，共同进行，异日不难有所谓“新永嘉学派”之出现。

姜琦认为“通经学古”会造成墨守成法之弊，“永嘉学派”需要发展成“新永嘉学派”。姜琦的态度和立场是显而易见的，因此他对于永嘉学派的现代阐释也就点到为止，事实上 1919 年 11 月 2 日在《新时代》上发表《教育史上杜威氏的地位》一文时，根本就不提及与永嘉学派的异同。

经过晚清以来再造工作，永嘉学派一名得到了广泛传播。重新回顾这一再造工作，我们可以发现它最初完全建立在地方文献整理的基础之上，虽然永嘉学派的再造还有一定的空间，但是完全带动了温州文献的收集与整理。而支撑这些工作的，是地方意识的兴起。几乎同时，金华、宁波、台州等地，都开始编撰各自的地方丛书，也同时试图梳理地方的文脉，而永嘉学派一名为其中较有代表者。永嘉学派的再造、永嘉学术精神的探求，当然也社会转型、学风丕变有着密切的关系，俟异日再论。

潘德宝，浙江工业大学人文学院副教授

从《温州文献丛书》到《馆藏日记稿钞本丛刊》

——文献整理出版的回顾与思考

近代温州进行过四次较大规模的先贤著述整理刊印活动，形成了抢救积累地方文献的优良传统。清同治七年至光绪八年间(1868—1882)瑞安孙衣言汇刊《永嘉丛书》15种，民国四年(1915)瓯海关监督冒广生编刻《永嘉诗人祠堂丛刻》14种，二三十年代(1928—1935)温州旅沪实业家黄溯初刻印《敬乡楼丛书》四辑38种，抗战爆发之前浙江第三特区(永嘉区)征辑乡先哲遗著委员会抄缮地方文献402种，嘉惠学林，功不可没。

随着经济建设步伐的加快和社会事业的发展，2001年7月，温州启动第五次先贤著述整理出版工作。市人民政府成立《温州文献丛书》整理出版委员会与编辑部，拟订五年规划，经过五年九个月的扎实工作，四辑40部48册全部见书，完成了既定任务。

《温州文献丛书》的整理出版，是一件令人鼓舞的文化盛事。接着苍南、平阳、乐清、龙湾等县(市、区)文献丛书先后启动，《温州文献丛刊》《温州方言文献集成》陆续上马，最近十年又重点整理馆藏日记，影印本与标点本并行，自觉关注、整理、出版与利用历史文献的社会气氛已经在温州形成。对此19年业绩，很有必要予以回顾总结，并针对实际状况提出下一步工作建议。

第一阶段　《温州文献丛书》

一、《文献丛书》的选题和目标

《丛书》规模大、范围广，时间跨度从宋元明清直至近现代，内容涉及经济、历史、哲学、文学、语言以及民俗、文物、医学、科技等领域。丛书项目的设计，是在广泛参考的基础上，经过审慎考虑取证和严格甄别筛选后确定，并邀约相当的专家学者承担任务。温州重要的文献著作，除已出版的别集如叶适、陈傅良、永嘉四灵、林景熙、刘基等，专著如《宋宰辅编年录》《墨子间诂》等以外，余下的精要部分已大致囊括其中了(当然不是全部)。丛书的选题做得比较好，包括多部重头书，如《温州经籍志》《东瓯诗存》《东瓯轶闻》等。

《丛书》编辑部制订编校体例，采取适当的整理方法，重视撰写前言、编选附录，提倡多查考、不妄改、详明出处，力求在学术质量上有提高、有进步，庶几对古人负责、对读者负责、对社会负责。可以说这就是《丛书》工作同仁追求的目标。

二、《文献丛书》的工作特色

《温州文献丛书》整理出版工作，发扬永嘉学派经世致用的优良学风，着眼于文化品位和学术气氛的营造提升，旨在向文史研究人员、文化工作者和大专院校师生提供一整套完备而有新意的温州地方文献的基本资料，以供阅读参考和分析研究。在力求出精品的同时，努力造就若干热心文化事业、尊重学术规范、钟情文献工作的青年学人，达到既出书又出人的目的。具体可以概括为如下几点。

第一，坚持以抢救为宗旨。

凡是1949年以来特别是1978年之后已正式出版过的不列入整理出版规划，以确保抢救挖掘稿本、钞本、孤本的重点，同时兼顾整理文集类及零散资料汇总类。经过这次系统的整理，学术价值较高、富有原创性、影响较大的历代乡贤著作相当部分，如学术界期待已久的《温州经籍志》(清孙诒让撰，潘猛补校补)《瓯海轶闻》(清孙衣言撰，张如元校笺)《六书故》(宋戴侗撰)等名著得以与读者见面，另有两部书底本从台湾地区和日本引进，满足了社会的迫切需要。

第二，依托当地学术力量。

五年多来，共有41位先生参加整理工作，除了五部委托市外学者承担或合作(浙江博物馆张良权先生负责点校《薛季宣集》，浙江大学徐和雍先生合作编校《孙延钊集》等两部，浙江大学魏得良先生合作点校《项乔集》，上海交通大学李康化先生合作整理《刘景晨集》)，绝大部分(35部)是温州本土学术工作者单独(集体)完成的，他们分布在市图书馆、博物馆、温州大学(师范学院)、医学院、各县(区、市)地方志办公室、科技局、中学等。

第三，选题涵盖面广。

一是多学科：丛书关涉文史哲医学科技军事经济等众多领域；二是跨朝代：原作者上起北宋晚期的周行己(1067—1125?)、刘安节(1068—1116)、刘安上(1069—1128)、许景衡(1071—1128)，历宋、元、明、清、中华民国，下限大体上为1949年，少数几家如王理孚、刘景晨、孙延钊、梅冷生则顺延至中华人民共和国成立之后。

第四，重点鲜明。

一方面，宋代周行己、刘安节、郑伯熊等十位学者的著作纳入丛书，显得比较系统，为今后永嘉学派的深入研究提供丰富的文献资料；另一方面，选题适当向近代倾斜，这一时期是温州文化的又一波高潮，共有16部列入，满足了学术界人士的呼声。

三、《文献丛书》的整理方法

力求以现代的科学的方法加以系统整理，对原著进行适当切实的编校订补，并作探索研究。具体方法有：编集、增补、校勘、标点、考辨、注释，并写作前言、附录。

1. 编集：有三种情况。

(1) 旧集重编。在原集基础上重做编次，统一以作者正名为集名，将原有各种命名的著作加以整编。如《王理孚集》，有海髯诗二卷、补遗一卷、海髯词一卷、杂著专著若干，现予统一编次，编为四卷。原著有些是稿本，如《孙衣言孙诒让父子年谱》《东瓯词徵》，工作量相对较大。《年谱》保存了很多原始资料，极具价值。《何白集》工作也做得细。《岐海琐谈》拟定细目，眉目清楚。

(2) 编辑新集。从无到有，有筚路蓝缕之功。如《孙锵鸣集》，充分利用博物馆与图书馆藏品，各方面都很用心。《洪炳文集》系整理者多年积累。《刘景晨集》《黄群集》等做得也比较到位。

(3) 汇编。《太平天国时期温州史料汇编》，丛书率先出版的。《温州历代碑刻集》及《二集》，收录广泛，将碑刻实物与书面记载结合，具有文物、文献双重价值。《东瓯逸事汇录》，选辑温州掌故 1 600 条，分三十卷，分门别类，纲举目张，用力甚勤，值得称道。

总之，无论用哪种方法编集，收入《丛书》的各种著作，都以新的面貌展现在读者面前。

2. 增补。重视辑佚工作，补辑佚作，使臻于完备。从茫茫书海钩沉史料，亦颇为不易。各书都有不同程度的增补。《东瓯三先生集补编》，完全是新补。《孙锵鸣集》较旧存稿增两倍内容。《温州经籍志》，增补达四分之一。《瓯海轶闻》《东瓯诗存》(宋代增补较多)《东瓯词徵》(下限至新中国成立前)增补也不少。《瓯海轶闻》《温州经籍志》两书，两位整理者投入的工作很多，非常到位。实际上，整理者工作做得好，就是这部书的功臣；否则，会留下骂名。

3. 校勘。尽可能用最好的刊本、钞本为底本，参校其他各本及方志等。《龙门集・神器谱》采用美国哈佛藏本、日本和刻本。《刘黻集》到南京取校。《李孝光集》，参校本达 47 种之多。无论是旧刻本或四库全书本，难免错漏(四库本尤多)，所以校订是十分必要的。《丛书》体例规定，凡校改之处，均出校记说明，避免妄改。李孝光《雁山十记》，底本作"蜂腰"，他本作"蜂脾"，初不能定，后见清人一则笔记，始能做出判断，冒广生永嘉诗人祠堂丛刻本作"蜂腰"是错的，写进校记。

4. 考辨。对有关生平、史实、作品、评价、版本的疑难问题，需要加以考证辨析，有所交代。周行己有两文，见于他的老师程颐集中，殆误编，周梦江先生考订之后予以剔除。李孝光集中与同时作家互见诗二十多首，《元诗选》各家名下并收，未做任何说明。陈增杰先生作校注外，特立"附考"栏目，加以辨疑。

5. 注释。《丛书》全注有两种，《李孝光集校注》《张协状元校释》。张释本吸收成果，同时又有所订补，是继钱注本、王校本后又一自具特色的读本。其余各书也都有程度不等的注解内容，着重人物、史实、时间、地理。《弘治温州府志》，注人物甚详。丛书署名"编注、校笺"者，笺注内容都比较多。

6. 前言。前言介绍著者生平、成就、评价及版本等，表达整理者研究心得。好的前言，就是一篇很有见解的学术论文。《周行己集》《二郑集》《弘治府志》《孙锵鸣集》《瓯海轶闻》《黄光集》《王理孚集》等前言都写得很好。有的前言，已刊《浙江社会科学》《温州师范学院学报》《温州大学学报》等。

7. 附录。广泛搜集有关本著者与著作的资料，按专题分类编排，如佚目、传记、序跋、唱酬、评论等，实为一简要的作家研究资料汇编，为读者提供线索，金针度人，功德无量。周行己、何白、张璁、项乔、孙锵鸣、刘景晨、王理孚、黄群等都附年谱。

以上各种方法，在《丛书》的整理中互为补充，而且根据具体情况有所侧重，并不强求一律。

四、《文献丛书》的价值和意义

《丛书》的整理出版，有三方面的价值：一是文献价值，二是资料价值，三是学术价值。《丛书》经过编校订补，给读者提供了翔实可靠更加完备的原始文本，并且带来了阅读和使用的极大方便，这是它的文献价值。《丛书》丰富的附录资料，也为文史工作者提供深入研究的史料线索，这是它的资料价值。《丛书》整理者有关校订考证笺注的文字和在题解、前言中所表达的意见，或提出疑问，或分析疑难，或总结心得，都能给读者以有益的启迪，可以引发和推动相应课题的进一步探索研究，这是它的学术价值。《丛书》的整理出版，在温州文化史上具有里程碑的意义。它无论在规模或编校质量上都超过以往的几次整理刊刻(《永嘉丛书》《永嘉诗人祠堂丛刻》《敬乡楼丛书》)。顾亭林说，“前修未密，后出转精”。前贤的工作可能还不够细密，后来人就应该做得更加精致。

五、《文献丛书》的工作经验

在整理出版过程中，我们获得若干经验和体会，主要是：

第一，政府高度重视。

温州市委市政府建立工作班子，陆续划拨专项经费(累计240万)，从组织与财政上予以充分保证。2001年12月2日，市政府主要负责人专程登门慰问马允伦、周梦江、张宪文等几位老先生，表达殷殷关切。此后逢年过节，又几度上门拜访，了解工作进度。从2002年起，《温州文献丛书》的整理出版任务列入温州市委市政府年度重要工作责任制考核范围，明确总负责人、承办责任单位、承办责任人，第二年年初公示完成情况，接受社会监督。整理出版委员会的负责同志则将工作列入重要日程，适时出面协调各方面的关系，善始善终实施规划。

第二，学界全力以赴。

《丛书》编辑部成员怀着高度的历史责任感，全力以赴，不计报酬，精神可嘉。尤其是主编胡珠生、副主编陈增杰两位先生废寝忘食，为审稿投入大量精力，认真把关，做出可贵的贡献。一批老先生不顾年高体弱，为《温州文献丛书》的顺利完稿而日夜操劳，其中张宪文、俞天舒、瞿汉云三位先生，临终前仍念念不忘《丛书》的出版事宜，值得后学铭记。对此，中国社科院历史所研究员何龄修先生给予充分肯定："2001 年 7 月，珠生先生将满 74 岁，还应家乡需要，出任《温州文献丛书》整理出版委员会副主任兼编辑部主编，掌握学术工作大权。他受命以后，兢兢业业，夙兴夜寐，与同事诸先生一道辛勤工作，躬亲选题、组织、审读、编辑、校点各役，历时七八年，《温州文献丛书》整理、出版任务大功告成。《温州文献丛书》共收温州里老乡贤著作并有关乡邦故实文献四辑四十种(其中有书数种合而为一种者，有零篇散页集腋成裘者，若依入选文献的原始形态统计，其种数当远不止此)。工作做得很出色，我读过其中若干种，觉得编、校、注、点质量上乘。这是温州地区文献的最新结集，具有历史意义，也是珠生先生一项卓越的学术业绩。温州经济的发展和家乡人民的信任，促进了他在学术上的腾飞。"①

第三，各方热情协助

温州市政府办公室、市文化局、市财政局、图书馆、博物馆、档案馆等相关部门和单位，一路绿灯，不断给《温州文献丛书》工作以支持；社会各界也密切配合，从各个方面协助我们的整理出版工作。譬如温州烟草公司、温州中油销售公司、温州公路运输管理处等单位捐资赞助；著作权尚在国家保护期内的几家后人理解支持，并应邀出具书面授权函；中国社会科学院考古研究所接到我们的求助函，很快将所藏档案中梅冷生致夏鼐(作铭)的书信 24 通复印提供，还有好几位民间藏家主动向编辑部提供藏品，丰富了相关诗文集的内容。九三界别的市政协委员还就相关工作提出建议。

特别值得一提的是，常设办事机构所在的温州市图书馆，全馆同仁，从馆长到办公室工作人员、古籍部、信息部、电脑部、特色借阅区、装订组等不

① 何龄修：《参加中国社会科学院公开招考科研人员工作纪事》，《南方周末》2017 年 8 月 10 日 C21 版。

同岗位的馆员、出纳、会计、驾驶员等同志为查阅、复印、扫描、搬运做了大量烦琐的事务性工作，默默奉献，同样凝聚了他们的宝贵心血。

第四，出版社密切合作。

上海社会科学院出版社自始至终给予帮助支持。接手之初即列为重点选题，周密部署，配备精干力量承担编辑业务，并特邀社外资深专家何满子、钱伯城、史良昭、吉明周诸先生负责审读，在丛书体例的规范、内容的协调以至差错的减少方面付出辛勤劳动。尤其是第四辑的工作，在副社长徐侗先生的具体主持下，与我们保持热线联系，及时沟通，最后十部无一例外均在合同规定的期限内顺利出版。上海社会科学院分管出版的副院长熊月之先生，同样高度关注本丛书的进展，不时过问，促进双方的合作。

第五，发行状况喜人。

除出版社所在地上海外，北京、广州、重庆、成都、长沙、合肥、沈阳、长春、南京、南昌、南宁、福州、厦门、台湾、济南、杭州等十几个大中城市均有销售，出版社还通过中国国际图书贸易总公司将图书发行到美、德、加、韩、日等国。四十部之中，第一辑《张璁集》、第二辑《黄群集》《黄体芳集》等三部初版售缺，安排重印或推出增订本。这方面既有出版社的鼎力支持，有编辑部自身的努力，也得到当地乃至省内外多家书店的友好配合。

截至 2007 年 6 月底，文献丛书自办发行收入累计 19 万余元，加上出版社代销返还的 5.1 万，两项合计 24 万多元，分批解交财政专户。在此前提下，财政局方才追加第四辑的经费。《丛书》发行工作做到家，是我们的一大特色，也是我和同仁引以为豪的。

回顾五年又九个月的整理出版（包括发行）历程，工作班子做了大量卓有成效的工作，取得了比较显著的成果，令人欣慰。“《温州文献丛书》问世以来，国内出版界和海内外学术界好评连连，并引发了各地古籍文献图书的整理、出版热潮，为推动华夏文化的流播发扬，功莫大焉。”①

北京大学中文系教授钱志熙出席《浙江文丛》出版座谈会时致辞，对这一套丛书十分赞赏，建议《浙江文丛》第二期多关注温州作者与温州作品，修订后可作为《文丛》的选题安排出版。

---

① 上海社会科学院出版社贺信，2007 年 3 月 23 日。

第二阶段　反响与后续工作

一、各县响应

《温州文献丛书》整理出版规划第四条规定："务求出精品，产生示范效应，能够带动我市各县(市、区)文化界同仁就近整理当地的代表性古籍。"如今我们的期待陆续成为现实。苍南率先推出《苍南文献丛书》一套八册(上海古籍出版社)，《乐清文献丛书》紧随其后，声势更大，迄今已出三辑 26 部 28 册(线装书局)，《平阳地方文献丛书》出版二辑 12 册(中州古籍出版社)，永嘉推出《鹤阳谢氏家集》，即使暂时落后的瑞安、文成，也分别推出《兰台存真——瑞安中学档案史料选编》(光明日报出版社)《文成畲族文书集萃》(浙江大学出版社)，向档案与民间文书延伸，令人鼓舞。

二、《温州文献丛刊》

《温州文献丛刊》作为温州文献丛书续编，温州市图书馆研究室策划，市社科联资助，交黄山书社出版，共 10 部 14 册。与丛书不同的是，该书改为繁体直排。其中《侯一元集》(115 万字)与《林损集》(125 万字)，收罗比较齐备，分量比较重，颇受学界关注。

与此同时，温州社科联资助的《宋恕师友手札》等三部影印本，也打上"温州文献丛刊"的字样。手迹影印这项工作，受到上海社科院历史研究所汤志钧先生的肯定。

三、《温州方言文献集成》

《温州方言文献集成》，由郑张尚芳、沈克成主编，浙江人民出版社 2013 年 3 月至 2016 年 8 月已出四集。十六开，影印。温州文化研究工程资助出版，市图书馆策划统筹。

该集成历时三年，收集清代至近现代温州方言杂字、字表词表、儿歌、谚语俗语、方言相声资料二十余种。前三辑收录十七种温州方言著作。第一辑，谢思泽《四声正误》《因音求字》、谢用卿《重编因音求字》，第二辑陈虬《新字瓯文七音铎》以及叶衡、张玉生、叶泰来等先贤的文献作品，第三辑林大椿、杨绍廉、戴炳骢等人的《海泗方言》《瓯海方言》《字衡・东瓯方言等文献》等。这些著作的编撰时间主要在清代与民国时期，少数脱稿于 1949 年之后。第四辑，收录《童蒙至宝认字簿》《韵语杂字》《婚姻生育杂字》《瓯音字汇》等21种。第五辑，计划翻译或影印外国学者有关温州方言的著作。

第三阶段　馆藏日记稿钞本丛刊

近年以来，日记作为一种文献资料已经大量影印或整理出版，受到读者普遍的欢迎。温州市图书馆所藏的稿本、钞本日记，从清道光年间到新中国成立之初，时间跨度与中国近现代史相当，内容涉及时政、教育、文化、经贸等，从绅士个人的角度反映了当时的社会面貌。日记作者虽然多数为温州地方的士绅，但他们的活动及见闻却远远超出温州的范围，当时温州士人与外地交流频繁，他们对新知识尤为渴求，如订阅外地报纸杂志等，一部分日记还对研究物价、民俗，乃至探讨戏剧艺术的传播很有帮助，如杜隐园日记、万万庵日记、颇宜茨室日记等。

《温州市图书馆藏日记稿钞本丛刊》的出版，满足了海内学术界的夙愿。[①] 这部丛刊六十册，十六开，影印收录29家，底本310册，正文32 252页，约850万字。

难能可贵的是，丛刊收录的日记九成以上为稿本，少数钞本亦系孤本。丛刊不仅将日记文献之原本原貌黑白影印，更着意保留其中的眉批、夹批、签条、照片等，这使得此套日记的出版更有价值。

由于日记文献的保存情况、笔迹书体、开本形制等差异巨大，整理工作颇为不易，整个编纂出版过程足足耗费三年半。温图仔细选择底本，逐一交付扫描，如发现页码倒置、卷面不清者，则汇总转交古籍修复师予以修复，再重新扫描，编号检查，再制作光盘，分两次提交给出版社。鉴于蠹蚀严重，张组成的《浣垞日记》，稿本五十四册，目前选出十二册破损不太严重，尚能大体阅读的日记予以影印。

除影印本之外，温州市图书馆还选择分量较重、价值较高的十家，约请馆内外学术界同仁标点整理，同样得到中华书局的通力合作，得以收入“中国近代人物日记丛书”。我们的整理原则有三条：一是内容不加删节，保持

① 卢礼阳主编：《温州市图书馆藏日记稿钞本丛刊》，北京：中华书局，2017年。

底本的原貌；二是编制人名索引(或保留作者的日记提要)；三是除了前言，编选必要的附录。

经过前后六七年的努力，《刘绍宽日记》(全五册)、《符璋日记》(上中下)、《林骏日记》(上下)、《赵钧日记》(上下)四部已于2018年春见书，发行情况超出预期；《张棡日记》(全十册)2019年八月出版，孙宣、刘祝群两家日记已脱稿交中华书局，项申甫日记、郑剑西日记等则在后期整理中。

与《文献丛书》《文献丛刊》及《方言文献集成》相比，馆藏日记的编辑出版工作有四点显著的变化，可以视作温州历史文献事业的拐点。

一是出版经费不再由温州财政负担，完全是出版社筹集解决；二是从图书馆自身而言，不局限于承担日常工作或参与一部分业务工作，而是贯穿于整个业务过程，策划选题、落实人选、审读书稿、对接出版；三是文献整理工作开始向专题文献(日记)倾斜，与古籍出版方面首屈一指的百年老店(中华书局)合作，并纳入“中国近代人物日记丛书”，图书品质有充分保障，同时发行力度迈上一个新台阶；四是既出书又出人的局面形成，近年崭露头角的陈盛奖、陈伟玲、谢作拳等起到不可或缺的作用。

今后工作的思考

前面19年的工作成效，主要得益于政府与社会的良性互动。

市里率先，前温州市长钱兴中诚恳接受学术界建议，功不可没，此举对各县示范与推动作用大。其中乐清最为典型。乐清市人大常委会主任赵乐强主导，社科联牵头，有学术带头人(旗帜性人物)。当然，馆藏资源与财政因素也很关键。

在看到收获的同时，我们也审视自身的不足：一是由于准备不甚充分，抢救整理发动面不够广泛，与各县的整体协调工作力度有限；二是个别选题未纳入或纳入却未能落实，有的选题的调整特别是增加显得仓促，论证环节不够到位；三是整理出版质量(包括发行)参差不齐，影响了历史文献的传播与利用。

有鉴于此，就今后工作提几点建议。

一是仔细盘点，挖掘特色文献资源。建议在这方面仔细盘点，注重特色，继续推进。如温州收藏的民国时期档案与新中国成立前后档案中，永嘉县、乐清县商会档案暨五十年代初温州工商业社会主义改造时期档案自成系列，在全省有一定的影响，建议率先列入工作日程，系统整理出版。这对于加深认识温州乃至浙江实业家的精神风貌与社会贡献，弘扬温州人的创业精神与慈善意识，必将起到积极作用。其次，馆藏民国地方期刊128种，大多未收录于《1833—1949全国中文期刊联合目录》(增订本)，且其中45种《温州市志》未曾著录，可见珍贵。尤其是抗战时期的刊物，纸张低劣，难以长期保存。建议争取国家图书馆民国时期文献保护中心的支持，集中影印出版。其三，馆藏刘绍宽、朱铎民、梅冷生师友信札，也值得整理刊布。最近我们着手整理朱铎民、梅冷生两家师友书札，迈出可喜的一步。

二是乘势而上，继续出版学人文集。前几年温州市社科联组织出版"温州学人文选"，为老学者(包括辞世不久的学人)总结学术成果提供了难得的机会。建议恢复出版这套文选，使王栻、翁同文、周梦江、张禹、胡今虚、张宪文、张乘健诸集均得以顺利付刊，既告慰逝者，亦嘉惠学林。更早一点的，如孙孟晋、金嵘轩、张慕骞、张一纯诸家，也可考虑。

三是痛下决心，切实做好发行工作。为书找读者，为读者找书。通过主动争取出版社的配合发行、耐心争取新华书店的协作代销、财政支持相关单位自办发行等，促成更多温州学术成果走出温州，提升温州城市形象，让文化自信在温州得到更充分的体现。

四是倍加重视，推动学术梯队建设。历史文献的整理，不是轻而易举的工作，既需要坐冷板凳的精神和过硬的功底，更需要几代人的合力，坚持不懈地进行。所以从各方面重视学术梯队的建设，培养生力军与后备力量，其重要性不言而喻。

只有这样，温州历史文献整理出版工作才有希望继续走在全国地级市前列。

卢礼阳，温州市图书馆研究馆员

复旦大学教授瑞安李雁晴先生编年事略

瑞安李雁晴先生小传：

李笠(1894—1962)，字雁晴，曾名作孚、雅臣，笔名李玄、玄之、雅宬、剑顽等，浙江瑞安人，近现代文献学家、语言文字学家。毕生致力于语言文字、校勘、训诂学的研究与教学，还涉及古汉语文献目录学、史学和经学等范围。曾执教于中州大学、中山大学、厦门大学、之江大学、南开大学、复旦大学等近现代高等学校。著有《史记订补》《定本墨子间诂校补》《广史记订补》等学术著作。

关于李笠的研究学界并不深入，仅有少数出版物提及其学行事迹；李笠后人编有《李笠诗文选集》，主要收录其非学术性作品，如诗词、随笔、传记等，书末附有简略传记。本谱即依据《李笠诗文选集》及其已发表学术著作等已有文献，辅以各种公开出版志书材料及相关人物日记文集，本谱按年月编辑其行年事迹，并以农历纪年，虚龄纪岁。

清光绪二十年(1894)　一岁

李笠出生于浙江省温州市瑞安县。字雁晴，曾名作孚、雅臣、岳臣。

父世鸿，祖父振乙。

时家贫。

童年曾跟从瑞安金子兰学习西北蒙学。

又从瑞安洪锦龙学习。

按：洪锦龙，字幼园，生卒年不详，或死于1918年前。浙江瑞安人，诗人，家中有“花信楼”，藏书甚多。李笠年轻时曾与洪锦龙、周予同、伍倜、宋慈抱、李翘、薛钟斗、郑剑西、许达、陈俊等人交游。其中以洪锦龙为翘楚，其他九人以师事之，时有“十才子”之称。

光绪二十三年(1897)　四岁

母亲去世。

光绪二十五年(1899)　六岁

祖父去世。

光绪二十九年(1903)　十岁

进入小学。

宣统元年(1909)　十六岁

在亲戚资助下，进入瑞安私立中学堂(五年制)求学。

旧历十二月二十一日辰刻，为舅父余和玉送葬。余长李笠一岁，曾教授李笠诗文。

宣统三年(1911)　十八岁

十月十日，辛亥革命爆发。

与同学李桐叔、蔡又之交好。

中华民国元年(1912)　十九岁

二月十五日，袁世凯就任中华民国临时大总统，中华民国进入北洋政府统治时期。

与同学朱叔岳、戈鸿羽、李桐叔、蔡又之等人在西岘山的岘山房读住。

民国二年(1913)　二十岁

正月，修岘山房，之后仍在岘山房读书。

民国三年(1914)　二十一岁

从瑞安中学校毕业，开始在当地的家塾担任教师，同时遍访当地藏书楼，刻苦自学。

七夕，同学蔡又之卒，为其作挽联。

八月与李桐叔、周予同、李光祖创办岘山文社。

按：痴墨，即周予同。周予同(1898—1981)，原名毓懋，学名周蘧，字豫同、予同，笔名天行。浙江瑞安人，近代经学史家、教育学家。瑞安中学1915届毕业生，毕业后投身出版和教育事业。建国后长期任教于复旦大学历史系。著有《中国现代教育史》、《中国历史文选》、《群经概论》等。

懒醒，即李放(李光祖)。

中秋，参与秋社岘山雅集。

民国六年(1917)　二十四岁

执教于养正小学。

在陈氏湫漻斋开馆授课，讲授古文及杜诗，辑有《杜诗心契》。

按：湫漻斋，瑞安陈葆善书斋名。陈葆善(1861—1916)，字粟庵，晚年自号湫漻斋，是瑞安著名的医生，著有《白喉条辨》、《燥气总论》。其子陈绳夫(陈准)是李笠学生。

陈准(1900—1941)，字绳夫，号抱殷。浙江瑞安人。陈葆善之子，李笠学生。精研目录学、版本学，致力于乡邦文献整理，藏书楼名抱殷，刊刻《湫谬斋丛书》十一种，辑有《瑞安孙氏玉海楼藏书目录》《籀膏遗文》《籀膏诗词》，著有《集韵考正校记》《淮南子校记》《管子集注》等。

题李叔诚所藏《顾君烟雨归耕图》。

按：李叔諴(1876—1927)，又名李芑，浙江瑞安人。廪生，擅诗词书画及医术。曾担任省立第十中学(现浙江省温州中学)文史教员。与李笠同宗。

是年挽陈黻宸。

按：陈黻宸(1859—1917)，字介石，晚年改名芾，浙江瑞安人。近代教育家、哲学家和史学家。1903年进士及第后一度从政，积极参与社会活动。与陈虬、宋恕三人交好，并称“东瓯三杰”。

民国七年(1918)　二十五岁

是年挽洪炳文。

按：洪炳文(1848—1918)，字博卿，自称花信楼主人，浙江瑞安人。戏曲家、诗人，同时也是瑞安较早学习西方知识的学者。其子洪幼园曾是李笠老师。

挽虞廷恺。

按：虞廷恺(1880—1918)，字伯庼，浙江瑞安人，师从国学大师孙诒让、黄绍箕。1904年春与其父创办养正学堂。1906年赴日留学，1909年回国，后从政。1918年1月乘“普济号”前往温州时，在吴淞江口失事遇难。

挽项湘藻。

按：项湘藻(1858—1918)，字茗甫，浙江瑞安人，近代实业家。热心教育事业，曾参与创办瑞安方言馆（类似现代的外国语学校）。

民国九年（1920） 二十七岁

五月三十日，参与梅冷生发起成立的慎社，成员包括夏承焘、薛钟斗、郑剑西等人。

按：梅冷生（1895—1976），名雨清，字冷生，以字行，浙江永嘉人。青年时代曾创办《瓯海潮》周报，组织文学团体慎社、瓯社。毕生致力于图书馆事业，积极收集保护古籍，整理家乡文献。

八月，参与创立“知行社”，在瑞安开展教育普及工作。

十月，好友薛钟斗去世。

按：薛钟斗（1892—1920），字储石，浙江瑞安人。瑞中毕业后就读于杭州政法专门学校本科，曾任瑞安中学教员、瑞安图书馆馆长。年二十九，因暴疾亡。精词曲之学，著有《泣冬青》《贞女木》《双莲桥》《使金记》《水乐宫》《越虎城》《南楼记》等。

与杨嘉（杨则刚）交友往来，得后者赠送的砖瓦拓本。

按：杨嘉，字则刚，世居瑞安，其父杨绍廉是有名的书法家、收藏家。宗许楼是其书室名。

民国十年（1921） 二十八岁

受瑞安本地学生之邀，一度主讲国文讲座。

挽蒋作藩。

按：蒋屏侯，即蒋作藩（1875—1921），号植庵，浙江瑞安人，光绪十七年（1893 年）举人。积极参与地方教育事业，曾掌教乐清梅溪书院，担任瑞安中学监督。

民国十一年（1922） 二十九岁

夏，为杨则刚所辑《二黄先生诗葺》作跋。

十二月十二日，为黄绍裘《俗字编补正》作跋。

按：《俗字编补正跋》是黄绍裘在清代余国光所作《俗字编》基础上补遗的版本，所记以瑞安俗语词为主，是现存记录温州方言最早的专书。

民国十二年（1923） 三十岁

挽学生王毓祥，为其作传及诔辞。

按：王毓祥，字祯缘，浙江瑞安人，曾从李笠受声韵训诂之学，校李笠所作《史记订补》未完，以疾卒，年二十二。

发表：

《述学：定本墨子闲诂校补叙》，《学衡》，1923年第21期，第115—116页

民国十三年(1924)　三十一岁

春季，任温州省立师范学校教师，发起组织籀庼学会。与杨绍廉、金嵘、梅雨清、李芑、项廷珍、宋慈抱、李翘、陈骏、周予同、伍倜、李杲、林熹、洪瑞昭、何辅幹、李骧、戴家祥、陈准、洪焕津、王释等人列名发起《籀庼学会宣言书》，倡议"整理籀广遗著""设立籀质图书馆"，筹备处暂设瑞安第一巷李笠家。曾为此致函孙孟晋，寻求支持。

任教省立师范学校时，曾注《颜氏家训》。与符璋得交。

《符璋日记》三月十五日：宋墨庵偕李岳臣来，李在师范部充校员，方注《颜氏家训》。据云：《家训》赵注京师有刻本，六册，卢氏抱经堂丛书本，上海文瑞楼有折售，每部乙元多。北京大学刘文典有《淮南子捷解》六册，商务馆寄售，洋三元，据云陶氏《许高异同诂》及钱氏《天文训补注》均收入，字大易看，记此待觅。

按：符璋(1853—1929)字聘之，江西宜黄人，晚清时曾任瑞安县知县，辛亥革命后曾任民事长，九江交涉署秘书，宜春、虔南、广昌知事等。

8月，经易培基、陈钟凡介绍，受国立广东大学(即后来国立中山大学)之聘，前往广州任教，讲授校勘学。

《符璋日记》九月廿五：李孟楚来，谈及李岳臣已就广东大学教员之订，月薪可三百元，亦过所望矣。

《张宋庼推崇李雁晴函》：查李君前次被任为广东大学教授，系湖南易培基、盐城陈钟凡两先生介绍。

按：张扬(1903—1969)，字宋庼，浙江瑞安人，瓯风社副理事，从事图书馆工作。著有《仙岩山志》《宋庼笔记》。

所著《国学用书撰要》举及杨树达《老子古意》。

《积微翁回忆录》八月九日：见李笠著《国学用书撰要》，举及余《老子古意》。

按：杨树达(1885—1956)，字遇夫，号积微，近代语言文字学家、史学家、金石学家，时任清华学校大学部国文系教授。

发表：

1.《国学用书撰要》,《东方杂志》,1924 年第 21 卷第 9 期,第 85—101 页

2.《墨辨止义辨》,《东方杂志》,1924 年第 21 卷第 5 期,第 87—90 页

3.《史记订补自叙》,《国学丛刊》(南京),1924 年第 2 卷第 2 期,第 135—138 页

民国十四年(1925)　三十二岁

五月,自粤归瑞安。

暑假后,担任中州大学(校址今河南大学)教授兼国文系主任。

十一月二十二日,杨树达为其作《李雁晴〈史记订补〉序》。

《积微翁回忆录》十一月廿二:序瑞安李笠雁晴所著《史记订补》。

发表：

1.《史记订补》(八卷)1925 年,杨树达作序

2.《定本墨子间诂校补》商务印书馆(1925 年初版,1936 年再版),杨绍廉作序

按:杨绍廉(1864—1927),字志林,别号拙庐,清光绪廪生。深受孙诒让影响,毕生致力于乡邦文献的汇集、保存和流传,却著有《金石文字辨异补编》《瓯海集》《瓯海方言》《拙庐杂文》《东瓯书画苑》等。

3.《史记订补叙例:第三次改定稿》,《东方杂志》,1925 年第 22 卷第 6 期,第 98—104 页

4.《汉书艺文志笺评》中州大学石印,1925 年

5.《中国南方文化之衍进》中州大学,1925 年

6.《考订小识》,《孤兴》,1925 年

民国十五年(1926)　三十三岁

担任中州大学教授兼国文系主任。

宋慈抱登报向李笠道歉。之前二人当发生龃龉

《申报》1926 年 3 月 7 日:瑞安宋慈抱道歉。慈抱前于《瓯海公报》及《锦湖老渔传单》上捏造事实,诬蔑李君雁晴(笠)名誉,近又以诈欺手段,致于刑罪。慈抱自知错误挽中,向李君说情,以后决不敢再行毁谤,自干罪戾,特此登报声明。

按：二人龃龉详情似不可考。

暑期返回瑞安，与老师吴之翰于敢心台望月，后吴之翰请李笠为自己的诗文作序。

按：吴之翰(1867—1931)，字之屏，浙江瑞安人。光绪年廪贡生，热心地方公益，曾与孙诒让等在瑞安明伦堂共创演说会，执教当地中小学数十年，亦是李笠的老师。

七月，国民革命军在广州誓师，北伐战争开始。

九月，《瓯海公报》曾刊登李笠的不实新闻，张宋庼为其去信澄清。

发表：

1.《蜂目考》，简要考证古文中"蜂目隆准"之本意，定稿于民国十四年十月十五日，刊载于《文艺》1926 年第 1 卷第 2 期，第 14—15 页

2.《金石题咏录》记述其所见部分金石拓片，刊载于《文艺》1926 年第 1 卷第 2 期，115—116

3.《文家迷溺之境：文学概论第五编之一章》，《孤兴》，1926 年第 10 期，第 24—27 页

4.《书评：读文心雕龙讲疏》，《图书馆学季刊》，1926 年第 1 卷第 2 期，第 156—161 页

5.《倚剑室词存》，《文艺》，1926 年第 1 卷第 2 期，第 122 页

6.《文学的方舆色彩：文学概论第六编之一章》，《孤兴》，1926 年第 7—8 期，第 12—17 页

民国十六年(1927)　三十四岁

担任中州大学教授兼国文系主任。受时局影响，一度避乱于瑞安。

是年，中州大学更名国立第五中山大学。

正月，为林敏斋《宝香山馆集残稿》作序。

发表：

《三订国学用书撰要》朴社，1927 年初版，1931 年再版

民国十七年(1928)　三十五岁

正月，在温州见符璋，告知其与宋慈抱龃龉，并起诉之。

《符璋日记》一月初七：琴隐偕李岳臣来，出宋墨庵攻讦文稿见示。

初九：诣琴隐，云李孟楚已登舟；李岳臣已起诉宋墨庵。

担任第五中山大学教授兼国文系主任，秋季起任厦门大学教授兼国文系主任(后改为中国文学系)。

第五中山大学励学社主办的大型国学研究刊物《励学》创刊，李笠担任指导。

十二月三日，在厦门大学举行题为《由文字的意符研究"孝"字在中华民族之根据》的演讲。

十二月二十九日，东北易帜，北伐战争结束，中华民国进入南京国民政府统治时期。

发表：

1.《学术通讯·李笠致顾颉刚》，国立中山大学语言历史学研究所周刊，1928年，第3卷第34期，第37—38页

2.《中国文学述评》，雅宬学社·上海，1928年

3.《书章炳麟六诗说后》，国立中山大学语言历史学研究所周刊，1928年第6卷第61期，第29页

4.《文学与女子》，《妇女杂志》(上海)，1928年第14卷第11期，第27—30页

5.《由文字的意符研究"孝"字在中华民族之根据：十二月三日纪念周讲演》，《厦大周刊》，1928年第189期，第2—6页

民国十八年(1929)　三十六岁

秋季起，任教于武汉大学。

十月十九日，挽朱桂曜。

按：朱桂曜(1898—1929)，字芸圃，浙江义乌人。自北京师范大学毕业后先后任教于南开大学、厦门大学，教授古典文学和修辞学。

十月三十日，挽陈庆年。

按：陈庆年(1862—1929)，字善余，江苏丹徒人。近代史学家、教育改革家和国家图书馆事业创建者。生平著书校籍共千余卷，有私人藏书楼"传经楼"。

发表：

1.《文学与女子》，为1928年版本删订冗余后所得，刊载于《厦大周刊》1929年第209期，第3—5页

2.《中国文字学叙论》,国立中山大学语言历史学研究所周刊,1929年第7卷第83/84期,第14—25页

3.《怎么样领受特别的学问材料》,《厦大周刊》,1929年第199期,第5—7页

4.《韩非子集解校补》,厦大集美国专学生会季刊,1929年第1期,第5—8页

5.《中国文学述评自序》,《粤声》,1929年第1期,第15—16页

6.《释孝》,《厦大周刊》,1929年第210期,第5—9页

7.《九日与王达民诸君登万松最高顶》《郑剑西以玉兰花诗索和次韵报之》《秋渡即景》,《厦大周刊》,1929年第200/201期,第23页

8.《花间杂咏》,《粤声》,1929年第1期,第192—193页

9.《萼醒室词存》,《粤声》,1929年第1期,第200页

民国十九年(1930)　三十七岁

任教于武汉大学。因时任武汉大学文学院长闻一多为学校当局排挤,李笠为其仗义执言,与校长王世杰不合。

重回厦门大学任教,担任文学系主任。

七月,友人李杲在北平病故,为其作挽联。

按:李杲,字杲明,浙江瑞安人。曾在瑞安中学、北京政法专门学校就读。毕业后担任教师之余,对古文字学颇有涉猎,著有《说文解字古文疏证》。

参与发起瑞安图书馆协会。

发表:

1.《论编制中国目录学史之重要及困难》,国立武汉大学文哲季刊,1930年第1卷第2期,第439—447页

2.《史记订补之余》,国立武汉大学文哲季刊,1930年第1卷第1期,第121—139页

民国二十年(1931)　三十八岁

任教于厦门大学,为学生张秀民求职北平图书馆提供帮助。

秋季开始在之江文理学院国文系任教,教授中国哲学。期间常与同事兼好友夏承焘交游。

按:夏承焘(1900—1986),字瞿禅,晚年改字瞿髯,别号谢邻、梦栩生。

浙江温州人，中国现代词学的开拓者和奠基人，著有《唐宋词人年谱》《唐宋词论丛》《姜白石词编年笺校》《月轮山词论集》《瞿髯论词绝句》等。

“九·一八”事变爆发。

十一月十二日，参加之江诗社集会，应时任诗社社长夏承焘之请作诗，次日作成。

民国二十一年(1932)　三十九岁

上半年任教于之江大学，暑假后任教于河南大学（即前第五中山大学、中州大学），教授甲骨文字。

四月二十三日，与顾颉刚、顾雍如、夏承焘、夏定棫游五云山。拟取道云栖，迷途，至郎当岭折返。

按：顾颉刚（1893—1980），原名诵坤，字铭坚，号颉刚，江苏苏州人，中国现代著名历史学家、民俗学家，古史辨学派创始人，现代历史地理学和民俗学的开拓者、奠基人。

顾雍如，即顾敦鍒，江苏苏州人，时任之江大学教授、文学院院长。

夏定棫（1902—1979），原名廷棫，字朴山，浙江富阳人。近现代版本目录学家，长期参与图书馆工作，专注于古籍鉴定及整理，曾参与《全国古籍善本书总目》编纂工作。

五月一日，与钟山、默恩、皖峰、潭秋、叔岳、瞿禅及之江诗社诸同学在理安寺雅集。与潭秋作诗酬和。

瞿禅，即夏承焘。

潭秋，即邵祖平。邵祖平（1898—1969），字潭秋，江西南昌人，文学家、诗人。少年时代读书精进，为章太炎弟子。曾担任《学衡》杂志编辑，执教于东南、之江、浙江等大学。

拜访林大同，得后者所藏黄绍箕遗稿，校对后发表。

按：林大同（1880—1936），字同庄，浙江瑞安人。清光绪二十七年(1901)考入上海南洋公学。二十九年赴日留学，学习工程学，回国后参与浙江铁路水利建设。

黄绍箕（1854—1908），字仲弢，浙江瑞安人。光绪六年进士，晚清大臣。黄绍箕提倡办新学，视教育为“身心性命之事”，对乡里教育甚为关切。学术上则擅长目录学、方志学。

发表：

《由字形考察未有语言文字以前人类表情之姿势》，《之江学报》，1932年第1卷第1期，第43—73页

民国二十二年(1933)　四十岁

秋，返回广州中山大学执教，任国文系主任及研究院语言文学部主任。

四月二日，与孙式钧、邵祖平、夏承焘、程伯群、何凤山、禅源寺僧人妙定冒雨游西天目山。

在瑞安建横经室藏书楼。

《瑞安文史资料》(第十六辑)，政协瑞安市文史资料委员会编印，1998年

十一月二十日，参与发起瓯风社，创办《瓯风杂志》。

李淳主编，《瑞安市文化志》，2015年

发表：

《目录之名称及其内涵》，中国文学会集刊，1933年第1期，第1—12页

民国二十三年(1934)　四十一岁

发表：

1.《增订丛书子目索引序》，浙江省立图书馆馆刊，1934年第3卷第6期，第47—48页

2.《增订丛书子目索引序》，河南大学校刊，1934年第53期

3.《文苑内篇：二月十七日与罗爕祥林沐森游花地》，《瓯风杂志》，1934年第5期，第89页

4.《文苑内篇：霁山先生诗集校注跋》，《瓯风杂志》，1934年第11期，第79—81页

民国二十四年(1935)　四十二岁

一度任教于河南大学文史学系。

平阳刘绍宽接到李笠名片，知其任教广州。

《刘绍宽日记》正月十二：接名片，知王强在河南省第三水利局(洛阳)，李雁晴在河南大学，方仲友在江西省农业院，蔡秉章在嘉定县政府。

按：刘绍宽(1867—1942)，字次饶，号厚庄，温州平阳人，近代学者，社会活动家。

为恩师金子兰《维城缘叙》作序。

发表：

1.《散氏盘铭补释》，黄绍箕遗稿，李笠整理后刊载于《文澜学报》1935年第1期，第211—215页

2.《校勘学之兴趣》，完成于民国二十一年二月十五日，本身是李笠在武汉大学教书时所撰通论的一部分，最终刊载于《文澜学报》1935年第1期，第271—278页

3.《文苑内篇：游东西天目山杂咏》，《瓯风社刊》，1935年第13期，第88—90页

民国二十五年(1936)　四十三岁

发表：

1.《校勘材料之鉴别》，《文澜学报》，1936年第2卷第2期，第45—54页

2.《广段玉裁论校书之难》，《语言文学专刊》，1936年第1卷第2期，第15—26页

3.《校雠学》，中山大学出版社，1936年

4.《中国目录学纲要》，武汉大学印刷，1936年

民国二十六年(1937)　四十四岁

七月七日，卢沟桥事变爆发，抗日战争开始。

九月，为李杲明《说文解字古文疏证甲编》作跋。

十月，为友人何励生《山居诗集》作序。

按：何励生(1897—1996)，字惕庐，浙江瑞安人。长期任职于厦门大学，担任文秘工作。擅长书法篆刻，著有《金石文字辨异补编》《篆刻通论》等书。

冬季前往云南。

十二月二十九日自梧州乘轮西上，三十一日抵南江口，易艇赴浔(今广西桂平)。

发表：

1.《史记订补二续》，中山大学研究院语言文学专刊一卷三、四期

2.《韩愈文选》，李笠选注，上海北新书局

民国二十七年(1938)　四十五岁

任教于中山大学。

是年曾致信刘绍宽，为其孙昌汉转学中山大学事。

《刘绍宽日记》九月十二日：午后，李雁晴复函，谓往粤须十月内，汉孙如转校，须早出为妙，王仲超于十五日启程云。

送胡体乾返桂林。

按：胡体乾（1895—1977），字筠岩，满名松禄，笔名一乙，蒙古族。社会学家，教育家。1923年考取官费留学资格赴美，就读于芝加哥大学政治经济与法律专业。1931年任教于广州中山大学，教授人类学，历任教授、文学院社会系主任、法学院院长。1946年担任吉林省政治委员及教育厅长。1950年起任教于厦门大学，先后担任统计学系系主任、经济研究所所长。

民国二十八年(1939)　四十六岁

任教于中山大学，随校辗转迁至澄江。

二月九日到上海，与夏承焘、龙榆生、郝昺衡、何达安见面。二月十一日离沪。

《天风阁学词日记》：（二月九日）雁晴往云南澄江中山大学，今日到沪。午后来过不值，夜赴其谦昌栈，谈至九时归。

（二月十日）雁晴来，留午饭。同访榆生，病未愈。……访郝昺衡，邀过乾隆饭店晚餐。晤何达安。九时冒雨归。郝、何与雁晴不见十年。

（二月十一日）午，雁晴、郝昺衡、何达安来。与雁晴访梦禅不值。即送其上车而别。今夕落香港船。

以十五金付雁晴，作刊杲明遗稿费。刊费共六十六七元。

按：龙榆生，即龙沐勋。龙沐勋（1902—1966），字榆生，以字行，号忍寒公、忍寒居士、风雨龙吟室主人。江西万载人。古典文学研究家、词人，曾先后创办《词学季刊》《同声月刊》，著有《东坡乐府笺》《中国韵文史》《词曲概论》《词学十讲》《唐宋词格律》《风雨龙吟室词》《忍寒庐词》《龙榆生词学论文集》等。李笠曾是夏承焘与龙榆生结交的中间人。

郝昺衡（1895—1978）又名秉衡，字立权。江苏建湖人。1915年考人北京大学，师从黄节，历任厦门大学、齐鲁大学、山东大学、上海暨南大学、无锡国学专科学校等校教职，讲授国文、中国文学史、辞赋学等课程。1949年后，任华东师范大学中文系教授。

二月二十号（正月初二）抵达海防，此后经河内抵云南开远，三月四日自昆明至澄江。

六月赠诗罗香林，后者护送广州中山图书馆图书西行，在澄江和李笠共事于中大文学院。

按：罗香林(1906—1978)，字元一，号乙堂。广东兴宁人。历史学家。1934起任教于中山大学，讲授方志学等课程，编《中文研究》月刊。著有《刘永福历史草》(辑校)《颜师古年谱》《历史之认识》《国父之大学时代》《客家源流考》《国父与欧美友好》《中国通史》《中国民族史》《唐代文化史》《百越源流与文化》等，辑有《乙堂文存》。

在孔子诞辰暨教师节联合纪念会上致辞。

秋季曾返回瑞安。

民国二十九年(1940)　四十七岁

任教于中山大学。当年秋季，中山大学从云南澄江迁往粤北韶关坪石。

农历正月二日赴粤。

三月，世传李笠亡故，后李笠亲自辟谣。

《天风阁学词日记》三月廿三日：瑗仲谓闻之郝昺衡，谓雁晴在滇病故，为之大惊。旬前接其二月廿六日所发书，谓近多病，甚幸此为讹言。否则万里一身，何堪设想。急托瑗仲转问昺衡此言何由来。夜睡为此不安。念雁晴忠厚方重，断不致有次。柱尊谓近日谣传多不足信，顷渠闻一友人客死，已成一挽诗，未几而其人归矣。

三月廿四日：早，吴雯来，托其向昺衡问雁晴消息。

三月廿五日：得雁晴所发快函，仍言李生事。午后得瑗仲笺，谓昺衡之所云得之北平张君，显是讹传。夕作雁晴复，并示瑗仲笺，一纪念也。

挽林损。

按：林损(1890—1940)，字公铎，浙江瑞安人。少从舅氏陈黻宸游，1913年起任北京大学文科教授，后一度任教于东北大学。与胡适有白话文言之争，1934年最终因此离开北大。著作有《政理古微》《伦理正名论》《中庸通义》等。

发表：

1.《告中国语言文学研究会同学》，《青年月刊：文学生活》，1940年第1期，第2页

"就文学方面焉，应如何善用时机，创作或译述有利于抗战之文艺和整理与抗战大时代有关之文学史料；就语言文字方面言，应如何利用环境，调查与研究西南民族之语言文字，协助、推进开发边地之计划。"

2.《殷契探释甲编》，《语言文学专刊》，1940年第2卷第1期，第3—31页

民国三十年(1941)　四十八岁

任教于中山大学。

十二月，太平洋战争爆发，中华民国政府对日宣战。

民国三十一年(1942)　四十九岁

在校长金曾澄及学校中文系师生邀请下，一度返回中山大学任教。

于十月间，一度曾至厦门大学，是否任教未知。

后返回故里，短暂任教于龙泉浙江大学、温州英士大学。

瑞安家中横经室为某军官强行寄寓。

发表：

《误文之原因》，《读书通讯》，1942年第45期，第1—4页

民国三十二年(1943)　五十岁

任教于厦门大学，在校期间倡导建立龙山诗社。

作诗感谢施蛰存所赠虎肉。

按：施蛰存(1905—2003)，原名施德普，字蛰存，常用笔名施青萍、安华等，浙江杭州人。著名文学家、翻译家、教育家。其时任教于厦门大学，开设《史记》专题课，编撰《史记旁札》等教材。

中春，题谢隽人《扶荔词集》。

按：谢隽人，厦门大学毕业生，曾经参加厦门筼筜吟社。1927年曾和丈夫黄天爵一同前往菲律宾，任教于宿务中山学校。此后经历不详。

夏，致信杨树达，代校长邀请杨树达来厦大任教。

《积微翁回忆录》五月六日：李雁晴笠昨来书云言，厦门大学校长萨本栋望余往长汀任教。

十月二十日，在瑞安文化界首次公祭孙仲容先生大会上发表演讲。

发表：

1.《误文之种类及其孳乳》，《厦大学报》，1943年第1期，第56—62页

2.《误文之伪装》，《读书通讯》，1943年第63期，第5—7页

3.《误文之利用》,《现代青年》(福州),1943 年第 2 期,第 8—11 页

4.《段玉裁与诸同志论校书之难篇疏证》,《国文月刊》,1943 年第 22 期,第 20—24 页

5.《中国语文中的反训现象》,厦大学报,1943 年第 2 期,第 25—60 页

民国三十三年(1944)　五十一岁

暂兼瑞安中学语文课。

民国三十四年(1945)　五十二岁

任教于中山大学。

八月十五日,日本宣布无条件投降,抗日战争结束。

民国三十五年(1946)　五十三岁

暑假返瑞安时,曾受邀在瑞安师范学校做专题演讲。

民国三十六年(1947)　五十四岁

兼任中山大学与上海暨南大学教职,后者于五二〇运动后即不再任教。

暑假后,兼任中央大学和无锡江南大学教职。

挽黄任初。

按:黄际遇(1885—1945),字任初,号畴庵。广东澄海人,近代数学家、教育家。曾先后在东京高等师范学校、美国芝加哥大学学习数学,历任中州大学、中山大学、青岛大学等校教授,抗战期间随中山大学辗转西迁,1945 年日本投降后,随校返回广州时不幸失足落水身亡。

按张云《〈黄任初先生文钞〉序》,李笠在 1945—1949 年间应参与了《黄任初先生文钞》的编纂工作。

发表:

1.《韩愈文选》,李笠选注,北新书局,1947 年

2.《我对朴学大师孙诒让先生的认识》,《图书展望》,1947 年复刊第 5 期,第 10—11 页

3.《卜词字例偶释》,《岭南学报》,1947 年第 7 卷第 2 期,第 45—56 页

民国三十七年(1948)　五十五岁

兼任南京中央大学中文系教授和无锡江南大学中文系主任,亦曾任教于无锡国学专修学校。

于南京见杨树达，为二人生平首见。

《积微翁回忆录》九月廿三：李雁晴笠来，相知廿年，今始相见也。

挽荣一心。

按，荣一心(1912—1948)，近代爱国实业家荣德生三子，无锡江南大学创办人之一。

民国三十八年(1949)　五十六岁

兼任南京中央大学中文系教授和无锡江南大学中文系主任。

四月，受李森南所托，为李逸伶诗集作序。后者曾是李笠的老师。

按：李龠(1880—1946)，字逸伶，浙江瑞安人。毕业于杭州浙江师范学堂博物科，毕业后返回温州任教。精通生物之余，长于诗文，曾创办《嘉报》；亦精通中医，曾在郡城创设慧济医学社，讲授中国医学。三十年代初曾参与编修瑞安县志。

李森南(1919—2005)，浙江瑞安人，1941年毕业于温州师范学校，去台湾后毕业于淡江大学英文系，先后任台湾中原大学、台湾浸信会神学院副教授、教授。曾主编中英文对照《基督教文摘》，著有《大学之道与基督教义的研究》《杜甫诗传》《山水诗人谢灵运》等书。

十月一日，中华人民共和国成立。

1952年　五十九岁

二月，调入北京中共中央编译局，担任审校工作。

八月，任教于南开大学。

加入九三学社。

《上海高等教育系统教授录》，《上海高等教育系统教授录》编委会编，1988年

1954年　六十一岁

任教于南开大学。

1955年　六十二岁

坊间传李笠离开天津。

《积微翁回忆录》十一月二日：(于北京)访同居陈望道，小谈……《〈马氏文通〉刊误》因审查人李笠由天津大学离职，不知去向，故久不作复，今拟将评论寄来，似改订后寄去出版。

按：李笠于后年之1957年调入复旦，彼时复旦校长即为陈望道，又同为语言学家，则陈望道与杨树达此年会面后杨犹不知李笠去向，则是年当未谋复旦教职；李是年行踪尚不确。

1957年　六十四岁

八月起，任教于复旦大学，为语言学和中国古典文献学教授。

《上海高等教育系统教授录》，《上海高等教育系统教授录》编委会编，1988年

1958年　六十五岁

任教于复旦大学。

发表：

《史记札馀》，《复旦学报》(人文科学版)，1958年第1期，第113—126页

1959年　六十六岁

任教于复旦大学。

发表：

1. 《史记商兑录》，《历史研究》(北京)，1959年第7期，第73页
2. 《正确认识古典文的词义》，《复旦》(上海)，1959年第6期，第29页
3. 《复习实践论的体会》，《复旦》(上海)，1959年第5期，第36页

1960年　六十七岁

冬，夏承焘来信慰问。

《天风阁学词日记》十一月卅日：复复旦大学陆树崙函，附去致雁晴一笺。与雁晴久别，亦久不通函矣。

按：陆树仑(1931—1984)，复旦大学古籍所教授，明清小说研究专家。

1961年　六十八岁

参加《辞海》编辑工作。

1962年　六十九岁

十月，病逝于上海，葬于联谊山庄公墓。

遗稿《广史记订补》经李继芬整理后，2001年由复旦大学出版社出版。

忻嘉凌，复旦大学中华古籍保护研究院硕士研究生

编后记一

今年是复旦大学中华文明国际研究中心在温瑞地区开展文化研究的第五个年头。五年来，在瑞安市委、政府的指导下，在温瑞地区亲朋好友的帮助下，我们完成了瑞安基地设立、瑞安论坛建设、瑞安课题研究等社科领域的多项创新工作。作为一个生于上海，移居海外并接受家庭给予的中国传统文化熏陶，近年来在复旦大学哲学学院完成硕博士学业，又循着父辈的踪迹回到原籍从事家乡文化研究的瑞安人，取得如此成绩，心里感到了安慰和感激。

瑞安史称“东南小邹鲁”，南宋是瓯江、飞云江流域温瑞地区人文蔚起的时期，出现了叶适为代表的“永嘉之学”。元、明时期经济崛起，但人文发展和江南地区相比，相对沉寂。然而至清代道咸同光年间，由于孙衣言、孙锵鸣、黄体芳、项崧(一名芳兰，字申甫)等人进士及第，瑞安又出了一批人才。孙衣言进入曾国藩的幕府，孙锵鸣成为李鸿章的座师；黄体芳与张之洞等人同称“清流”，参与中枢决策，亲历清朝衰败；项崧则和项湘藻、孙诒让等人一起，兴办地方新式文教事业。在瑞安，孙衣言的儿子、著名经学家孙诒让在放弃科举，坚不出仕，矢志向学的同时，还分心创建了一系列新式地方事业。在温州地区，瑞安的文化和经济在清末“变法”中已经开始崛起，远远早于后来的“温州模式”。瑞安地区的士绅引领了当地的现代化，这一点并没有被普遍认识。近代瑞安人在政治、工商、文教界有洪、项、孙、黄“四大姓”，具有超出当地的影响力。“四大姓”在清代末年和民国初年崛起，然后在文化、教育、商业、经济中有突出的表现并引领出“瑞安新学”。

瑞安城关的南堤项氏在近代温州地区也有突出表现。项氏在历代科举中的最后一位老式进士是项崧，光绪二十年(1894)登第，曾任户部主事。另有一位新式进士项骧更加重要，他是项湘藻（创办方言馆）的族侄，也是我的伯祖（父亲的伯伯）。项骧入学瑞安方言馆、上海梅溪书院、上海南洋公学。1903年，项骧因英文翻译能力较强，便协助马相伯创建震旦学院，担任干事长。震旦毕业后，项骧留学美国纽约哥伦比亚大学，获得财政学硕士。1910年回国，参加清朝最后一届留学生考试，得殿试第一名，人称为“洋状元”。项骧曾担任民国财政部次长，抗战前后隐居家乡，建楼摒客，以气节自励，拒绝出任伪职，在贫病中忧愤去世。项氏虽以科举闻名，但在清末的危机中率先意识到了社会的急剧变化，故对地方实业尤其重视，其贡献更加突出。因为资本和姻亲的关系，孙诒让倡议举办新式学堂瑞安学计馆、方言馆，新式企业富强矿务公司、大新轮船公司、永瑞汽轮公司等的时候，项湘藻（茗甫）、项芳兰（申甫）是出资人和操盘手。如果说孙氏在经籍和学术上的贡献较大，那么项氏在资助文教事业，从事工商企业中贡献更加突出。

作为一个20世纪60年代出生在上海的瑞安人，在幼年的社会动荡中长大，从小听闻父亲讲述项氏经历和家族往事，为先辈、先贤们奉献乡梓的精神所钦佩和感动，便立志要回乡查考这些故事。对家乡和家族的兴衰荣辱了解渐多，便愈加热切地希望理解这段历史。2007年，我在移居海外多年，并回到上海从事实业投资成功之后，便在上海市慈善基金会之下设立了一个“行家慈善文化教育基金”，用以开展调查和研究。为了提升自己的研究能力，我报考了复旦大学哲学学院中国哲学专业，硕士研究阶段师从陈居渊教授，博士阶段师从王雷泉教授进行宗教哲学研习。在此过程中，我对复旦大学的人文学术传统愈加感到自豪，也更愿意为之做出自己的贡献。复旦大学也是家父的母校，他像很多项氏前辈一样，从家乡来上海求学。20世纪50年代，他毕业于复旦政治学系，他去世后我在学校档案馆里还查到了他的学业档案。我深深地体会到，个人的成长，无论古今中外都离不开“家传师授”。学问和道术要靠师授；立身处世要靠家传。家传与师授，两者不可偏废，一种好的家学和一个好的师门，在今天的学术传承中仍然可以担当起非常重要的作用。

在复旦攻读学位期间，我就邀请论文导师王雷泉，以及李天纲教授参与瑞安文化和“家传师授”的研究。2016年我获得博士学位，正值李天纲教授完成了《金泽：江南民间祭祀探源》相关研究后，又规划了一个江南文化近代转型的研究，遂将瑞安新学作为一个案例纳入体系性研究。我主持的“行家慈善文化教育基金”规模虽然不大，所能从事的研究有限。好在这项研究与瑞安地方的“乡贤”纪念活动比较合拍，因而得到了上海慈善基金会的大力支持。2017年，我被复旦大学中华文明国际研究中心聘为特约研究员，任期十年。2018年，瑞安方面邀请复旦大学中华文明国际研究中心来当地设立研究基地，我以中心特约研究员的身份从事项目主管和日常的沟通联络工作。瑞安方面落实了会议和课题资金，提供诸多调研便利，为此要特别感谢。各项活动以“纪念乡贤”“玉海文化”“永嘉学派”“瑞安新学”等题目召集和举行，学术工作的形式有田野调查、口述采访、论文发表、丛书出版和各家名人故居、纪念馆的筹建等。

《从“永嘉之学”到“瑞安新学”》论文集是复旦瑞安基地团队共同努力的结果。团队是一个没有固定编制，目前还没有场地，人员也不稳定的个人兴趣组合，和体制内的国家级、省部级社科规划项目在考核级别和经费规模上无法相比。但是，当我们邀请对温瑞文化有专长、有兴趣的同道、同学、朋友、师长参加时，他们都表现出相当的热情，不计名利，把课题本身的意义看得更重要，这是令我们非常感动的。本书的结集出版，是我们系列研究活动的成果之一。按照既定的计划，以后还有一些可以预期得到的成果。我们还要筹划出版一批瑞安学者文集，特别是和复旦大学相关的几位学者如周予同、李笠的著作。我个人还被温州、瑞安的学术团体聘为文创型人才，专门从事“八百里瓯江”和温州文化工程的人文地理和文化观成型等研究，已经完成的工作和课题研究包括：城置域治，文化基因和文化易俗非物质遗产成功申请等。

幼年目睹父母和家族经受的磨难，后来移居海外，事业有成。因为追逐着父辈、祖辈的精神渊源，又回到了故土，一下子被项氏家族的历史所感染。经历坎坷，有很多情怀是难以排遣的，惟父祖一贯所言的“信守礼义”和“家传师授”庭训不敢稍忘。放眼天下，使得我把自己对于家乡文化的情感提升到一个新高度。从历史地看，家庭、家族、城市、地区这几代人的经历，只是人类近代社会变迁的一部分。地方文化之所以重要，是因为它在这个大变迁过程中的独特性。荣幸参与组织瑞安基地，以及配合中心编辑《从“永嘉之学”到“瑞安新学”》一书，不禁使我对家乡的认识得到了升华，而且亦是我重新认知震旦至复旦的意义历程，更是一次作为复旦人、家乡人和中华文化传薪人的使命和担当的体悟历程。

项　宇

2022 年 12 月 10 日

编后记二

本书由瑞安市社会科学界联合会与复旦大学中华文明国际研究中心合编。全书书稿的征集、编辑和出版得到瑞安市委宣传部历任部长叶艳、林蔓，现任部长孙寒星，瑞安市社科联主席陈锦海的大力支持，欧兴俊副主席做了大量的工作，复旦方面表示衷心感谢。

2017 年 11 月，我应哲学学院宗教学系毕业的项宇（瑞安籍）博士和瑞安市社科联的邀请，参加“孙锵鸣诞辰一百周年”的学术研讨会。我们联名为会议提供了一篇《兴文教以开风气，尊先贤以继传统》，在《温州日报》（2017 年 11 月 24 日）全文发表后，引起重视。瑞安方面遂提议建立一个专以“瑞安新学”为职志的团体，邀请复旦大学中华文明国际研究中心建立一个基地，驻扎研究。2018 年 10 月，我和项宇再赴瑞安参加“弘扬瑞安先贤精神，走在改革发展前列”研讨会，会上揭牌成立了复旦瑞安基地。

2019 年 11 月，复旦基地成立后的第一项重要活动，即是参与筹办“首届玉海文化研究”研讨会。本次会议，复旦大学及相关学者由杨玉良前校长带队，出席所有学术活动，取得预期效果。会议代表考察了近代瑞安历史文化遗产，玉海楼、学计馆、方言馆、诒善祠塾、心兰书社、利济医学堂及孙衣言、孙锵鸣、孙诒让、黄体芳、宋恕、陈黼宸、陈虬、项骧、周予同、李笠等故居。这些文遗项目在专注经济发展的温瑞地区都能幸运地保存下来，令所有参会学者印象深刻。潘忠强主席、张济顺书记、张仁寿校长、陈建克董事、高慎盈主任编辑、金光耀主任及钱彦敏、洪振宁、卢礼阳、戴鞍钢、吴松弟、徐佳贵、张真、蒋伟胜、项宇、李天纲等学者发表了演讲和论文。参与会议的人，有的是温瑞地方文化发展的见证人，有的是相关历史人物的后裔，所有的人都是永嘉之学、瑞安新学和温州模式的合格研究者。大家从各自的角度论述了“从‘永嘉之学’到‘瑞安新学’”的历史进程及其与当代“温州模式”崛起的关系，非常符合我们的设想，即不是单纯从“义利观”来讨论“永嘉之学”，而是以瑞安近代崛起的“新学”为纽带，结合“改革开放”后的温州现象来解释温瑞地区独特的千年传统。以此次会议的论文和发言稿的主题为骨干，我们编辑了这本论文集。

2020 年 11 月，复旦瑞安基地又协助瑞安社科联组织召开了“第二届玉海文化研究论坛”。中华文明国际研究中心特约研究员项宇帮助了瑞安方面落实了很多具体事务。由于疫情管控的原因，一些受邀学者不能到场，研讨会只能以线上、线下结合的方式召开。即便有种种困难，仍然有不少重要学者以提交论文的方式参加研讨。邵定美、何俊、蒋志明、侯俊丹、张洪彬、王宇、潘德宝、杜远东、忻嘉凌等学者专家的论文在“永嘉之学”和“瑞安新学”两个方向充实了已有的论域。

瑞安所属的温州地区，在宋代出现过一个“永嘉之学”，其思想主张介于吕祖谦、朱熹、陆九渊之间，原本并不突出。清代同光年间，孙衣言、孙诒让父子辑录《永嘉丛书》，孙、项二氏为乡梓举办“新学”（方言馆、学计馆）教育，认定当年叶适等人的“义利并举”学说为“变法”精神所需。诚如洪振宁、卢礼阳等温瑞学者强调的，“永嘉之学”是因孙诒让等近代学者提倡才发扬光大起来的，无疑带有百多年来“瑞安新学”特征。因清末“新学”强调的“变法”特征与最近一期的“改革、开放”相吻合，曾被遗忘的“永嘉之学”才被当代学者广泛谈论。复旦瑞安基地的同仁们应邀来到瑞安，聚焦于“瑞安新学”，下沉到县、镇、乡村一级的基层，考察一种自清末以来一直存在着的民间变革动力。在我们看来，明中叶以后江浙地区的经济和文化已经加入了 16 世纪后的全球化，备受冲击和激励；同时，长三角内部也明显地萌动着一股向近代社会转型的强劲动因，在市镇崛起、农商融合、知识转型和士绅主导的乡村自治等方面表现出来。温瑞地区在江南一带地处僻远，原本落后，然而在清末之后的经济、文化格局中却异军突起，呈现出一种“区域现代化”和“融合现代性”的转型特征。为此，本次研究不同于中国哲学史学者惯常注重的“永嘉学派”义理思想，而是关注温瑞地方人士如何借助自身的地理环境、文化资源和自治传统，推动镇、乡、府、县的社会进步，这也是我们宁愿在书名中采用历史名词"永嘉之学"，而不是当代学者所称"永嘉学派"的主要原因。

复旦大学学者参与"瑞安新学"研究有一个独特的理由，即近代瑞安学风孕育了一批学者，他们是复旦学术的骨干。复旦大学前校长，著名数学家苏步青、谷超豪教授是瑞安学计馆的第二、三代传人；中文系的李笠教授是"瑞安十才子"之一；历史系的周予同教授是另一位"十才子"，更是复旦大学经学史研究的奠基人，后经朱维铮老师的传承，培养了一批经学史研究人才。还有，在震旦、复旦创办时期，瑞安学子项骧曾协助马相伯做了不少创校工作，这是我在从事马相伯和复旦早期校史研究中已经发现的。从这一角度来看，复旦学者参与研究"瑞安新学"也是一件义不容辞的事情。

如上所述，本书的结集始终得到瑞安市的悉心帮助，在田野考察、会务接待和课题经费上尽心尽力。复旦中华文明国际研究中心方面，赞同并倡导此项研究的杨玉良校长，负责中心工作的金光耀、陈引驰主任一直给予信任和支持。王启元、陈特、章可、钱宇、黄晨等年轻学者先后担任中心项目专管，处理了诸多具体事务。本书编辑顾雷为此论文集出版做了很多工作。本项目研究得到瑞安市社科联专项资金、上海市慈善基金会的"行家慈善文化教育基金"、复旦大学中华文明国际研究中心出版经费的支持。在此论文集出版之际，对帮助过此项目的师友们一并表示感谢。

李天纲
2022 年 12 月 5 日

图书在版编目(CIP)数据

从"永嘉之学"到"瑞安新学"/李天纲,项宇,陈锦海主编. —上海: 复旦大学出版社, 2023.4
(复旦中华文明研究专刊)
ISBN 978-7-309-16592-0

Ⅰ. ①从… Ⅱ. ①李… ②项… ③陈… Ⅲ. ①哲学-中国-文集 Ⅳ. ①B2-53

中国版本图书馆 CIP 数据核字(2022)第 201344 号

从"永嘉之学"到"瑞安新学"
李天纲 项 宇 陈锦海 主编
责任编辑/顾 雷

复旦大学出版社有限公司出版发行
上海市国权路 579 号 邮编: 200433
网址: fupnet@fudanpress.com http://www.fudanpress.com
门市零售: 86-21-65102580 团体订购: 86-21-65104505
出版部电话: 86-21-65642845
常熟市华顺印刷有限公司

开本 787×960 1/16 印张 23 字数 353 千
2023 年 4 月第 1 版
2023 年 4 月第 1 版第 1 次印刷

ISBN 978-7-309-16592-0/B · 771
定价: 98.00 元